KB155772

아들러 리더십 코칭

성숙한 리더를 위한 뇌과학과 심리학의 지혜

서 재 진 지음

ADLER
LEADERSHIP COACHING

　우리 속담에 세 살 버릇 여든까지 간다는 말이 있다. 사람의 성격은 철부지 유아 때 형성되어서 좀처럼 변화하지 않고 평생을 가기도 하기 때문일 것이다. 오늘의 나는 어제의 나였고, 작년의 나, 10년 전의 나, 20년 전의 나였다. 그리고 미래에도 마찬가지일 것이다.

　우리는 대체로 나이가 들수록 철없던 시절에 비해 많이 성숙해진다고 생각한다. 그러나 사람의 근원적인 신념이나 성격은 잘 변하지 않는다. 사람의 생각이나 신념체계는 한 번 뇌리에 박히면 잘 변화하지 않는다. 이러한 특성에 대해 뇌과학자들은 그 이유를 잘 설명한다. 즉, 개인의 성격이나 신념체계라는 것은 우리 뇌 속에서는 신경세포들의 회로인 시냅스로 형성되어 내장되어 있는 생물학적 구조물이다. 한번 만들어진 시냅스는 특별한 자극이 없으면 평생 그대로 유지된다고 한다.

　이런 연유로 자기를 가두는 '생각의 감옥'에서 빠져나오는 일이 오랜 전통의 인문학의 핵심과제였다. 인류의 숙원사업이다. 현자들 사상의 핵심도 이것이다. 헤르만 헤세는 그의 유명한 자전적 소설 『데미안』에서 다음과 같이 말했다.

　"새는 알을 깨고 나온다. 그 알은 세계이다. 태어나려는 자는 한 세계를 파괴해야만 한다. 새는 신에게로 날아간다."

　이 대목을 우리의 맥락에 맞게 문구를 바꾸면 이렇게 된다.

　"새는 알을 깨고 나온다. 그 알은 과거 아동기의 세계이다. 성인으로 다시 태어나려는 자는 과거 아동기의 세계를 파괴해야만 한다. 그러면 새는 신의 세계로 높이 날아간다."

　2,000여 년 전에 플라톤은 '동굴의 비유'라는 개념을 만들어 사람은 자기가 태어나서 자란 동굴에 갇혀있는 수인이나 마찬가지라고 했다. 동굴

에 평생 갇혀 있는 한, 인간은 밖에 있는 진리의 세계를 영원히 볼 수 없다고 했다. 장자는 우물 안 개구리 비유를 썼다. 우물 안 개구리에게 강과 바다 이야기를 해봐야 알아듣지 못한다는 것이다.

아들러가 인생각본은 잘 변하지 않고 상영된다는 말이 이런 맥락의 말이다. 아들러는 세 살부터 지속되는 성격을 개인만의 특유한 '라이프스타일(lifestyle)'이라고 불렀다. 라이프스타일을 우리말로 해석하면 인생방식 또는 생존양식이다. 개인의 성격이란 자기의 생존을 도모하기 위해서 사용하는 전략이라는 의미에서 '생존전략'에 가까운 말이다.

리더십도 성격의 일환이다. 그래서 개인의 리더십의 특징은 리더 개인의 성격의 영향이 크다. 사람마다 리더십의 패턴이 천차만별인 것은 성격 외는 달리 설명하기가 어렵다. 리더십에 대한 교육도 개인적 성격을 뛰어넘기는 어렵다. 성격이란 워낙 견고하게 뇌의 신경회로에 뿌리박힌 생물학적 구조물이기 때문이다. 그래서 리더십 교육이나 리더십 코칭을 통해 좋은 리더십 스킬을 배양하기 위해 학습을 하기는 하지만 본래의 성격을 바꾸기는 어렵다. 교육받을 때는 감동받고 변화하기로 결심하지만, 그때뿐이고, 사실은 어릴 때 형성된 성격은 잘 변화하지 않는다.

그러나 낙망하지 마시라. 이 책은 당신의 성격과 당신의 삶을 근원적으로 변화시키는 방법을 안내할 것이다. 심리학의 3대 원조 중의 한 사람인 알프레드 아들러(Alfred Adler, 1870~1937)의 도움을 받아서 그것이 가능하게 될 것이다. 아들러 심리학은 현재 문제의 뿌리를 무의식에 묻혀 있는 초기기억에서 찾아내어 의식화하는 심리학의 기법에 기반하고 있어서 근원적인 해법이 가능하다. 이 책이 추구하는 것은 바로 그 생각의 뿌리인 무의식의 신경회로 또는 시냅스를 바꾸는 것을 목표로 한다. 스마트폰으로 말하면 유심(USIM, 唯心)칩을, 찾아내서 바꾸는 것이다. 뇌의 유심칩을 바꾸는 것이다.

사람의 성격을 바꿀 수 있는 뇌과학적 근거는 뇌의 신경가소성 원리 때문이다. 뇌의 가소성 원리에 의하면 성격을 바꾸는 것은 과학적으로 가능하다. 성격이란 것이 뇌의 신경세포 연결에 의해 형성된 생리학적 구조이기 때문이다. 뇌의 신경세포는 주어진 정보에 따라 새롭게 연결되고 또 다시 발화되기도 한다. 코칭을 통하여 새로운 관점을 자각하고 그것을 강화하는 과정을 거치면 뇌의 신경회로를 바꾸게 된다.

아동기 세계의 껍질을 깨고 나와서 공동감각(common sense)의 세계로 나아가는 것이 성장이라는 게 이 책의 논지이다. 공동감각이란 자기의 사적논리와 사적 신념을 넘어서 보편적 상식을 우선시하는 감각이다. 사적논리로 구성된 자기 생각의 감옥에서 나와서 공동감각으로 돌아오기가 해법이라는 것이 이 책의 논지이다. 뇌 안의 심리 프로그램, 즉 유심(USIM, 唯心)칩을 바꾸면 그것이 가능하다. 나는 사람들이 자기 생각의 감옥을 알아차리고, 자기 생각의 감옥에서 나오도록 돕기 위해서 이 책을 썼다.

내가 아들러의 이런 로직에 매료되어 이 책을 쓰게 된 것은 나의 전직인 통일연구원에서 북한 연구로부터 받은 영감과 관련이 있다. 내가 20여 년간 연구했던 북한에 대한 느낌을 한마디로 표현한다면 북한은 독재체제이고, 그 속에서 사는 북한 사람들은 독재의 감옥에 살고 있는 형국이다. 독재체제가 나쁜 것은 그 체제 속에 사는 사람들을 육체뿐만 아니라, 생각까지도 감옥에 가두기 때문이다. 독재의 감옥에 사는 사람들이 어찌 자신이 가진 잠재능력, 창의성, 유연성을 마음껏 발휘할 수 있겠는가? 북한에서는 개성을 발휘하면 일탈이나 반체제로 낙인찍힐 수 있다. 북한의 경제가 저렇게 성장하지 못하고 낙후한 것은 인간의 잠재능력이 억눌려서 노동생산성이 너무 낮기 때문이다.

그렇다면 남한 사람들은 어떨까? 남한은 자유민주주의 아닌가? 남한 사람들은 자유민주주의 하에서 어디에도 갇히지 않고, 자유로운가? 북한 사람들보다는 확실히 낫기는 하다. 그렇지만 남한 사람도, 다른 자유주의 나라 사람들도, 북한과 같은 체제의 감옥은 아니지만, 어딘가에 갇혀있다. 무엇에 갇혀 있을까? 자기 생각의 감옥, 남이 가두지 않아도 스스로 만든,

생각의 감옥에 갇혀있다. 이것을 알아차린 것이 이 책의 출발점이다.

자기 생각의 감옥이란 유아기·아동기 때 스스로 만든 자신의 라이프스타일, 신념체계, 성격, 삶의 방식이다. 아들러가 나에게 준 메시지다. 자기 생각의 감옥에 갇혀있는 사람들이 자기가 갇혀있다는 사실을 알아차리고, 스스로를 해방하여 자유롭고 유연하게 세상을 있는 그대로 바라보고, 공감하고, 창의적인 사고를 하도록 돕는 일을 하기 위하여 나는 이 책을 썼다.

서론을 읽으면 이 책의 문제의식과 그 문제에 대한 솔루션으로서의 아들러 리더십 코칭에 관한 전체 내용의 개요를 이해할 수 있다. 제I부와 제II부는 아들러 심리학에서 아들러 코칭의 원리를 도출하고, 제III부는 아들러 코칭의 전문 스킬을 다룬다.

제I부는 아들러 심리학을 체계적으로 이해하기 위한 파트이다. 아들러 심리학을 체계적으로 이해하면 인간의 본성에 대하여 명료하게 이해할 수 있다. 특히 아들러 심리학을 진화론적 관점에서 재해석한 것이 기존의 아들러 해설 책과 차별화된다. 특히 제5장은 아들러 심리학을 뇌과학의 발견에 접목하여 아들러 심리학 해석을 확장하였다.

제II부는 아들러 심리학을 리더십 코칭 프로그램으로 개발하는 파트이다. 즉, 아들러의 교육사상을 리더십 개발의 교본으로 발전시킨 것이다. 아들러 코칭의 핵심 키워드가 공동감각으로 성장하라는 것인데, 제6장은 공동감각에 대한 집중적인 탐색을 하는 장이다. 그리고, 제7장에서 아들러 리더십 코칭을 진행하기 위한 'ADLERS 코칭 모델'을 제시하였다. 구조화된 방식으로 코칭을 진행할 수 있도록 설계하였다.

제III부는 ADLERS 모델의 각 프로세스에 대한 코칭 스킬이다. 코칭 프로세스의 세부 매뉴얼에 해당한다. 이 책에 기술된 스킬과 매뉴얼을 숙지하면 아들러 리더십 코칭을 누구든지 쉽게 진행할 수 있게 된다.

제IV부에서는 기업현장에서 리더십 코칭 사례를 보여준다. 제14장에서는 ADLERS 모델에 기반한 아들러 리더십 코칭의 현장 사례를 보여준다. 전문코치들은 이 장만 읽어도 아들러 리더십 코칭에 대한 전모를 이해할 수 있을 것이다. 마지막 장인 제15장에서는 아들러 리더십 코칭이 리더십 개선에 미치는 영향을 다룬다. 아들러 리더십 코칭이 실제 조직 현장에서 어떤 효과를 보이는지를 논의한다.

국책기관인 통일연구원에서 북한 사회 분석 전문가였던 내가 퇴임 후에 삶의 재충전으로 시작한 리더십 코칭이 본업이 되었다. 어언 10년째이다. 지난 10년 동안 기업과 정부 및 공공기관에서의 코칭체험을 이론화하고 매뉴얼화 한 것이 이렇게 책이 되었다. 책을 쓰는 것이 최선의 공부방법이라는 연구자 출신으로서의 습관대로, 아들러 코칭을 제대로 공부하고 체계를 잡기 위한 노력이 이렇게 책이 되었다. 아들러 심리학을 제대로 이해하기 위하여 진화심리학을 섭렵하고, 진화심리학을 제대로 이해하기 위하여 뇌과학을 섭렵하고, 아들러 코칭의 핵심개념인 공동감각을 검토하기 위하여 동양의 제자백가 사상들을 섭렵하였고, 궁극적인 목적이 리더십 코칭 프로그램을 개발하는 것이어서 리더십 분야 문헌도 섭렵하였다. 또한 아들러 관점의 공동감각을 가장 잘 실천한 사람으로서 400여 년 전에 임진왜란을 극복하는 데 주도적인 역할을 했던 서애 류성룡 리더십의 사례도 공부하여 별도 논문과 저서로 발표한 바 있다.

이 책을 내면서 내가 전문코치로 성장하는 데 도움을 준 분들에게 감사드리고 싶다. 우선, 나에게 최초로 코칭의 길로 인도해준 한국리더십센터 김경섭 회장에게 제일 먼저 감사드리고 싶다. 또한 나에게 처음으로 코칭의 전문스킬을 전수해 준 당시 한국코칭센터의 박창규 교수, 고현숙 교수에게 감사드린다. 1년 가까이 걸린 코칭 전문과정에서 나를 코칭의 매력에 빠져들게 한 폴정 코치와 우수명 코치, 나에게 최초로 아들러 코칭을 입문하게 해준 故 허일강 코치와 박예진 코치에게 특별한 감사를 드린다. 허일강 코치의 존재와 가르침이 없었더라면 이 책은 전혀 다른 모습이 되었을 것이다. 아들러 코칭을 함께 공부했던 김두연 코치, 허수미 코치, 박신연 코치에게 좋은 학습 동료가 되어준 것에 감사드린다.

내가 한 식구로 참여한 하우코칭의 현미숙 대표코치를 비롯한 동료 코치들은 우리 스스로를 하공(하우 공동체)이라 이름 짓고, 서로를 격려하고 지지하며 함께 성장하고 일하였다. 그 공동체가 있었음에 감사하다. 그리고 오랫동안 바인그룹 코칭 프르젝트에 참여하도록 이끌어 주었던 안남섭 코치, 또 함께한 동료 코치들과 매 코칭 프로젝트가 끝날 때마다 함께 나누었던 코칭 사례 복기와 지혜의 공유가 도움이 많이 되었음에 감사하다. 이 책의 초안을 읽고 귀한 조언을 해준 이석재 코치의 학문적 혜안과 배려심에 깊은 감사를 표한다.

이 책에서 자기 이야기를 코칭 사례로 사용하도록 허락해준 많은 나의 코칭 의뢰인들을 잊을 수 없다. 그들의 소중한 삶의 이야기가 이 책의 피가 되고 살이 되었다.

(재)미래인력연구원에서 오랫동안 스승이자 지지자 역할을 해주신 송복 선생님과 이 책을 집필하는 데 물심양면의 지원자이자 인생 선배인 (재)미래인력연구원 이진규 이사장께 큰 감사의 마음을 표하고 싶다.

나의 인생 후반에 리더십 코칭 분야가 맞다고 조언해주고 이 책의 초안을 읽고 세밀하게 피드백을 해준 아내 조수연에게 감사하며, 두 아들 수빈, 영빈에게도 이 책이 더 큰 리더로 성장하는 데 길잡이가 되기를 기대해 본다. 그리고 이 책을 만드는 데 수고해주신 박영스토리의 노현 대표와 조보나 편집자에게 심심한 감사를 드린다.

이 책이 코칭을 업으로 하는 전문코치들에게 새로운 코칭 도구가 되기를 기대하고, 동시에 일반 독자들에게도 자신의 라이프스타일 또는 삶의 방식을 진단하고 더 충만하고 성숙한 리더로 거듭나는 삶을 사는 데 미력이나마 도움이 되기를 기대한다.

2020년 가을
서 재 진

2부 리더십 개발의 방향과 ADLERS 모델의 코칭 프로그램

4부 조직 현장에서의 아들러 리더십 코칭

왜 아들러 리더십 코칭인가

1. 리더십 문제의 본질은 무엇인가

이 책이 어떤 내용을 어떻게 다루고 있는지를 개념적으로 먼저 설명하기보다는 아들러 코칭에 대한 실제의 일부를 보면 더 잘 이해할 수 있을 것으로 보인다. 코칭의 에피소드를 먼저 소개함으로써 책 전체의 주제 내용이 무엇을 추구하는지 이해할 수 있을 것이다. 이하에서 사용될 주요 개념들이 우리의 경험세계에서 무엇을 의미하는지도 미리 체험할 수 있을 것이다.

에피소드 1. 아동기에 형성된 왜곡된 신념을 교정한 사례

서울 구로동 소재 중견 IT 기업의 김열정 상무는 업무 역량이 특출하여 장래에 기업경영을 맡기고 싶은데 리더십에 문제 제기가 많다고 하여, 회사 사장의 의뢰로 아들러 코치를 만나게 된 사례이다.

그는 서울 명문대 전기공학과를 졸업한 엘리트 공학도이다. 김상무는 구성원들과 지금까지 업무 외의 사항으로 이야기를 해본 적이 없다고 말할 정도로 일 중심의 삶을 살고 있었다. 오로지 업무, 일을 향해서 달려왔다고 말했다. 그가 코칭에 임하게 된 것은 더 이상 자신의 리더십 능력에 대하여 의구심을 갖지 않게 하자는 실무적 결심에서였다고 한다.

우선 그의 초기기억을 살펴보았다. 김상무의 어머니는 첫남편이 6.25

때 월북하여 혼자가 되었다가, 상처한 현 남편과 재혼하였다. 김상무에게
는 자기보다 나이 많은 의붓형제가 네명 있고, 어머니에게서 난 친누나가
있다. 6남매 중의 막내인 셈이다. 유년기에 의붓형제들로부터 차별대우 받
고 자랐다. 그러나 외가에 가면 할머니로부터 옥이야 금이야 사랑을 받으
며 자랐다고 한다.

초기기억에서 어머니와 외할머니로부터 특별한 사랑을 받은 기억이 강
렬하다. 외할머니가 자기에게 화로에서 가래떡을 구워서 줄 때, 아무 말
없이 받아먹던 장면이 생생하다고 강조하였다. 외할머니는 순탄치 않은
삶을 산 자기 딸을 불쌍히 여겨서 외손자인 자기를 더 이뻐하셨던 것 같
다고 기억한다. 그는 외할머니의 사랑과 불쌍한 어머니에 보답하기 위하
여 성공해야 한다는 신념을 가지게 되었다. 그래서 초등학생 때부터 공부
를 열심히 하였고, 공부를 잘하는 사람으로 인식되었다. 어머니는 어딜 가
든 아들이 공부잘하는 것을 위안으로 삼았다고 한다. 초기기억 탐색에서
찾아낸 김상무의 사적논리는 이렇다.

자아관: 나는 세상의 중심이다.
세상관: 세상은 혼란스럽다.
인생관: 그러므로 나는 성공해야 한다. 잘해야 한다.

의붓형제들과의 삶이 혼란스럽다는 의미이고, 고생하시는 어머니를 실
망시키지 않기 위해 성공해야 하고 잘 살아야 한다는 신념이 머리를 채웠
다고 한다. 자기중심적인 자아관을 가진 것도 이런 신념과 관련이 있다.
그의 라이프스타일(lifestyle)은 '우월성 추구' 유형이다. 이 초기기억 조사
를 통해서 김상무는 자기중심적이고 성공지향적인 생존양식이 지금까지
살아온 삶의 방식이었음을 알게 되었다.

이것이 그에게는 너무나 자연스런 삶의 방식이었다. 왜냐하면 인생경험
이 일천하고 미숙한 유아기 및 아동기의 삶의 체험에서 결핍감과 열등감
을 극복하기 위해서 자기도 모르는 사이에 형성된 생존양식이기 때문이었다.
이러한 생존양식에 따라서 회사에서 열심히 일하여 성과를 냈다는 것과, 리

더십이 부족하다고 구성원들로부터 비판을 받는 삶을 살게 된 문제의 뿌리
도 알게 되었다.

이 대목에서 김상무는 공동감각이라는 것이 무엇인지를 아들러 코칭에
서 새롭게 학습을 하였다. 지금까지 살아온 방식이 자신이 어릴 때 자기중
심적으로 형성된 '사적논리'였던 데 반하여, 이제는 성숙한 공동감각으로
살아야겠다는 결심을 하게 된다. 이 감각에 기반하여 유아기의 열등감에
기반한 아이덴티티(identity)에서 성숙한 공동체적 관점으로 전환하였다.

아들러 리더십 코칭은 유년시절의 초기기억을 회상해서 근원신념을 찾
아주고, 그 신념이 자기의 삶을 어떻게 지배했는지를 알아차리게 하고, 신
념을 새롭게 수정하는 작업을 했다. 새로운 신념이란 세상과 연결된 존재
로 공동체에 기여하고 구성원들을 수용하고 배려하고 격려하는 방향이다.
아들러 심리학으로 보자면 사회적 관심을 불러일으키고, 자기중심성에서
공동체적 감각을 수용하도록 도와준 것이다. 새로운 공동감각에 기반하여
새롭게 형성한 자신의 아이덴티티는 다음과 같다.

    자아관: 나는 다른 사람에게 어머니 같은 존재다.
    세계관: 세상은 나와 사람들이 함께 사는 아름다운 꽃밭이다.
    인생관: 그러므로 나는 아름다운 꽃밭을 사람들과 함께 가꾸어야
    한다.

이러한 코칭의 결과로 김상무는 공동감각에 기반한 새로운 라이프스타
일을 가지게 되었다. 처음의 것과 얼마나 다른가. 이제 김상무는 새로운
자아관, 세계관, 인생관을 포함한 새로운 라이프스타일을 가지게 되었다.
나아가, 이 라이프스타일의 실현을 돕는 소통 스킬을 함께 학습함으로서
개인적 삶이나 회사의 현업에서 매우 수용적이고 포용적인 리더십 스타일
을 구사하게 되었다.

김상무는 자신이 이전까지 살아왔던 삶을 유치하고 바보 같았다고 말한
다. 어렸을 때부터의 자기 습관이었기 때문에 그렇게 사는 것이 너무나 당
연하고 자연스럽고, 그렇게 사는 것이 자기 자신이었다고 믿고 있었다. 다

른 방식의 삶이란 생각해본 적이 없었다고 말한다. 그런데 이제 돌이켜 보니 자기도 모르게 무의식적으로 그렇게 살아왔다는 것을 알아차리게 되었다고 말한다. 김열정 상무에 대한 코칭의 전체 과정은 이 책의 제14장에 기술하였다.

에피소드 2. 역지사지로 관점을 전환한 사례

이연태(가명) 대표는 작은 규모의 교육회사를 경영하고 있다. 그는 3남 1녀 중 막내로 태어났다. 마음이 공허하고 사람관계가 잘 안되어 온갖 수련 프로그램을 다 받아보았으나 아직도 사는 것이 힘들다.

코치는 이대표의 어린 시절 초기기억으로 가보았다. 당시에 가족으로는 나이 많은 할아버지와 할머니, 병석에 누운 아버지가 있고, 어머니가 시골에서 이웃 마을을 다니며 의류 행상으로 가계를 책임지는 가장이었다. 5살 무렵, 어느날 저녁에 어머니가 장사 나간지 3~4일 만에 껌껌한 시간에 귀가하였는데, 가족 중에 제일 막내인 자기만 아는 체도 하지 않고 안아주지도 않았다. 아이 연태는 솜털이 서는 느낌이었고, 가족으로부터 거리감이 느껴졌다.

"나는 중요한 사람이 아니다, 버림받은 사람이다, 가치 없는 존재다."

아이 연태가 가지게 된 자아관이다. 그런데 지금 생각해보니, 당시 어머니는 저녁밥을 지을 시간에 헐레벌떡 집에 오셔서 할머니와 할아버지께 문안드리고, 아버지 병색이 어떤지 살펴보고, 저녁 준비하기 위해 바로 부엌으로 가시느라 경황이 없는 상황이었다. 그런데 이연태 대표는 어머니가 자기를 아는 체도 않았다고 서운해하는 마음을 아직도 가지고 있다.

이처럼, 이대표는 그 상황을 일방적으로 자기중심적으로 생각하고 해석한 주관적 인지체계 속에서 평생을 살았다. 그가 지금까지 가졌던 사적논리는 이렇다.

나는: 보잘것없는 사람이다. 나는 아무것도 아닌 사람이다. 나는 불쌍한
    사람이다. 서글프고 비참한 사람이다.

사람들은: 나를 하찮게 여긴다. 나를 이해하지 못한다. 나만 빼고 다 행
    복한 것 같다.

세상은: 비정하고 살기 힘든 곳이다. 세상은 나에게 투항을 요구한다.
    세상은 울적한 곳이다. 내가 어찌할 수 없는 곳이다.

그러므로 나는: 나를 알아주지 않으니 나 혼자 강하게 살아야 한다.

전형적으로 자기중심성에 기반한 사적논리이다. 결핍감과 열등감에 기
반한 신념체계가 형성되어 있음을 볼 수 있다.

코치는 이대표에게 사적논리의 세계와 공동감각의 세계에 대한 설명을
하고, 공동감각의 옷을 입고 다시 어린 시절의 그 장면을 재경험하게 하였
다. 주어진 상황을 어머니의 관점, 가족의 관점에서 상황을 바라보게 하였
다. 공동감각이란 상대에 대하여 공감과 연결, 기여, 용기부여의 가치로
대한다. CCE(Connect, Contribution, Encouragement)로 상호작용한다. 공
동감각의 세계에서는 이연태씨가 엄마의 관점에서 엄마의 눈으로 보고,
엄마의 귀로 듣고, 엄마의 가슴으로 느낀다. 엄마가 며칠 동안 일 나가셨
다가 집에 오셨으니, 엄마가 나를 안아줄 때까지 기다리지 않고, 내가 먼
저 엄마에게 달려가서 엄마 손을 부여잡고 인사를 한다.

연태: (엄마의 손을 잡고) 엄마 이제 오셨어. 엄마 힘들었지. 엄마가 집에
    없어서 엄마 많이 보고 싶었어. (공감)

엄마: 아이고 내 새끼 엄마 보고 싶었구나. 엄마도 연태 너무 보고 싶어
    잠도 못잤어.

연태: 그랬구나! 나는 엄마 걱정하지 말라고 울지도 않고 씩씩하게 잘
    있었어. (기여)

엄마: 아이고 내 새끼, 착하기도 하지. 우리 연태 다 컸구나!

연태: 내가 크면 돈 많이 벌어서 엄마 편하게 해드릴 거야. (격려, 용기
    부여)

이렇게 공동감각의 옷을 입은 상황에서 코치는 이연태 대표에게 새로운 사적논리를 탐색한다. 다음은 이대표의 공동감각에 기반한 새로운 공동감각의 신념체계다.

나는: 집안의 귀여운 막내다.
사람들은(엄마는): 힘들지만 잘 이겨내고 있다.
세상은: 따뜻한 곳이다. 서로 격려하며 사는 곳이다.
그러므로 나는: 사람을 믿고 산다. 함께 도우며 살아야 한다.

코치는 유년시절의 초기기억을 회상해서 지금까지 자기 삶을 지배했던 사적논리를 찾아주고, 그 신념이 자기의 삶을 어떻게 지배했는지를 알아차리게 하고, 신념을 새롭게 수정하는 작업을 했다. 새로운 신념이란 세상과 연결된 존재로 공동체에 기여하고, 구성원들을 수용하고 배려하고 격려하는 방향이다. 이런 깨달음으로 유년 시절의 초기기억을 새롭게 재경험하도록 도움으로써 내면에 새로운 심리 프로그램을 심었다. 이연태 대표는 가슴이 충만한 새로운 삶을 살게 되었다.

리더십 문제의 본질은 무엇인가

위의 두 가지 에피소드에서 리더십 문제의 본질이 무엇인지가 드러난다. 사람이 얼마나 주관적 신념으로 세상을 사는지를 볼 수 있다. 아동기 때 형성된 좁은 소견을 성인이 되어서도 그대로 유지하고 있었음을 볼 수 있다. 사적논리로 사는 리더는 열등감과 결핍감에 지배되고 있음을 알 수 있다.

그런데 그들이 내면의 심리 프로그램인 사적논리를 공동감각으로 바꿈으로써, 마치 다른 사람이 된 것처럼 변화하지 않았는가? 화엄경에 '일체유심조(一切唯心造)'라는 말이 있다. 모든 것은 마음이 만든다는 말이다. 마음이 곧 생각이니, 생각을 바꾸면 삶이 바뀐다는 말과 같은 말이다. 새롭게 마음을 먹으면 새로운 행동을 하게 되고, 새로운 행동을 하면 새로운 습관이 만들어지고, 새로운 습관은 새로운 삶을 만든다.

사람들은 유년기 아동기에 철없을 때 생각해낸 자아관, 세계관, 인생관이 자신의 신념으로 굳어져서 지금까지 그대로 살고 있다. 과거에 지배받는 삶을 살고 있다. 아들러 코칭은 과거에 지배받는 삶에서 해방되어 자기가 선택한 공동감각으로 살도록 돕는다. 나아가서 더 성숙한 리더로 성장하도록 돕는다.

유년시절의 초기기억을 회상해서 지금까지 자기 삶을 지배했던 사적논리를 찾아주고, 그 사적논리의 신념이 자기의 삶을 어떻게 지배했는지를 알아차리게 하고, 신념을 새롭게 수정하는 작업을 하는 것이 아들러 코칭의 핵심 내용이다. 새로운 신념이란 세상과 연결된 존재로서 공동체에 기여하고 사람들을 수용하고 배려하고 격려하는 방향이다. 아들러 심리학으로 보자면 자기중심성에서 벗어나고, 공동체적 감각을 수용하도록 도와주는 것이다. 이런 코칭 과정을 통하여 더 이상 과거의 기억에 지배받는 자기중심적 사람이 아니라, 사람들과 함께 공감하고, 역지사지할 수 있는 더 큰 그릇의 리더로 거듭나게 되는 것이다.

2. 일체유심조와 사고모델

인류는 자기가 의식하지 못하는 어떤 무의식적 심리 프로그램에 자기가 조종당하고 있다는 사실을 알아차리고 그 속박으로부터 벗어나고자 하는 시도를 오래 전부터 해왔다. 가장 오래된 기록이 화엄경이다. 화엄경의 핵심 사상을 이루는 '일체유심조(一切唯心造)'라는 말은 모든 것은 마음이 만든다고 했다. 마음이 모든 것을 만든다면, 그 마음이 어떤 마음이냐에 따라 다른 것이 만들어진다는 의미이다. 이 화엄경의 사상은 부처의 사상이니 석가모니(기원전 563~기원전 483)의 연대를 기준으로 한다면 지금부터 2500여 년 전에 나온 말이다.

화엄경의 영향을 받은 제임스 앨렌(1864~1912)의 해석에 의하면 우리를 속박하거나 자유롭게 하는 것은 외부 상황이 아니라 그것에 대한 우리의 생각이라는 의미다. 우리는 자신의 생각으로 자신의 굴레를 만들고 자신의 감옥을 짓고 자신을 죄수로 만들기도 한다. 또는 자신의 생각의 속박을 풀고 해탈하기도 한다.1)

동양의 석가모니의 사상과 유사한 비유가 서양의 플라톤(기원전 428~기원전 348)의 '동굴의 비유'다. 플라톤은 동굴에서 태어나서 일생을 산 사람은 동굴에 비친 희미한 그림자 모습이 세상의 참모습이라고 본다. 동굴에서의 자기 경험이 자기 생각을 조건화시킨다고 본다.

허킨스는 플라톤의 동굴의 비유를 사고모델(mental model)이라 개념화하였다. 그에 의하면 사고모델이란 "우리가 세상과 우리 자신, 조직에 대해, 그리고 그것들에 적응하는 방식에 대해 우리가 가지고 있는 뿌리 깊은 신념, 이미지, 가정을 말한다"고 정의한다. 즉, 우리가 세상을 보는 방식이 사고모델인데 사고모델은 역으로 세상에 대한 우리의 경험에 영향을 미친다고 본다. 우리가 세상을 보는 방식을 바꾸면, 우리는 우리의 행동을 바꿀 수 있으며, 전혀 다른 결과를 얻을 수 있다는 것이다.2) 우리의 사고는 주변환경이나 경험에 의해 조건화된다는 것을 알 수 있다.

촉구폐일(蜀狗吠日)이라는 말이 있다. "촉나라 개는 해를 보고 짖는다"는 말이다. 촉나라는 산이 높고 많아 해가 잠시 하늘에 뜬다. 촉나라 개는 이 잠시 뜨는 해가 이상해서 도둑인 줄 알고 짖는다. 식견이 좁은 사람들이 분명한 진리를 보고 말이 많을 때 쓰는 표현이다. 인간의 판단은 그 경험이 편협해서 우주 전체의 경험에서 오는 판단을 내릴 수 없다.3)

『이카루스 이야기』라는 책을 쓴 세스 고딘은 조건화된 세계관은 우리가 세상을 있는 그대로 바라보지 못하게 방해한다고 주장했다. 자신의 세계관(mental model)을 버리기 전까지 우리는 세상을 똑바로 볼 수 없다고 한다. 세계관이 본질적으로 우리가 세상을 있는 그대로 바라보지 못하게 하기 때문이라는 것이다.

『성공하는 사람들의 7가지 습관』을 쓴 스티브 코비도 우리는 사실을 있는 그대로 보는 것이 아니라 어떤 것의 영향을 받고 조건화된(conditioned)

자신의 주관적 입장에서 본다고 강조했다. 우리는 사물을 볼 때 있는 그대로 본다고 생각하는 경향이 있다. 즉 자신이 객관적이라고 생각한다. 그러나 사실은 그렇지 못하다는 것이다. 다시 말해서 자신이 본 것을 서술한다는 것은 자기 자신, 자기의 지각, 자기의 패러다임을 서술한다는 것이다.[4]

이러한 생각의 감옥은 개인뿐만 아니라 국가 단위에서도 적용된다.『한국은 하나의 철학이다』라는 책에서 오구라 기조는 우리나라 사람들은 성리학의 도덕지향성에 과도하게 사회화되어 있다고 보았다. 성리학의 유일사상체제가 500년간 지속된 조선사회를 통과해온 우리나라 사람들은 마땅히 해야 할 원칙, 예, 정해진 절차 등의 정해진 이치(定理)를 기준으로 타인을 판단하기 때문에 싸움과 갈등이 많다고 본다. 개인이 자기의 생각의 감옥에 갇혀있다면, 국가 또는 사회도 집단적으로 하나의 감옥에 갇혀있는 것이다.

심리학의 아버지라 불리는 윌리엄 제임스는 "이 시대의 가장 위대한 혁명은 생각을 바꾸면 삶의 외형을 변화시킬 수 있다는 사실을 발견할 것이다"라고 일깨웠다. 생각을 어떻게 바꿀 것인가?

3. '사적논리'가 넘어야 할 산이다

아들러에 의하면 사람은 아동기 때 형성된 자기 개인적 생각의 틀인 사적논리(private logic)에 갇혀있음으로써 그 사적논리로 세상을 바라본다고 설명한다. 사적논리는 아동기 때 특정한 경험에서 알게 된 세상 이치에 기반하여 자기의 자아관, 세계관, 인생관으로 만든 것이다. 사적논리는 그 사람의 성격이나 습관이 된다. 아들러는 사고의 습관, 행동의 습관이 바로 사적논리로 만들어져 있다고 본다. 한번 만들어진 성격 습관은 특별한 경험이 개입되지 않으면 변하지 않고 지속된다는 것이다. 세살 버릇 여든까지 간다는 말이 그 말이다. 그런 점에서 아들러의 사적논리 개념이 지금까지 동굴의 비유, 사고모델 등의 여러가지 개념들을 포괄하는 개념에 가깝다.

아들러의 이 개념은 뇌과학적으로도 설득력이 있다. 뇌과학자들이 뇌의 신경회로의 개념으로 설명하는 것이 바로 아들러의 사적논리와 라이프스 타일 개념을 지지한다. 인간의 뇌에 한번 형성된 신경회로는 새로운 자극 이 없으면 익숙한 패턴에서 벗어나지 않고 자동반복하게 된다고 보는 점 에서 그러하다. 아들러의 심리학적 관점을 뇌과학이 뇌의 신경회로의 법 칙의 관점에서 설명한 것으로 볼 수 있다.5)

이제 우리는 자기 생각의 감옥, 사적논리의 정체를 알게 되었으니, 사적 논리를 넘어서 넓고 보편적인 세계를 향해서 나아가야 한다. 리더십 성장 을 위해서는 사적논리로 구성된 자기 생각의 감옥에서 나와서 공동감각으 로 돌아오기가 해법이라는 것이 이 책의 논지이다. 뇌 안의 심리 프로그 램, 즉 유심(USIM, 唯心)칩을 바꾸어야 한다는 것이다.

4. 아들러 심리학의 리더십 코드
   : 공동감각으로 거듭나기

지금까지 서술한대로, 자기 생각의 감옥에서 벗어나기, 자기중심주의 초월하기와 같은 과제들이 리더가 되는 근본적 바탕이라는 점을 이 책은 강조한다. 자기 생각의 감옥과 자기중심주의에서 벗어나지 않으면 리더로 서도 개인으로서도 성공적인 삶을 살기가 어렵다. 개인으로서 정신이 건 강하지 못한 사람은 리더가 되기 어렵다. 리더가 자기 생각의 감옥에 갇혀 있거나 자기 에고를 추구하는 데 급급하다면 그는 필경 리더의 자리에서 낙마하게 된다. 한비자가 말하기를, 군자는 태산에 걸려 넘어지는 것이 아 니라 작은 돌부리에 걸려 넘어진다고 하였다.

한 개인으로서 그리고 리더로서 더 큰 그릇의 리더가 되는 길은 자기 생각의 감옥에서 벗어나고 자기중심주의에서 벗어날 때이다. 자기중심주 의에서 벗어날 때, 비로소 주변 사람들을 관심 있게 바라보게 되며, 공감 하고 격려하는 여유가 생긴다. 이것이 소박한 의미에서 자기초월이며 해 탈이다. 인류의 오랜 전통의 인문학이 추구하는 것도 이런 것이다. 이런 것이 인류의 오랜 숙원사업이었다. 나는 이 가슴 떨리는 인류의 숙원사업에 대한 한 솔루션을 아들러 심리학에서 단서를 찾았다.

아들러의 해법

아들러 심리학은 이기주의와 자기본위주의가 범람한 이 시대에 요구되는 패러다임이다. 아들러 코칭은 의뢰인으로 하여금 자신의 사적논리를 알아차리게 하고, 자기 스스로 변화의 필요성을 알아차리도록 촉진하는 방법이다. 이상적으로는 사적논리에서 나와서 공동감각(common sense, 상식)의 세계로 나아가야 한다고 본다. 그런 점에서 아들러 심리학은 큰 그림 사고(big picture thinking)로 접근하는 것으로 볼 수 있다.

이 책은 인간이 스스로를 생각의 감옥에 가두는 짓을 왜 하고 있는지를 밝혀내고, 그 생각의 감옥을 알아차리게 하고, 새로운 공동감각의 세계관과 자아관으로 대체하도록 돕는다는 목적에서 출발한다.

여기서 짚고 넘어가야 할 것은 이 책이 개인의 유익을 완전히 버리라고 말하는 것은 아니다. 우리가 빵을 먹을 수 있는 것은 빵집 주인의 이기심 덕분이라는 아담 스미스의 명제는 여전히 유효하다. 그러나 타라 스와트가 지적한 것처럼 이기심도 타인과 우주와 조화되는 이기심이어야 한다. 공동체 감각의 범위 안에서의 이기심이어야 한다.[6]

아들러 심리치료의 과제는 의뢰인이 좀 더 유용한 목적, 즉 자기 자신의 우월성만을 추구함으로써 발생하는 제반 삶의 문제를 해결하도록 돕는 것이었다. 의뢰인이 치료전문가를 찾아오는 건 그가 현재 직면한 특정한 삶의 상황에서 막다른 골목에 부딪혔기 때문이다. 아들러는 이러한 결과들의 기저를 이루는 사적논리와 생존양식(lifestyle)을 변화시켜야 한다고 본다. 그 치유 방향은 인지적 재편성이다. 비효율적인 생존양식은 공동체 감성이 충분히 발달되지 않아서 열등감이 높아진 데서 생겨난다. 따라서 의뢰인을 격려하고 공동체 감성을 강화시키는 일이 심리치료사인 아들러의 과제였다.[7]

아들러는 개인이 가족과 친구, 공동체 등과 깊이 연결되어 있으며, 이 연결은 당연히 다른 동물과 식물, 심지어 무생물까지 확장되어야 한다고 주장한다. 개인은 우주 전체와 연결되어 있다는 뜻이다. 이 연결성을 제대로 이해하고 느낀다면, 이기심이 일으키는 많은 문제들이 해결된다는 것이 아들러의 지론이다.[8] 사회에 대한 관심을 적절히 키우면 인류에 대한 소속감이 생겨나고 따라서 다른 사람들과 깊이 공감할 수 있게 된다는 아들러의 관점이 개인주의가 극심한 현대에 더 큰 울림을 준다.

개인은 자기다움(uniqueness)을 추구하고 개별화하기를 추구하지만, 또 한편으로 개인은 사회에 뿌리를 박고, 사회에 내장되어(embeded) 있다. 사회와의 상호의존관계에서 벗어날 수 없다. 호모 사피엔스가 경쟁적인 인간종을 누르고 지구를 독점적으로 점령하게 된 것은 협력할 수 있는 능력 때문이었다고 주장하는 유발 하라리에게서 많은 것을 시사받을 수 있다. 네안데르탈인은 개체주의로 살았던 데 비하여, 호모 사피엔스는 공동체적 협력을 사용할 줄 알았다. 그 결과 네안데르탈인은 멸종했고, 사피엔스는 번성하여 지구 전체를 점령하였다.

하라리에 의하면, 2백만 년 전부터 약 1만 년 전까지 지구에는 적어도 6종의 유인원이 살고 있었는데, 호모 사피엔스는 약 7만 년 전부터 3만 년 전 사이에 출현한 인지혁명을 통하여 새로운 사고방식과 의사소통 방식을 가지게 되었다. 그 능력 덕분에 전설, 신화, 종교와 같은 상징과 허구를 사용할 수 있게 되었고, 그런 신화들 덕분에 호모 사피엔스는 많은 숫자가 모여 유연하게 협력하는 유례없는 능력을 가질 수 있었다는 것이다. 호모 사피엔스가 신화를 기반으로 한 부족국가를 만들어 활동하는 데 비하여, 네안데르탈인은 개체 기반으로 생존하고 있었기 때문에 생존 경쟁에서 도태하고 말았던 것이다. 협력을 할 수 있는 호모 사피엔스가 협력을 못하고 개인주의적으로 생존하는 네안데르탈인을 정복하고 지구의 최종 승리자가 된 것이다.[9]

인류 조상의 역사를 통해서 볼 때 공동체를 떠나 개인주의로 가면 인간의 본래적 경쟁력은 상실되고 만다. 개인도 패망하고 인류 전체도 패망할 것임을 시사한다. 개인주의화 되어 감으로써 고독하고 생존에도 힘들어하는 인간이 이제 다시 인간의 생존의 전략으로서의 공동체주의의 본질을 이해할 때가 되었다. 개인주의를 넘어서 공동체 감정을 회복할 때에 자기 자신도 살고 인류도 살게 될 것임을 알아차리자는 것이 이 책의 논지이다.

아들러 심리학은 생존과 번식이 핵심가치인 인간에게 있어서 생존을 위해서는 자기중심성의 에고만으로는 한계에 직면한다는 사실을 강조한다. 그래서 인류 조상이 개발해 낸 가치가 공동지향성과 집단지향성이다. 아들러는 이러한 공동지향성, 공동체 감각, 또는 공동감각을 자기 성장을 위한 새로운 차원의 솔루션으로 제시한다. 이로써 이 책은 공동체 감각으로 성장하도록 하는 핵심가치를 리더십 개발의 출발점으로 삼아서 새로운 리더십 개발 프로그램을 개발하게 되었다.

5. 나의 리더십은 나의 뇌다

아들러 심리학의 작동원리와 타당성을 제고하기 위해 아들러 심리학의 일부 개념을 뇌과학에 접목하는 시도를 한다. 이유는 두가지다. 첫째는, 아들러가 뇌과학을 기반으로 심리학을 발전시킨 것은 아니지만, 뇌과학의 원리에 근접해 있기 때문이다. 뇌과학과 아들러 심리학 둘 다 진화론에 기반해 있다는 것이 그 이유이다. 진화론에 기반하고 있다는 것은 인간 생활의 목적이 생존과 번식에 초점을 맞추고 있다는 관점을 의미한다. 아들러는 개인의 생존양식이 생존의 현안인 3대 인생과제를 수행하는 전략을 둘러싸고 형성된다고 가정하고 있다.

뇌과학은 뇌의 구조와 기능이 생존과 번식을 최적화하는 방향으로 진화되었다고 본다. 유인원에서 호모 사피엔스가 분화되어 현대의 인간으로 진화하는 과정은 철저히 진화의 원리에 따라 변화되어왔다는 것을 뇌과학자들이 이미 증명하였다. 이처럼 아들러 심리학과 뇌과학은 서로 다른 언어를 사용하지만 로직은 유사한 것이다.

뇌과학은 인간에게 있어서 생존과 번식이 생명체의 궁극적인 목적이기에 생존과 번식을 성공적으로 이루어내도록 뇌가 지금과 같은 모습으로 진화되어 작동하고 있다고 본다. 현재의 뇌는 생존과 번식의 과제에 더 잘 적응하기 위해 자연선택의 과정을 통해서 살아남은 모습이다. 인간의 뇌에 시각, 청각, 촉각, 판단, 계획, 행동 등 특정 활동을 담당하는 뇌 부위가 따로 존재한다는 것은 그 기능을 위해 뇌가 진화적 적응을 했다는 의미이며, 그 기능은 진화적으로 목적이 있다는 의미다.

오랜 문명화를 거친 인간이라도 그 본성에는 생존과 번식이 중요하게 자리잡고 있다. 생존과 번식에 집착하는 이런 모습은 생명체로 태어난 이상 그 누구라도 예외일 수 없다.[10] 마이클 가자니가 교수는 위대한 음악가, 화가와 같은 예술인들의 활동도 결국은 수준이 다른 차원이기는 하지만 생존과 번식이 목표라고 본다.[11]

둘째는, 뇌과학이 인간의 정신에 관한 많은 의문점들에 대한 통찰을 주기 때문이다. 뇌과학적 발견이 아들러 심리학의 주요 개념들에 대해서 그 작동원리에 대한 통찰을 준다. 2000년도 뇌생리의학 노벨상을 받은 에릭 캔델은 최근 시기에 얻어진 인간의 정신에 관한 값진 통찰들이 전통적으로 정신을 다뤄온 학문들 – 철학, 심리학, 정신분석 – 에서 나오지 않았고, 오히려 그런 통찰들은 그 학문들과 뇌 생물학의 융합으로부터 나왔다는 논평을 한 바 있다.[12] 뇌과학은 인문학이 고민해왔던 많은 문제들에 답을 준다는 의미이다.

타라 스와트는 사고의 패턴을 교정하는 것은 뇌에서 새로운 신경회로, 즉 시냅스(synapse)를 만드는 방법이라고 본다. 마치 몸의 재활치료처럼 하면 된다고 본다. 새로운 신경회로가 형성될 때까지 반복하거나 오감의 자극을 주는 노력을 반복하면 된다는 것이다. 뇌 신경세포의 작동원리로 인간의 의식 변화를 설명하는 것이다. 물론, 뇌세포를 연결해 새로운 경로를 만들려면 많은 노력과 자원을 쏟아야 한다. 처음에는 진척이 느린 듯 보이지만 어느 순간 임계점이 되는 시점이 찾아온다. 그 시점을 지나면 가속도가 붙고 가시적 효과가 나타나기 시작한다.[13]

20세기 후반에 fMRI와 같은 첨단기술의 발달로 뇌의 기능을 관찰할 수 있게 됨에 따라 뇌의 기능을 극대화하는 방법에 관한 논의도 많이 전개되고 있다. 그 중에서 가장 중요한 것이 뇌의 가소성이론이다. 인간의 뇌는 평생 변화할 수 있다는 이론이다. 더 많이 경험하고 연습한 것일수록 그것과 관련된 신경회로가 강력해진다.

크리스털 림 랭과 그레고르 림 랭에 의하면, 신경가소성 원리를 이용하면 어떤 일을 하거나 어떤 것을 믿도록 뇌를 훈련시킬 수 있다. 이런 식으로 뇌를 적응시킬 수 있다면 미래 또한 마음먹은 대로 만들어갈 수 있다고 주장한다.[14]

나의 리더십은 나의 뇌다

뇌과학이 아들러 심리학의 주요 개념의 작동원리만을 설명하는 것이 아니라, 인간의 사고와 행동의 전반을 설명할 수 있다. 단적인 예가 "나는 뇌다"라는 말 속에 드러난다. 이 세상에 하나밖에 없는, 유니크한 나 자신을 만드는 것은 바로 나의 뇌라는 것이다. 사람들이 저마다 다른 방식으로 생각하고, 정보를 처리하며, 감정적으로도 다르게 반응하는 이유는 뇌에 형성된 신경회로가 다르기 때문이다.[15] 사람들의 생존방식이 제각각 다른 것은 뇌에 형성된 생존방식의 신경회로가 다르기 때문이다. 인간의 의식이 생물학적 기능에 의거하는 셈이다.

우리가 날마다 새 정보를 획득하고 기억을 저장할 때 우리의 뇌에서는 새로운 해부학적 변화가 일어난다. 우리는 각자 어느 정도 다른 환경에서 성장하고 다소 다른 경험을 하므로, 우리 각자의 뇌 구조는 유일무이하게 변형된다. 심지어 똑같은 유전자들을 공유한 일란성 쌍둥이들도 뇌는 다르다. 그들도 살면서 어느 정도 다른 경험을 할 것이 틀림없으니까 말이다. 우리는 인간 종이 공유한 설계도에 기초를 둔 뇌 구조물들과 시냅스 연결 패턴을 똑같이 가지고 있다. 인간 뇌의 설계도는 모든 개인에게서 기본적으로 똑같다. 그러나 그 설계도를 기반으로 쌓아올린 삶의 건축물은 개인마다 다르다. 뿐만 아니라 시냅스 연결의 패턴과 세기가 각 개인의 특수한 경험에 따라 추가로 변형될 것이다.[16]

그런 의미에서 나의 리더십 패턴도 나의 뇌라고 말할 수 있다. 나의 뇌 속에 나만의 리더십 신경회로가 내장되어 있다. 우리의 자아가 결국 신경회로의 프로그램으로 만들어져 있다.17) 자신의 리더십을 바꾸려면 자신의 뇌의 신경회로를 바꾸어야 한다는 사실을 알 수 있다.

이처럼, 아들러 심리학의 핵심 개념들의 작동원리가 뇌과학 이론으로 설명이 가능해지며, 나의 리더십은 나의 뇌라고 말할 수 있을 만큼, 리더십과 뇌의 기능은 밀접한 관련이 있다. 그래서 이 책은 아들러 심리학을 뇌과학과 접목하는 시도를 하지 않을 수 없다고 보고, 제5장에서 자세한 논의를 전개한다.

6. 뇌의 유심칩을 바꿔라
  : 이 책의 솔루션

아들러 심리학이 주는 리더십 코드와 그러한 아들러 심리학의 원리를 뇌과학의 연구결과와 통합한 '아들러 리더십 코칭'의 해법이 바로 뇌의 유심칩을 바꾸는 것으로 귀결된다.

뇌의 신경회로 또는 시냅스는 스마트폰으로 말하면 유심(USIM)칩과 유사한데, 이는 곧 생각이 모든 것을 만든다는 일체유심조의 유심(唯心)의 개념에서 따온 말이기도 하다. 그래서 유심칩은 마음의 칩을 의미한다. 마음을 만드는 칩이 뇌의 신경세포와 시냅스이다. 라이프스타일의 시냅스가 스마트폰의 유심칩에 해당한다는 말이다.

아들러 리더십 코칭의 원리는 뇌의 유심칩을 바꾸는 것과 비슷한 원리다. 유아 때부터 형성된 라이프스타일(lifestyle)이 삶의 방식을 결정하고, 개인의 일거수일투족이 바로 이 라이프스타일이라는 내면의 심리 프로그램에 의해서 조종된다면, 이를 바꾸는 것이 리더십을 바꾸는 것이 된다.

아동기에 형성된 역기능적 라이프스타일을 찾아내어 공동감각(common sense, 상식)에 기반한 보다 성숙한 라이프스타일로 변환하는 것이 이 책의 코칭 방법이다. 그것이 가능하게 하기 위해서는 아동기 때 형성된 사적 논리를 새로운 공동감각으로 바꾸어 주어야 된다. 뇌의 신경회로의 측면에서 말한다면, 사적논리가 지배적인 신경회로를 공동감각이 지배적인 신경회로로 바꾸어 주는 것이다. 도표로 나타내면 다음과 같다.

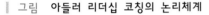

┃ 그림 **아들러 리더십 코칭의 논리체계**

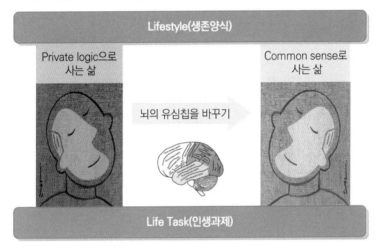

이 그림에서 보여주는 대로, 사람들은 이 세상에 살면서 인생과제(life task)를 해결하기 위해서 아동기부터 자기 나름의 사적논리(private logic)를 만들어서 생존양식(lifestyle)을 형성하여 살고 있다. 사적논리에 기반한 생존양식은 철부지 시절에 자기중심적인 판단에 의해 형성된 것이기 때문에 역기능적일 경우가 많다. 그래서 더 성장하기 위해서는 공동감각(common sense)으로 사는 삶으로 나아가야 한다. 이를 위해서는 뇌에 형성된 신경회로, 즉 뇌의 유심칩을 바꾸는 코칭 과정이 필요하다. 이것이 이 책에서 지향하는 아들러 리더십 코칭의 골격이며, 프레임이다.

제 I 부

아들러와 아들러 심리학의
새로운 이해

제1장
아들러는 누구인가

1. 시대를 앞서간 심리학자

『죽음의 수용소에서』라는 책으로 유명한 빅터 프랭클(Victor Frankl)은 아들러(1870.2.7.~1937.5.28)가 성취하고 달성한 바는 코페르니쿠스의 발견에 버금간다고 했다. 욕구 위계 이론으로 알려진 에이브러햄 매슬로(Abraham Maslow)는 해가 갈수록 아들러가 점점 더 옳다는 생각을 하게 된다고 했다. 또한 시대가 아들러를 따라잡지 못했다고 말하고 싶다고 했다. 합리적 정서행동치료(REBT)의 창시자인 알버트 엘리스(Albert Ellis)는 아들러는 최초의 인본주의 심리학자라고 평했다.[1] 실제로 그의 영향으로 칼 로저스 같은 인본주의 심리학자가 나왔다.

물리학자 아인슈타인이 아들러에게 1937년 2월 4일자로 보낸 편지에서, 프로이트에 비교한 아들러 이론의 강점을 지적해준다. "프로이트는 거의 전적으로 성욕과 불안의 영역을 동기로 다루었지만, 아들러 박사님은 사회적 감정들을 체계적으로 다루었다고 보며, … 박사님께서 이 중요한 측면을 더욱 자세하게 연구한 것은 분명 가치 있는 공적"이라고 평했다.[2]

아들러가 사망했을 때 미국의 사망 기사 중 가장 흥미로운 것은 『뉴욕 헤럴드 트리뷴』 기사이다. 기사는 프로이트, 융과 함께 새로운 학문 못지 않게 새로운 종교가 된 영향력 있는 3인조의 일원이라고 불렀다. 그리고 이들 세 사람과 이들의 많은 지지자는 "시대의 정신적 외관을 다시 만들고 찰스 다윈이 그 이전 세대에게 안겨준 엄청난 충격에 비견할 정도의 인상을 문명에 남겼다"고 강조했다.3)

아들러는 1870년~1937년간에 살았던 사람인데, 매슬로가 말한 대로 확실히 시대를 앞서가는 심리학자이자 진보적인 사람이다. 그 시대에 민주적 가정, 남녀평등, 다른 사람과의 온전한 개인적 평등, 민주적 자녀 양육, 민주적 학급운영, 벌주지 말고 용기를 부여해서 사람들을 변화시키는 방법들을 창안했다. 벌이 훈육의 기본방식이었던 시대에 인본주의 심리학을 창시하였다. 민주적으로 학급이나 자녀를 어떻게 양육하고 훈련하느냐 하는 문제를 제기하고 다녔으니, 동서양을 막론하고 남녀차별, 벌이 일상적인 훈육방법인 시대에 많은 사람들에게 꿈같은 이야기였다.

아들러는 아이들의 교육에 힘썼는데, 어느 교육제도에서나 똑같이, 아이를 진지하게 받아들이고, 아이를 평등한 존재로 다루고, 아이에게 수치심을 안기지 않고, 아이를 조롱하지 않는 것이 가장 중요한 원칙의 하나라고 주장했다. 아이들은 주변 환경에서 나오는 표현들을 단순히 그냥 느끼는 것이 아니라 억압적인 것으로 느끼기 때문이다. 허약한 사람의 감수성이 육체적으로나 정신적으로 스스로 강하다고 생각하는 사람들의 감수성과는 다른 것과 마찬가지이다.4) 아들러의 교육 사상은 그의 후학 루돌프 드레이커스에 의해 계승되어 민주주의 교육 이론으로 꽃을 피웠다. 드레이커스의 책을 보면 아들러가 주장한 인본주의와 민주주의 교육의 원형을 볼 수 있다.5)

아들러는 남녀평등의 가치에 대해서도 강력히 주장하였다. 아이들에게 남자나 여자는 똑같은 가치를 지닌다는 점을 이해시켜야 한다고 본다. 동물에 대해서도 아이들에게 동물을 장난감이나 놀이가 아니라, 인간의 동료로 다루도록 가르쳐야 한다고 했다. 집에 새나 강아지, 고양이 같은 동물이 있다면 아이들에게 그 동물들을 살아있는 존재로 여기도록 가르쳐야 한다고 했다. 동물도 인간과 마찬가지로 아픔을 느끼는 존재라고 가르쳤다. 동물과의 사이에 적절한 동료애를 느끼는 것은 인간과의 사회적 협동

을 준비하는 단계로 여겨질 수 있을 것이라고 주장했다.[6]

최근 들어 아들러의 연구가 국제적으로 다시 인기를 얻기 시작했다. 다행스럽게도 최근 한국 사회에서도 기시미 이치로가 쓴『미움받을 용기』라는 책을 계기로 아들러가 큰 관심을 받고 있다. 아들러가 지금에 와서 왜 이런 찬사를 받고 있으며 대중적인 인기를 누리고 있는가?

그의 사상이 대중적 공감을 얻는 것은 인간에 대한 따뜻한 위로와 격려의 사상 때문이다. 그는 인간이 지구라는 혹성에 던져져서 살아가는 과정에 직업, 사회관계, 사랑 및 결혼이라는 인생의 필수 과제에 직면하면서 열등감을 느껴서 과도하게 우월성을 추구하거나 아니면 좌절하여 삶의 과제를 회피하게 된다고 본다. 그래서 용기를 부여하여 격려하는 것이 최상의 교육법이라고 본다. 사람관계에서 용기를 부여하고 격려하기 위해서는 남녀관계, 부모·자녀관계, 교사·학생관계에서 민주적이고 공감적인 관계가 필수라고 보고 있다.

또한 아들러가 찬사를 받는 이유는 개인심리학이라 불리는 아들러 심리학이 자기변혁을 위한 심리학이기 때문이며, 심리상담에서 보다 현실적이고 효과성이 높기 때문이다. 심리학의 3대 원조로서 동시대에 활동했던 프로이트와 융을 들 수 있는데, 프로이트는 인간 심리의 내면으로 들어가서 이드, 에고, 수퍼에고의 개념을 창안하여 내면 심리 탐구에 머물렀다. 상담도 하고 치료도 했지만 초점은 퍼스낼리티를 구성하는 이드, 에고, 수퍼에고의 에너지가 일으키는 내면 심리의 역동이었다.

칼 융도 심층심리학 정신분석학파로서 마음의 심층 무의식의 구조와 기능의 탐색에 관심이 있었다. 칼 융은 집단무의식을 발견하여 그것을 확인하기 위하여 세계를 여행하면서 인간이 태어날 때부터 보편적으로 가지고 있는 인간 본능의 보편성을 검증하는 데 관심이 있었다. 또한 그의 주된 관심은 꿈 분석이다. 꿈 분석을 통하여 내면 무의식의 역동을 찾아내는 방법론이다. 유형론을 창시하여 MBTI 심리검사도구의 이론적 기반을 제공하기도 했다.

프로이트와 융에 비하여, 아들러는 깊게 무의식 속에 형성된 신념을 분석하되, 한 개인이 세상이라는 사회환경에 던져져서 실존적으로 지금 여기를 어떻게 살아가느냐에 관심을 가졌고, 삶에 직결되는 방향으로 성격 문제를 해석했다. 삶이란 일, 관계, 사랑의 실제적인 삶의 과제를 앞에 놓고 어떻게 독특한 방식으로 선택해 가느냐, 사회적 관계 속에서 어떻게 자기의 삶을 매 순간 선택해 가느냐, 특히 환경적 영향을 받아서 자기가 어떻게 지각하고 인지해서 자기 스스로 선택적으로 만들어 가느냐, 또 어떤 꿈과 비전과 사명과 신념체계를 가지고 자기의 삶을 살아가느냐, 자기가 누구인지 어떻게 살아야 되는지에 대한 과제들에 답을 주는 사람이 아들러이다. 프로이트가 자유연상을 주된 분석의 대상으로 하고, 융이 꿈을 주된 분석의 대상으로 한 것에 비하여, 아들러는 현재의 삶과 관련된 초기기억을 분석 대상으로 했다는 점에서 보다 현실적이고 실용적이고 타당성이 높은 분석법이다.

아들러의 분석기법은 라이프스타일을 명료하게 인지적으로 분석하고 드러내서 알아차리도록 한다. 알아차리지 못하는 무의식에 있는 것을 의식으로 드러내서 인지적으로 알아차릴 수 있게 한 것이 아들러 심리학의 탁월한 측면이다. 그래서 New World Encyclopedia는 아들러 심리학은 심층 심리학이라기보다는 사회심리학에 매우 가깝다고 기록했는데, 개인이 사회적 맥락 속에서 조망되어지고 이해되어지기 때문이라고 했다.7)

아들러 심리학이 지금 새삼 우리 사회에서 각광을 받고 있는 또 다른 이유는, 어쩌면 무서울 정도로 팽배한 이기주의에 대한 반성일지도 모른다. 산업화 이후 경쟁사회가 심화되면서 공동체 감각이 약화되고 있으면서 오히려 인간은 소외감과 고독감으로 존재 문제가 부각되고 있는 때에 아들러는 사적논리(private logic)에서 벗어나 공동감각(common sense)의 삶으로 거듭나야 한다고 주장하고 있기 때문이다.8) 우리 시대의 진정한 대안적 삶의 방향이 제시된 것이다.

2. 아들러 심리학의 전개과정

아들러는 그의 학창 시절에 심리학, 철학, 정치학, 경제학 및 사회학 등을 두루 섭렵했다. 빈 대학에서는 의학을 전공했는데, 의사가 되겠다는 그의 결심은 아주 어린 시절부터 이미 싹트고 있었다. 아들러는 1895년 의사시험에 합격하고 빈 병원에서 일하게 되었다. 그리고 1898년에는 안과 전문의로 개업했다가 얼마 후 그는 일반개업의가 되었다. 그는 병이란 것을 결코 별개의 것으로 생각하지 않고 인격 전체로 이해하고자 했다. 즉, 정신적 과정과 신체적 과정 사이에 있는 깊은 연관성을 이해하려고 노력했다. 이러한 관심에서 보다 더 근원적인 치료를 하기 위하여 일반개업의를 그만두고 신경학으로 전향했다.[9]

아들러의 심리학에의 관심은 진료행위를 하는 과정에서 일어났다. 의학이 심리적 표현들을 이해하는 데 필요한 '목적론적 관점'을 자신에게 안겨 주었다고 한다. 생명은 언제나 지속하려는 목적을 향해 노력하며, 생명력이 싸워보지도 않고 외부의 장애물에 굴복하는 예는 절대로 없다고 한다.[10]

일반의사에서 신경학자로 변신

아들러가 일반의사 시기의 치료사례를 보면 다양한 환자가 포함되어 있었다. 아마 가장 파란만장한 삶을 사는 환자들은 차력사, 공중 곡예사, 놀이공원에서 일하는 사람들이었을 것이다. 특별한 신체적 힘과 기술로 먹고사는 이 남성과 여성들은 젊은 의사 아들러에게 자신의 인생 경험, 좌절과 희망, 기대와 목표를 이야기했다고 한다. 아들러는 환자들을 더 충실히 돕기 위해 신체와 정신 사이에 숨어있는 신비한 결합 관계를 진지하게 탐구해 보기로 결심했다.

이 시기에 아들러는 나중에 그가 '기관 열등감(organ inferiority)'이라 부른 심적 기전이 성인의 성격과 습관적 행동을 결정하는 데 어떤 역할을 하는지 깊이 생각하기 시작했다. 그는 놀이공원의 예능인 중 많은 사람들이 어린 시절에 선천적인 결함을 겪은 뒤 운동 실력을 길러 결함을 성공적으로 극복하려고 노력했다는 점에 흥미를 느꼈다. 이 사례들은 체력을 기르려고 노력하던 자신의 어린 시절을 떠올리게 했음이 분명하다.

어려움을 극복하려는 이런 욕구에 관한 아들러의 관찰은 몇 년 내에 '보상(compensation)' 및 '과잉보상(overcompensation)' 이론으로 서서히 통합되었다. 이 이론들은 현대심리학의 보루가 되었고 영어에서 대중적인 용어로 쓰이게 되었다.11) 아들러는 이 개념에서 그의 심리학의 핵심 개념이 되는 '열등감' 개념을 발전시켰다.

아들러는 28살에 첫 번째 전문저서를 발표했다. 1898년에 출간된『재봉사를 위한 건강 책(Health Book for the Tailor Trade): 직업병과 산업사고 예방을 위한 조언』은 어떤 직업의 경제적 상황과 질병과의 관계 및 낮은 생활수준이 공중위생에 미치는 위험을 설명하려 했다. 1902년에『의학소식회보』에 아들러의 두번째 논문「사회의학에 대한 학술 강좌」는 아들러의 사회의학에 대한 지속적인 관심을 분명히 밝혔다. 아들러는 의사라는 직업으로 개인적 부를 축적하기 보다는 세상에 실질적인 변화를 이루길 원했다고 한다.12)

초기 아들러 심리학의 전개와 프로이트와의 교류

1902년 프로이트가 빈 대학에서 교수직을 얻은 해에 수요정신분석포럼을 시작했는데, 아들러에게 '당신의 동료 프로이트 박사' 명의로 초대하는 편지를 보내왔고, 아들러가 참석하게 되었다. 당시 아들러는 자신보다 14살이나 많은 원로 심리학자 프로이트에 흥미를 느끼고 있었다. 아들러는 졸업 후 7년간 경력을 쌓은 개업의였는데 그는 프로이트의 치료를 받은 적도, 그의 대학 강연에 출석한 적도 없었다.13)

이 모임에 참석한 것을 계기로 아들러는 본격 심리학자들과 교류를 하면서 심리학자의 길을 가게 된다. 그런데 처음부터 아들러는 성욕의 중요성을 강조하는 프로이트와는 많은 점에서 견해를 달리하고 있었다. 아들러는 열등감이 신경증의 원인이 된다고 주장하여 프로이트의 성욕 편향 이론과 충돌할 수밖에 없었다. 특히 1910년 논문「삶과 신경증의 정신적 자웅동체성」에서 열등감 개념이 등장하는데, 이 논문에서 아들러는 신경증의 원인으로 주관적이고 정서적인 열등감 상태를 강조했다. 프로이트의 리비도가 아니라 열등감을 신경증의 토대로 강조한 것이다. 이 논문은 아들러 이론에서 중요한 개념적 돌파구였고, 프로이트의 기본 관점과 분명하게 대립되는 것이다.

열등감은 이후 아들러의 심리학에서 가장 중요한 기본개념의 하나가 되었다. 초기의 기관 열등감에 관한 연구에서는 열등한 기관을 가진 사람들이 보상이나 과잉보상으로 이르는 분투를 경험한다고 했으며, 3년이 지난 지금 아들러는 그 열등감 개념과 자신의 새로운 심리학 체계의 핵심을 명료하게 밝히게 되었다.[14]

결국 그는 1911년 가을 프로이트 정신분석학회를 떠난다. 그렇지만 프로이트 심리학의 몇몇 개념들을 수용하였다는 사실은 밝히고 있다. 그 내용은 다음과 같이 요약될 수 있다. 첫째, 성인의 성격이 초기 아동기에 형성되고 그 이후에는 비교적 바뀌기가 어렵다는 점이다. 둘째, 우리 내면세계는 우리가 믿는 만큼 다른 사람에게 감춰져 있지 않다는 것을 강조한 점이다. 셋째, 우리가 행동하고 말하고 꿈꾸는 거의 모든 것이 우리의 가장 내밀한 감정과 욕망에 대해 알 수 있는 중요한 단서를 드러낸다는 점이다. 넷째, 우리의 진짜 성격의 많은 부분을 종종 자신은 의식하지 못한다는 프로이트의 무의식 개념의 수용이다. 이 개념들은 모두 프로이트 심리학의 중심을 이뤘고, 아들러가 그와 함께한 9년 동안 이 손위 동료에게서 영향을 받은 것은 분명하다.[15]

'개인심리학'의 창안

아들러가 프로이트와 결별한 이듬해인 1912년에 발간된『신경증적 성격에 관하여』(1917년 The Neurotic Constitution으로 번역) 책은 찰스 다윈, 지그문트 프로이트, 칼 맑스, 한스 파이힝어의 영향을 받아서 집대성된 책으로서, 아들러 심리학의 전개에서 획기적인 책이다. 프로이트의 정신분석학과 구별되는 그의 '개인심리학'의 접근방식을 분명히 확립했다.

무엇보다 인간의 핵심적인 감정으로 유아 성욕이 아니라 초기 열등감을 강조했다는 점이다. 프로이트는 꿈의 해석과 일상생활의 정신병리학 같은 책에서 성욕이 인간의 일상생활의 거의 모든 곳에 은밀히 나타난다고 서술했다. 즉 특정 음식에 대한 선호, 예술과 문학의 형태, 친밀한 사회적 관계, 그리고 직업 활동까지 모두 그 기원을 유아 성욕으로까지 거슬러 올라갈 수 있다는 것이다.16) 이에 대한 거부감으로 아들러는 자신의 심리학을 정립했다.

1913년에 아들러는 자신의 심리학을 정립하는 데서 중요한 이정표가 되는 세 편의 논문을 발표한다. 이로써 아들러는 자신의 심리학을 '개인심리학(individual psychology)'이라 개명하기에 이른다. 그 세 논문은 「신경증에서 무의식의 역할에 관하여」, 「개인심리학 실천의 새로운 원칙」, 「신경증의 개인심리학적 치료」이다. 이 논문들에서 아들러는 '초기기억' 개념을 처음으로 제시한다. 성인기에 겪는 여러 정서적 어려움의 원인을 미취학 아동 시절에 형성된 잘못된 삶의 계획(life plan)에서 찾을 수 있다고 강조한다.

나중에 아들러는 항상 우리를 압박하는 우월성이라는 목표로 이어지는 최초의 잠정적 시도들을 이 시기에서 찾아야 한다고 말했다. 따라서 치료학의 가장 중요한 요소는 신경증 환자의 삶의 계획(life plan)을 밝히는 것이다. 치료사가 일단 이 계획을 완전히 이해하면 그 다음 목표는 환자가 가능한 한 이 계획을 알아차리도록 돕는 것이다. 여기에서 나온 '삶의 계획(life plan)'이라는 말이 나중에 'lifestyle(생존방식)' 개념이 된다.

이런 혁신적인 개념들을 점점 더 분명하게 표명하면서 1913년에 아들러는 자신의 모임을 정신분석학과 완전히 분리하기로 결정하고 이름도 '개인심리학회'로 변경했다. 1914년 겨울 『개인심리학저널』 창간호를 발행했다.17)

열등감 개념의 창안과 대중적 호응

프로이트의 성욕 중심의 심리분석과는 달리 아들러는 모든 신경증은 열등감으로부터 온다고 주장했던 점은 이미 지적했다.[18] 그 열등감 개념에 대한 대중의 호응이 아들러를 일약 세계적으로 유명한 심리학자로 만들었다.

아들러의 1925년 책, 『개인심리학의 이론과 실제』에 대해 1925년 9월 『뉴욕타임스』에서 처음으로 아들러를 다루는 특집기사 「열등감이 우리의 주적이다」가 실렸다. 이 기사에서 "개인심리학의 창시자 아들러 박사는 이 열등감이라는 적을 공격함으로써 전쟁을 근절하고 애정 문제를 해결할 수 있다고 주장한다. '새로운 심리학'이 유럽뿐 아니라 미국의 문화에 끼치는 영향이 엄청나다. 영혼을 연구하는 이 새로운 학문에서 가장 중요한 학파들 가운데 하나가 빈의 학자이자 신경과 의사 알프레드 아들러 박사가 창설한 개인심리학파다"라고 썼다.[19]

아들러는 1926년 12월부터 4월 11일까지 미국에 초청되어 전국을 다니면서 강연을 하였다. 하버드대, 브라운대, 시카고대학을 포함한 미국의 명성 있는 대학을 비롯하여 여러 언론과 인터뷰를 하면서 개인심리학을 미국 청중 앞에서 알릴 수 있는 전례 없는 기회를 얻었다. 그리고 이 방문강연 활동이 10년(1927~1937)간의 미국 생활의 시작이 되었다.[20]

아들러가 미국에서 행한 전국 강연 투어에서 대중과 전문가들 대상으로 한 강연에서 가장 많이 다룬 주제가 열등감이었고, 대중의 호응도 컸다. 아들러가 열등감을 신경증의 원인이라고 주장한 것은 이전의 프로이트가 억압된 성욕이 신경증의 원인이라고 한 이론에 비해 훨씬 현실적이고 설득력이 높았기 때문이다.

아들러는 또한 당시의 관심사였던 유럽의 무솔리니 같은 파시즘에 대해서도 열등감으로 설명함으로써 많은 공감을 받았다. 1926년 12월 27일 『뉴욕월드』 신문기사에 「아들러 박사는 어린 시절의 열등감에 대한 분노가 무솔리니의 권력투쟁의 자극제가 되었다고 말한다」라는 제목이 붙었다. 당시 일두체(Il Duce, 지도자)라고 불리던 43살의 무솔리니는 8년 동안 이탈리아의 수상을 지내며 논란을 불러일으킨 인물이었다. 무솔리니는 주전론적 사회주의자로 기자 생활을 하다가 1917년 이후 파시스트라고 불리게 된 정당을 창설했다.

아들러는 일두체와 그가 통치하는 나라 모두 강렬한 열등감에 시달리고 있다고 지적했다. 그는 『뉴욕월드』 신문기사에서 "나는 사회주의가 상속 권이 없는 사람들의 열등 콤플렉스의 표현이라는 H. G. 웰스의 의견에 전적으로 동의한다. 열등감이 클수록 우월감이 더 폭력적이 된다. 이것은 공식이다. 무솔리니의 삶이 이를 말해준다. 현대 이탈리아의 역사도 마찬가지다. 그리고 이것은 세계평화에 대한 위협이 된다. 그리고 사람과 국가는 열등하다는 느낌을 견디지 못한다"고 말했다.21)

아들러는 미국 강연 여행 내내 전문가뿐 아니라 일반 청중에게도 인간의 본성을 이해하는 핵심으로 열등감 개념을 강조했다. 열등감이 인간 본성 이해의 핵심이라고 주장했다. 전형적인 예가 1927년 1월 11일 뉴욕의 학학회에서 했던 '열등감과 그 보상'에 관한 강의였다. "사람은 삶에서 세 가지 기본적인 문제를 발견한다. 사회적 관계(우정, 동료애, 사회적 행동), 직업문제, 사랑과 결혼 문제가 그것이다. 모든 사람은 행동으로 이 세 문제에 답하며, 이 답은 그 사람의 행동 방침이나 삶의 방식(lifestyle)의 표현이기도 하다고 역설했다. 이 말은 이후 다년간 아들러가 대중에게 던진 메시지의 핵심이 되었다.22)

3. 아들러 심리학은 진화심리학이다

이 책은 아들러 심리학이 진화론의 전통에 서 있었다는 것을 발견하고 아들러 심리학 전체를 진화심리학적 관점으로 재해석한다. 아들러(1870~1937)와 동시대를 살았던 칼 융(1875~1961)의 글에 당시의 최대 뉴스는 찰스 다윈의 업적이라고 말한 데서23)나는 영감을 얻고, 아들러 같은 대학자가 당시의 첨단 학문인 진화론을 간과했을 리가 없다는 판단하에 아들러를 진화론적 관점으로 바라보는 시도를 하게 되었다. 그런 시도 끝에 아들러 책 속에서 "다윈에 의하면…"이라는 구절을 발견해내었고, 진화론적 관점을 언급한 곳을 몇 군데 더 찾음으로써 본격 연구를 추진하게 되었다.

심리학계에서 행동주의 이론의 한계를 인식하고 90년대에 심리학계를 평정하고 나온 새로운 심리학이 진화심리학인데, 아들러는 100년 전에 이미 진화론의 관점에 기반한 심리학을 개발한 만큼, 이 책은 아들러를 진화심리학의 원조로 부르고자 한다.

프로이트, 칼 융과 함께 심리학의 3대 원조의 한 사람인 아들러는 학문적인 유명세와는 달리 그의 심리학 체계가 제대로 정리되어 있지 못한 상태로 있다. 그의 학문체계가 본인은 물론 후학들에 의해서도 제대로 정리되지 못하고 있다. 아들러는 미국과 유럽 전역을 다니면서 한창 강연과 강의에 바쁘던 시점에서 67세의 나이에 심장마비로 급서하였기 때문에 자신의 학문체계를 정리하는 책을 쓰지 못하였다. 아들러의 학문적 성향이 서재에서 연구하면서 논문과 책을 쓰기보다는 현장에서 교육운동에 투신한 사회운동가에 가까운 사람이었다. 그래서 그의 저서는 강연이나 강의 원고를 후학들이 취합하여 출간한 것들이다.

또한 그의 후학들은 히틀러 치하에서 망명하거나 아우슈비츠에서 희생되었기 때문에 그의 죽음과 동시에 개인심리학이라 불리는 그의 심리학은 명맥이 단절되고 말았다. 드레이커스(Rudolf Dreikurs) 같은 소수의 제자가 겨우 명맥을 이어서 교육심리학으로 발전되기는 하였다. 드레이커스도 아들러 심리학의 철학과 아이디어를 교육학 분야에서만 응용하는 정도로 전개되었다.

이 책은 아들러 심리학을 최초로 진화론적 관점으로 새롭게 해석한다는 점에서 이전의 아들러 논평과는 차이가 있다. 국내는 물론 외국에서도 아들러에 관한 이전의 저작들에는 아들러가 진화론에 영향을 받았다는 언급은 어디에도 없다. 최근 발간된 호프만의 『아들러 평전』에도 아들러 심리학에 영향을 미친 칼 맑스, 니체, 파이힝어 등을 지적하고 있지만 다윈이나 진화론에 관한 언급은 없다.[24]

기존의 문헌들은 아들러를 프로이트와의 비교에 제한하는 경향이 있다. 프로이트 심리학이 지나치게 성적 본능 환원주의로 빠지는 것에 비하여, 아들러는 인간의 구성주의적 주체성을 강조한다는 점을 강조한다. 아들러가 인간을 구성주의적으로 본다는 관점 자체도 사실은 자연과 사회에 주관적으로 '적응'하는 점을 강조하는 아들러의 진화론적 면모라는 점을 간과하고 있는 셈이다.

1) 아들러 심리학의 출발점은 다윈주의다

아들러 심리학의 형성에 영향을 미친 것은 당연히 당시의 지적 토양이다. 가장 크게는 당시의 인류를 변화시킨 3대 저작이다. 찰스 다윈의『종의 기원』(1859년 11월), 칼 맑스의『자본론』1권(1867), 2권(1885), 3권(1894), 그리고 프로이트의『꿈의 해석』(1899년 11월)이 그것이다. 이들은 모두 아들러(1870~1937)보다 먼저 태어난 대가들의 저서이다. 그 중에서도 다윈의『종의 기원』이라는 진화론이 가장 큰 지적 충격을 주었다. 아들러와 동시대 사람이고 함께 프로이트의 수요 정신분석 포럼에 참여했던 동료 심리학자 칼 융이 "이 시대 최대 뉴스는 다윈의 업적"이었다는 말이 중요한 시사점을 준다.25)

흔히 아들러에게 미친 프로이트의 영향을 과대평가하는 경향이 많은데 이것은 프로이트가 아들러보다 14살 많은 동시대의 학자였고, 함께 활동했던 정신분석학회의 좌장을 맡았던 사람이라는 점이 과대평가되었기 때문일 것이다. 아들러가 초기에 프로이트의 정신분석학회에 참여한 이후 프로이트의 분석심리학에서 자신의 '개인심리학'으로 독립하기까지 프로이트의 영향을 받은 것은 사실이지만, 우리가 더 주목해야 할 것은 프로이트의 영향이라기보다는 프로이트와의 차이점이다.

프로이트가 다윈의 진화론에서 성적 본능의 개념을 물려받아서 성욕 변수에 경도된 것과는 달리, 아들러는 생존 본능에 더 큰 비중을 두는 관점을 발전시킨 것이다. 다윈의 진화론은 두 개의 본능 개념에 기반하고 있는데 하나는 자연 선택론이고, 다른 하나는 성 선택론이다. 프로이트의 생명보존 본능은 다윈의 '자연 선택론'과 대응하고, 프로이트의 성적 본능은 다윈의 '성 선택론'과 대응한다.26)

그런데 프로이트는 성 선택론을 선호한 반면, 아들러는 프로이트의 이런 선호와 다르게 생명보존 본능을 강조하는 자연 선택론을 선호하는 차이이다. 이런 점을 감안하면 아들러는 다윈(Darwin)으로부터 직접적 영향을 받기도 했고, 특정한 본능을 중시하는 프로이트와 차별적인 방향으로 다윈의 영향을 받기도 했다.

그런 점에서 아들러 심리학의 출발점은 다윈주의다. 다윈이 1859년에 『종의 기원』을 출간한 후 프로이트(1856~1939), 칼 융(1875~1961), 알프레드 아들러(1870~1937) 같은 심리학의 3대 원조들이 다윈의 영향을 받아 각자의 심리학 체계가 형성되었다. 아들러보다 한 세대 선배 심리학자 윌리엄 제임스(1842~1910)도 다윈의 영향을 받기는 마찬가지다. 제임스는 생물 종의 오랜 진화과정을 통해 그 종에 속한 모든 구성원들에게 보편적으로 장착된 특수화된 신경회로를 '본능'이라 정의했다. '인간 본성(human nature)'이란 우리 인간 종이 얻게 된 이러한 본능들의 집합이라고 보았다.

다윈의 자연 선택론과 성 선택론에 각각 대응하는 본능의 개념은 생명보존 본능과 성적 본능이다. 생명보존 본능은 다윈의 '자연 선택론'과 대응하고, 성적 본능은 다윈의 '성 선택론'과 대응한다.27) 이 중에서 프로이트는 성적 본능의 중요성을 강조했다. 프로이트는 꿈의 해석과 일상생활의 정신병리학 같은 책에서 성(욕)이 인간의 일상생활의 거의 모든 곳에 은밀히 나타난다고 서술했다. 즉 특정 음식에 대한 선호, 예술과 문학의 형태, 친밀한 사회적 관계, 그리고 직업 활동까지 모두 그 기원을 유아 성욕으로까지 거슬러 올라갈 수 있다는 것이다.28)

아들러는 프로이트의 이런 성적 본능에 경도된 관점을 거부하였다. 아들러는 생명보존 본능을 더 중시하되 번식을 향한 인간의 본능에는 균형되게 비중을 부여한 것이다.

인간의 사고와 행동을 보는 심리분석의 측면에서 아들러는 진화론에 더욱 근접하는 이론을 발전시킨 셈이다. 실제로 아들러는 1933년 저작에서 자신의 "개인심리학은 전적으로 진화의 토대 위에 서 있다"고 선언했다.29) 아래 인용문에서 보듯이 아들러가 인간을 보는 관점에서도 진화론의 영향이 잘 드러난다.

이 땅에 생명이 존재한 이래 수십억 년에 걸쳐 가장 단순한 세포의
생명과정으로부터 인간이 진화했고, 환경의 공격에 제대로 대처하지
못한 수많은 생물이 멸종하기에 충분한 시간이 흘렀다. 다윈과 라마르
크의 근본적인 시각을 결합한 이 견해에서 '학습 과정'이라는 것은 진
화의 흐름 속에서 외부 세계의 요구에 '적응하기'라는 영원한 목표를
통해 방향이 결정되는 지향성으로 이해된다.30)

아들러의 이 구절은 호모 사피엔스의 출현을 생물의 진화의 관점에서
바라보았고, 진화론자 다윈과 라마르크의 관점대로, 자연환경에 '적응'하였
기 때문에 지구상에 생존하고 있다고 보았다. 마치 다윈의『종의 기원』의
한 단락을 읽는 느낌이다.

아들러는 결국 프로이트와 결별하였고, 프로이트와 결별한 이듬해인
1912년 발간된『신경증적 성격에 관하여』(1917년에 The Neurotic Constitution
으로 번역된)라는 책은 찰스 다윈, 지그문트 프로이트, 칼 맑스, 한스 파이
힝어의 영향으로 집대성된 책으로서, 아들러 심리학의 전개에서 획기적인
책이다. 이 책을 통하여 아들러는 프로이트의 정신분석학과 구별되는 그
의 '개인심리학' 체계를 분명히 선언한 셈이다.

2) 아들러는 진화심리학의 원조다

아들러의 개인심리학은 진화심리학적이다. 그런데 실제로 진화심리학이
심리학계에 공식적인 패러다임으로 등장한 것은 1990년대이다. 윌리엄 제
임스에 의하여 다윈 진화론의 본능 개념에 기반한 심리학 이론들을 주장
한지 100여 년만이다. 그 사이에 심리학에 무슨 일이 일어난 것인가?

다윈의 진화론을 심리학에 가장 먼저 원용한 사람은 심리학의 아버지로
알려진 윌리엄 제임스(1842~1910)이다. 심리학의 3대 원조로 알려진 프로
이트, 아들러, 칼 융 중에서 가장 연장자인 프로이트보다 14년 먼저 태어
난 사람이다. 제임스는 그의 책『심리학의 원리』는 심리학의 가장 최초의
고전으로 알려져 있다. 제임스는 다윈의 진화론에서 원용한 본능 개념으
로 인간의 심리를 설명하고자 하였다. 제임스는 1890년에『심리학의 원리』

를 출간하여 사람은 많은 종류의 본능을 가지고 있다고 주장했다. 그런데 제임스의 이론에서 가장 논란이 된 부분은 그가 열거한 아주 긴 본능 명단이었다.

제임스가 주장한 본능의 리스트는 태어날 때부터 시작한다. 공기와 접촉하면서 우는 것, 재채기, 킁킁거리면서 냄새 맡기, 기침, 한숨, 흐느끼기, 구역질, 토하기, 딸꾹질, 응시, 젖 빨기 등이 모두 본능이다. 이 모든 본능에서 중요한 사실은 이것들이 자연선택을 통해 진화했으며, 특정 적응 문제를 해결하기 위해 생겨난 적응이라는 것이다.[31] 불행히도 제임스의 본능이론을 추락시킨 원인 가운데 하나는 본능 리스트의 너무 긴 길이였다. 많은 심리학자는 사람의 선천적 성향이 그렇게 많다는 주장을 터무니없다고 생각했다.

그래서 제임스의 본능론을 비판하는 사람들은 1920년경에 인간 행동을 더 간단히 설명하는 이론에 끌렸다. 파블로프의 고전적 조건화 이론에 기반한 '행동주의 학습이론'이다. 1920년대 미국 심리학계는 학습에 관한 몇 가지 일반적인 원리로 인간 행동의 복잡성을 설명할 수 있다는 급진적 행동주의와 손을 잡았다. 즉 인간은 학습을 하면 무엇이든지 배울 수 있다고 주장했다.[32] 인간 행동을 학습의 결과로 본 것이다.

윌리엄 제임스가 인간 행동 중 많은 것이 다양한 본능 때문에 일어난다고 믿었다면, 제임스 왓슨(James Watson, 1928~)은 파블로프의 고전적 조건화, 즉 전에 아무 관련이 없던 두 사건을 연관시키는 형태의 학습기제를 강조했다. 행동주의(Behaviorism)는 심리학에서 인간의 심리를 정신적인 세계보다 '행동'의 과학으로 연구하는 주의다. 행동주의자들에게는 인간 내면의 정신세계는 관찰과 측정이 어렵기 때문에 과학적이지 못하다고 여겼다. 행동주의 심리학은 그 논리적 모순점이 드러나서 진화심리학에 그 헤게모니를 넘겨주게 된 1990년대까지 50년 이상 심리학계를 지배하였다.

그러나 행동주의의 이론적 설득력이 무너지고 진화심리학이 심리학계의 새로운 지배적 패러다임으로 대두하게 된 배경은 간단하다. 행동주의의 기본 가정들이 무너지고 있었기 때문이다. 행동주의자들은 인간의 뇌는 뭐든지 학습을 하면 된다는 가정에 기반하고 있는데, 실제로 실험을 해 본 결과, 인간의 뇌가 뭐든지 다 학습을 한다고 되는 것이 아니라 생존과 번식에 관련된 학습은 잘 하지만, 다른 영역은 아무리 노력해도 학습 효과가 제한적이라는 사실이다. 쥐와 원숭이 그리고 심지어 사람도 선천적으로 어떤 것은 아주 쉽게 배우는 데 반하여, 다른 것은 배우기가 힘들도록 설계된 것처럼 보인다는 것이다. 또한 외부 환경이나 자극은 행동을 결정하는 유일한 요인이 아니며, 행동을 설명하려고 할 때는 마음과 뇌 속에서 일어나는 일도 고려해야 한다는 것이다.[33]

진화심리학의 최대의 발견은 우리 마음은 '모든 문제'들을 해결하기 위해 설계되지 않았고 오히려 특정한 몇 가지 '적응 문제'들-예컨대, 적절한 음식 가리기, 좋은 짝 고르기, 상대방의 마음 읽기, 동맹 만들기-를 해결하기 위해 자연선택에 의해 설계되었다는 점이다.

그런 점에서 인간의 뇌는 일반적 컴퓨터가 아니라 생존과 번식에 특화된 컴퓨터라는 것이다. 인간의 뇌로 입력된 모든 정보는 생존과 번식이라는 목적성으로 해석되고, 그렇게 해석된 방식으로 출력이 나온다. 진화심리학에서 본 인간의 본성은 생존과 번식을 위한 여러 가지 도구들인 셈이다.

진화심리학은 인간 심리의 모든 측면에 대한 새로운 접근, 즉 진화적 접근이다. 어떠한 심리 현상도 다윈이라는 틀을 통해 분석될 수 있으므로 진화심리학은 모든 분야를 통합하는 이론적 토대를 제공해 준다고 본다. 다윈의 틀이라는 것은 바로 생존과 번식이라는 목적률이다. 진화심리학은 사람의 마음이 풀도록 설계된 정보처리 문제들이 어떤 종류의 것인지에 대해 구체적으로 제시함으로써 잃어버린 퍼즐 조각을 제공했다. 그것은 바로 '생존과 번식'의 문제이다.[34]

진화심리학은 인간이 태어날 때 인간의 마음은 텅 빈 백지가 아니라고 본다. 즉, 진화심리학의 원칙 중 하나는 인간 본성은 타고난 것이라는 것이다. 여기서 인간의 본성이란 생존과 번식을 위한 프로그램이다. 인간의 마음은 생존과 번식이라는 프로그램으로 가득 차 있다고 본다. 세부적으로는 수백만 년 전 수렵·채집 생활을 했던 우리의 조상들이 무사히 살아 남아 번식하게끔 해 주었던 행동 지침들로 빼곡히 채워진 두툼한 가이드 북이라고 본다.[35]

쉽게 말해서 인간의 마음에는 생존과 번식이라는 목적성으로 가득 차 있는데 이것에 초점을 맞추어 이해하는 것이 인간을 제대로 이해하는 것 이라는 주장이다. 심리학의 긴 진화 과정을 거쳐서 진화심리학이 다시 인 간을 이해하는 대표적 심리학 패러다임으로 위상을 되찾은 것이라고 본 다.[36] 데이비드 버스는 진화심리학은 인간의 행동에 관해서 가장 설명력 이 높다고 주장한다. 진화심리학이 설명하지 못하는 인간행동은 없다는 것이다.[37]

진화심리학은 이제 인간의 모든 행동은 진화론적 관점에서 설명이 가능 해졌다고 주장한다. 특히 전통적인 심리학은 정작 우리가 설명해야 할 중 요한 대상인 보편적인 인간 본성은 보지 못한 채, 개인차나 문화적 차이, 혹은 지엽적이고 특이한 심리 현상에만 지나치게 연구역량을 집중해 왔다 고 볼 수 있다. 앞서 언급한 대로, 찰스 다윈은 『종의 기원』 말미에서 "먼 훗날 나는 훨씬 더 중요한 연구 분야가 열리리라 본다. 심리학은 새로운 토대 위에 서게 될 것이다"라는 예언을 남겼다. 20세기 후반에 들어서야 일단의 과학자들이 인간 진화의 산물인 보편적인 인간 본성을 과학적으로 규명하려는 노력이 시작되었다. 바로 진화심리학이다.[38]

여기서 중요한 것은 아들러의 역할이다. 심리학에서 오랫동안 행동주의 가 득세한 이러한 우여곡절에도 불구하고 아들러는 행동주의의 바람에 휘 둘리지 않았다. 일관되고 지속적으로 진화론에 기반한 그의 심리학을 발 전시켜나갔다는 점이다. 개인심리학이라고 불리는 그의 심리학은 진화론 에 기반한 진화심리학적 관점이며, 90년대에 그 위상을 복구한 진화심리 학의 파수꾼 역할을 했다고 볼 수 있다.

제2장
아들러 심리학의 새로운 이해

아들러 심리학을 진화론적으로 이해하면 인간의 본성에 대하여 더 명료하게 이해할 수 있다. 특히 진화심리학적 관점으로 세상을 바라보면, 지구상에 태어난 인간이 직면하는 현실적인 삶의 문제인 직업, 결혼, 사람관계가 인간을 어떻게 규정하는지를 알 수 있고, 그러한 과제에 인간이 어떻게 창조적으로 대응하는지를 알 수 있게 된다. 코칭 현장에서 만나는 코칭 대상자의 문제들은 바로 이런 문제들이다. 아들러 리더십 코칭의 현실적 배경이 무엇인지도 이해하게 된다.

1. 진화론에 기반한 아들러 심리학의 체계도

진화론에 기반한 아들러 심리학의 체계를 이해하기 위해 <그림 2-1>의 그림으로 나타냈다. 그림의 맨 바닥부터 본다면, 유아는 태어나면 자연환경과 가족 및 사회환경에서 살게 된다. 이 상황에서 가장 중요한 과제는 부모에게서 인정받고 보호받으면서 생존하고 성장하는 것이다. 생존과 성장의 과제에 직면하여 여러가지 경험을 하게 되면서 점차 자기만의 성격 또는 생존양식(lifestyle)을 형성하게 된다.

┃ 그림 2-1 **아들러 심리학 체계도**

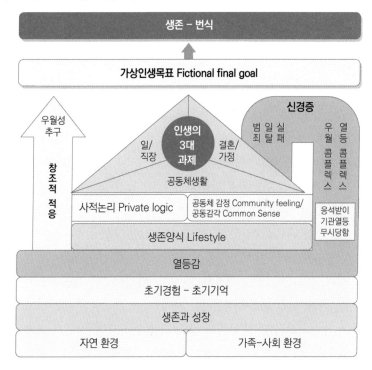

심리학자 아들러는 자연환경과 사회환경을 인간 심리와 행동에 영향을
미치는 1차 변수로 본다. 그런 의미에서 그는 스스로를 사회심리학자라
불렀다.[1] 그에 의하면, 모든 인간은 지구라는 혹성 위에 던져져서 살고 있
다. 자연환경속에서 살뿐만 아니라 인간사회의 일원으로 살아야 한다. 인
간은 자연과 사회가 제시하는 제약과 가능성 아래서 적응해 나가야만 한
다. 인간 정신의 내면에 초점을 맞추는 프로이트나 칼 융의 심리학과는 달
리, 아들러 심리학은 자연환경과 사회환경을 분석의 대상으로 삼았다. 인
간이 생존을 위해 직면하는 거대한 외부적 조건인 자연환경과 사회환경에
적응하는 것이 인간이 수행해야 할 가장 중요한 삶의 과제라고 아들러는
본 것이다.

이 적응과정에서 여러가지 초기 경험을 하게 되는데 이 경험 속에서 자

기만의 고유한 생존양식(lifestyle)을 발전시키게 된다. 이때 삶의 과제와 사람들과의 경쟁에서 위축되어 열등감을 느끼게 되는 것이 사람이라면 누구나 경험하는 일반적 현상이라고 본다. 그렇지만 열등감이 오히려 성장동기가 되어 열등감을 극복하고 사회에 적응하기 위하여 자기만의 고유한 생존양식을 형성하게 된다. 그리고 이때 가상인생목표 또는 꿈꾸는 목표를 설정하고 이 목표를 향해 하루하루의 일상을 살게 되는 것이 일반적이다.

생존양식은 우월성을 향하여 창조적으로 적응하는 것이 보통이지만, 열등감을 극복하지 못하고 열등 콤플렉스에 빠지거나 우월 콤플렉스로 빠지는 등의 역기능적인 패턴으로 발전할 수도 있다. 이것을 결정하는 메커니즘은 어떤 사적논리를 가지게 되느냐에 달려있다. 건강한 사적논리에 기반한 공동체 감정과 공동감각을 터득하면 건강한 우월성 추구로 나아가고, 반대로 자기패배적인 사적논리에 빠지면 건강하지 못한 신경증으로 발전할 수 있다. 특히 이것의 분기점은 청년기로 다가갈수록 직면하게 되는 인생의 3대 과제이다. 직장에 취업하는 과제, 짝을 찾아서 사랑을 하고 결혼을 하는 과제, 사람들과 편안하게 상호작용하는 공동체 생활의 과제를 어떻게 해결하느냐에 좌우된다. 따라서 열등감, 우월성 추구, 공동체 감정 및 공동감각은 개인심리학 연구의 초석이며 인간을 고찰할 때 빠뜨릴 수 없다고 보았다.[2]

세가지 인생과제를 무난히 잘 해결하는 사람은 삶의 원초적 목표인 생존과 번식의 목표를 성공적으로 수행하는 것이라 볼 수 있다. 이것이 아들러 심리학이 인간의 삶을 바라보는 이론 체계이다. 이를 아들러 심리학의 주요 개념별로 설명하면 아래와 같다.

2. 아들러의 진화론적 인간관

아들러 심리학은 지구상에 사는 인간에게 생존과 번식이 궁극적 목적이라는 다윈의 진화론의 명제에 기반하고 있다. 진화론에 의하면 생존과 번식의 목적을 실현하기 위해서는 자연환경과 사회환경에 적응해야 한다.

사람에 따라서 생존과 번식의 내용이 다를 수 있고 차원이 다를 수는 있지만, 삶의 목적은 크게 보아서 잘 생존하고 잘 번식하는 것이라고 본다. 가자니가 교수는 위대한 음악가, 화가와 같은 예술인들의 활동도 결국은 수준이 다른 차원의 생존과 번식이 삶의 목표라고 본다.[3]

아들러는 1933년에 출간한 그의 마지막 저서 『삶의 의미』라는 책에서 "개인심리학은 전적으로 진화의 토대 위에 서 있다"고 선언한 바 있다. 또한 아들러는 "이 땅에 생명이 존재한 이래 수십억 년에 걸쳐 가장 단순한 세포의 생명과정으로부터 인간이 진화했고 환경의 공격에 제대로 대처하지 못한 수많은 생물이 멸종하기에 충분한 시간이 흘렀다"고 썼다.[4] 아들러가 다윈의 영향을 많이 받았다는 사실에 대해 이보다 더 확실한 증거는 없을 것이다.

아들러의 다른 책들, 가령, 『인간 이해』, 『심리학이란 무엇인가』가 진화심리학의 관점으로 기술되어 있다. 이 책들에 아들러는 "다윈에 따르면…"이라고 다윈을 직접 인용한 부분도 있고,[5] 내용의 근간에서 다윈의 진화이론에 근접한 사상이 많이 발견되고 있다.

이처럼 다윈으로부터 많은 영향을 받은 아들러가 인간을 보는 관점에서도 다윈의 영향을 많이 받았다. 인간은 지구에 살고 있는 동물이라는 사실을 강조한다. 아들러는 다윈처럼 '생명의 나무'라는 개념에서 지금까지 지구에서 살고 있는 모든 생물종의 하나로 인간을 바라본다. 인간은 이 지구에 살고 있는 동물이라는 사실에 의해서 규정되지 않으면 안 된다고 본다.

> 인간의 운명 중에서 가장 근본적인 것은 우리가 지구라는 혹성 위에 살고 있다는 사실이다. 우리는 이 삶의 터전이 제시하는 여러 가지 제약과 가능성 아래서 적응해 나가야만 한다. … 인간은 이 지구에 살고 있는 동물이라는 사실에 의해서 규정되지 않으면 안 된다.[6]

아들러는 인간은 다른 동물처럼 주어진 환경에 적응해야 하며, 자연과의 관계에서 열등한 입장에 놓여있기 때문에 어쩔 수 없이 전략과 책략이라는 측면을 발달시킬 수밖에 없다고 했다.[7] 어떤 전략과 책략을 발달시

컸는가?

그것은 뇌의 정신적 기능이다. 자연의 사나운 동물을 이기는 수단은 인간만의 정신이 가지는 꾀와 힘이다. 이 정신적 기능이 바로 인간적인 방식의 적응인 셈이다. 여기서 아들러의 핵심 키워드는 '적응'이다. 인간의 적응력이 바로 다른 동물에게는 없는 생존의 무기인 정신 또는 의식이라는 것이다. 아들러는 다음과 같이 말했다.

> 정신은 움직임과 아주 밀접한 관계가 있기 때문에 우리는 오직 살아 움직이는 동물에게만 정신이 있다고 생각한다. 땅속에 뿌리를 내리고 있는 식물에게는 정신생활이 없다. … 이를 통해 알 수 있는 것은 정신생활의 유무가 동물과 식물을 엄격히 구분하는 기준이며, 활동성과 정신생활 사이의 관계가 아주 중요한 의미를 지닌다. 그러므로 활동성을 가진 것을 이해하기 위해서는 그것들의 정신발달 과정을 파악해야 한다. … 정신의 발달은 활동성의 문제이다. 모든 정신 현상의 변화와 발전은 유기체의 자유로운 활동성에 있다. 왜냐하면 활동성이 자극적인 동기를 부여하고 정신활동을 강화하기 때문이다. 전혀 움직일 수 없는 사람을 한번 상상해보자. 그의 정신생활은 아마도 마비 상태에 있을 것이다. 오직 자유만이 위대한 사람을 낳을 수 있다. 이와 달리 강요는 죽음과 파멸을 낳는다.8)

아들러는 또 다음과 같이 말했다.

> 인간의 정신은 적응과 안전을 도모하는 능력을 가지고 있다. 원시인들은 뿔, 발톱, 이빨 등과 같은 방어 수단을 가지고 있었지만 적대적인 자연을 극복하기에는 역부족이었다. 오직 정신만이 신체적인 결함을 보상해줄 수 있는 수단을 제공할 수 있었다. 인간은 끊임없이 부족함을 느끼면서 예측하는 능력을 개발하여왔으며, 오늘날 우리가 생각하고 느끼고 행동하는 기관, 즉 정신을 발달시켜왔다.9)

식물에는 뇌가 없다. 한곳에 뿌리박고 있으면서 위에서 햇볕을 받고 아래에서 물과 영양분을 뿌리로부터 섭취하면 생명을 유지하고 성장하고 열매도 맺을 수 있는 것이다. 그에 반해 동물은 움직여서 먹이를 포획해야 생존이 가능하다. 그래서 동물에게는 뇌가 있다. 먹이를 찾고, 먹이를 향해 움직이고, 먹이를 포획하는 운동을 관장하는 뇌가 있는 것이다.

인간에게서 뇌는 생물학적 개체로는 동물과 같은 기능을 하지만, 한가지 더 추가한 것이 다른 동료 인간과 협력하고 연대하는 기능을 가져야 더 잘 생존할 수 있는 것이다. 그래서 인간의 뇌는 동물의 뇌보다 훨씬 더 크고, 더 정교하게 발달해 있는 것이다. 인간의 뇌는 상당부분 사람관계를 관장하기 위해 발달했다고 한다. 다른 사람과 소통하기 위한 언어를 관장하는 세포, 다른 사람을 공감하기 위한 거울신경세포, 사람에 대한 정보를 수집하고 분석하고 판단하는 공유회로 신경세포, 행동을 선택하고 운동으로 실행하는 운동세포 등이 발달해 있다. 그래서 마이클 가자니가 교수는 인간의 뇌는 뼛속까지 사회적이라고 했다.

날카로운 발톱과 이빨을 가진 사나운 동물과 비교해서 인간이 가진 강력한 무기는 '정신'이며, 또 다른 무기는 이 정신을 기반으로 다른 사람과 연대해서 시너지를 내는 '집단생활'인 것이다. 아들러 저작에는 다윈을 직접 거명한 구절이 몇 군데 있다.

> 다윈에 따르면 단독생활을 하는 허약한 동물은 없다. 혼자 살기에 충분한 힘을 가지고 있지 않은 인간도 마찬가지다. 인간은 자연에 대항할 힘을 가지고 있지 않기 때문에 삶을 영위하고 종을 보존하기 위해서는 집단생활이 필요하다. 아무런 문화적 혜택이 없이 원시림 속에서 혼자 사는 인간을 상상해보라! 그는 다른 어떤 생물보다도 훨씬 위험한 상태에 놓일 것이다. 그는 빨리 달릴 수 있는 다리도 없고, 맹수와 같이 강한 근육도 없으며, 포식자들처럼 강한 이빨이나 뛰어난 청력, 예리한 눈도 가지고 있지 않다. 인간의 존재의 당위성을 확보하고 멸종의 위기로부터 자신을 지키기 위해서 많은 도구가 필요하다. 이제 우리는 특별한 조건 속에서만 인간이 살 수 있다는 것을 알았다. 이러한 조건들을 갖추기 위해서 인간은 집단생활을 하게 되었다. 그것은 필연적일 수밖에 없다. … 공동체는 인류의 지속적인 생존을 보장할

수 있는 필수 조건이다.10)

찰스 다윈(Charles Darwin)은 방어장비를 제대로 갖추지 못한 모든 동물은 언제나 무리를 지어 다닌다는 점을 관찰했다. 예를 들어, 육체적 힘이 아주 센 오랑우탄은 자기 짝하고만 살지만, 이보다 약한 원숭이 가족은 언제나 무리를 지어 사는 것이 확인된다. 다윈이 강조했듯이, 집단 형성은 자연이 동물에게 개별적으로 부여하기를 거부한 것들, 즉 발톱과 송곳니, 날개 등에 대한 보상 혹은 대체물이라 할 수 있다.11)

아들러가 인간을 보는 이러한 관점들은 대단히 진화론적이다. 인간은 태어나면서 지구라는 혹성 위에 던져졌고, 약한 육체를 가지고 거친 대자연에서 생존해야 하는 과제를 안고 있다고 보는 것이다. 자연의 비바람, 추위, 땡볕은 말할 것도 없고, 사나운 동물로부터 자기를 보호해야 하고, 사나운 동물과 경쟁해서 먹이를 구해야 하는 등의 과제에 직면하여 인간은 혼자서는 살 수 없고 다른 사람들과 더불어 무리를 이루어 집단생활을 하는 방향으로 진화하였고, 무리를 유지하고 대를 잇기 위하여 남녀가 사랑을 하여 자손을 번식시키는 방식으로 진화하였다고 본다. 이처럼 아들러는 먹이를 구하는 '일', 다른 사람과 협력하는 '사람관계', 사랑하여 결혼하여 '가정'을 꾸리는 것을 인생의 3대 과제를 발전시켰다고 본다.

아들러 사상의 핵심 중의 하나가 공동체 감각인데 이것이 바로 동물이 자연속에서 살아남기 위해 군집을 이루어 살고 있는 모습에서 시사 받았을 가능성이 높다. 그래서 아들러 심리학을 구성하는 핵심 개념들이 바로 생존과 번식, 적응, 생존전략, 군집성 등의 개념들로서 다윈주의와 진화심리학의 핵심개념들이다. 이들 개념들이 아들러 심리학의 근간을 이루고 있음을 알 수 있다.

아들러가 다윈주의적 관점으로 인간을 보는 이 관점은 인간이 자연이라는 환경에서 생존과 번식을 위해서 사회적 관계와 사회적 협력이 필수적이라고 본다는 점에서 아들러의 심리학이 사회심리학적 관점으로 연결된다. 아들러는 스스로 "개인심리학은 사회심리학"이라고 선언하였다.[12] 이런 점에서 아들러의 사회심리학은 프로이트가 성적 본능과 성적 동기를 중시한 것과는 확연히 구별되게, 사회적 동기를 강조하고 있음을 알 수 있다.

아들러의 사회성 개념은 다윈의 이런 개념에서 유래하지만, 이 개념이 아들러의 핵심개념으로 발달하는 과정에 또 다른 중요한 요인들이 영향을 미쳤다. 그 중의 하나가 당시 오스트리아와 유럽에서 유행한 사회주의 사상, 칼 맑스의 사상이다. 1917년 러시아 혁명 이전까지 아들러는 사회주의 사상의 이론에 매료되었고 자신이 행하는 의사로의 삶도 '사회적 의사'로서의 사명을 중시하였다. 이후에 러시아 혁명이 폭력으로 치닫는 모습을 보고 아들러는 사회주의와 결별하기는 하였지만, 인간이 '사회적 존재'라는 이론적 논거가 맑스의 개념에서 영향을 받은 것은 분명하다. 아들러는 맑스와 엥겔스를 직접 거명하며 다음과 같이 지적하였다.

> 우리가 고찰한 사실 중에서 가장 중요한 부분은 맑스와 엥겔스가 주창한 유물론적 역사관에 기초하고 있다. 이에 따르면 인간이 삶의 수단을 획득하는 기술적 방식이 경제적 하부구조(토대)인데, 이것은 인간의 사고와 행동을 결정하는 이데올로기적 상부구조를 제약한다고 본다. 이는 절대진리인 '인간의 공동생활'의 논리에 대한 우리의 생각과 상당히 일치한다고 지적했다.[13]

아들러는 인간의 공동체 감정은 분업이라는 생산관계를 유지하기 위해 필수적인 윤활유 같은 것이라고 보았다. 그는 "우리가 이 땅에 발을 딛고 살고 있는 한, 인류의 노동과 노동의 분업은 불가피할 것이다. 여기서 공동체 감정은 다른 사람의 효용을 위한 협력의 형태로 나타난다"고 보았다.[14]

아들러의 맑스주의 이론에 기반한 이러한 생각은 이후에 사멸하여 사라진다. 1차 세계대전이 발발하자 아들러는 46세의 나이로 군의관으로 징집되어 전장에서 사람이 참혹하게 죽이고 죽어가는 참상을 목도한 이후 인간에게 더 필요한 것은 니체의 권력에의 의지가 아니라, 사회적 감정, 공동체 감정이라고 주장했다. 아들러는 이후에는 사회주의 이론에 기반한 공동체 감정을 이야기 하지 않았고 '인본주의적' 차원의 공동체 감정을 이야기 하였다.15)

결국 아들러는 인간의 생존의 조건으로서 사회적 관계, 사회적 감정이 중요하다고 생각하여 맑스의 영향도 받았지만, 그것마저도 실제는 생존과 번식이라는 큰 목적 개념의 한 하위 영역인 셈이다. 그런 점에서 아들러 심리학에서 가장 큰 지적 토대는 다윈의 진화론인 셈이다.

3. 인생의 3대 과제
: 직업, 사람관계, 결혼

아들러가 다윈의 영향을 받아서 형성된 자연관 및 인간관은 인생의 3대 과제라는 명제로 연결된다. "지구라는 혹성에 던져진 인간은 주어진 환경에 적응해야 한다"는 것이 대명제인데, 인간이 지구상에서 생존하고 번식하기 위하여 운명적으로 수행해야 할 세 개의 과제는 직업을 가지고 일을 하고, 사람관계를 잘하며, 사랑과 결혼으로 자녀를 낳아서 번식하는 일이다.

아들러 심리학 이론의 기둥 중의 하나가 3대 인생과제이다. 이 땅 위에서, 주어진 환경에서 적응하기 위해서 사회가 개인에게 부과하는 3대 과제는 일, 사람관계, 결혼과 가정을 꾸리는 일이다. 아들러는 "우주적인 관계 속에서 이 땅의 산물인 인간은 공동체에 결속된 채 공동체를 위한 신체적이고 정신적인 배려(사람관계), 노동분업과 근면(직업), 충분한 번식(가족)을 통해서만 발달하고 존속할 수 있었다"고 보았다.16)

첫 번째 과제는 직업이다. 이 지구의 특성이 주는 모든 제약과 가능성 아래서 우리가 계속 살아갈 수 있도록 해주는 직업을 어떻게 가질 것인가 하는 것이다. 둘째는, 우리가 주위 사람들과 협력하고, 그 협동의 대가를 함께 누리기 위해서 어떤 식으로 관계를 맺어나가야 하는가의 문제가 있다. 개인의 행복을 위해 또 인류의 행복을 위해 할 수 있는 최대의 노력은 사람들 사이의 교제이다.17) 셋째는, 인간이 남자와 여자라고 하는 두 이성으로 살아가면서 인류의 미래와 존속이 남녀 간의 사랑을 통하여 가정을 이루고 자녀를 생산하는 문제이다.18)

이 세 개의 중요한 과제, 즉 직업과 친구와 가정 문제 가운데서 이것들과 관련이 없는 문제는 없다고 본다. 그리고 각 사람들은 이러한 세 개의 문제에 대응함으로써 인생의 의미에 관한 자기 내부로부터의 확신을 얻게 되는 것이다.19) 아들러는 초기 저작에서 삶의 의미란 3대 과제를 성공적으로 해결하기 위해 서로 협력하는 것이라 했고, 공동체 감각이 3대 과제를 원활히 실현하기 위한 핵심축이라고 보았다.

이 3대 과제를 성공적으로 실행하지 못하면 삶에 제대로 적응하지 못하는 것이다. 취업이 안되어서 좌절하는 사람, 짝을 짓지 못하여 좌절한 사람, 사람관계가 안되어서 남에게 욕먹고 직장에서 고통 받고 그래서 삶이 어려운 사람들은 인생의 3대 과제 중의 어느 하나라도 실현되지 않은 사람이다. 아들러는 모든 신경증의 문제는 인생의 3대 과제 실현이라는 현실의 요구들에 직면하여 발생한다고 본다. 인생의 과제를 돌파하지 않고 회피하고 부인하는 사고나 행동은 심하면 신경증에 걸린다고 본다.20)

이 세 개의 삶의 과제(life task)가 생존과 번식을 위한 인간의 행위의 세부 목적이다. 이 목적을 위하여 아들러 심리학의 세부 개념들이 만들어졌다고 볼 수 있다. 라이프스타일, 사회성 또는 공동체 감각, 우월성, 열등감 등의 개념들이다.

개별 인간은 이 3대 과제를 해결하기 위한 전략이 필요한데 그 전략이 바로 라이프스타일(lifestyle)이라고 본다. 라이프스타일은 인생과제에서 우월의 특별한 목표를 추구하려고 노력하는 과정에 형성된다. 아들러 심리학의 두가지 핵심 기둥은 인생과제(life task)와 라이프스타일(lifestyle)이다. 3대 인생과제가 인간에게 주어진 객관적 조건이라면, 라이프스타일은 인생과제에 대한 개인의 반응양식이다. 인생과제가 사회적 영역이라면, 라이프스타일은 인간의 개인적 영역이다. 이처럼 인생과제와 라이프스타일은 아들러 심리학의 두가지 핵심 기둥이 된다.

라이프스타일은 인생과제를 해결하기 위한 전략이자 접근 태도라고 보

는 점에서 아들러 심리학은 사회심리학이라고 볼 수 있다. 무의식을 다루
는 심리학이면서도 그것이 생존과 번식을 위한 사회적 환경에 적응하기
위한 무의식의 반응에 관한 심리학이다. 아래의 <그림 2-2>가 이런 내
용을 요약한다.

┃ 그림 2-2 **인생과제와 라이프스타일의 관계**

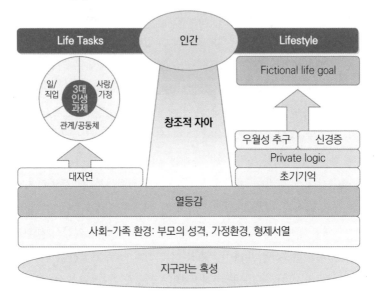

라이프스타일(생존양식, lifestyle)은 인생과제를 수행하는 스타일, 즉 생
존전략이다. 사람마다 자신의 목적을 인식하고 그에 대응하는 관점과 전
략이 다르기 때문에 라이프스타일이 달라진다. 성격이라고도 볼 수 있다.
라이프스타일은 생존방식이기 때문에 3대 과제를 잘 수행하기 위하여 필
요한 역량에서의 우월성 추구의 방식이다.

이 과제를 잘 수행할 수 없을 것이라는 감정이 열등감이다. 아들러는
인간의 본성을 이해하는 핵심개념으로 열등감을 강조했다. 취업을 해야
할 사람이 취업을 하지 못한다면 어찌 열등감을 느끼지 않겠는가? 짝을 찾
아서 연애하고 결혼을 해야 할 젊은이가 번번이 실연을 거듭한다면 어찌

열등감을 느끼지 않겠는가? 사람관계가 잘 안되어서 이상한 사람이라고 비난받고 외면당한다면 어찌 열등감을 느끼지 않겠는가?

아들러는 인생의 세가지 문제 해결에서 어려움을 느끼는 것이 '신경증'이라고 본다. 그는 신경증을 "어려운 문제 앞에 나타나 용기를 잃게 하여 개인이 망설이기 시작하거나 하던 일을 중단하게 만드는 정서장애"라고 설명했다.

아들러는 이런 어려움을 겪는 사람들을 기본적으로 오늘날 성공에 대한 두려움, 실패에 대한 두려움 때문이라고 본다. 신경증 환자는 위험을 무릅쓰고 성공을 감행하기보다 패배를 더 두려워하여 인생의 무익한 쪽으로 달아나는 사람들이다. 그는 실제로는 승리자가 아니지만 특정한 조건의 방해가 없었더라면 승리자가 될 수 있었다는 가정에 만족한다. 그리고 스스로와 다른 사람들에게 자신의 진짜 열등감을 감춘다고 주장하였다.[21]

인간의 심리를 이해하는 데 있어서 출발점은 바로 인생의 3대 과제라는 생존과 번식에 대한 원초적인 본능이다. 아들러 심리학의 형성에 영향을 미친 중심적 변수는 생존과 번식 그리고 적응이라는 인간의 과제이다. 지구라는 혹성에 던져진 인간에게 가장 중요한 과제는 생존하는 것이며 생존을 지속하기 위해서 번식하는 것이다. 이것은 지구상에서 살아남아야 하는 인간이 부여받은 절대적인 과제인 것이다. 이 과제가 인간의 본성을 결정한다고 본 것이다. 프로이트가 성적 충동에서 인간의 본성을 찾은 것에 비하며, 아들러의 관점은 매우 근원적이고 현실적이다. 인간의 본성(本性)에서 性이란 글자는 心과 生의 합자인데 그 의미는 곧 살고자(生) 하는 마음(心)이라고 해석할 수 있다.

이렇게 아들러 심리학을 다윈주의의 관점에서 바라볼 때 아들러 심리학의 전체적인 이론구조를 이해할 수 있으며, 세부적인 심리분석을 위한 개념들의 의미도 더 명료하게 이해할 수 있게 된다. 아들러는 자신의 마지막 저작에서 말한다. "오래전부터 나는 삶의 모든 과제를 공동체 생활, 노동, 사랑의 세 문제로 크게 분류해왔다. 이것은 우리에게 무언가를 재촉하고 요구하면서 어떤 탈출도 허락하지 않은 채 늘 우리 앞에 놓인 물음이다."[22]

이 세 물음에 대한 우리의 모든 반응은 우리가 우리의 생존양식을 바탕
으로 해서 내놓게 되는 답변이다. 이것들은 서로 밀접하게 결합되어 있기
때문에, 특히 세 문제 모두 제대로 해결하려면 공동체 감정이 상당한 정도
로 필요하다는 점에서 서로 결합되어 있기 때문에, 이 세물음에 대한 입장
을 통해 각 개인의 생존양식이 어느 정도 분명하게 드러나기 마련이다.23)

> 당신은 무슨 일을 하는 사람인가요? 일을 어떤 태도로 임하시나요?
> 친구나 주변 사람들을 어떻게 생각하시나요? 그들은 당신에게 어떤
> 의미가 있나요?
> 사귀는 사람은 있나요? 결혼은 하셨나요? 결혼이란 당신에게 어떤
> 의미가 있나요?

이런 질문들에 대한 답에서 그 사람의 삶의 전략이 고스란히 드러나게
마련이며, 여기에서 그 사람의 성격을 판단할 수도 있다. 사람이 개인적인
생활과 사회생활에서 위의 질문 3가지를 대하는 태도를 보면 그 사람의
진정한 모습이 고스란히 드러난다. 이런 식으로 그리는 그 사람의 그림은
다른 어떤 방법을 통해 그린 그림보다 더 정확하다.

그런데 공동체적 토대 위에 놓인 이 세 물음이 피할 수 없는 것이라면,
이것을 풀 수 있는 사람은 당연히 공동체 감정을 충분히 지닌 사람일 것이
다. 물론 오늘날까지도 이런 정도에 도달할 자질이 모든 개인에게 있는
것은 사실이지만, 공동체 감정이 인간에게 아주 깊숙이 체화되어 숨 쉬거
나 직접 보행처럼 자동으로 작동할 만큼 인류의 진화가 충분히 진행된 것
은 아니다.24)

아들러 심리학의 관심은 인간이 이 세상에서 생존하기 위하여 직면하는
현실적인 3대 인생과제를 어떻게 인식하고 해결하며, 이 과정에서 발생하는
심리적 문제를 어떻게 극복하도록 도울 것인지에 관심을 갖는다. 그런 점에
서 아들러는 인간 삶에 대한 총체적이며 일원론(wholism)적 심리학을 지향
한다.

4. 목적 지향성
  : 생존과 번식의 명령(imperative)

아들러 심리학은 최초로 인간의 정신활동에 있어서 목적성을 인식한 사람이다. 아들러 사상의 중심에는 개인들이 가지고 있는 목적지향적인 본성 개념이 자리잡고 있다. 아들러는 "목적에 대한 지각을 하지 않으면 우리는 생각도, 느낌도, 의지도, 행동도 할 수 없다"라고 말한 바 있다. 한 사람을 더 온전히 이해하기 위해서는 그가 지향하는 목적의 관점에서 이해해야 한다고 주장한다. 이러한 목적지향적인 본성으로 인해 아들러는 가장 중요한 문제는 어디부터(where from)가 아닌 어디로(where to)라는 것을 반드시 기억해야 한다고 본다.[25] 여기서 목적은 의도나 지향하는 방향을 의미하며, 목표는 목적의 지향점 또는 도착점을 의미한다. 이 글에서는 문맥에 따라 혼용할 때도 있다.

아들러는 어떻게 이런 의식과 행동의 목적성을 발견하게 되었는가? 당연히 다윈의 진화론에 토대를 두고 있다. 아들러는 인간의 정신이 가진 목적성에 대하여 진화론적으로 명료하게 서술한다. "이 땅에 생명이 존재한 이래 수십억 년에 걸쳐 가장 단순한 세포의 생명과정으로부터 인간이 진화했다"고[26] 전제한 뒤, 이 진화의 핵심은 '적응'이라는 영원한 명령이라는 것이다. 다윈과 라마르크의 근본적인 시각을 결합한 이 견해에서 '학습 과정'이라는 것은 진화의 흐름 속에서 '외부 세계의 요구에 적응하기'라는 영원한 목적을 통해 방향이 결정되는 것으로 이해된다고 보았다. 우리가 여러 관점에서 영혼, 정신, 마음, 이런 모든 '정신적 능력'을 포괄하는 이성 등으로 부르는 능력도 이런 목적 지향성 속에서 발달했을 것이라고 보았다.[27]

아들러의 인간 정신의 목적성 사상은 의사로서 경험한 신체의 목적성에서도 아이디어를 얻었다.

> 의학이 심리적 표현들을 이해하는 데 필요한 목적론적 관점을 나에게 안겨 주었다. 의학에서는 모든 신체기관이 명확한 목표를 향해 발

달하려고 노력하는 것으로 본다. … 신체기관들은 성숙하면서 점점 더 명확한 형태를 띠게 된다. 생명은 언제나 지속하려고 노력한다. 생명력이 싸워보지도 않고 외부의 장애물에 굴복하는 예는 절대로 없다.28)

아들러는 의사로서의 경험에서 생명의 창조력은 목적을 가지고 있다는 것을 알게 되었다. 말하자면 이 생명의 힘은 어떤 목표를 추구하는 쪽으로 발휘된다는 뜻이다. 이 노력을 하는 동안에 모든 육체적 및 심리적 작용은 서로 협력한다. 따라서 육체의 움직임과 심리적 조건을 그 개인과의 관계 속에서 고려하지 않고 추상적으로 연구하는 것은 어리석은 짓이라고 보았다.

아들러는 심리의 발달도 신체기관의 발달과 비슷하다고 본다. 각자의 마음에는 현재 상태에서 벗어나 닿고자 하는 어떤 목표, 즉 이상(理想)이 있다고 본다. 미래를 위한 어떤 구체적인 목표를 상정함으로써 현재의 장애와 어려움을 극복하려는 노력이 전개되고 있다는 것이다. 이같은 구체적인 목적 또는 목표를 통해서 개인은 자신이 현재의 어려움보다 우월하다고 생각하고 또 느낀다. 이는 그가 마음속에 미래의 가상적 성공을 품고 있기에 가능한 일이다. 어떤 목표 의식이 없다면 개인의 행위가 더 이상 의미를 지니지 않게 될 것이다.29)

아들러의 이러한 입장은 당시 동료 심리학자였던 프로이트와 융의 관점과 많이 닮았다고 볼 수 있다. 오스트리아의 유명한 심리학자 프로이트가 거둔 성과는 정신과 의사들에게 하나의 전범이 되었는데, 그는 전 세계의 주목을 끈 가설을 내놓았다.

"우리의 마음속에는 어떤 강력한 힘이 있는데 그것을 '리비도'라 불렀다. 그것은 감각기관을 통해서 보고 듣고 말하고 느끼는 현재의식(conscious mind)과는 별개로 우리의 사상과 감정과 행동을 형성하면서 끊임없이 작동한다."

칼 융은 우리 안에 있는 이러한 정신적인 존재를 '심리 에너지(psyche)'라고 부르고, 또 다른 사람들은 내적인 힘, 잠재의식 등 여러 가지 이름으로 부른다. 프로이트의 좁은 의미의 리비도(libido)를 심적 에너지(psychic energy) 개념으로 확장한 것이다. 융은 당시의 물리학에서 에너지의 개념을 빌려와서 물리적 에너지와 유사하게 심적 에너지(psychic energy)가 존재한다고 보았다.30)

프로이트가 리비도, 즉 성적 본능이라고 강조한 것을 아들러는 생존의 본능이라고 본 것의 차이일 것으로 보인다. 그래서 아들러는 우리 안에 내재된 원동력과 활동성이 지향하는 목표(생존과 번식)를 상정하지 않고서는 정신생활을 상상할 수 없다고 했다. 더 잘 생존하고 번식하는 심리 에너지인 궁극적인 삶의 목적이 잠시라도 없는 것은 상상할 수 없다는 것이다. 따라서 한 사람의 은밀한 목표를 이해하지 않고서는 그의 정신세계를 충분히 파악할 수 없으며, 우리는 인간의 모든 행동이 가상목표(fictional goal)를 따라 움직인다는 사실을 알아야 한다고 지적했다.

아들러는 또한 세상의 여러 사안들 중에서 어떤 사안들이 선택되며 어떤 강도로 영향을 주는가의 문제는 우리의 가상목표(fictional goal)가 무엇이냐에 따라 결정된다고 본다. 이는 삶이나 주변 환경으로부터 어떤 특정 부문만을, 그리고 특별한 사안만을 취사선택하는 우리의 특별한 경험 방식과 관계가 있다. 인간은 자신의 목적에 부합하는 것만을 가치 있게 여기며, 다른 것들은 무시한다고 본다.31)

아들러의 인간의식의 목적성에 영향을 미친 사람으로서 생존과 번식의 대명제를 제시한 찰스 다윈 외에도 한스 파이힝어(Hans Vaihinger)가 있다. 아들러가 프로이트와 결별했던 1911년에 Hans Vaihinger가『가상의 철학(The Philosophy of "As If")』이라는 책을 출간했다. 아들러는 이 책을 읽고 그 이듬해인 1912년에『신경의 성격에 관하여(The Neurotic Constitution)』라는 책을 출간했다. 이 책에서 아들러는 파이힝어의 관점을 많이 반영했다. Vaihinger에 따르면 우리는 현실에는 없는 의식이나 생각으로 이루어진 꿈이나 가상(fiction)으로 살아간다. 이상으로서의 가상은 우리의 일상의 삶에서 매우 중요한 실용적 가치를 가지고 있다. 가상의 꿈은 우리의

삶을 매우 행복하고 살만하게 해준다.32)

파이힝어의 흥미로운 개념들은 개인심리학을 개별적인 사상체계로 출발시키는 데 매우 유용한 도움을 주었다. 특히 아들러는 객관적인 현실보다 가상적 생각이 우리 삶에서 중요한 역할을 한다는 파이힝어의 생각을 받아들였다. 그리하여 아들러는 우리 모두는 어린 시절에 인생에 관한 무의식적 믿음이나 가상목표를 발달시킨다고 강조했다. 그중 가장 중요한 것을 초기 열등감과 관련해 우리가 발달시키는 가상최종목표(fictional final goal)라고 부르면서, 자신이 약하다는 고통스러운 느낌을 효과적으로 극복하기 위해 우리 각자가 특별한 삶의 전략 혹은 삶의 계획을 발달시킨다고 주장하였다.33)

생존과 번식이라는 목적성을 인식하고 있던 아들러에게 파이힝어의 가상목표(fiction)라는 개념은 큰 영향을 주었다. 아들러는 가상목표(fiction)에서 '주관적 목적론'의 개념을 개발하게 되었다. 아들러는 가상의 목표는 객관적인 원인으로 환원될 수 없으며, 오히려 정신적 구조이거나 인간의 정신을 창조한다고 본다. 아들러는 가상의 목표의 개념을 자신의 '가상인생목표(fictional final goal)'의 개념과 접목한다.34) 파이힝어의 이런 흥미로운 개념들은 아들러 개인심리학을 독자적인 사상체계로 출발시키는 데 매우 유용한 도움을 주었다.

아들러는 객관적인 현실보다 가상(fiction)이 우리 삶에서 중요한 역할을 한다는 파이힝어의 생각을 받아들였다. 파이힝어는 일상생활에서 사람들은 방해받지 않는 자유의지에 대한 믿음 같은, 이와 유사한 증명할 수 없는 허구에 의해 인도된다고 제시했다. 그리하여 아들러는 이 1912년 『신경증적 성격에 관하여』 책에서 우리 모두는 어린 시절에 인생에 관한 무의식적 믿음이나 가상목표를 발달시킨다고 강조했다.

심리분석의 방법론으로서의 목적성

아들러는 인간정신의 목적성을 심리연구의 방법론으로 삼았다. 한 사람의 삶의 방식과 행동방식, 그리고 세상을 바라보는 관점은 그의 목표와 밀접한 관계가 있기 때문이다. 목적의식이 없으면 우리는 사고할 수 없으며, 어떤 일도 도모하지 않는다. 이 목표는 아직 윤곽이 뚜렷하지 않은 아이의 정신 속에 이미 존재하며, 아이의 심리적 발달을 유도한다. 목표는 아이의 삶에 성격을 부여한다. 이 때문에 모든 개인이 다른 사람들과 다른 특별하고 유일한 개체가 되는 것이다. 한 사람의 모든 행동과 삶의 표현은 늘 동일한 목표를 지향하기 때문에 그의 목표를 알게 되면 그가 어떤 사람인지 알 수 있다.35)

이처럼 인간정신의 목적성은 인간의 행동을 이해하는 데 매우 중요한 변수가 된다. 목적을 알면 행동을 이해할 수 있다. 그런데 목적은 잘 보이지 않기 때문에, 반대로, 행동을 보면 그 사람의 목적을 알 수 있다. 그 사람의 목적을 알면 그 사람의 라이프스타일을 이해하게 되고 그 사람의 라이프스타일을 이해하면 그 사람의 생각과 행동을 이해하게 되는 셈이다.

인류 조상의 진화과정에서 생존과 번식이라는 목적성이 인간의 가장 중요한 본능으로 자리잡았다는 것을 앞에서 보았다. 생존하고 번식한다는 것은 가장 강력한 인간의 본능인 것이다. 진화심리학이 발견해 낸 가장 중요한 명제이다.

개별 인간의 목표도 이 생존과 번식의 큰 목적에서 벗어나지 않는다는 것이 아들러의 입장이다. 아들러의 관점에서 보면 개인의 목적은 다름 아닌 생존과 번식에서의 우월성이며 다른 사람을 압도하는 것이다. 이 목적은 세계관에 영향을 미치며, 한 인간의 행동패턴을 형성하며, 그의 사고나 감정을 특정한 방향으로 이끈다. 한 인간의 삶의 방식이나 행동패턴이 밖으로 표현된 것이 성격이다. 우리는 성격을 통하여 인간이 주변환경, 주변 사람, 공동체, 그리고 자신의 삶의 문제에 어떤 태도를 취하는지 알 수 있다. 성격은 인격 전체가 인정받기 위해 사용하는 수단이다. 이 도구를 사용하는 것은 살아가는 방법이 된다. 이 성격을 아들러는 라이프스타일 (lifestyle, 생존양식)이라고 명명했다.36)

가령, 게으른 성격은 목적론과 어떤 관련이 있을까? 아들러에 의하면, 한 아이가 게으르다면 그 이유는 그 아이가 편하게 살면서 동시에 인정받을 수 있는 최적의 수단으로 게으름을 선택했기 때문이다. 게으름 속에도 권력을 추구하는 태도는 어느 정도 존재한다. 자세히 관찰해보면 알 수 있듯이, 인간은 자기의 행동 패턴에 맞다고 생각하기 때문에 그것들을 습득한다. 그것들은 근본적인 요소가 아니라 부차적인 것이며, 개인의 은밀한 목표에 의해 만들어진 것이기 때문에 목적론적 관점에서 관찰해야 한다.37)

아들러 사상은 심리치료 방법으로도 목적론을 사용한다. 목적이 변화하면 행동이 변화한다는 것이 기본 전제이다. 목적론에 기반한 아들러의 치료방법은 증후 그 자체를 공격하는 치료방법에 대한 대안이다. 가령, 화, 두통 등의 증후가 있을 경우, 목표에 변함이 없는 한, 화, 두통이라는 증후를 버린다고 해도 그것 대신에 또 다른 증후를 찾아낼 것이다.38)

우리가 탐구해야 하는 것은 일정한 증후를 나타나게 만들었던 목적에 대해서이며, 우월이라고 하는 일방적인 목적과의 결합에 대해서이다. 목적이 변화되면, 정신적 습관이나 태도도 변한다. 옛날의 습관이나 태도는 불필요하게 되고, 그의 목적에 적합한 새로운 행동이 과거의 행동을 대신할 것이다.39) 그래서 그 목적을 잘 찾아내면 그 사람의 잘못된 목적을 이해할 수 있고, 그 사람의 정신을 바꾸어 주면 그 사람의 행동을 바꾸고 삶을 바꿀 수 있게 되는 것이다. 이것이 바로 아들러의 개인심리학의 명제이며 지향점이다.

목적론과 진화심리학

기존의 아들러 심리학에 대한 저작들에서는 인간의 모든 행동에는 목적이 있다고 했는데, 그 목적이라는 것이 무엇인지에 대해서 불분명하였었다. 그런데 진화심리학의 관점으로 보면 인간 행동의 목적이 궁극적으로 생존과 번식을 위한 적응에 관련된다는 것을 알 수 있다.

진화심리학은 인간이 행동을 하는 이유를 두가지로 나눠보는데 그 하나는 '근접원인'이고 또 다른 하나는 '궁극원인'이다. 근접원인은 행동을 촉발한 즉각적 원인, 즉 어떻게 그 시스템이 작동하는가에 대한 how의 문제이고, 궁극원인은 심층수준의 원인으로 왜 하필 그 시스템인가라는 why

의 문제이다. 많은 경우, 우리는 인간행동의 궁극원인을 알지 못하고 근접
원인 수준에서 "기분이 좋아지니까 또는 행복하기 위해서 이렇게 행동한
다" 정도로 설명한다.

그러나 궁극원인 수준에서 "왜 그렇게 행동하면 기분이 좋아지게끔 만
들어졌는가"에 대한 대답을 알면 인간행동의 이해가 보다 깊어진다고 진
화심리학에서는 보고 있다. 그 궁극원인이 크게 보면 생존과 번식을 위한
적응적 목적이라고 볼 수 있다는 것이다.

전중환은 인류의 진화역사에서 특히 중요했던 적응적 문제들의 범주로
"7가지 인간행동의 근본적 동기들"을 제시했다. 안전, 질병 회피, 동맹, 지
위상승, 배우자 획득, 배우자 유지, 혈연 양육 등이다. 인간 행동의 근본적
동기는 외부 혹은 내부의 단서에 의해 활성화 될 수 있다는 것이다. 활성
화된 근본적 동기는 선호, 주의, 기억, 의사결정들에 영향을 끼쳐 같은 사
람이더라도 현재 어떤 동기가 활성화되었는가에 따라 전혀 다른 선택을
할 수 있다.[40]

이처럼 진화심리학은 인간의 행동에 관해서 설명력이 높다. 진화심리학
이 설명하지 못하는 인간행동은 없다고 본다. 그래서 진화심리학자들은
진화심리학이 심리학의 완성이라고 주장하기까지 한다. 진화심리학은 어
떠한 심리 현상도 다윈이라는 틀을 통해 분석될 수 있으므로 진화심리학
은 모든 분야를 통합하는 이론적 토대를 제공해 준다. 이러한 의미에서 진
화심리학자 레다 코스미디스(Leda Cosmides)는 "장차 인간 심리에 대한
연구가 다윈적 접근에 의해 완전히 혁신되고 나면, 진화심리학은 더이상
진화심리학이라고 불리지 않을 것이고, 그냥 '심리학'이라고 불릴 것"이라
고 예측하였다.[41] 다른 기능성의 심리학은 몰라도, 인간 본성의 이해에 관
한 한은 그렇게 볼 수 있을 것이다.

5. 생존의 우월성을 향한 추구

아들러의 심리학은 우월성 추구와 인정 욕구를 핵심적인 인간 심리기제

의 하나로 보고 있다. 우월성이란 완벽, 완성 혹은 능력 면에서 타자들보다 우위에 있음을 뜻할 수도 있고, 전반적인 어려움을 이겨내려는 능력의 완전성을 뜻할 수도 있다.[42] 인간의 기본 성향이 바로 생존과 번식에 있어서 우월이다. 사람은 남들보다 더 많은 것을 성취하려고 한다. 또한 이 우월성이 실현되었음을 타인에게서 인정받고 확인받으려 한다.[43] 아들러의 우월성 추구의 개념은 개인생활과 사회생활을 이끄는 강력한 힘에의 의지 혹은 지향성을 중요하게 생각한 니체의 사상을 본떴다는 것은 잘 알려져 있다.[44]

아들러는 자신의 초기저작에서 열등감이야말로 보상적인 반응을 통하여 개인들이 가진 단점들을 극복하도록 촉진시키는 수단이라고 보았기 때문에 열등감에 매우 중요한 의미를 부여하였다. 그러나 아들러의 이론에서 인간이 가진 더 중요한 동력은 더 우월한 존재이고자 하는 개인의 지속적인 추구다. 모든 개인이 자신의 생의 한 단계에서 다음 단계로 나아갈 때, 우월을 향한 가능성들을 실현하려고 하는 노력이야말로 가장 주된 동기로서 작용한다고 본다.

더 상위단계로 나아가기 위한 노력은 인격의 성취모델(fulfillment model of personality)과 일치하며, 이는 아들러가 표현했듯이 "산다는 것은 발달한다는 것을 의미한다." 비록 아들러는 개인의 성장을 도모하기 위한 촉매로서 열등감이 행사하는 영향력을 지속적으로 강조하였지만, 발달의 자극제로서 우월감을 추구하는 것을 일차적으로 강조하였다.[45]

우월이라는 목표는 개개인에게 있어서 매우 개인적이며, 독창적인 것이다. 그것은 그 사람이 인생에 부여한 의미에 의존한다. 그것은 그 사람의 독특한 인생 스타일 속에서 만들어지는 것이며, 스스로 창작한 기묘한 멜로디처럼 그 사람의 인생을 관통하여 울려 퍼진다. 그 사람은 자신의 삶의 방식 속에서 자기의 목표를 표현한다. 그렇지만 아무도 자기의 우월 목표를 정확히 알지는 못하는 무의식의 세계에 있다.[46]

아들러는 인간의 우월성 추구와 인정욕구의 근원을 진화론적 관점에서 본다. 아들러는 "개인심리학은 전적으로 진화의 토대 위에 서 있으며, 인간의 모든 추구를 진화의 관점에서 '완전의 추구'로서 이해한다. 신체적으로나 정신적으로 삶의 충동은 이 추구에 확고하게 결부되어 있다"고 본다. 또한 아들러는 "우리의 인식 능력에 대해 모든 정신적 표현형태는 마이너스 상황에서 플러스 상황으로 나아가는 운동으로 나타난다"고 보았다. 이 운동을 아들러는 진화라고 보는 것이다.[47]

아들러는 인류 전체의 차원에서 진화의 흐름은 멈추지 않는다고 본다. 완전의 목표가 우리를 저 위를 향하여 지속적으로 끌어당기는 것이라고 본다.[48] 아들러는 개인 차원에서도 완전의 목표를 위한 진화의 흐름은 멈추지 않는다고 본다. 아들러는 인간은 누구나 인생의 3대 과제에서 안전과 적응을 보장해줄 수 있는 우위를 차지하기 위해 노력하며, 이것이 우월성 추구라는 방향성이라는 것이다.

이 사실에서 알 수 있는 것은 아들러가 말하는 우월성이라는 개념은 자기완성의 의미가 크다. 현재보다 나은 상태인 플러스 상태로 진화해가는 것을 우월성이라는 말로 표현한 것이다.

인간의 우월성 추구에 대한 본성을 설명하는 데 있어서 아들러는 니체의 '권력의지' 사상에서도 영향을 받은 바 있다. 아들러는 개인생활과 사회생활을 이끄는 강력한 힘으로서, 권력에의 의지 혹은 권력 지향성을 중요하게 생각한 니체의 믿음을 본떴다.[49]

우월성 추구의 노력은 당연히 열등감과 직접적인 관련이 있다. 그래서 우월욕구와 열등감을 따지고 보면 똑같은 심리적 현상의 두가지 대극적 양상에 지나지 않는다.[50] 열등감이 삶의 추진력으로 뒤에서 밀어주는 힘이라면, 우월성은 앞에서 끌어주는 힘이다.[51]

아들러는 인간은 누구나 열등감을 갖고 있고, 이를 극복하기 위해 우월성(superiority) 내지 자기완성(self-perfection)을 추구하게 되는데, 이때 그 물꼬를 잘 터주는 경우, 자신의 잠재력을 크게 발휘할 수 있다고 보았다.[52]

인간의 우월성 추구는 또한 사회적인 산물이기도 하다. 왜냐하면 다른 사람과 비교에서 발생하는 열등감을 느끼지 않는다면 사람들이 현재의 상황을 넘어서려는 욕구를 갖지 않을 것이기 때문이다. 이런 점에서도 인간은 사회적 동물임을 알 수 있다.

이런 몇가지 중요한 개념들에 의하면 인간의 우월성 추구의 본성을 이해할 수 있게 된다. 바로 이 우월성 추구의 개념에서 아들러의 목적론 개념의 근원을 알 수 있다. 모든 인간 행동에는 목적이 있다고 하였는데 그 목적이란 바로 이 생존과 번식에 있어서 우월성을 향한 목적과 닿아있는 것이다. 아들러는 "정신의 움직임을 살펴볼 때 가장 먼저 발견하게 되는 것은 우리가 항상 목표를 향해 움직이고 있다는 것이다. 우리는 정신을 일관된 원인과 일관된 목표를 가지고 있는 동적인 힘으로 상상할 수 있다. 적응이란 개념에도 목표를 추구하고 있다는 의미가 내포되어 있다. 우리는 우리 안에 내재된 원동력과 활동성이 지향하는 목표(생존과 번식)를 상정하지 않고서는 정신생활을 상상할 수 없다"고 했다.53)

그러나 아들러에 의하면, 우월의 목표는 인류에 유익한 것이어야지 무익한 것은 안 된다. 우월을 위한 노력 중에서 유익한 것과 무익한 것을 구분하는 기준은 무엇인가? 이에 대한 대답은 공동체에 대한 관심이다. 인류가 이룩한 성취나 가치 있는 업적 중에서 공동체와 전혀 아무런 관련이 없는 것은 절대로 없다. 만약 고귀하고 고결하고 소중한 것으로 여겨지는 위대한 행동을 떠올린다면, 그 행동은 행위자 본인뿐만 아니라 전체 공동체에도 소중하다는 사실이 확인될 것이다. 따라서 아이에 대한 교육은 아이가 사회적 감정이나 공동체와의 연대감을 인식하게 하는 방향으로 이뤄져야 한다. 사회적 감정이라는 개념을 이해하지 못하는 아이들이 문제 아이가 된다. 쉽게 말해 우월을 추구하는 노력이 유익한 쪽으로 방향을 잡지 못한 아이들이 문제아가 된다는 뜻이다.54)

6. 열등감

아들러는 "세계적인 심리학자들이 자주 사용하는 개인심리학의 가장 중요한 발견은 '열등감'이라고 할 수 있다"고 자평한 바 있다. 아들러에게 열등감이라는 개념은 인간의 심리적 문제를 바라보는 가장 중요한 개념의 하나이다.55) 아들러는 열등감이 모든 인간의 기본감정이라고 보았다. 자신의 개인심리학의 초기 저작인 『개인심리학의 이론과 실제』 서문에서 "환자의 정신에 근본적으로 잘못된 부분을 명확히 파악할 수 있게 되었다"고 밝혔는데,56) 그것이 바로 열등감이라는 것이다. 아들러는 개인심리학의 방법은 열등감의 문제에서 시작하여 열등감의 문제로 끝난다고 지적했다. 아들러는 열등감은 심리적 부적응에 따른 모든 문제들의 원인이라고 했다.57) 열등감은 그만큼 인간 심리문제 이해의 열쇠이다.

아들러는 인간이 된다는 것은 곧 자신이 열등감을 느끼는 것이라고도 말했다.58) 인간이 지구상에 던져지자마자 직면해야 하는 생존과 번식의 문제는 대단히 엄중한 과제이기 때문에 위축되고 불안한 감정이 없을 수 없다. 열등감의 의식이 곧 인간적 의식의 출발점이 되는 셈이다.

아들러는 인류 역사의 흐름은 열등감과 이것을 해결하려는 시도의 역사로 간주할 수 있다고 보았다. 생물은 일단 움직임을 시작한 이래로 마이너스 상황에서 플러스 상황으로 나아가려는 운동을 한 순간도 멈추지 않았다는 것이다. 그래서 도달할 수 없는 이상적인 완전과 끊임없이 비교하는 개인에게는 항상 열등감이 가득하며, 이것이 개인을 충동한다고 보았다.59)

아들러의 1910년 논문 「삶과 신경증의 정신적 자웅동체성」에서 열등감 개념이 처음으로 등장한다. 이 논문에서 아들러는 "선천적인 공격 충동이 존재한다"는 이전의 프로이트식 개념을 버리고, 주관적이고 정서적인 열등감을 자기 심리학의 핵심 개념으로 강조했다. 신경증의 토대는 프로이트의 리비도가 아니라 열등감이라고 강조한 것이다. 이 논문은 아들러 이론에서 중요한 개념적 돌파구였고, 프로이트의 기본 관점을 분명하게 부정하는 것이었다.60)

아들러는 1912년에 출간한 책 『신경증적 성격에 관하여(1917년 The Neurotic Constitution)』에서 프로이트가 말하는 성욕이 아니라 열등감이 신경증을 야기한다고 주장했다. 심리학 이론에서 프로이트를 뛰어넘는 획기적인 책이다.61) 이 책을 출간하고 이듬해인 1913년에 아들러는 자신의 모임을 정신분석학과 완전히 분리하기로 결정하고 이름도 '개인심리학회'

로 명명했다.62)

열등감의 기원

의사로서 커리어를 시작한 아들러가 먼저 주목했던 것은 기관 열등이었
다. 아들러 스스로 구루병에 걸렸었는데, 자기는 구루병에 걸려 붕대를 감
은 채 의자에 앉아있고, 건강한 형은 맞은편에 앉아있는 광경을 기억한다.
형은 활달하게 움직였지만 자신은 어떤 식으로든 움직이기가 몹시 힘들었
다고 한다. 형에 비해 열등한 감정을 느꼈다는 것이다. 아들러는 또 5살
때 폐렴에 걸려 소생할 가망성이 없다는 의사의 진단을 받기도 했을 만큼
건강을 잃고 허약한 경험을 자주 했었다.63)

자신의 이런 경험에 기인하여 아들러 심리학의 핵심개념인 열등감의 기
원은 '기관열등성'이다. 1907년 『기관열등감에 관한 연구: 그리고 그 심적
보상』이라는 저서에서 거의 모든 신경증은 기관열등에서 시작된다고 보았
다. 사람들은 사회적 적응을 위해 애쓰면서 필연적으로 선천적 허약함을
극복하기 위해 분투한다고 본다. 아들러는 이 마지막 과정을 보상
(compensation)이라 불렀고, 종종 그러한 노력이 실제로 과잉보상으로 이
어진다고 강조한다.64)

아들러는 인간은 모두 자신이 타인과 대등하다고 느끼고 싶은 욕구를
가지고 있다고 생각했다. 유소년기부터 키가 작다, 몸이 약하다, 걸음이
늦다, 서툴다 등 타인보다 열등한 부분이 있으면 타인과 대등함의 욕구가
충족되지 않는다. 이를 방치하면 자신이 타인보다 가치가 낮은 인간이라
고 생각하게 되고 자존감이 낮은 인간으로 자라게 된다. 그런 '열등감'이
강하면 신경증에 걸리기 쉽다는 것이 아들러의 생각이었다.

또한 출생해서 성장하는 과정에서 어른에 의해 장기간 양육된다는 조건
자체가 아이들에게 열등감을 느끼게 하기 쉽다고 본다. 어른들 사이에서
자란 아이들은 연약한 존재로 여기며 자기는 부족하고 열등하다는 인식을
한다. 아이들은 의존적이고 왜소하며, 사회적으로 열등한 인간으로서 자신
의 초기 경험 때문에 열등감을 불가피한 것으로 믿는다.65)

열등감은 타인과 자신을 비교하는 과정에서 생겨나기 때문에 사회적 산물이다. 수많은 인간이 서로 관계를 맺으면서 살아가는 '사회'가 없다면 아마 열등감도 존재하지 않을 것이다. 개나 고양이 같은 동물에게는 열등감이 없다. 열등감은 동물적인 본능과 상관없는 인간 특유의 사회적인 영향에서 비롯된다. 이처럼 아들러 이론에서 열등감의 중요한 기원은 사회관계이다. 인간은 자연 못지않은 생존투쟁이 치열한 사회관계에서도 살아남아야 하기 때문이다.

열등감의 사회적 기원과 관련되는 또 하나의 요인은, 사회적 애정의 결핍문제이다.[66] 아들러는 사회적 애정이 결핍되면, 그에 대한 반작용으로 아이들은 인간적인 범위를 벗어나는 엉뚱한 야망을 품기도 한다고 본다.

이처럼, 아들러 심리학에서 열등감의 기원은 점차 사람관계에서 찾는 방향으로 변화되었다. 아들러는 사회심리학자로서 기본적으로 인간을 사회적 존재로 보았기 때문에 사회가 인간의 정신에 미치는 영향을 중시한다. 오늘날의 심리치료사들은 거의 마음의 질병을 '대인관계의 병'으로 보는데, 이 점에서 아들러 심리학은 사회심리학의 선구자라고 할 수 있다.[67]

나아가서, 다윈의 진화론에 토대를 두고 있는 아들러는 열등감의 일반적 근원은 자연과의 관계에서도 오는 것으로 본다. "인간의 열등감은 자연에 압도당하는 느낌에서 온다"고 했다. 자연의 악조건에서 생존해야 하는 과제를 부여받은 인간은 모진 추위, 비바람, 더위, 홍수, 가뭄 같은 악조건에서 살아남아야 한다. 다윈주의에서 인간은 자연에 적응해서 생존해야 하는 입장이기 때문에 자연환경이 중요한 변수이다.

아들러는 인간이 자연에 압도당하지 않기 위하여 불굴의 의지로 노력을 해 왔고, 비바람과 추위와 더위를 극복해내고 먹이를 구하고 번식을 하기 위하여 사투를 벌이며 살아왔다고 본다. 아들러의 『왜 신경증에 걸릴까』라는 책에서도 생명체는 죽기 마련이라는 사실을 의식하는 존재는 아마도 인간뿐일 것이라는 인식만으로도 인간이 자연에 압도당하는 느낌을 받기에 충분하다는 것이다.[68]

또한, 진화론의 관점에 있는 아들러가 보기에 인간이 직면하는 인생의

3대 과제는 열등감을 불러일으키는 근원적인 요인이다. 이 지구상에 사는 모든 사람은 아들러가 제시한 일, 관계, 사랑이라는 세가지 인생과제를 어떻게든 해결해야 한다. 개인은 세상과 세가지 관계로 연결되어 있기 때문이다. 어느 누구도 이 과제에 대한 대답을 피해갈 수 없다. 이 엄정한 세가지 삶의 요구 중 하나 이상을 해결하지 못한 사람은 자기비하에 빠져 열등감을 갖게 되고 심하면 신경증에 걸릴 수도 있다고 본다.[69] 이처럼 아들러는 자연에 적응하고 인생의 3대 과제를 수행해야 하는 인간에게 있어서 위축감과 불안감이 열등감의 근원의 하나라고 보고 있는 것이다. 이러한 관점에서 보면 자연과 사회 속에 살고 있는 인간에게 열등감이란 어느 정도는 우리들 모두에게 공통적으로 존재하고 있다.

이처럼 열등감의 발생에 영향을 미치는 변수는 부지기수다. 이러니 인간이 열등감을 느끼지 않을 수 없으며, 열등감이 인간 심리의 기본 감정이라는 아들러의 주장이 이해가 된다.

우월성 추구 vs. 열등 콤플렉스, 우월 콤플렉스

열등감은 긍정적인 측면도 있고, 부정적인 측면도 있다. 무엇보다도, 열등감이 우월성을 향한 동기부여의 계기가 된다. 사람마다 무엇이 중요하고 무엇이 우월성의 상징이 되는가는 다 다르지만, 열등감은 우월성을 향해 가도록 하는 동력이다.

그런데 우월성을 향해서 창조적인 적응을 하여 우월성을 성취하는 사람이 있고, 그와 반대로 지나치게 우월성 추구의 목표에 민감하게 반응하다가 조금이라도 실수하는 경우가 생기면 지나치게 자책을 하거나 좌절감에 빠져들어서 신경증으로 발전하는 경우도 있다. 열등 콤플렉스에 빠지는 경우이다.

또 어떤 사람은 자기가 우월하다는 것을 너무 사람들에게 과시하는 데 집착한 결과 우월 콤플렉스에 빠지는 경우도 있다. 이런 사람들은 대체로 아동기의 성장과정에 응석받이로 자라거나, 아니면 무시당하고 학대당하고 살았거나, 또 아니면 신체적으로 장애가 있는 경우에 이렇게 열등 콤플렉스나 우월 콤플렉스로 발전할 수도 있다.

우월 콤플렉스는 열등 콤플렉스를 가진 사람이 곤경을 회피하는 한 방법이 될 수 있다. 그런 사람은 자신이 우월하지 않은데도 우월하다고 생각하며, 그의 그릇된 허구적 성공은 그가 견뎌내지 못하는 열등의 상태에 대한 보상이 된다. 정상적인 사람이라면 우월 콤플렉스를 가지고 있지 않으며, 심지어 우월감 조차 갖지 않는다. 정상적인 사람은 우월한 사람이 되고자 노력할 뿐이다.[70]

비정상적인 열등감은 "열등 콤플렉스"라는 이름을 얻었다. 그러나 콤플렉스라는 표현은 그 사람의 전체 성격에 스며드는 이 열등감에 적합한 단어가 아니다. 그것은 콤플렉스 이상이며, 상황에 따라 그 폐해가 달라지는 질병에 가깝다.[71] 열등 콤플렉스는 반드시 쉬운 보상과 피상적인 만족을 추구하고, 그와 동시에 장애를 극대화하는 한편 자기 성장을 향한 용기를 불어넣지 않음으로써 성취를 이룰 길을 가로막게 된다.[72]

아들러는 인간이 일상에서 직면하는 인생의 3대 과제에서 어려움을 겪는 사람들을 기본적으로 실패에 대한 두려움이라고 적절하게 이름 붙였다. 아들러는 그들을 성취동기에서 갈등을 겪는다고 설명하면서, 신경증 환자는 위험을 무릅쓰고 성공을 감행하기보다 패배를 더 두려워하여 인생의 무익한 쪽으로 달아난다고 본다. 신경증 환자는 실제로는 승리자가 아니지만 특정한 조건의 방해가 없었더라면 승리자가 될 수 있었다는 가정에 만족한다고 한다. 그리고 스스로와 다른 사람들에게 자신의 진짜 열등감을 감춘다고 주장하였다.[73]

모든 신경증의 문제는 환자가 삶의 과제의 현실의 요구들을 왜곡하고 부인하는 행동, 사고, 지각 양식, 삶의 방식을 힘겹게 붙잡고 있다는 데 있다. 치유자의 임무는 이 생존양식(lifestyle)을 바로 잡을 알맞은 방법을 찾아주는 것이다. 즉, 사적논리에서 공동감각으로 살도록 교정하는 것이다.[74]

신경증 환자가 자신의 나약함을 천성과 유전적인 결함 탓으로 돌리는 것은 열등감으로부터 도망치기 위해서이다. 그런데, 장애에 올바로 대응한다면 장애는 더 높은 성취를 향해 나가도록 하는 자극제가 된다. 삶에서 뛰어난 성공을 거둔 사람들이 처음에는 종종 장애와 극심한 열등감에 시달렸다가 극복해낸 사람들이다. 반면에 자신이 유전적 결함과 장애의 피해자라는 생각으로 절망감에 빠져 성취를 향한 노력을 게을리 한 사람들에게는 발달이 영영 지체된 경우도 있다.75)

아들러에 의하면 삶의 과제에서 도망가려는 이유는 딱 하나, 바로 패배에 대한 두려움이다. 그런데 이것은 모든 이유 중에서 가장 인정하기 어려운 이유이기도 하다. 그렇지만 당사자는 절대 사실대로, 즉 패배에 대한 두려움으로 해석하지는 않는다. 모든 신경증 증상은 이렇듯 열등감을 감추려는 작업에 수반되는 긴장감으로부터 발생한다.76)

열등감을 치유하는 방법

신경증 환자가 일상에서 도망치는 것은 이 일상적인 상황들에서 두드러진 존재가 되지 못할까봐 두렵기 때문이다. 치유자의 과제는 대상자가 자신이 무엇을 하고 있는지 깨닫게 하고, 자기중심적인 관심을 사회적으로 유용한 활동으로 옮겨갈 수 있도록 돕는 것이다.77) 신경증 환자들은 인생의 과제로부터 도망치는 자신을 정당화하기 위해 항상 어느 정도 그럴싸한 이유들을 끌어모으지만, 자신이 무슨 짓을 하고 있는지 인식하지 못한다. 환자를 아주 주의 깊게 이끌면서 단순하고 직접적인 설명으로 환자를 치유하는 것이 치유자의 임무다. 치료는 여태껏 철통같이 비밀로 지켜온 환자의 목표를 치유자와 환자가 얼마나 일치되게 이해하는지에 달려 있기 때문이다.78)

우월로 향하는 길을 잘못 선택한 사람들에게 어떻게 도움을 줄 수 있을까? 오로지 문제는 그들의 노력이 인생의 무익한 측면에서 행해지고 있다는 점이다. 아들러는 모든 인간생활은 바람직한 방향으로 나아가는 이런 활동에 의거하여, 아래에서 위로, 마이너스에서 플러스로, 패배에서 승리로 진행해간다고 본다. 노력의 방향이 자신뿐만 아니라 다른 사람들도 함께 풍요로워지는 쪽으로 나아가는 사람, 다른 이들과 더불어 이익을 볼 수 있도록 하는 사람들만이 인생의 심리적 문제를 극복할 수 있다.79)

그런 사람을 위한 적절한 치료는 그들을 격려하는 것이다. 그들을 낙심시켜서는 절대로 안 된다. 치유자는 그들에게 스스로 어려움을 직면하고 삶의 문제를 해결할 능력을 갖추고 있다는 점을 이해시켜야 한다. 이것은 자신감을 키우는 유일한 길이자 열등감을 치료하는 유일한 방법이다.[80]

모든 개인은 열등감을 갖고 있으며 또 성공과 우월을 추구하고 있다. 그러나, 모든 개인들이 다 콤플렉스를 갖지 않는 이유는 그들의 열등감과 우월감이 사회적으로 유익한 경로로 돌려질 수 있는 심리적 메커니즘을 갖추고 있기 때문이다. 이 메커니즘의 원천은 사회적 관심과 용기, 사회성, 상식의 논리 등이다.[81]

아들러가 공동체 감각이나 공동감각을 강조하는 이유가 바로 여기에 있다. 공동체 감정과 공동감각을 가진 사람은 건강하게 성장하고, 그렇지 않은 사람은 신경증에 걸리기 쉽다고 본다. 공동체 감정과 공동감각이 도덕 윤리가 아니라 생존에 이익을 주는 생존전략임을 알 수 있다.

7. 인간 의식의 창조성과 구성주의적 본성

아들러는 인간이 자신의 삶의 방향을 능동적이고 주관적으로 창조한다고 본다는 점에서 구성주의(constructivism)와 관련이 있다는 평가가 있다. 가령, Jones & Lyddon은 아들러적 관점과 사회구성주의적 관점은 초기 유년시절의 인식이 개인의 행위 패턴을 형성하는 데 중요하다고 본다.[82]

실제로 아들러는 "언제나 미래의 목표를 향해 있는 인간은 결코 조건반사로 설명될 수 없는 자기 창조력을 보여준다"고 지적한다. 가령, "부족한 존재 조건 속에서 인간은 어쩌면 전혀 존재하지도 않았던 새로운 생활형태를 스스로 창조한다"고 지적했다.[83]

진화론으로 인간을 보는 아들러는 맹수가 가진 이빨과 발톱 대신에 인간은 정신이라는 첨단무기로 무장되었다고 보았고, 그 정신은 상황을 분석하고 대응하고 적응하는 능력을 가졌다고 본다. 정신에 관한 아들러 글을 다시 인용한다.

인간의 정신은 적응과 안전을 도모하는 능력을 가지고 있다. 원시인들은 뿔, 발톱, 이빨 등과 같은 방어 수단을 가지고 있었지만 적대적인 자연을 극복하기에는 역부족이었다. 오직 정신만이 신체적인 결함을 보상해줄 수 있는 수단을 제공할 수 있었다. 인간은 끊임없이 부족함을 느끼면서 예측하는 능력을 개발하여왔으며, 오늘날 우리가 생각하고 느끼고 행동하는 기관, 즉 정신을 발달시켜왔다.[84]

맹수가 가진 거친 발톱과 날카로운 이빨을 부여받은 것과는 달리 인간에게 주어진 무기는 정신이며, 이 정신으로 상황을 분석하고 전략을 세우고 행동하게 할 뿐만 아니라 동물과 같은 조건반사가 아니라, 스스로 무에서 유를 창조하는 능력을 가졌다고 본다.

아들러는 초창기에 신체장애 환자들을 연구하면서, 장애가 성취와 자의식에 미치는 영향이 개인마다 큰 차이가 있음에 주목했다. 어떤 장애인들은 스포츠에서 높은 수준의 성공을 거두었는데, 아들러는 그들에게는 '장애'가 강력한 동기부여가 됨을 알아챘다. 하지만 반대편에는 장애로 인해 좌절에 빠진 이들도 있었다. 아들러는 그런 차이가 개인이 자신을 보는 방식에 의해 생겨난다는 것을 발견했다. 우리 삶을 결정하는 것은 객관적 조건이 아니라 그 조건을 바라보는 자신의 주관적 견해라는 생각이다.

아들러가 주장한 것처럼, 광범위한 영향력을 발휘하는 개인의 내면심리 세계는 객관적 요인으로 형성되는 것이 아니라 궁극적으로 개인 자신이 만들어내는 것이고, 개인의 삶의 행로는 비교적 객관적인 충동이 아니라 매우 주관적인 목표설정과 가치에 따라 방향이 정해진다는 생각이다. 이 관점의 실질적 의미는 개인을 전적으로 외부의 힘이 아닌 상당부분 스스로 결정하고 구성하는 존재로 이해하는 것이다. 우리의 행동도 이 같은 사실의 영향을 절대적으로 받고 있고, 또 우리의 성격도 이 같은 사실을 바탕으로 조직되고 있기 때문이다.

인간들은 또한 의미의 영역 속에 살고 있는데, 의미는 상황에 의해 결정되는 것이 아니고 우리가 그 상황에 어떤 주관적 의미를 주었는가에 따라 결정된다. 우리는 항상 우리가 부여한 의미를 통해서 현실을 경험한다. 그 의미란 생존과 번식을 위해 주관적으로 구성한 논리인 것이다. 그런 점에서 우리가 경험하는 현실이란 우리가 '구성'한 것이다.[85] 아들러는 『인간 이해』의 서론 첫머리에 "인간의 운명은 그의 마음속에 있다"고 한 헤로도토스를 인용했다.[86] 자기가 세상을 어떻게 인식하고 의미부여하느냐에 따라 행동을 선택하고 자기의 운명을 주관적인 마음에 따라 만들어 간다는 의미이다.

주관적인 생각이 인간의 행동을 좌우한다는 점을 보여주는 대표적인 예가 바로 카이자르의 이집트 상륙에 얽힌 에피소드이다. 카이자르가 이집트 해안에 뛰어 내리다가 땅바닥으로 굴러 넘어졌다. 그러자 로마 병사 등은 이를 불길한 조짐으로 받아들였다. 이때 만약에 카이자르가 두 팔을 크게 벌리면서 "아프리카, 드디어 너를 품었구나!"라고 외치지 않았더라면, 로마병사들은 방향을 돌려 되돌아갔을지도 모를 일이라고 썼다.[87]

이런 맥락에서 후학들은 아들러를 구성주의의 원조라 일컫는다.[88] 확실히, 아들러의 치료법은 구성주의적 관점이다. 그래서 항상 고객의 준거틀로부터 세상을 바라보는 방식으로 접근한다. 아들러의 구성주의는 미국을 대표하는 정신분석가 로버트 스토롤로에게 영향을 미친 것으로 보인다. 스토롤로는 '조직화 원칙(organizing principle)'이라는 개념을 사용하였는데 아들러의 '구성주의'와 유사하다. 스토롤로 이론에서 중요한 개념은 조직화 원칙이다. 스토롤로는 사람이 저마다 자신의 주관적인 세계에서 경험을 조직화하는 원칙을 갖고 있다고 여겼다.[89]

창의적 적응력으로 생존전략 구성

각 개인은 세상 및 사람을 바라보는 자신의 주관적 인식에 기반하여 나름의 세계관, 인생관, 생존전략을 구성한다. 각 개인의 성격은 저마다 다 독특하게 이뤄졌다. 그래서 아들러는 개인은 한 폭의 그림이자 동시에 그 그림을 그린 화가이기도 하다고 했다. 말하자면 우리 모두는 자신의 성격을 그리는 화가인 것이다.[90]

아들러의 이런 생각은 최근 뇌과학에 의하여 설명될 수 있다. 가자니가 교수에 의해 좌뇌 해석기 모듈이 주어진 몇가지 사실들에 근거하여 추측하여 추론하고 창조한다는 것이다. 제5장에 자세히 설명한 좌뇌 해석기의 작동원리에 대한 그림과 설명을 참조하면 이해가 잘 될 것이다.

좌뇌 해석기가 지어내는 사적논리는 창조적이고 또 구성주의적이다. 사적논리가 창조적이라는 것은 인간의 사적논리가 창발적이기 때문이다. 여러 요소가 모임으로써 각각의 부품과는 전혀 다른 기대하지 않았던 현상이 나타나는 것을 창발성(emergent property)이라고 하는데, 뇌에서는 신경세포들이 연결되어 만든 네트워트가 창발성을 가진다고 한다.[91]

의식은 창발적 자산(emergent property)이다. 매 순간 뇌의 청각, 시각, 기억 등 각기 다른 모듈 혹은 체계가 관심을 끌기 위해 경쟁하고 승자만이 그 순간의 의식적 경험에 깔린 신경계로 창발한다.

이러한 뇌의 기능에 대하여 이미 알고 있기라도 한 것처럼 아들러는 인간은 개인의 독특한 성격 및 생활양식의 형성, 그리고 인생의 목표를 추구하는 역동적인 '창조적 자아'로 인식하였다. 이처럼 그가 인간을 자신의 삶을 만들어 가며, 자유와 책임을 지는 주체적 존재로 보았다는 면에서 실존심리학의 창시자로도 불린다.

8. 전일주의적(wholism) 관점

아들러가 인간을 보는 또 하나의 관점은 전일주의(wholism)이다. 아들러 심리학을 대표하는 공식적인 브랜드는 '개인심리학(individual psychology)'인데, 'individual'이란 분할할 수 없다는 'indivisible'의 의미이다. 개인을 나눌 수 없는 전체로서 바라보면서 개인의 삶의 범위에 있는 인생과제들과 연관 속에서 개인의 삶과 죽음과 행위를 탐색해야 한다고 본다.[92] 예를 들면, 정신과 육체, 이성과 감성, 프로이트의 개념에서의 이드, 에고, 수퍼에고처럼 나눌 수 없다는 주장이다. 개인의 원래 의미처럼 인간을 더 이상 분할할 수 없는 존재로 보았다. 각각의 개인을 통일된 하나의 일원적(wholistic) 존재로 보는 것이다. 그러므로 당연히 아들러는 개인의 마음을 사회와의 관계상에서 이해하려 했다. 어떠한 생명현상도 별개로 볼 것이 아니라, 항상 개인 전체와 연관지어서 봐야 한다는 것이다. 아들러는 개인 전체를 연구함에 있어서 사람은 누구든지 어떤 목표를 향해 노력하고 있다는 관점에서 접근한다.93)

아들러의 전일주의적 관점은 몇가지 의미를 가진다. 하나는 인간의 다양한 행동이 별개의 행동으로 이루어지는 것이 아니라 통일성을 이룬다는 의미이다. 즉, 인생의 목표라는 전체 그림 속에서 사소한 행동이 이루어진다는 의미이다. 그런 점에서 아들러는 어떤 개인의 모든 행동과 움직임에 방향을 제시하는 인생의 목적을 이해하는 것이 중요하다고 본다. 이 목적을 알게 되면 우리는 개별적인 다양한 행동들의 뒤에 숨어있는 의미를 이해할 수 있게 된다. 우리는 이 행동을 전체의 부분으로 보게 된다. 부분을 연구할 때에도 그것을 전체의 일부로 보면 우리는 전체 그림을 더 정확히 그릴 수 있다.94)

아들러는 한 개인의 라이프스타일은 통일성을 가질 뿐만 아니라 평생에 걸쳐서 유지되는 지속성이 있다고 본다. 그런 점에서 한 개인의 전체적 관점에서 보면 순간의 행동 하나하나가 개인의 전체적 목적 속에서 이해된다는 것이다.

아들러의 전일주의적 관점의 또 하나의 의미는 인간이 사회에 적응해야만 제대로 살 수 있기 때문에 사회적 관계 속에서 인간이 이해된다는 것이다. 인간의 마음을 연구하려면 '개체로서의 인간'과 그 외부에 존재하는 '사회'가 맺는 관계를 봐야 한다고 본다. 실제로 아들러는 개인은 오직 사회적인 관계 안에서만 개인으로 존재한다고 말했다. 따라서 마음의 병을 앓는 환자 개인만을 관찰해서는 그에게 어떤 일이 일어났는지 알 수 없다. 그 사람이 놓인 사회관계 속에서 이해해야 한다는 것이다. 아들러는 '인간의 고민은 모두 대인관계의 고민'이라고 말한다. 대인관계의 문제는 공동체 감정의 결핍에서 발생하기 때문이다. 사실 이 관점이 이 책『아들러 리더십 코칭』의 솔루션의 전제가 되기도 한다.

제3장
아들러의 심리분석에 사용되는
주요 개념들

　이 장에서는 아들러 심리학 체계에서 심리분석에 사용되는 주요 개념들을 살펴본다. 이들 개념들이 아들러 코칭에서도 탐색의 도구가 되는 개념들이다. 아들러 심리학에서 라이프스타일(lifestyle, 생존양식), 사적논리(private logic), 가상인생목표(fictional final goal), 공동감각(common sense) 개념은 아들러 심리학과 아들러 코칭에서 핵심 개념이므로 좀 더 상술하고자 한다.

1. 라이프스타일

　아들러의 라이프스타일 개념은 크게 3가지 영역으로 구성된다. 첫째가 사적논리이다. 인생과제(life task)를 실현하기 위해 상황을 분석하고 판단하는 개인의 주관적이고 사적인 적응전략이다. 자아정체감, 세계관, 인생관 등의 근원신념을 포함한다. 사적논리가 신념체계라면, 라이프스타일은 그 신념에 대한 대처방식이다. 둘째는 가상인생목표(fictional final goal)인데 쉬운 말로 표현하면 장래희망이다. 이것만 실현되면 현재의 열등감과 난관을 극복하고 한을 풀 수 있겠다는 가상적 목표이다. "병을 치료하는 것이 가장 중요해, 나는 의사가 될 거야" 등의 방식으로 표현된다. 셋째는 가상인생목표(fictional final goal)에 도달하기 위한 전략으로서 라이프골 우선순위(life goal priority)이다. 우월성 추구, 통제추구, 기쁨주기 추구, 편안함 추구 등의 4가지 우선순위가 있다.

▎ 그림 3-1 **라이프스타일 3요소**

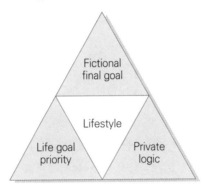

아들러 심리학의 라이프스타일 개념은 이 세가지를 다 포함할 뿐만 아니라 이보다 더 포괄적인 삶의 방식이나 스타일을 포함한다. 가령, 삶의 문제를 해결하는 방식, 열등감을 보상하는 방식, 우월성 추구의 방식이나 사회적 관심을 추구하는 방식, 성격의 표현 등을 다 통칭해서 라이프스타일이라 본다.[1]

이 중에서 의뢰인의 라이프골 우선순위를 진단하는 것이 라이프스타일에 대한 한 단면을 신속하게 파악할 수 있는 매우 유용한 방법이다. 아들러가 제시한 라이프골 우선순위의 네가지 타입은 지배(ruling), 획득(getting), 회피(avoiding), 사회적 유용함(socially useful)이다. 이 네가지 유형은 후학들에 의하여, 우월성 추구, 통제 추구, 기쁨주기 추구, 편안함 추구로 변경되었다. 우선순위는 그 사람의 단기목표와 장기목표를 이해하고, 그 사람의 핵심신념을 파악하는 데 사용될 수 있다.[2] 그래서 이 책에서는 라이프골 우선순위를 라이프스타일 개념과 혼용해서 사용하고, 필요할 경우에만 구분한다.

라이프스타일은 인생과제를 실현하기 위한 생존전략이다

이미 언급한 대로, 아들러 심리학에서 분석을 위해 사용하는 양대 개념이 있는데, 첫째는 인생이 태어나서 직면하는 인생의 3대 과제이며, 둘째는, 이 과제를 실현하는 전략으로서의 라이프스타일이다. 이는 일종의 생존전략이다.

아들러의 라이프스타일 개념을 기존에는 '생활양식'이라고 번역되었는데 생활양식에는 생존전략의 의미가 약하고 일상언어의 용법과 구분이 되지 않아서 이 책에서는 '생존양식'이라고 번역하여 사용한다.

아들러는 "인간은 자연과의 관계에서 열등한 입장에 놓여있기 때문에 어쩔 수 없이 '전략과 책략'이라는 측면을 발달시킬 수밖에 없다"고 본다. 전략과 책략이 그만큼 중요한 삶의 요소이다. 아들러는 개인 차원의 이 전략과 책략을 라이프스타일이라고 본다. 아들러는 "인간은 모두가 실제로 자기 자신의 책략을 놀라운 정도로 능숙하게 활용하는 데 숙달되어 있다"고 본다.3)

아들러에게서 전략과 책략이라는 이 말은 삶의 과제(life task)에 적응하기 위해 개인이 선택한 심리적 반응양식이다. 아들러는 "라이프스타일을 스스로 구성하고 선택한다"고 하며, 이것이 아들러 인간관의 기본 전제의 하나이다. 1926년에 아들러의 『삶의 과학』이 출간되었는데, 이 책에서 지침 이미지(guiding image), 기준선(guiding line), 삶의 계획(life plan) 같은 표현들을 대체하는 라이프스타일(lifestyle)이라는 개념을 처음으로 제시했다.4)

아들러는 이 책에서 라이프스타일 개념을 설명하기 위하여 계곡에서 자라고 있는 소나무를 예로 들었다. 계곡에서 자라고 있는 소나무는 산 정상에 서 있는 소나무와 다르게 자란다는 사실을 확인할 수 있다는 것이다. 계곡의 소나무와 산 정상의 소나무는 다 같은 품종인데도, 두 나무의 생존양식이 뚜렷하게 달리 나타난다는 것이다. 산 정상에서 자라는 소나무의 모양새는 계곡에서 자라는 소나무의 모양새와 판이하다. 한 그루 나무의

라이프스타일은 그 나무가 주어진 환경에서 스스로를 표현하고 형성해가
는 바로 그 개성이다.

아들러는 인간도 이와 똑같다고 본다. 우리는 환경의 어떤 조건 아래에
서 라이프스타일을 본다. 이 라이프스타일과 기존 환경의 관계를 정확히
분석해 내는 것이 심리학의 임무이다. 사람의 마음이 환경의 변화에 따라
변하기 때문이다. 라이프스타일은 하나의 통합체이다. 왜냐하면 그것이 삶
의 초기의 어려움과 어떤 목표를 향한 노력에서 비롯되기 때문이다.[5]

진화론의 관점에 서 있는 아들러의 라이프스타일이란 말에 유사한 것이
'성격'이다. 어떤 두 사람도 개념, 인식, 감정, 행동, 생각이 똑같지 않다.[6]
그러나, 성격이라는 단어 자체에서 연상되듯, 성격은 '타고난' 것이라거나
바꾸기 힘들다는 고정관념이 있다. 아들러는 절대 그렇지 않다는 점을 강
조하기 위해 '성격'이라는 말 대신 '라이프스타일'이라는 용어를 사용했
다.[7] 라이프 스타일은 성격에 유사한 개념이기는 한데 자아개념, 인생관,
세계관, 인생목표, 생존전략에 대한 내면의 깊은 신념까지도 포함한다. 가
령, 인생과제를 해결하는 방법, 삶에 대한 태도, 열등감을 보상하는 방법,
인생의 의미, 성격, 자신과 타인에 대한 의견, 우월성과 사회적 관심을 추
구하는 방법, 우리의 전체 성격의 표현 등의 개념으로 쓰인다. 그래서 라
이프스타일은 매우 넓은 범위의 개념이다.[8]

아들러는 라이프스타일이 통일성과 지속성을 가진다고 본다. 생존양식
은 하나의 통합체이자 통일체이다. 왜냐하면 그것이 삶의 초기의 어려움
들과 어떤 목표를 향한 노력에서 비롯되기 때문이다. 즉 이같은 노력은,
목표를 이루려는 노력은 물론 인간의 특별한 기능인 사고력과 상상력을
반영하는 것이며, 평생동안 그 사람의 행동을 지배하게 된다. 아니 그 사
람의 사고까지 지배하게 된다. 왜냐하면 사람들은 객관적으로 생각하지
않고 각자가 설정한 목표(fictional final foal)와 라이프스타일에 맞춰 생각
하기 때문이다.[9]

라이프스타일 개념의 진화론적 유산: 투쟁-도피-굴복 패턴

아들러의 라이프스타일 개념은 진화론의 투쟁-도피-굴복 반응 개념에서 만들어진 것으로 보인다. 아들러는 이렇게 말했다.

> 우리에게 주어진 상황은 공격을 유발할 수도 있고, 안전을 요구할 수도 있다. 이에 따라 우리가 가지고 있는 어떤 선천적인 능력은 공격적인 기관, 안전을 도모하는 기관, 방어하는 기관을 만들어낸다. 정신은 외부 세계에 대해 공격적으로 반응하거나 방어적으로 반응하는 행위들의 복합체이며, 이 복합체는 인간의 생명을 유지하고 발전시키기 위해 필요하다.10)

투쟁-도피-굴복이라는 표현은 후학 진화론자들이 만든 개념이지만, 위에서 인용한 바와 같이, 아들러의 사상에서는 분명히 투쟁-도피-굴복의 개념으로 표현되어 있다. 아들러를 진화심리학으로 재해석하는 것의 하이라이트는 리이프스타일 또는 생존양식의 유형에 대한 새로운 이해에 있다. 라이프스타일이 인류의 진화과정에서 획득된 보편적인 생존전략인 투쟁, 도피, 굴복 반응이 발현된 것으로 이해할 수 있다. 아들러의 관점에서 보면 인간의 라이프스타일은 생존과 번식을 위한 투쟁, 도피, 굴복 반응에서 나온 것이다.

위험 상황에서 동물과 인간이 보이는 공통적인 대응방식인 싸우기, 도망치기, 얼어붙기다. 이 개념은 아들러 후학들에 의해 라이프골 우선순위의 네 가지 유형으로 개발되었다.

라이프스타일 유형 및 라이프골 우선순위(life goal priority)

앞에서 가상인생목표(fictional final goal), 사적논리(private logic), 라이프골(life goal) 우선순위를 통합적으로 묶은 개념이 라이프스타일(lifestyle)이라고 했다. 라이프스타일 개념의 하위 개념의 하나인 라이프골 우선순위에 대한 개념을 간단히 소개한다. 더 자세한 설명은 제9장에서 진행한다.

라이프골 우선순위 유형은 투쟁-도피-굴복 전략에서 도출된다. 투쟁전략에서 우월성 추구와 통제 추구의 두가지 라이프골 우선순위가 도출되고, 도피전략에서 편안함 추구 유형이 도출되고, 굴복 전략에서 기쁨주기 추구 유형이 도출된다. 이렇게 해서 우월성, 통제, 편안함, 기쁨주기 추구의 4가지 라이프골 우선순위 유형이 도출된다.[11] 투쟁전략은 과잉보상을 추구하는 유형인데, 자기 힘을 과시하거나(우월성 추구), 위협하는(통제 추구) 유형으로 구별된다. 이처럼 라이프골 우선순위를 진화론의 투쟁－도피－굴복 반응으로 재해석하여 유형을 특징지으면, 판별이 명확해진다.

우월성(superiority) 추구 유형은, "나는 능력이 부족해, 그러니 열심히 능력을 길러야 해, 옆도 안보고 열심히 노력하고 살아야 돼, 그렇지 않으면 나는 아무것도 아니야"와 같은 '사적논리'가 묻어 있을 수 있다. 그러나 자기가 우월하다는 것을 보여주기 위하여 과시적인 방식으로 과잉보상을 추구한다.

통제(control) 추구 유형은, "세상은 불안해, 확실하게 상황을 장악해야 해, 그렇지 않으면 내 삶이 어찌될지 알 수가 없어, 나를 건드리는 놈은 밟아 버릴거야" 같은 신념이 묻어있을 수도 있다. 이것도 역시 열등감의 소산이다. 위협적인 방식으로 과잉보상을 추구하기도 한다.

기쁨주기(pleaser) 추구 유형은, "나는 사랑받기 부족한 사람이야, 그래서 나는 사람들에게 잘해주어서 좋은 사람으로 인정받아야 해, 다른 사람들로부터 인정받지 못하면 아무것도 아니야"와 같은 사적 신념을 가진 유형이다. 굴복형의 반응 양식이다.

편안함(comfort) 추구 유형은, "세상은 고통이야, 인생은 고해라고 하잖아, 책임지는 것 싫고, 편안하게, 내가 원하는 방식대로 사는 것이 좋아"와 같은 신념을 가진 유형인데, 도피형의 반응양식이다(그림 9-3 참조).

이처럼 라이프골 우선순위 네가지 유형은 어느 것이나 모두 열등감이나 결핍감의 소산이다. 열등감이나 결핍감을 극복하고 이 세상에 적응하고자 하는 노력이 가상인생목표를 형성하며, 그 노력의 전략이 라이프골 우선순위이다. 종합해서 보면 라이프스타일이다. 그래서 'lifestyle'을 '생존양식'이라 번역하는 것이다.

아들러 심리학의 라이프스타일의 4가지 유형은 이렇게 진화심리학적 관점에서 볼 때 비로소 그 의미가 이해되고 유형 판별이 보다 명료해진다. 아들러의 라이프스타일 또는 생존양식은 생존전략이라는 진화심리학의 핵심 사상을 반영한 개념임을 알 수 있다. 생존전략은 투쟁, 도피, 굴복의 전략 중의 하나이다. 그래서 라이프스타일이 생존전략이자 필살기이다.

라이프스타일의 형성 시기

아들러는 우리 각자는 강력한 주위 환경에 잘 대처하는 데 도움이 되는 독특한 생존양식을 취학 전에 개발한다고 설명한다. 개념, 인식, 감정, 행동, 생각이 사람마다 똑같지 않으며, 우리는 각자 어릴 때 형성된 생존양식의 영향을 받는다고 주장한다.12)

아들러는 이 생존양식과 기존 환경 및 인생과제의 관계를 정확히 분석해 내는 것이 심리학의 임무라고 본다. 사람의 마음이 환경의 변화에 따라 변하기 때문이다. 개인의 생활양식은 그들의 사적논리에 달려 있고, 그들의 생활계획들 중에서 발달하고, 그들 스스로 정립한 가상적 목표에 의해 강화된다.

대체로 보면 아이들은 다섯 살쯤 될 때, 환경을 대하는 태도가 고착되고 체계화되는 모습을 보인다. 그러면 그 태도는 평생동안 거의 똑같은 방향을 향하게 된다. 외부 세계에 대한 아이의 지각은 그 후로는 언제나 똑같이 남는다. 이 아이는 자신의 견해라는 덫에 갇히게 되고 따라서 원래의 정신적 메커니즘과 그에 따른 행동을 거듭 되풀이하게 된다. 이때 사회적 감정은 개인의 정신적 지평선에 의해 제한을 받는다.13)

아이들은 유전적으로 물려받은 능력들을 삶의 초기에 받은 인상들에 맞춰 조절하고 결정적인 라이프스타일의 토대를 쌓아 4~5세 때 자신의 원형(prototype)을 구축한다. 이 원형이 나중에 더 체계적인 라이프스타일로 발달하고 인생의 세가지 과제에 대한 대응에 영향을 미친다.14)

라이프스타일의 통일성, 지속성

라이프스타일은 하나의 통합체이자 통일체이다. 왜냐하면 그것이 삶의 초기의 어려움들과 어떤 목표를 향한 노력에서 비롯되기 때문이다. 이같은 노력은, 즉 목표를 이루려는 노력은 물론 인간의 특별한 기능인 사고력과 상상력을 반영하는 것이며 평생동안 그 사람의 행동을 지배하게 된다. 왜냐하면 사람들은 객관적으로 생각하지 않고 각자가 설정한 인생 목표(fictional final goal)와 라이프스타일에 맞춰 생각하기 때문이다.[15]

아들러의 라이프스타일을 다른 말로 표현한다면 성격에 가까운 개념이지만 성격보다 더 포괄적인, 한 개인의 정체성, 인간관, 사회관, 인생목표, 인생목표를 달성하는 전략까지를 포함한다. 사람은 생존양식 틀 안에서 평생동안 생각하고 느끼고 행동한다.[16] 아들러는 사람의 외모는 유아기 때와 비교하여 크게 변하지만, 놀랍게도 삶에 대한 태도는 그다지 변하지 않는다고 했다.[17]

사람은 통상 일상에서 자신만의 개성적인 행동방식이나 정서반응을 드러낸다. 이러한 그 사람의 행동과 정서반응은 대체로 일관되게 일생동안 유지된다. 그래서 우리는 "아, 이 사람의 성격은 이렇구나"하고 그 사람을 평하게 된다.

아들러는 생애 첫 5년의 경험을 통하여 초기 유년 시절에 생활양식을 획득한 이후에는, 신념체계는 자신에 대한 개인의 통찰이 없다면 그대로 변함없이 유지된다고 생각했다.

이렇게 통일적이고 지속적인 라이프스타일이 정말로 여든살까지 변화하지 않는가? 아들러는 라이프스타일의 변화가 가능하다고 본다. 개인의 생활방식이 5세 경에 형성됨에도 불구하고 각 개인이 변화가 유용하다고 생각할 때는 언제든지 변화될 수 있음에 아들러는 주목했다. 이 책이 아들러 심리학을 리더십 코칭의 이론틀로 사용하는 이유가 여기에 있다.

2. 사적논리(private logic)

사적논리는 유아기 때부터 자신의 고유한 경험에 바탕을 두고 스스로 해석하고 판단하여 내린 신념체계이다. 모든 사람은 태어나면서부터 이 지구상에서 혼자 생존해야 하는 과제를 갖고 있다. 갓난아이가 스스로 할 수 있는 것이 거의 없지만, 생명체로서 놀라운 생존의 본능을 갖고 태어난다. 유아가 생존을 위해 할 수 있는 것은 아무것도 없다. 생물학적으로 연약하고 무능한 존재이기 때문이다. 그런데 이 아이는 살아야 하고 생존해야 한다. 태어나자마자 매우 민감하게 주위의 사람들을 활용해서 생존문제를 해결해야 한다. 따라서 부모의 양육방식, 가치관, 가정분위기, 형제서열에 따라서 생존방식이 형성된다.

사적논리는 주어진 환경이나 삶의 과제에 대한 개인의 내면적 해석과 반응양식이기 때문에 매우 개인적이고 주관적이고 사적인 측면이 강하다. 아들러 라이프스타일 개념의 기저를 형성하는 개념이다. 다원주의 관점에서 보면 아들러의 사적논리가 생존전략의 최전선임을 알 수 있다. 인간의 생존의 무기가 정신이었고, 정신의 역할은 상황을 인식하고 대응전략을 세우는 것이다.

아들러의 저작에서 사적논리(private logic)라는 말이 가장 먼저 나오는 곳은 1927년에 출간된 『삶의 과학(Science of Living)』이라는 책이다. 여기서 지능(intelligence)과 공동감각 또는 상식(common sense)을 대비하여 표현하였고, "상식(common sense)의 판단과 사적논리를 대조시키면 거의 언제나 상식의 판단이 옳다"고 표현한 구절이 나온다.[18] 아들러의 1933년 책인 『삶의 의미』에서는 이성이나 공동감각과 대비되는 개념을 사적 지능(private intelligence)이라고 불렀다. 또 공동감각에 대비되는 생존양식을 사적 지능이라 표현했다.[19]

이 글에서 사용하는 '사적논리'라는 말은 Dreikurs와 H. L. Ansbacher가 아들러의 '사적 지능(private intelligence)', '사적논리(private logic)'라는 말을 더 발전시킨 개념이다. 개인이 자신, 타인, 세상, 그리고 이 상황에서 자신은 어떻게 해야 하는지에 대한 개인의 사적이고 독특한 평가를 전제로 한 가상적 추리를 의미한다.

사적논리는 주어진 상황에 대한 사적인 인지체계이기 때문에 자기 자신, 타인, 세상에 관한 인식과 그 인식에 기반한 자신의 대응방안과 같은 내용으로 구성되어 있다. 즉, 사적논리에는 자신은 누구이며, 다른 사람은 어떠하고, 세상은 어떠하므로, 자신은 어떻게 살아야 한다는 사적인 신념이 녹아있다. 그래서 사적논리는 넓은 의미로 라이프스타일이기도 하다. 라이프스타일에는 자아개념, 자아이상, 세계관, 가상인생목표(life goal)와 윤리적 전략적 입장도 포함되어 있지 않은가.

아들러의 관점을 계승한 Manaster와 Corsini는 자아관, 세계관, 삶의 방식이라는 도식으로 구성된 생존양식 삼단논법(lifestyle syllogism)을 만들어 내었다. 그리고 그들은 내면에 깊이 자리 잡은 무의식을 '사적논리'라는 개념으로 관찰 가능하도록 세부적으로 조작화 했다.[20] 사적논리는 생존양식 삼단논법으로 정리될 수 있다.

> 나는 ~한 사람이다
> 사람들은 ~하다 / 세상은 ~하다.
> 그러므로 나는 ~하게 살아야 한다.

아들러 심리학에서 사적논리를 탐색하는데, 첫째로 '나는 누구이다', 또는 '나는 어떤 사람이다'라는 자아개념 또는 정체성(identity)이 포함되어 있다. 둘째로 주변의 사람들은 어떠하다는 인간관이 포함되어 있다. 또한 세상은 나와 어떤 관계가 있는지, 어떤 모습인지에 대한 세계관이 포함되어 있다. 그리고 셋째로, 나와 같은 사람은 이러한 세상에서 나의 자리를 확보하기 위해 어떻게 해야 하는지와 같은 대답이 포함되어 있다.

그러한 사람들과 세상에서 나는 어떻게 살아야 하는지에 대한 근원적 신념이 사적논리이다. 그리고 궁극적으로 내가 되고 싶은 장래의 목적 또는 가상인생목표(fictional final goal)가 도출된다.

김수지(가명) 팀장의 사례를 보자. 유아 때 남동생에 대한 부모의 편애 때문에 사랑받지 못했다고 느낀 나머지, 자신은 언제나 혼자 외톨이라는 생각으로 살았다. 그녀에게는 다음과 같은 사적논리가 형성되어 있다.

> 나는 혼자 가는 사람이다.
> 세상 사람들은 나에게 관심이 없다. 삶은 혼자 가는 길이다.
> 그러므로 나는 혼자서 살아남기 위해서 내 스스로 강해져야 한다. 강하게 살아야 한다.

그녀는 초등학교 등굣길을 회상하면서 혼자서 학교 가는 길의 장면을 떠올렸다. 돌다리를 건너며 혼자 가는 모습에서 쓸쓸한 감정을 느낀다고 회상했다. 그녀는 회사에서 행사를 하고 회식을 할 때면 슬그머니 빠져서 혼자 집으로 가곤 한다.

아들러 학파 스위니에 의하면 정서적으로 건강하지 못한 사람은 정서적으로 아픈 것이 아니라 지적으로 잘못된 것이라 본다. 즉, 그들은 비합리적으로 사고하고 잘못된 추리를 하며, 비현실적이거나 부적절한 '당위성', '의무', '부정'의 형태로 구성되는 부적응 규칙으로 살고 있기 때문이다. 정서적 혼란을 야기하는 부정적 사고들은 거의 항상 총체적 왜곡이나 비현실적인 기대를 포함한다는 사실이 연구 및 임상적 증거를 통해 증명되어 왔다.21)

실제로 아들러 심리학은 사적논리를 초기기억을 통해서 찾아내고, 그 사적논리가 가져오는 역기능적 결과를 성찰해보고, 그 사적논리를 바꾸거나 수정하는 방식으로 진행한다. 이 논리를 받아들여서 아들러 리더십 코칭도 성립된다.

김수지 팀장은 아들러 코칭을 통해서 자기의 이런 삶의 양식을 알아차리고, 자기는 혼자라는 이 신념이 아동기 시절 철부지 시절에 좁은 소견으로 자기가 주관적으로 만들어낸 것이라는 사실도 알게 되었다. 결국, 생각과 행동이 변화하는 계기를 맞게 되었다.

사적논리는 구성주의적이다

아들러는 인간의 행동은 자신의 주관적 견해에서 비롯된다고 본다. 왜 냐하면 우리는 사실에 대해 감각을 통해 그대로 받아들이는 것이 아니라, 주관적 인상만을 받아들이기 때문이다. 아들러는 세네카(Seneca)가 말한대 로 "모든 것은 견해에 달렸다, 인간의 행동은 자신의 견해에서 비롯된다" 고 본다.22) 그 주관적 견해는 공동체 감정 또는 공동감각과 분리된 채 개 인이 자기합리화를 위해 사용하는 논리이다. 이 논리를 아들러는 '사적 지 능(private intelligence)' 또는 '사적논리'라고 불렀다.23) 가령, 응석받이로 자란 아이는 "나는 세상의 중심이다"라는 사적 신념을 가지고 어머니를 지배하고 가족을 지배하는 사적논리를 발달시키게 된다.

사적논리로 인하여 인간은, 아들러가 주장한 것처럼, 개인의 내면심리 세계는 객관적 요인으로 형성되는 게 아니라 궁극적으로 개인 자신의 사 적인 해석으로 만들어 내는 것이고, 개인의 삶의 행로는 비교적 객관적인 형성이 아니라 매우 주관적인 목표와 가치에 따라 방향이 정해진다는 것 이다. 사적논리에 대한 이 관점은 개인을 전적으로 외부의 힘이 아닌 상당 부분 스스로에 의해 결정하는 존재로 이해하는 것이다. 즉 사람을 창조적 이고 구성주의적으로 보는 아들러의 구성주의 관점이 여기서 나온다. 이 개념은 개인에게 자유롭고 낙관적인 느낌을 주기 때문에 심리치료에 특히 유용하고, 그래서 사람을 변화시키는 데서 중요한 역할을 한다.24)

제5장에서 인간이 가진 창조적 적응성과 좌뇌의 해석기 기능으로 인하 여 인간은 주어진 상황을 해석하고 이야기 짓기를 잘 한다는 것을 더 자 세히 설명할 것이다. 사적논리도 좌뇌의 이야기 짓기 능력에서 나오는 것 이다. 사적논리는 주어진 상황을 사적인 관점에서 판단하고 전략적 대응 방향을 구성하는 인간의 창조적 적응의 한 기능이다.

아이들이 우월의 목표를 설정하거나 결정하는 것은 아주 어릴 때 시작된다. 형, 누나보다 귀염받고 동생보다 잘하기를 경쟁한다. 대체로 보면 아이는 두 세 살 때부터 우월의 목표를 설정하기 시작한다. 아이는 이 목표에 닿기 위해 나름대로 노력을 기울인 결과가 사적논리의 생성이다.

아들러는 사적논리의 원형, 즉 어떤 목표를 구체화하는 초기의 성격이 형성될 때, 개인은 어느 쪽으로 나아갈 것인지 그 방향을 뚜렷이 보이게 된다. 이후로 이 사람의 통각은[25] 똑같은 방향을 따르게 된다. 이제 아이는 주어진 상황을 실제로 존재하는 그대로 지각하지 않고 자신의 개인적 통각체계에 따라 달리 지각한다. 말하자면 아이는 상황을 자신의 목표와 이익이라는 편견을 가진 상태에서 지각할 것이다. 이같은 사실 때문에 우리는 어떤 사람의 인생에 훗날 어떤 일이 일어날 것인지를 예측할 수도 있다.[26]

공동감각과 대비된다

아들러에게서 사적논리에 대비되는 개념이 공동감각, 공동체 정신이다. 아들러 리더십 코칭에 있어서 가장 중요한 접근법은 사적논리와 공동감각을 대비하는 것이다. 두 개념을 대비한 것은 리더들이 어느 방향을 지향해야 할지를 명료하게 알아차릴 수 있도록 한 것이다. 사적논리를 넘어서 공동감각을 지향하라는 것이다. 사적논리는 아들러의 심리학 이론에서 공동감각과 대응되는 말이다. 사적논리가 개인의 주관적 에고가 담긴 것이라면 공동감각은 보편적이고 자명한 진리에 가까운 것이다. 부처, 예수, 공자 맹자의 마음과 같은 것이다.

3. 초기기억

초기기억이란 유년기 및 아동기의 잊지 못할 기억이다. 성인이 된 지금의 삶에서 준거틀이 되는 기억이다. 그래서 아들러는 심리치유에서 초기기억을 심리분석의 주요 대상으로 삼았다. 초기기억으로 남은 것은 대체로 인생의 3대 과제에 대한 기억들이다.

아들러는 심리분석의 방법으로서 제일 먼저 인식한 것이 인간 심리의 근간이 초기 유년시절에 형성된다는 의미에서 초기기억을 심리분석의 주요 대상으로 삼았다. 아들러는 유아기의 체험과 성인이 된 후에 처한 상황과 태도를 서로 비교함으로써 둘 사이의 연관성을 찾아낼 수 있었다. 그렇게 하는 이유는 유아기의 모든 체험, 인상, 태도들이 성인이 된 후의 심리상태와 서로 연결되기 때문이다.27) 여기에서 아들러는 유아기에 형성된 고정된 패턴이 노년까지 그대로 유지된다는 놀라운 사실을 확인할 수 있었다.28)

분석의 대상자가 기억해낸 유년기의 상황을 청취하고 그것을 제대로 이해하면, 우리는 그가 어떤 성격의 사람인지 알 수 있다는 것이다. 이 과정에서 인간은 생후 몇 년 사이에 형성된 삶의 패턴에서 거의 벗어날 수 없다는 사실도 알게 된다고 한다. 한번 굳어진 패턴을 제스스로 벗어나는 사람이 거의 없다고 한다.29)

아들러의 연구는 유아기 때 받은 인상과 현재 내담자가 가지고 있는 불만을 하나의 선으로 연결할 수 있다는 전제에서 출발한다. 그 둘 사이의 연관성을 파악하면 대부분의 경우 한 사람을 지금까지 이끌어 온 정신적 노선을 찾을 수 있다. 그의 삶은 어려서 부터 지금까지 이 패턴을 벗어나지 못한다고 한다.30)

그래서 아들러는 심리분석의 대상을 초기기억으로 삼았다. 프로이트와 융은 꿈을 분석 대상으로 삼은 것과 대비된다. 4~5세 유아 때 형성되어 무의식에 묻혀서 의식하지 못하는 근원신념, 즉 초기기억 탐색을 통하여 사적논리를 찾아내는 방법이 아들러 심리학의 가장 위대한 발견이라고 스스로 평한다. 초기기억으로 남아있는 것들을 찾아서 아들러의 분석기법으로 탐색하면 성인이 되어서까지 지속적으로 영향을 미치는 신념체계를 도출해 낼 수 있는 것이다. 유년기의 기억은 거의 다 망각되지만 잊혀질 수 없는 몇 가지가 생생히 남아있는데, 그것이 남아있는 이유가 바로 지금까지 삶에서 매순간 사고와 의사결정에 참조 기준이 되기 때문이다.

어떤 것은 기억하면서 어떤 것은 왜 잊어버리는가 하는 질문은 매우 중요하다. 우리는 정신이 지향하는 방향을 유지하는 데 필요한 중요한 사건만을 기억하며 불필요한 것들은 잊어버린다. 이로써 우리는 기억 역시 의

도하는 목표에 적응하려는 노력의 일환이라는 것을 확인할 수 있다.[31]

1929년 가을에 『왜 신경증에 걸릴까(Problems of Neurosis)』가 출간되었는데, 이 책에서 가장 처음의 기억이 성인기의 주된 걱정거리에 대한 중요한 단서를 제공한다고 최초로 밝혔다. "어린 시절의 모든 기억이 사실의 정확한 기록이라고 믿지는 않는다. 심지어 상상으로 만들어진 기억도 많고 아마 대부분의 기억이 나중에 바뀌거나 왜곡되었을 것이다. 그렇다고 그 중요성이 항상 약해지는 것은 아니다"라고 설명했다. "바뀌거나 상상으로 만들어진 기억 역시 내담자의 목표를 표현하고 (4~5세에 성립된) 삶의 계획이 특정한 형태로 다듬어진 이유에 대해 힌트를 제공한다."[32]

아들러는 한 개인이 기억해낸 유년기의 상황을 청취하고 그것을 제대로 이해하면, 우리는 그가 어떤 사람인지 알 수 있다고 했다. 이 과정에서 인간은 생후 몇 년 사이에 형성된 삶의 패턴에서 벗어날 수 없다는 사실도 알게 되었다. 성인의 정신활동은 유아기 때와 다른 상황에 있기 때문에 다른 모습으로 나타난다. 그래서 달라졌다는 인상을 줄 것이라고 생각할지 모르나 유아기 때 한번 굳어진 패턴을 벗어나는 사람은 거의 없다고 한다. 정신생활은 언제나 동일한 토대위에서, 동일한 궤도를 따라 움직이므로 유아건 성인이건 모두 같은 목표를 추구하며 늘 동일한 성향을 유지한다. 아들러가 유아기에 관심을 기울이는 이유는 바로 여기에 있다. 유아기의 정신세계를 관찰하는 것은 개인심리학의 핵심과제라고 보았다.[33]

4~5세가 되면 사적논리나 라이프스타일의 원형이 이미 형성되어 있다. 그렇기 때문에 원형을 이해하려면 그 기간이나 그 전에 아이에게 강하게 각인된 인상들을 찾아내야 한다. 아이의 마음에 새겨진 인상들은 다양하다. 우리가 어른의 관점에서 생각하는 것보다 훨씬 더 다양하다. 가령, 신체기관에 장애가 있는 사람들이 자신의 모든 경험을 장애가 있는 신체기관의 기능과 연결시키는 경향이 있다. 아이는 신체기관의 열등을 외부의 관찰자가 보는 것과 똑같이 경험하지 않고 통각체계에 의해 조정된 상태로 경험한다. 따라서 신체기관이 열등하다는 사실은 아이의 통각체계의

한 요소로 중요하게 작용한다.[34]

초기기억은 아마 사적논리와 라이프스타일을 찾아내는 가장 중요한 수단일 것이다. 어릴 적의 기억들을 되돌아봄으로써, 우리는 다른 어떤 방법보다 더 쉽게 생존양식의 원형을 찾아낼 것이다. 아이든 어른이든 어떤 사람의 사적논리와 생존양식의 발견을 원한다면, 우리는 현재의 그의 불평을 조금 들은 뒤에 그에게 옛날 기억을 떠올려달라고 부탁해야 한다.

그가 어떤 기억을 가장 오래된 기억으로 선택하는지를 관찰함으로써 (그것이 실제로 가장 오래된 것인지 아닌지는 중요하지 않다) 우리는 어떤 관심이 그를 이끌고 있는지를 추측할 수 있다. 생존양식에 기초한 그의 능동적인 기억 활동을 통해 찾아낸 사건은 그의 특성을 강력하게 반영하고 있다.[35]

그러나 옛날의 기억과 새로운 기억을 지나치게 구분해서는 안 된다. 왜냐하면 새로운 기억에도 역시 그 사람이 생존을 위해 노력하는 패턴이 반영되고 있기 때문이다. 다만, 그 사람이 어릴 적에 노력하던 방향을 발견하는 것이 더 쉽고 더 유익하다. 왜냐하면 초기의 기억일수록 우리가 그 사람의 생존양식이 진정으로 변화하지 않은 이유를 더 쉽게 이해할 수 있기 때문이다.

4~5세에 형성된 생존양식에서 우리는 옛날의 기억과 현재의 행동 사이의 연결을 발견할 수 있다. 그래서 이런 종류의 관찰을 많이 하다 보면, 우리는 이 옛날의 기억에서 언제나 코칭 대상자의 원형의 핵심을 발견할 수 있다는 이론을 신뢰할 수 있게 된다.

어떤 대상자가 자신의 과거를 되돌아볼 때, 우리는 그의 기억에 떠오르는 것이면 무엇이든 그에게 정서적으로 중요할 것이라고, 따라서 그의 성격을 풀 어떤 열쇠를 내놓을 것이라고 전제해야 한다.[36] 초기기억 조사를 통해서 라이프스타일을 확정지을 수 있으며, 동시에, 나중에 자세히 살펴보겠지만, 라이프스타일을 바꾸는 방식도 초기기억을 재경험하여 새로운 사적논리를 만드는 것이다. 초기경험을 새롭게 재경험함으로써 새로운 사적논리를 구성하고, 나아가서 뇌의 새로운 신경회로를 만들 수 있다.

4. 가상인생목표(fictional final goal)

아들러에 의하면 인간의 사고와 행위가 목적 지향적이고 방향성을 가진다고 했다. 정신생활에 나타나는 현상들은 목표에 도달하기 위한 준비이다. 정신생활은 개인의 소망이 실현될 미래를 위해 준비하는 과정이다.[37] 그래서 인간의 생존양식을 설명하기 위해서는 어떤 목적을 향해 움직이는지를 탐색하는 것이 중요하다. 그 목적과 지향점이 바로 개인의 가상인생목표이다.

사람은 현재의 열등한 상태에 대한 해소방안으로 미래에 실현할 가상목표를 정한다. 아들러 자신의 삶의 목표는 의사가 되어 '죽음을 정복하는 것'이었는데, 이 목표는 여러가지 병에 시달리고 자기 동생이 디프테리아를 이기지 못하고 죽는 것을 목격한 경험에서 비롯했다고 밝혔었다.[38]

어떤 사람의 가상인생목표는 학업이나 학문에서의 지적인 성과를 통해 성취감을 얻는 것일 수 있다. 또 어떤 사람의 가상최종목표는 뛰어난 운동선수로서 신체적 역량을 통해 우월감을 얻는 것일 수 있다. 하지만 아들러는 우리 모두가 아동기뿐 아니라 성인기에도 이 '길잡이 목표(guiding goal)'에 의해 무의식적으로 조종된다고 주장했다.

코칭에서 만난 한 중소기업의 CEO는 어릴 때 너무 가난하게 살았는데, 부두에서 짐을 하역하는 일을 하던 아버지가 어느날 바지가랑이에 옥수수를 잔뜩 넣어 와서 노끈을 풀어 쏟아내고는 그것으로 가족들에게 옥수수죽을 끓이게 했던 장면을 기억해 낸다. "우리 집이 가난해서 한이 되었으니, 나는 돈을 많이 버는 사람이 될 거야"라는 가상인생목표를 가지게 되었다. 얼마동안의 회사 생활을 하다가, 결국은 창업을 하여 100여명의 직원을 거느린 중소기업 사장이 되어 있다.

가상인생목표는 주로 아동기에 형성된다. 인간의 유아는 태어나서 독립적인 개인으로 성장하기까지 부모에게 매우 의존적이며, 아이 취급을 받으며 산다. 그래서 아이가 육체적, 정신적 발달이 이뤄지는 기간 내내 부모와의 관계와 세상과의 관계에서 열등감을 갖고 있다. 아들러는 아이가

이 열등감 때문에 어린 시절에 초조해하고, 곧잘 다른 사람들과 힘을 겨루는 태도를 취하고, 정신적 준비만 아니라 육체적 준비도 한다고 한다.

그래서 아이는 열등감을 영원히 제거해줄 하나의 보상으로 가상적 목표를 정한다. 이것이 '가상인생목표(fictional final goal)'이다. 이 목표만 달성되면, 아이의 결핍은 풍요로 바뀌고, 종속은 지배로 바뀌고, 고통은 행복과 쾌락으로 바뀌고, 무지는 전지(全知)로 바뀌고, 무능은 예술적 창작으로 바뀔 것이다. 아이의 미래 꿈은 아이에게 보상을 안겨줄 땅으로 변하게 된다. 아들러는 사람이 어떤 경우든 가상인생목표를 향해서 나아가는 것이 열등감을 극복하는 최고의 전략이라고 본다.

본질적으로 이 목표는 가상과 상상의 범주에 속하게 되어 있다. 이와 관련해, 독일 철학자 한스 파이힝어(Hans Vaihinger)는 이 목표의 중요성은 목표 자체를 놓고 보면 아무런 의미를 지니지 않는데도 실제로 엄청난 영향력을 발휘하게 된다는 사실에 있다고 말한다. 매우 정확한 해석이다. 우월이라는 목표는 현실적인 관점에서 보면 너무나 터무니없어 보이지만 지금까지 우리의 삶을 규정지어 왔고 앞으로도 규정짓게 될 최고의 요소라고 할 수 있다.[39]

이 목표의 설정, 즉 목표를 구체적으로 정하는 것은 인생 초반에, 그러니까 어린 시절의 형성기에 일어난다. 앞으로 성숙할 인격의 원형, 즉 모델이 어린 시절의 형성기에 발달하기 시작한다. 아이는 연약한 까닭에 스스로 열등하다고 느끼며 자신이 혼자 힘으로는 버텨낼 수 없는 상황에 처해있다는 사실을 확인한다. 따라서 아이는 자신이 선택한 목표에 의해 정해진 방향으로 발달하려고 노력한다. 이 단계에서는 발달에 이용되는 재료보다는 발달의 방향을 결정할 목표가 더 중요하다.

이러한 목표가 존재하고 또 이 목표가 사람의 모든 행동을 지배하는 것은 명백하다. 아들러는 어떤 인생이 추구하는 방향을 볼 수 있을 때에만, 그 인생이 미래에 어떤 단계를 밟게 될 것인지를 예측하는 것이 가능하다고 본다.[40] 아들러에 의하면, 사람의 모든 생각, 의지 그리고 행동은 항상 자기가 무엇이 되어야 하는지에 대해 자기가 구상한 목표를 지향해 있다.

자기는 어떠해야 하고, 다른 사람은 어떠해야 하고, 다른 사람과의 관계는
어떠해야 하는지에 대한 전략도 도출된다. 그러므로 이 목표가 사람의 사
고, 감정, 의지, 행동을 결정한다.

　이 목표 지향성의 원칙이 아들러 심리학과 심리치료의 핵심 원리이다.
결과적으로 아들러 심리치료자는 내담자를 보면 스스로에게 묻는다. 저
내담자는 어디로 가고자 하는가? 그의 행동이나 행동하지 않는 것은 어디
로 지향하는가? 자기의 증상으로 무엇을 얻고자 하는가?[41]

　이처럼 사람은 자기가 의식하든 못하든 하루하루의 삶은 이 가상인생목
표를 실현하는 것과 관련이 있다. 그래서 아들러는 모든 행동에는 목적이
있다고 말한 바 있다. 이 목적이란 것이 바로 구체적으로는 가상인생목표
이다. 모든 행동에는 목적이 있는데 이 목적이란 궁극적으로 생존과 번식
이다. 이것이 진화론 기반의 인간관이다. 아들러 심리학은 이런 인식사고
체계로 구성되어 있다.

5. 공동체 감각과 공동감각

　아들러 심리학에서 공동체 감정과 공동감각은 인간의 사회성을 나타내
는 양대 개념이다. 공동체 감정이 감정적 측면이라면, 공동감각은 이성적
측면이다. 공동체 감정이 사회적 존재로서의 인간이 가지는 집단적 공유
감정이라면, 공동감각은 보편적이고 객관적인 인식의 문제이다.

　아들러는 인간이해의 중요한 단서로서 인간을 '사회적 존재'로 보아야
한다고 하며, 인간이 고립이 아닌 공동체로서만이 인간의 삶에 대한 욕구
를 충족시켜줄 수 있으며, 삶의 안전과 삶의 기쁨을 보장해준다고 본다.[42]

　어린아이의 긴 성장 과정을 살펴보면 아이는 자신을 보호해줄 공동체
없이는 정상적인 발달을 하지 못한다. 공동체 없이는 노동분화의 효율적
시스템에 참여하지 못하고 혼자서 식량 조달, 집짓기, 적으로부터 지키기
등 모든 일을 혼자서 다 도모해야 한다. 노동 분화의 시스템은 인간을 고
립시키지 않고 하나로 결합시켰다. 노동분화를 통하여 우리는 누구나 다

른 사람에게 유익한 기능을 하고 있으며 서로 연결되어 있다고 느낀다. 어떤 방식으로든 인간 정신에 하나의 요구로써 내재되어 있는 커다란 연관관계들은 이렇게 형성된다.[43]

아들러에 따르면 개인이 일, 사람관계, 사랑이라는 3대 삶의 과제에 성공적으로 대처하기 위한 토대가 되는 것이 공동체 감정이다. 왜냐하면 일, 사람관계, 사랑을 둘러싼 삶의 과제는 혼자의 능력만으로 해결할 수 있는 것이 아니라 다른 사람과 함께 할 때만 해결할 수 있기 때문이다. 아들러가 말하는 공동체 감정은 소속감, 공동체 전체의 안녕에 기여하려는 협력의 태도 등을 포함한다. 인간은 사회적 동물로 진화되었기 때문에 사회적 본성을 가지고 있지만 잘 발달된 공동체 감정은 타고난 것이라기보다는 올바른 양육의 결과라고 아들러는 말한다.[44]

공동체 감정은 도덕 교과서의 계명이 아니라 인간이 생존하기 위해 갖추어야 할 필수 역량이다. 다니엘 골먼 등에 의하면, 리더들이 성공하기 위한 요인으로서 감성적 능력이 더 중요하다. 고위직의 리더들 중 뛰어난 능력을 가진 사람들을 보통의 능력을 가진 사람들과 비교해보면, 뛰어난 능력을 가진 사람들을 특징짓는 것 가운데 85%는 감성적 능력이었다는 사실이 밝혀졌다. 기술적이고 인지적인 능력들은 15%에 불과했다는 것이다.[45] 감성적 능력이란 다름 아닌 공동체 감정이다. 아들러의 공동체 감정 개념의 유효성을 입증해주는 현대 사회의 사례라고 볼 수 있다.

우리나라에서 이 이론을 검증한 연구가 있다. 김은경·김상림이 진행한 「유아의 정서지능과 친사회적행동이 리더십에 미치는 영향」에 관한 연구에 의하면, 유아의 정서지능과 친사회적행동이 높게 나타날수록 리더십이 높은 것으로 나타났다. 이 연구결과는 정서지능과 친사회적 행동 증진을 통해 리더십 발달을 지원할 수 있음을 시사하고 있다.[46]

오늘날 공동체 감성, 달리 말해 사회적 감성이나 사회적 관심 혹은 사회적 공감능력이라는 개념은 아들러가 이뤄낸 가장 중요한 '타자공헌'들 중 하나로 인정받는다. 공동체 감정은 이 개념이 없는 다른 이론들로는 설명하기 어려운 긍정적인 정신건강을 정의하는 데도 특히 중요하다.[47] 인간에게 정서적으로 가장 치명적인 문제가 고독과 우울의 문제이기 때문이다. 장우귀·김의철의 「학생의 인간관계, 자기효능감과 삶의 질: 토착문화심리 분석」에 의하면 친구로부터 정서 지원을 받고 애정적인 관계를 유지할수록 학생의 삶의 질은 긍정적이었다. 그러나 친구로부터 따돌림을 받을수록 삶의 질이 낮았다고 한다.[48] 사람관계가 좋을수록 삶의 질이 높아짐을 의미한다.

사회적 측면에서 볼 때 한 사람의 행동에서 정말로 중요한 것은 개개인의 영악함이 아니라 그가 한 행동이 사회에 유용한지, 무익한지의 차이다. 여기서 유용하다는 것은 전반적으로 타인과 공동체에 이익이 된다는 뜻이다. 어떤 행동의 가치를 가장 합리적으로 평가하는 기준은 현재와 미래의 인류 전체에 도움이 되는가의 여부다.[49]

아들러의 개인심리학에서 공동체 감정은 열등감과 함께 인간의 본성을 이해하는 매우 중요한 개념이다. 1920년에 발간된 『개인심리학의 이론과 실제』[50]에서 두가지 요소, 즉 열등감 개념과 공동체 감정 개념이 모든 인간관계에 영향을 미친다고 주장했다. 아들러가 1926년 12월에 미국으로 첫 강연 여행을 가서 행했던 강연의 제목은 열등감이었는데, 1928년 1월에 미국에 두번째 강연 여행에서 행했던 강연의 주 제목은 공동체감이었다. 열등감과 공동체 감정은 아들러의 개인심리학을 구성하는 양대 지주인 셈이다.

열등감은 문제의 원인이고, 공동체 감정은 열등감을 해소하는 해법의 하나이다. 열등감을 해소하는 방법은 열등감을 보상하는 우월성 추구와 동시에 공동체 감정의 고양이다. 아들러는 이렇게 표현하였다. "열등감을 극복하려는 노력, 즉 보상을 위한 노력은 일반적으로 서로 다른 두 방향으로 진행된다. 한편으로는 우월성 추구의 방향으로 발전되며, 한편으로는 공동체에 대한 관심, 연대감으로 실현된다. 다시 말해 보상의 노력은 권력욕(인정욕구)이나 공동체감으로 표현된다."[51]

공동체 감정의 기원: 진화적 관점

아들러가 보기에 인간사회는 가장 밀접하게 공동체 생활을 하는 방식으로 진화되었다고 본다. 집단을 이루어서 시너지를 내는 방식으로 살아야 생존을 도모하기가 더 쉽다는 것이다. 호랑이와 사자 같은 동물은 혼자서도 생존할 수 있지만 웬만한 동물들은 군집을 이루어서 살고 있다. 그래서 이들을 군집동물이라 부른다.

뇌과학자들은 집단생활을 하는 인간은 뇌의 상당부분이 사람관계를 잘하기 위한 목적으로 기능하기 위하여 진화한 것으로 본다. 공감을 위한 거울뉴런 및 공유회로는 다른 사람이 생각하는 것, 느끼는 것을 알아차려서 그 사람과의 관계에서 자료로 사용한다는 것이다.

찰스 다윈은 방어장비를 제대로 갖추지 못한 모든 동물은 언제나 무리를 지어 다닌다는 점을 관찰했다. 예를 들어, 육체적 힘이 아주 센 오랑우탄은 자기 짝하고만 살지만, 이보다 약한 원숭이 가족은 언제나 무리를 지어 사는 것이 확인된다.[52]

동물의 왕국 전체를 보면, 인간의 아기처럼 완전히 무력한 상태에서 세상에 태어나는 예는 전혀 없다. 또한 인간의 아이는 성숙하기까지 가장 오랜 시간을 필요로 한다. 인간종 아이들은 부모의 보살핌을 다른 동물에 비해 대단히 오랫동안 필요로 한다. 유기적인 생명체의 아이가 더욱 긴 기간의 보호를 요구하기 때문이다. 만약 아이들이 그런 보호를 받지 못한다면, 아마 인간종은 사라지고 말 것이다. 아이의 육체적 약함은 교육과 사회적 관심을 서로 연결시키는 고리로 여겨질 수도 있다. 교육은 아이의 미성숙을 극복할 수 있는 길은 오직 집단에 대한 의존을 통하는 것밖에 없다는 사실을 바탕으로 한다. 그래서 당연히 교육의 목표는 사회적인 것이 되어야 하는 것이다.

사회적 감정은 각 개인에게 안정감을 느끼게 한다. 이 안정감이야말로 개인에게 삶의 버팀목이 되어 준다. 이 안정감은 우리가 논리적 사고나 진리로부터 끌어내는 확신과 완전히 똑같지는 않지만 그 확신의 가장 분명

한 구성요소이다. 인간은 사회적 감정에서 비롯되는 안정감을 느끼지 않고는 적절히 살아가지 못한다.53)

그래서 아들러의 개인심리학은 공동체에 유익한 것을 "옳은 것"으로 여긴다. 개인심리학의 바탕에는 이같은 입장이 확고하게 자리잡고 있다. 사회적 기준에서 이탈하게 되는 것은 무엇이든 옳지 않으며, 그 이탈은 객관적인 법률과도 갈등을 빚을 뿐만 아니라 객관적인 현실과도 갈등을 빚게 되어있다고 판단한다. 사회적 기준에서 이탈하는 것은 곧 모든 사람이 의식적으로나 무의식적으로 담아두고 있는 사회적 이상에 위배된다고 말할 수 있다.54)

그래서 강력한 공동체 감각이 유교권에서는 거인욕존천리(去人欲存天理)라는 명제로 나타났다. 개인의 욕심을 줄이고 천리를 보존하라는 말인데, 개인의 욕심을 넘어서 공동체의 이치를 먼저 살펴야 그 공동체에서 잘 생존할 수 있다는 의미다. 동양사상이 일찍이 이런 인간의 본성을 알아차린 셈이다.

공동감각

아들러 심리학에서 '사적논리'에 대비되는 개념이 '공동감각(common sense)'이다. 공동감각은 넓은 세상에서 보편적으로, 공동으로(in common), 자명하게 수용되는 인식이나 이해를 의미한다.55) 다른 사람들을 지향하는 자연적 경향성에 기반하여, 다른 사람과 더불어 함께하고자 하는 감정이 '공동체 감정(community feeling)'이라면, 사적논리에 대응하는 개념은 '공동감각(common sense)'이다. 공동감각이 보편성을 지향한다는 점에서 공동체 감정의 논리적 기반이 되는 것이다.

우리의 사고와 감정은 그 보편성이 전제될 때 비로소 이해가 가능하다. 아름다움이 주는 기쁨도 미와 선에 대한 우리의 감정과 인식이 일반적이기 때문에 가능한 것이다. 이에 따라 우리는 이성, 논리, 윤리, 미학과 같은 개념이 인간의 사회생활에 근원을 두고 있다는 사실과 그것들은 문화를 수호하기 위해 개인을 연결시켜주는 수단이라는 점을 인식하게 된다.

정신발달의 더 높은 단계는 보편성을 지닌 논리를 인식하는 능력이다. 보편적으로 유용한 것만이 논리적인 것이다. 공동감각(common sense)을 사용하는 경우, 일반적 여론이 무엇인지 그리고 해야 할 유용한 것이 무엇인지를 안다.56)

사적논리(private logic)를 사용하는 경우, 우리는 우리 자신의 편향된 개인의 특유한 사고틀을 따르는데, 이것은 공동감각(common sense)과는 거리가 먼 것이다. 공동감각은 공동의 관점을 공유하고 다른 사람을 고려하는 인식과 태도이다. 공동감각에 대해서는 제6장에서 자세히 다룰 것이다.

제4장
아들러 심리학에 내재된
리더십 심리학

아들러 심리학은 프로이트의 정신분석학과 구분하여 '개인심리학'이라고 불린다. 개인심리학은 가치심리학, 교육심리학, 사회심리학의 특징을 가지고 있다. 아들러 심리학의 이 측면이 리더십 코칭으로 응용할 수 있는 이론적 토대가 된다.

1. 아들러 심리학은 교육심리학이자 가치심리학이다

아들러 심리학이 리더십 심리학의 토대가 된다는 사실을 이해하기 위해 당대의 주요 심리학자였던 프로이트와 융을 잠시 살펴볼 필요가 있다.

프로이트는 인간 심리의 내면을 분석하기 위한 분석적 개념들을 설계하여 인간 심리의 역동을 설명한다. 가령, 의식과 무의식의 구분, 이드, 에고, 수퍼에고 등 퍼스낼리티 요소의 개념, 그리고 투사, 억압, 고착, 퇴행, 방어기제 등의 심리적 기제를 개발하였다.

칼 융도 유사하다. 퍼스낼리티의 구조로서 페르소나, 에고, 그림자, 아니마, 아니무스, 셀프, 무의식, 집단무의식 등으로 분석하며, 꿈 분석의 기법을 사용한다. 모두 분석적인 개념과 이론들이다. 어쩌면 학자로서 당연한 일이다.

그런데 아들러는 지향이 다르다. 분석도 했지만 인류가 나아가야 할 이상을 추구하고 그것이 진화해 가야 할 목표를 강조했다. 저술보다는 교육과 강연을 주로 한 사회적 실천가였다. 책을 쓰기도 했지만 강연을 많이 하면서 실천과 교육을 많이 행했던 사람이다. 아들러의 심리학을 '사용의 심리학'이라고 알려진 것도 바로 이런 이유 때문이다. 아들러는 인간의 목적 지향성, 라이프스타일, 사적논리, 열등감 등의 개념들을 만들어서 심리작용을 설명하기도 하지만, 자아 성장의 방향성에 대해서 사회적 관심, 공동체 감각, 공동감각이라는 솔루션을 제시했다는 점에서 차이가 있다. 이 것이 리더십의 핵심가치들이라는 점에서 아들러 심리학의 또 다른 가치가 있다. 그의 심리학은 아들러 스스로 주장하는 대로, 가치심리학이다. 그래서 그의 심리학은 리더십의 방향성을 제시한 '리더십 심리학'이라고 볼 수도 있다.

아들러는 성인의 성격 또는 라이프스타일이 아동기 4~5세경에 형성되어서 평생을 간다고 보고 아동교육에 특별한 관심과 열정을 쏟았다. 아이에게 좋은 영향을 주는 교육은 아이가 불안감에서 벗어날 수 있도록 의식적, 무의식적 동기를 부여하며, 삶에 필요한 기능과 지식, 학습된 이해심 그리고 이타심을 갖게 해주는 교육이라고 본다. 무력한 존재로 태어난 아이가 불안감과 열등감에 빠지기 쉽기 때문에 열등감에서 벗어날 수 있게 새로운 길을 제시해준다.[1]

주로 성인의 성격문제를 다룬다고 여겨지는 프로이트와 융과는 달리 아들러의 이름은 가정과 학교에서의 아동지도와 더 밀접하게 연결되었다. 아들러가 아동지도 및 교육심리학 분야에 몰입한 시기는 제1차 세계대전 이후다. 사기가 저하된 전후 유럽에서 개인심리학의 가르침을 전파하는 가장 가치 있는 방법으로 이 새로운 학문에 달려들었다. 실제로 일생동안 아들러는 교육개혁이 평화로운 세계의 개선을 위한 가장 신뢰할 만한 방법을 제공한다고 주장했다.[2]

아들러의 가치심리학에서 공동체 감정에 관한 개념이 특히 중요하다. 공동체 감정을 인간 이해의 중심에 놓음으로써 과학의 영역을 넘어 윤리의 문제를 심리학 안으로 끌어들였다고 비판받기도 한다. 그런데, 오히려 아들러 이론의 이런 특징이야말로 거의 100년 전에 나온 그의 이론이 오늘날까지도 많은 연구자들에게 영감과 방향성을 제시할 수 있는 이유이다.

특히 『삶의 의미』라는 제목의 아들러 책은 일, 사랑, 공동체(관계)를 삶의 의미로 해석한다. 인간은 공동체, 노동, 사랑이라는 삶의 3대 과제에 직면할 수밖에 없으며, 공동체 감정을 바탕으로 이런 과제에 잘 대처할 때 비로소 삶의 진정한 의미를 실현할 수 있으며, 그렇지 않을 경우는 온갖 심리적 좌절감과 반사회적 일탈 행동의 잘못된 길로 빠질 것이라고 경고하고 있다.3)

아들러는 공동체 감정이 치료의 가장 중요한 자산이라고 본다. 그에 의하면 모든 성격 특성은 개인의 우월의 목표를 향한 노선과 일치한다. 아마도 많은 사람들에게 가장 설득력 있게 느껴지는 간단한 사실은 우리가 실패로 규정하는 모든 것에서 공동체 감정의 결여가 드러난다는 사실이다. 아동기와 성인의 삶에서 발생하는 모든 실패는, 가족, 학교, 인생, 다른 사람과의 관계, 직업, 사랑 등의 장면에서 일시적이거나 지속적인 온갖 변형으로 나타나는 모든 나쁜 성격 특성은 공동체 감정의 결여에서 비롯된다고 본다.4)

2. 아들러 심리학은 사회심리학이다

1927년도 저작 『삶의 과학』에서 아들러는 "개인심리학은 사회심리학"이라고 선언하였고,5) New World Encyclopedia에서도 개인심리학(Individual psychology)을 사회심리학이라 규정했다.6) 아들러는 사회적 관심을 인간 행동을 분석하는 핵심 개념으로 사용한다. 동시에 사회적 관심을 열등감의 해소나 3대 인생과제를 해결하는 윤활유와 같은 기능을 하는 것으로 본다. 그런 점에서 아들러는 "개인심리학이 사회학과 만났다"고 주장하였다.7)

그는 사회적 관심이 부족한 개인들이 문제아와 범죄자, 광인, 주정뱅이 집단을 이루고 있다고 본다. 이러한 사람들을 치료할 때, 개인심리학자의 문제는 그들이 인생의 쓸모 있는 쪽으로 돌아가 다른 사람들에게 관심을 갖도록 할 방법을 발견하는 것이라고 한다. 이 점에서 보면 개인심리학은 실은 사회심리학이라고 할 수 있다고 했다.[8]

이처럼 아들러는 깊게 무의식 속에 형성된 신념을 분석하되, 한 개인이 세상이라는 사회환경에 던져져서 실존적으로 지금 여기를 어떻게 살아가느냐, 삶에 직결된 방향으로 성격문제를 해석했다. 삶이란 일, 관계, 사랑의 실제 삶의 과제를 어떻게 독특한 방식으로 선택하느냐, 사회적 관계 속에서 어떻게 자기의 삶을 매 순간 선택해 가느냐, 특히 아이가 부모와 환경적 영향을 받아서 어떻게 지각하고 인지해서 자기 스스로 선택적으로 만들어 가느냐, 또 어떤 꿈과 신념체계를 가지고 자기의 삶을 살아가느냐 등의 과제에 더 큰 관심을 가졌다. 그런 점에서 아들러의 심리학은 사회심리학이다. 개인은 사회적 맥락 속에서 바라보고 이해되어야 한다고 본다.

아들러는 인간이 전체 사회의 일부분이 될 기본적 경향성, 소속감 추구, 인류의 개선을 위한 더 큰 이익을 위해 기여할 의지를 가졌다고 믿었다. 그는 이것을 '공동체 지향성'이라고 불렀다. 영어로 이 단어에 가장 근접한 해석은 사회적 관심(social interest)이다. 이러한 경향성의 표현은 개개인이 자신의 입장을 형성하고 소속감을 느끼려는 노력에서 관찰된다.[9]

공동체 지향성 또는 공동체 감정이 어떻게 해서 아들러 심리학의 중심 개념이 되었는지를 살펴보는 것이 사회심리학자 아들러를 이해하는 데 필요하다. 아들러 심리학은 칼 맑스에게서 받은 영향이 크다. 아들러가 칼 맑스로부터 받은 영향에 관한 것은 아들러가 직접 언급하고 있다. 물론 계급투쟁이나 폭력혁명과 같은 레닌주의나 스탈린주의의 현실 사회주의와는 구별되는, 칼 맑스의 순수 이론적 차원의 맑스주의에 한해서이다.

아들러는 맑스와 엥겔스를 직접 인용하면서 "인간 공동생활의 논리를 절대 진리로 받아들여야 한다"고 밝혔다. 그는 "인간 공동생활의 논리는 맑스와 엥겔스가 주창한 유물론적 역사관에 기초하고 있다. 이에 따르면 인간이 삶의 수단을 획득하는 기술적 방식이 경제적 하부구조(토대)이다. 이 절대 진리는 우리의 생각과 상당히 일치한다"고 했다.[10] 아들러의 공

동체 감정, 공동체감, 사회성 등의 개념의 근원은 맑스의 공동생활의 개념
에서 차용한 듯하다. 아들러가 사회심리학자인 것은 칼 맑스의 이런 영향
에서 비롯된 것으로 볼 수 있다.

이처럼 맑스와 엥겔스의 저작들은 아들러에게 지적인 자극을 안겨주었
고, 의료적 개입을 통해 인류를 돕겠다는 이상주의적 야망을 실현하는 현
실적 길을 제시한 것이다. 아들러는 이론과 분석보다는 인간의 삶이 구체
적인 사회적 행동에 의해 엄청나게 향상될 수 있다는 사회주의의 낙관적
견해에 훨씬 끌렸다. 그래서 아들러는 1897년 봄에 한 사회주의 행사에서
러시아 여학생 라이사를 만났다. 사회주의에 대한 관심의 공유와, 같은 유
대인이라는 동질성이 결혼으로 이어지게 한 것 같다. 하지만 아들러의 사
회주의에 대한 이런 생각은 점차 오스트리아에서 전개된 현실 사회주의
운동의 방향성에 대하여 환멸을 느끼고 오히려 사회주의를 비판하고 발을
빼게 되었다.

아들러가 이런 사상적 경향을 가진 것은 외부의 지적 풍토에서 받은 영
향보다는 자신의 아동기에 경험한 초기기억과 그때 형성된 가상인생목표
(fictional final goal)가 더 중요한 역할을 한 것으로 볼 수 있다. 아들러는
5살 때 심한 폐렴에 걸려 의사로부터 가망이 없다는 사망 진단을 받았는
데, 기적적으로 회복된 이후 장래희망으로 의사가 되기로 결심했다. 빈 대
학 의과대학에 입학했을 때는 학문적 연구보다는 개업의가 되기로 결심했
다고 한다.11) 아들러가 의술로서 사회에 기여하고자 하는 의지를 의과대
학 시절부터 드러낸 것이다. 이것은 아들러의 자서전적 경험에 의해 형성
된 자기의 라이프스타일(lifestyle, 생존양식)의 소산인 것으로 보인다.

아들러의 이러한 의지는 의사가 된 이후 바로 사회의학 운동이라는 행동
으로 나타났다. 1902년에 『의학소식회보』에 아들러는 두편의 논문을 기고
했는데, 「사회적 힘의 의학 침투」라는 논문에서 아들러는 사회적 문제에
관심 있는 의사들의 주요 역할 모델로 독일 사회의학의 창시자 루돌프 피
르호(1821~1902)를 칭송했다. 오랫동안 사회적 행동주의를 실천하고 저명
한 의학적 업적을 쌓은 피르호는 아들러에게 일생동안 영감을 주었다.12)

두번째 논문은 「사회의학에 대한 학술 강좌」인데, 여기서도 사회의학에 대한 지속적인 관심을 분명히 밝혔다. 사회 개선을 위한 관건으로 교육을 강조한 아들러의 입장을 보여주는 결정적 전조가 되었다. 이후 수십 년 동안 아들러는 오스트리아에서 학교 교육 개혁, 특히 아이들의 정서적 욕구를 더 잘 이해하기 위해 교사와 임상의들의 훈련에서 핵심인물이 되었다. 실제로 이 논문을 쓴 이후 20년 넘게 그는 청소년들의 부적응과 비행을 줄이고 없애기 위한 대학 강좌―현재 우리가 특수교육이라고 부르는 교육―을 주창했다.13)

1904년에 또 『의학소식회보』에 실린 논문의 제목이 「교육자로서의 의사」이다. 그때까지의 경력에서 가장 중요한 논문으로 평가된다. 아동들의 심리교육에 초점을 맞춘 아들러의 첫 논문으로서 교육의 중요성을 인식한 논문이다. 이 논문에서 아들러는 의사들이 아이들에게서 발생하는 정서적 문제들을 예방하기 위해 교사와 부모들을 돕는 교육자가 되어야 한다고 제안했다. 아들러는 건강한 아이들을 기르기 위해 구체적으로 다음 6가지 원칙을 제안했다.

1. 어른들은 아이의 사랑을 얻어야 한다. 교육에서 가장 중요한 조력자는 사랑이다. 아동의 사랑은 교육의 가능성을 가장 확실하게 보증해준다.
2. 아이의 발달을 위한 최고의 지원은 '자신의 힘에 대한 확신'이다. 또 아동의 자신감, 개인적 용기는 가장 큰 자산이다.
3. 병약한 아동들은 응석받이와 과보호를 받은 아동들과 마찬가지로 자신감을 쉽게 잃어버린다.
4. 어떠한 상황에서도 아동이 교사를 두려워해서는 안 된다.
5. 칭찬과 보상이 체벌보다 선호되어야 한다.
6. 어른들은 아이에게 맹목적 복종을 요구하는 대신 '결정한 자유'를 주도록, 즉 구체적인 선택안을 제시하도록 애써야 한다.14)

아들러는 의사라는 직업으로 개인적 부를 축적하기보다 세상에 실질적 변화를 이루길 원했다.15) 그리고 실제로 일생동안 아동교육과 학부모를 위한 교육과 강의에 헌신 몰입하였다.

외향적이며 자신감 넘치는 사람이었던 아들러의 활동기반은 무급 봉사 활동으로 운영하던 아동상담소였다. 이상주의적 사회개혁의 일환으로 아들러는 1919년과 1920년에 빈에 비공식적인 아동 상담소 몇 곳을 설립했다. 아들러는 학급의 다양한 문제 학생을 다루는 방법에 대해 조언을 구하는 교사들과 무급으로 정기적으로 만났다.16) 아들러가 이런 사회운동을 했던 이유는 아동기의 열등감이 반사회적 행동의 기반을 형성한다고 보았기 때문이다.17)

1914년 제1차 세계대전이 일어난 후 1916년에 아들러는 46세의 나이로 군의관으로 징집되어 육군병원 정신과에 배치되었다.18) 전쟁에서의 파괴와 살육을 경험한 아들러는 심리치유에 새로운 이론을 모색하였다. 사회적 감정, 사랑, 공감 사상의 필요성을 절감했다. 그는 이전까지는 최고의 가치로 인간의 의지(힘에의 의지, 우월성 추구)를 대담하게 강조해온 니체를 오랫동안 존중해왔지만 이제 문명이 필요로 하는 것은 더 많은 개인주의가 아니라 더 많은 사회적 감정(social feeling), 즉 동정심, 이타주의, 이기적이지 않은 마음이라고 생각하게 되었다.

이 중요한 공동체 감정을 중시하는 성격 특성을 육성하는 것은 종교가 아니라 학문, 구체적으로 현대 심리학에 달려있다고 인식하였다. 이전까지 아들러는 열등감이 신경증의 원인이어서 우월성 추구를 해법으로 제시했으나, 세계대전을 경험하면서 사회적 감정이 필요하다고 인식하게 된 것이다. 큰 인식의 전환이다. 공동체 감정이라는 이 선교사 같은 개념에 대해 동료 의사들이 반발하고, 니체 지지자들은 회원에서 탈퇴하기까지 하였다. 그들은 의사는 과학을 대중보다 우선시해야 하며, 과학자인 아들러는 이것을 알아야 하고, 그가 이런 종교학을 문외한들을 통해 전파하겠다고 고집을 부린다면 우리 의사들은 그들을 지지할 수 없다고 저항하기까지 했다.19)

물론 이런 특성들은 윤리적인 것으로 여겨졌지만 아들러는 이들이 궁극적으로 심리학에 뿌리를 두고 있다고 확신했다. 이전의 연구에 의지하여 아들러는 너무나 많은 사람이 스스로를 열등하고 불충분하다고 느끼기 때문에 이 필수적인 사회적 감정의 특성들이 부족하다고 확신하게 되었다. 반면에 정서적으로 건강한 사람들은 강한 사회적 감정을 보유하고 있고 다른 사람들의 사회적 감정도 북돋을 수 있다고 보았다.

요컨대, 지금까지 살펴본 아들러의 사회지향적 관심과 가치는 기업이든 정부든 공적 가치를 추구하는 조직에서 일하는 리더들이 견지해야 할 지향점이라는 점을 충분히 이해할 수 있다.

3. 아들러 심리학은 리더십 심리학이다

지금까지 살펴본 바와 같이 아들러 심리학에는 리더십의 핵심가치가 들어있다. 아들러는 리더십의 가치와 관련해서 네가지 질문을 던진다. 아들러는 『교육을 말하다』라는 책에서 아이가 인생의 3대 과제를 해결할 준비가 되어있는지를 보여주는 시금석으로서 다음과 같은 네가지 요소로 질문을 하였다.[20]

> 첫째, 사회적 감정을 가지고 있는가? (인정, 격려, 공감, 존중, 안인(安人)의 가치)
> 둘째, 용기를 가지고 있고 용기를 주는가? (자존감의 가치)
> 셋째, 이해력을 가지고 있는가? (생존과 적응에 필요한 우월성)
> 넷째, 유익한 목표를 가지고 있는가? (공공성 지향, 공동감각에 맞는 목표)

위에 제시한 것들은 인생의 3대 과제(일, 관계, 사랑)를 효과적으로 수행하기 위해 필요한 가치들이다. 이 개념을 리더십의 측면으로 확장할 수 있다. 리더십의 4가지 요소라고 칭할만하다. 이 책은 바로 이런 맥락에서 아들러 심리학을 리더십 코칭의 콘텐츠로 개발한다. 아들러는 자기의 개인심리학은 가치심리학이다 라고 선언하였는데,[21] 심리학이 내면적 심리분석에 그치지 않고 사회적 가치를 지향한다는 의미이다. 이 점에서 아들러 심리학은 단순히 상담심리학이 아니라 리더십의 심리학이 되는 것이다.

제5장
뇌과학의 발견으로 본
아들러 심리학 이해

앞의 제1장부터 4장까지 아들러 심리학을 자세히 분석하였다. 이 장에서는 뇌과학적 발견을 아들러 심리학 및 코칭에 접목하고자 한다. 이것은 아들러 심리학의 타당성을 입증하고, 동시에 아들러 심리학의 논지를 보강하는 데 도움이 될 것이다. 또한 기능적자기공명영상(fMRI)과 같은 첨단기술에 힘입은 뇌과학 발견은 아들러 심리학의 이해와 아들러 코칭 프로세스에 밀접하게 관련이 있고 또 유익하다.

아들러가 뇌과학을 기반으로 심리학을 발전시킨 것은 아니지만, 뇌과학의 원리에 근접해 있다는 것을 이 책은 주목한다. 그 이유는 뇌과학과 아들러 심리학 둘 다 진화론에 기반해 있기 때문이다. 진화론에 기반하고 있다는 것은 인간 생활의 목적이 생존과 번식에 초점을 맞추고 있다는 것을 의미한다. 뇌과학은 뇌의 구조와 기능이 생존과 번식을 최적화하는 방향으로 진화되었다고 본다. 유인원에서 호모 사피엔스가 분화되어 현대의 인간으로 진화하는 과정은 철저히 진화의 원리에 따라 변화되어왔다는 것은 뇌과학자들이 이미 증명하였다.

그러므로 아들러 심리학과 뇌과학은 공통적으로 생존과 번식이라는 진화론의 개념에 기반하고 있어서 유사한 점이 많다. 아래에서 자세히 살펴보겠지만, 아들러 심리학 이론의 타당성을 뇌과학이 지지하는 측면이 있다. 그런 점에서 아들러 리더십 코칭이 효과적으로 작동하는 원리를 이해하기 위해서는 뇌과학의 원리를 체계적으로 이해하는 것이 필요하다. 뇌과학의 인사이트 또는 통찰력이 인간 이해에도 도움이 될 수 있기 때문이다. 그 관련성을 살펴보는 것이 이 장의 목적이다. 우선, 아들러 심리학의 주요 개념들을 설명해주는 뇌과학의 주요 발견 사례를 들면 다음과 같다.

첫째, 개인의 라이프스타일 유형은 생각과 행동의 패턴으로서 뇌의 신경회로(시냅스)에 장기기억으로 내장되어 있다는 사실이다. 그러므로 라이프스타일의 형성과 변화는 시냅스와 뇌 가소성의 원리로 이해가 가능해진다.

둘째, 개인마다 고유한 사적논리를 가지고 있는 것은 좌뇌 해석기의 작동원리로 설명된다. 좌뇌 해석기가 어떻게 증거가 없는 사실을 허구적으로 스토리를 구성하는지를 이해하면 사적논리의 형성 원리를 이해할 수 있다.

셋째, 인간이 공동감각을 본성으로 가지고 있는 것은 뇌의 거울신경세포와 공유회로의 구조와 기능으로 이해된다.

넷째, 사적논리와 공동감각이라는 대극적 인지체계는 뇌의 좌뇌와 우뇌의 분업구조로서 설명이 된다. 즉 좌뇌와 우뇌의 구조와 기능에 사적논리와 공동감각의 대극성이 있다는 의미이다. 뇌의 양극성이 우리 인간 본성의 양극성을 산출하는 셈이다.

다섯째, 라이프스타일의 형성과 변화는 뇌 가소성의 원리로 설명이 된다. 이처럼 뇌의 신경회로의 형성과 변화에 대한 이해는 아들러 리더십 코칭의 효율성을 높이는 데 도움이 된다.

1. 기억의 뇌생리학과 아들러 코칭

아들러 리더십 코칭의 핵심 파트 중의 하나가 초기기억을 찾아내어 사적논리와 라이프스타일을 탐색하고, 또 새로운 자각에 대한 새 기억을 장기저장하는 것이다. 그러므로 아들러 코칭에서 기억에 대한 이해가 매우 중요한 셈이다.

아들러 리더십 코칭과 기억은 세가지 점에서 관련 있다. 첫째, 초기기억은 아들러 코칭에서 핵심 사안이다. 초기기억이 객관적 사실인지, 아니면 주관성으로 재구성된 것인지 이해하는 것은 매우 중요하다. 둘째, 코칭으로 얻은 알아차림과 새로운 학습 내용을 장기기억으로 저장하는 문제와 관련 있다. 어떤 코칭 프로세스가 기억의 장기저장에 도움이 되는지를 이해하는 것도 코칭의 효과성 측면에서 중요하다. 셋째, 초기기억의 수정과 새로운 기억의 장기저장은 뇌 가소성의 원리에 의한 것이다. 라이프스타일의 수정과 장기저장도 뇌 가소성의 원리에 기반하고 있다. 기억을 수정하고 바꾸는 것 자체가 뇌 가소성의 문제이다.

1) 초기기억과 새 기억의 장기저장의 뇌과학적 원리

기억에 관한 본격적인 이해를 위해서 장기기억의 형성과 유지에 관한 연구로 2000년 노벨 뇌생리의학상을 받는 에릭 캔델을 만나보자. 그의 뇌의 기억 메커니즘에 관한 연구는 9살 때에 경험한 충격적 기억이 평생 지속되는 메커니즘을 이해하고자 하는 그의 개인적 관심에서 시작된 것이다. 유대인이었던 그는 1938년 11월 9일 갑자기 나찌 경찰이 아파트의 문을 두드리고 쳐들어와 낯선 사람의 아파트로 가라는 명령을 내리고, 결국 오스트리아를 탈출하여 미국에 정착하게 된 공포스러운 기억을 평생 잊지 못하고 있었다. 캔델은 영구기억을 가능하게 하는 뇌 속의 과정을 탐구하는 것에 관심을 갖게 되었다. 그리고 기억에 대한 뇌생물학적 원리를 발견하여 노벨상을 받게 되었다.[1]

캔델의 기억 저장에 관한 연구는 기억이 비서술기억과 서술기억으로 나누어져 있다는 사실에 대한 인식에서 시작된다. 인간의 뇌에 기억을 생성하는 적어도 2개의 시스템이 있는데, 하나는 이름과 얼굴, 장소, 사건 등 새로운 경험 등을 기억했다가 이를 의식적으로 회상하는 이른바 '서술적 기억'으로, 이는 뇌의 해마 조직에 의존하고 있다.

다른 기억은 뇌의 다른 시스템에 의존하는 '비서술기억'이다. 한번 자전거를 배우면 몇 년간 타지 않더라도 탈 수 있게 되는 능력이나, 연주자나 운동선수의 재능이 이에 해당한다. 이 기억은 의식적 노력이나 심지어 우리가 기억을 끌어내고 있다는 자각 없이도 실행을 통해 무의식적으로 재생된다. 그 경험은 의식적인 회상으로는 거의 접근할 수 없다. 예컨대 일단 자전거를 배우고 나면, 당신은 자전거를 그냥 탄다. 당신은 당신의 몸을 의식적으로 지휘하지 않는다. 우리는 그 일을 자동적으로 무의식적으로 한다. 이것은 행동주의자들이 말하는 반사적 학습이다.[2]

이러한 기억에 대한 분류는 브랜다 밀러가 HM이라는 간질병 환자를 치료하기 위해 간질 발병지점인 해마 부분을 제거한 이후 새로운 서술적 기억이 불가능하게 된 데서 도출되었다. HM은 해마를 제거한 이후 새로운 서술적 사건은 전혀 기억하지 못하지만, 수술 이전에 있었던 서술적 경험은 여전히 기억하며, 또 손이나 몸을 사용하는 솜씨나 몸놀림과 같은 비서술적 경험은 새로운 것도 기억할 수 있었다. 이러한 관찰에 근거하여 서술적 기억과 비서술적 기억의 분류가 가능하며, 그 차이는 기억 저장의 메커니즘이 다르다는 점에서 의미가 있는 것이다.

캔델의 기억 연구는 비서술기억의 장기저장에 관한 연구와 서술기억의 장기저장에 관한 연구로 두 시기에 걸쳐서 차례대로 진행되었다. 초기에는 바다 달팽이 군소를 대상으로 한 비서술기억의 장기저장 메커니즘 연구를 진행했고, 60세 이후에 비로소 서술기억의 장기저장 연구를 본격 진행했다. 60세가 넘어서야 9세 때의 충격적 의문을 본격 해소하는 단계에 이른 것이다. 비서술기억에 관한 설명은 여기서는 연구의 결과만 간략히 소개하고, 우리의 초기기억과 관련 있는 서술기억에 관한 부분만 좀 더 자세히 살펴보고자 한다.

서술기억은 아들러 심리학에서 초기기억에 해당하는 종류의 기억이다. 대상이 되는 사람, 시간, 장소에 대한 서술기억은 의식적으로 되살려지며, 대개 이미지나 단어로 표현될 수 있다. 서술기억은 캔델이 군소에서 연구한 단순반사보다 훨씬 더 복잡하다. 그 기억의 생성은 해마와 내측 측두엽의

정교한 신경회로에 의존하며, 저장은 기타 여러 장소에서 한다고 한다.3)

　서술기억은 매우 개인적이다. 사람들은 평생 어떤 특정 기억들을 가지고 산다. 사람은 다른 사람들과 만남, 자연의 경치, 강의, 의사의 진단을 어떻게 평생 기억할 수 있을까? 캔델 연구팀은 기억이 신경회로 속 시냅스들의 변화에서 비롯된다는 것을 알았다. 즉, 단기기억은 기능변화에서, 장기기억은 신경회로의 구조 변화에서 비롯된다는 것을 말한다.4)

　기억이 신경세포(뉴런)와 신경세포 간의 회로인 시냅스로 보존된다는 것은 비서술기억에서와 동일하다. 그러나 서술기억은 비서술기억과는 그 기억의 내용이 다르다. 대상, 시간, 공간이라는 변수가 포함되는 것이다. 그래서 서술기억에는 이를 인지하고 코드화하는 메커니즘이 필요한데 그 것이 바로 해마(hippocampus)가 하는 기능이다. 그래서 서술기억에서 단기기억을 장기기억으로 변환하는 메커니즘에 관해 이해하기 위해서는 해마가 구체적으로 어떤 기능을 하는가가 연구의 초점이었다.

2) 기억 저장에서 해마의 공간 코드화

　서술기억을 저장하는 작업기지는 해마라는 사실이 위에 소개한 HM 사례에서 밝혀졌다. 해마의 개별 뉴런들은 점화 패턴을 통해 공간을 코드화한다. 해마 뉴런들의 점화 패턴들이 동물에게 특정 공간을 기억하는 능력을 부여한다고 여겨진다.5) 기억이 장소 및 공간과 밀접하게 관련이 있다는 사실이다.

　해마의 기능에 관한 첫 발견은 1971년 런던 유니버시티 칼리지의 존 오키프(John O'keefe)에 의해서다. 해마가 공간적 환경에 대한 내적 표상, 즉 인지지도를 형성할 수 있다는 것을 발견한 것이다. 특정 공간에서 동물의 현위치가 동물의 해마에 있는 추체세포들의 점화 패턴에 코드화(encode)될 수 있다는 것이다.

　생쥐의 해마에는 추체세포가 약 100만개 있다. 이 세포들 각각이 환경의 특징들과 그 특징들의 상호관계를 코드화할 수 있다. 추체세포가 효과적으로 코드화하는 특징의 하나는 장소다. 장소에 관한 정보를 코드화하는 추체세포를 일컬어 장소세포(place cell)라고 한다. 동물이 익숙한 환경에서 이리저리 돌아다니면서 다양한 구역들에 진입하면, 해마에 있는 다양한 장소세포들이 점화한다. 요컨대 생쥐의 뇌는 생쥐가 돌아다니는 공간을 조금씩 겹치는 다수의 장들(fields)로 분할하고, 각 장에 해마의 한 지점이 할당된다. 생쥐는 이런 식으로 주변 환경의 공간지도를 작성한다. 동물이 새 환경에 들어서면, 새로운 장소 장들이 몇 분 내에 형성된다.[6]

오키프 교수가 장소세포를 발견한 1971년 이후 34년 뒤인 2005년, 오키프 교수 밑에서 방문 연구원 생활을 했던 모세르 부부는 생쥐 실험을 통해서 해마 바로 옆 내후각피질에서 '뇌의 내비게이션 시스템'을 구성하는 또 다른 핵심요소인 '격자세포(grid cell)'를 찾아냈다.[7] 해마에 있는 '장소세포'는 장소에 대한 지도와 같은 기능을 하는 신경세포라면, '격자세포'는 그 장소세포라는 지도 내에서 자신이 어느 위치에 있는지를 인식하는 신경세포이다. 마치 내비게이션과 같은 원리다. 내비게이션은 지도가 그려져 있고, 현재 지도상의 어느 위치에서 어느 방향으로 움직이고 있는지를 나타내주는 원리이다. 쥐가 공간을 자유자재로 먹이가 있는 곳을 찾아서 돌아다닐 수 있는 이유이다. 이 공로로 오키프와 모세르 부부는 2014년 노벨 생리의학상을 공동수상하였다.

지금까지 과학자들은 기억력과 관계 깊은 뇌 부위로서 대뇌 가운데 있는 해마를 주목했다. 해마는 공간인지와 기억을 담당하는 기관으로, '기억의 제조공장'으로 불린다. 해마가 손상됐을 경우는 새로운 사실을 배우거나 최근 벌어진 일을 기억할 수 없게 된다. 장소가 매개되지 않는 장기기억은 없다는 뜻이다.

초기기억 탐색을 위해 공간 단서를 먼저 질문하라

기억이 이처럼 장소 및 공간과 밀접하게 관련이 있다는 사실을 알게 되었다. 초기기억을 탐색하는 것이 아들러 코칭에서 중요한 과정인데, 어떤 사람들은 아동기 때 기억나는 것이 없다고 대답하는 사례가 자주 있다. 2014년 노벨 생리의학상을 받은 오키프와 모세르 부부의 연구에 의하면 기억이 공간 및 장소와 관련되어 있다는 사실을 알게 되었는데, 이 사실이 시사하는 바는 인간의 서술기억이 공간과 많이 관련되어 있다는 사실을 알 수 있다.

그래서 초기기억을 탐색할 때는 공간의 개념이 포함된 질문을 먼저 해야 한다는 사실을 알 수 있다. "어린 시절 가장 선명하게 떠오르는 장소가 어디입니까"라는 질문을 하면 초기기억에 연결되기 쉽다. 집안에서 또는 방안에서, 마당에서, 집근처에서 기억나는 장면을 물으면, 그 공간이 단서가 되어서 관련된 기억이 장소와 연상되어 떠오를 것이다. 초기기억 탐색의 기술로서 매우 중요한 팁이다. 초기기억을 떠올릴 때 시기, 사람, 공간, 사건 중에서 공간 및 장소 단서에 초점을 맞춰서 우선적으로 질문을 던지는 것이 바람직하다는 의미다.

기억력을 향상시키는 방법으로서 많이 거론되는 '기억의 궁전'이라는 것은 기억해야 할 대상을 장소와 관련지어서 연상하는 방법을 사용한다는 것도 위의 장소세포 및 격자세포와 관련이 있다. 천재의 기억법으로 알려진 기억의 궁전의 비밀이 바로 여기에 있다. 우리가 생각할 수 있는 어떤 장소에 기억하고 싶은 정보를 결합시켜서 저장하고 또 인출하는 방법을 말한다. 가장 쉽게 생각할 수 있는 공간은 자기 집을 생각할 수 있다. 자기 집의 방과 거실, 장소별로 기억 대상을 배열하면 어디에 무엇이 있는지를 쉽게 인출할 수 있다는 원리이다.

3) 코칭 결과를 장기기억으로 저장하는 메커니즘

아들러 코칭에서 기억에 관심을 가지는 두번째 이유는 새롭게 형성한 라이프스타일을 장기기억으로 저장해야 코칭의 효과가 높아지기 때문이다. 단기기억을 장기기억으로 전환하는 메커니즘은 무엇일까?

기억에 관해서 가설적으로 설명한 최초의 학자는 라몬 이 카할(1852~1934)이다. 그는 오늘날 '시냅스 가소성 가설'로 불리는 견해를 내놓은 사람이다. 학습은 '시냅스'의 가변성, 즉 강화 가능성 덕분에 가능한 현상일 수 있다고 제안했다.[8]

라몬 이 카할 이후에 뇌과학 연구에서 새로운 이정표 역할을 한 사람이 도날드 헵(Hebb)이다. 헵의 1949년 저서 『행동의 구조: 신경심리학 이론』이 발간되면서 뉴런 연결을 중시하는 이론으로 정립되었다. 이 저서에서 헵은 학습을 통해 뉴런들이 새로운 방식으로 연결된다는 의견을 내놓았다. 그의 의견은 두 뉴런이 반복적으로 동시에 발화하면 (또는 한 뉴런의 발화가 다른 뉴런의 발화를 일으킨다면), 양쪽에서 화학적으로 변화가 일어나 둘이 더 강하게 연결되는 경향이 있다는 것이다. 신경과학계에서는 이것이 "함께 점화되는 뉴런들은 함께 연결된다"라는 말로 알려져 헵의 학습 및 기억이론의 토대를 형성하고 있다.9)

최근 연구에 의하면 인간의 뇌는 뉴런의 연결이다. 인간의 뇌에는 대략 1,000억 개의 뉴런이 있고, 각 뉴런은 약 1,000개의 다른 뉴런과 연결되어 있다. 그래서 뇌에는 약 100조 개의 시냅스가 연결되어 있다.10) 뉴런이 연결된 것이 시냅스이다. 새롭게 형성된 시냅스가 기억이다. 기초적인 기억이 형성되는 생리학적 메커니즘이 시냅스 연결이라는 사실이다.11)

이러한 가설들을 실험으로 증명한 사람이 에릭 캔델이다. 에릭 캔델의 연구를 요약하면, 기억의 장기저장에는 서술기억과 비서술기억 모두 기억의 기본 저장 메커니즘에서 놀랄 만한 수준의 유사성이 있다는 것이다. 첫째, 서술기억과 비서술기억 둘 다 저장 과정에서 두 단계를 거치는데, 불안정한 단기단계가 있고, 안정적이며 자족적인 장기단계가 있다. 둘째, 반복은 단기단계가 장기단계로 변화되는 것을 돕는다. 셋째, 서술기억과 비서술기억을 막론하고 이 두 단계는 개별 시냅스들에서의 뚜렷한 변화로 포착되며, 이 시냅스 변화들의 지속 기간은 기억 저장의 수명과 대략 일치한다.

캔델의 연구는 장기기억을 위한 시냅스 연결을 촉진하는 요소가 무엇인가를 밝혀냈다. 무엇보다 자극의 반복이 필요하다는 것이다. 자극을 반복하면 시냅스 형성이 촉진된다는 이야기다. 무언가를 암기하기 위해서는 반복해서 읽고 외우는 것과 같은 이치다. 장기기억을 위해 코칭 프로세스의 되새김과 반복은 필수적임을 알 수 있다. 여기서 되새김이란 기억된 사항을 정신적으로 거듭 재현하는 활동을 말한다. 우리는 단 한 번의 에피소드 대신에 여러 번의 학습 에피소드를 마련할 수 있고 학습 내용을 혼자서 되새길 수 있다.12)

둘째로, 자동차 사고처럼 매우 고양된 감정을 동반하는 경험은 장기기억의 제약들을 원리적으로 건너뛸 수 있다. 그런 상황에서는 자극적인 경험이 세포핵으로 신호를 보내 핵에게 조절단백질의 암호를 보유한 조절유전자를 활성화하라고 촉진하고, 조절단백질은 새 시냅스 연결의 성장에 필요한 실행유전자를 켜는 것이며, 그렇기 때문에 장기 민감화에서 반복적인 학습과 자극이 중요하다고 본다. 이른바 섬광기억, 즉 감정을 동반하면서 세부까지 생생하게 되살아나는 기억들은 그런 경우에 해당한다고 할 수 있을 것이다. 그런 기억은 마치 완벽한 한 장의 그림이 뇌에 눈 깜짝할 사이에 뚜렷이 새겨지는 것처럼 저장된다.13)

섬광기억(flashbulb memory)이란 어느 시점에 저장되어 평생 유지되는 상세하고 생생한 기억이다. 섬광기억들은 특정 사건에 대한 지식을 영속적으로 보존한다. 개인적 사건에 대한 자서전적 정보를 역사적 사건에 못지않게 생생하고 명확하게 보유할 수 있다는 증거도 존재한다. 이런 자서전적 기억은 때때로 부정확하지만 감정적으로 중요한 사건에 의해 형성된 장기기억의 존속력을 뇌가 향상시킬 수 있다는 것은 명확하다.14) 에릭 캔델의 9살 때의 충격적 기억이 평생 지속되는 것은 섬광기억의 효과 때문인 것으로 판명된 것이다.

셋째, 학습에 대한 보편적이고 근본적인 원리 하나는 관심이다. 특정한 모습과 광경과 순간이 기억되는 것은 그것들이 우리의 관심을 끌기 때문이다. 실제 우리는 관심이 끌리는 것들을 잘 기억한다. 왜냐면 그런 것들을 마주할 때 우리는 심층적이고 정교한 코드화와 '되새김(rehearsal)'을 자발적으로 수행하기 때문이다.15)

나중을 위해 경험을 기록하는 일에 특별히 노력을 기울이고 있지 않을 때, 우리의 주의를 지휘하고 코드화의 질과 양을 결정하는 것은 우리의 관심과 선호다. 이런 식으로 관심과 선호는 산출되는 기억의 본성과 강도에 영향을 미친다.

결국은 기억을 장기저장하기 위해 사람이 할 수 있는 것은 반복적으로 학습하고, 그 학습한 내용을 섬광기억과 같은 생생한 기억으로 이미지화할 필요가 있으며, 주의를 집중하여 관심도를 높일 필요가 있다는 것이다.

4) 기억을 맹신하지 마라: 주관적 오류 가능성

기억이 중요한 것은 그 기억을 나중에 인출하기 위해서다. 그런데 그 기억이 기억된 당시와 동일한 내용으로 인출이 되느냐가 중요한 이슈이다. 특히 아들러 코칭에서 코칭 의뢰인들은 초기기억으로 현재 남아있는 기억이 과거에 경험한 그대로라고 인식하고 있다는 것을 전제로 한다. 기억은 정확할 수 있다. 또한 믿을 만할 수도 있다. 특히 일반적인 지식을 축적하고 일반적인 의미, 요점, 취지를 기록하는 기능에서 서술기억은 신뢰할 만하다.16)

그런데 에릭 캔델과 래리 스콰이어에 의하면 일단 기억이 최초로 정착하고 사건의 의미가 감각적 세부사항보다 더 충실하게 기록된 다음에도 기억의 내용이 변화될 가능성은 열려있다고 한다. 기억에 저장된 것은 새로운 관련 정보의 획득에 의해, 또한 나중의 되새김과 인출에 의해 변형될 수 있다고 본다. 심지어 인출 시험에서 기억을 어떻게 검사하느냐에 따라서도 기억의 변형이나 왜곡이 일어날 수 있다는 것이다.17)

이처럼 기억은 테이프녹음기나 비디오카메라처럼 작동하지 않는다. 즉, 기억의 기능은 사건들을 나중에 살피기 위해 붙잡아두는 것이 아니다. 오히려 이미 언급한 대로 회상은 가용한 조각들을 모아 일관된 전체를 재구성하는 작업이다. 예컨대 어떤 이야기를 회상하려 애쓸 때 사람들은 때때로 창조적 오류를 범한다.18) 이야기의 일부를 삭제하고 다른 부분은 꾸며대며 정보를 이치에 맞게 재구성하려 애쓴다. 우리의 뇌는 대체로 사물을 인식할 때 왜곡, 삭제, 일반화를 하는 경향이 있다. 일반적으로 기억은 우리가 마주치는 것을 곧이곧대로 기록하여 보존하는 방식이 아니라 그것에서 의미를 추출하는 방식으로 작동한다.

실제로 오류는 기억에 언제든지 끼어들 수 있다. 코드화 도중, 저장 도중뿐 아니라, 인출 도중에도 오류가 끼어들 수 있다. 상상한 내용과 실제 사건에 대한 기억을 구별하기가 때로는 어렵다는 점이다. 기억 인출은 재구성 작업이지, 말 그대로 과거 재생이 아니다. 회상 경험이 과거의 정확한 재현이 아니라 유사물일 뿐이다.[19]

뇌과학자의 이런 언명은 대단히 중요한 함의를 가지고 있다. 초기기억에서 사적논리를 형성하고 생존양식(lifestyle)까지 형성하여 지금까지 살아온 사람들을 코칭하고 치유할 때 유념해야 할 사안이다. 그래서 부정적인 기억이나 감정적 상처 때문에 고통받고 있는 사람들에게는 과연 그 초기기억이 정확한 사실 그대로인지를 질문하고 재평가하는 것이 적절한 접근방법이 된다. 누군가를 원망하기 위해서 초기기억을 왜곡되게 재구성할 가능성도 얼마든지 있다는 사실도 유념할 필요가 있다. 왜냐하면 초기의 경험이 실행되던 당시의 상황에서도 자신의 일천한 세상 경험과 좁은 소견으로 파악한 내용이기 때문이다. 기억 인출에 대한 이러한 왜곡된 측면은 ADLERS 코칭 프로세스에서 초기기억을 재경험하고 재구성할 때 매우 중요한 참조사항이 된다.

2. 좌뇌 해석기의 작동 원리와 사적논리의 형성

아들러 심리학에서 구성주의란 사적논리를 만들어내는 능력이다. 우리의 뇌가 어떤 원리로 사적논리를 만들어내는지 그 사적논리는 어떤 증거를 기반으로 그런 논리를 만드는지, 그 사적논리가 객관적 증거에 기반하는지 아니면 주관적 이야기 짓기에 가까운지를 이해하는 것은 매우 중요하다. 뇌의 이러한 기능에 대한 이해는 사적논리에 대한 우리의 이해를 깊게 할 것이며, 인간의 본성에 대해서도 이해를 깊게 할 것이다.

먼저, 사적논리를 만들어내는 곳은 뇌의 좌반구에 있다. 인간의 뇌는 좌반구와 우반구로 나뉘어져 있는데, 좌반구에 있는 부분을 좌뇌라 하며, 좌뇌는 몸의 오른쪽을 지배하고, 반대로 우반구에 있는 부분을 우뇌라 하며,

우뇌는 몸의 왼쪽을 지배한다.

좌뇌와 우뇌의 사이는 뇌량으로 연결되어 있다. 우리의 뇌가 파충류 뇌에서 포유류의 뇌, 인간의 뇌로 진화되었듯이, 좌뇌와 우뇌의 반구로 나누어져 있는 것도 생존의 효율성을 위해 진화된 구조이다.[20]

뇌 구조의 또 하나의 특징은 뇌는 모듈이라는 팀제로 구성되어 있다. 진화적 적합성을 극대화하기 위해 진화된 결과이다. 지금까지 연구를 통해 인간의 뇌는 수백억 개의 뉴런이 전문화된 국소 회로로 조직되어 특정 기능을 수행한다는 사실이 밝혀졌는데, 이 국소회로를 모듈(module)이라고 한다. 예를 들면, 인간의 뇌에서 여러 종류의 회로가 병렬식으로 작동하면서 서로 다른 입력정보를 동시에 처리한다. 뇌의 어떤 부분은 단어를 들었을 때 반응하고 어떤 부분은 단어를 봤을 때 반응하고, 또 다른 부분은 단어를 말할 때 반응한다. 그리고 이 과정은 모두 동시에 이루어질 수 있다.[21]

좌뇌 해석기가 작동하는 방식

자 이제 사적논리를 만들어내는 좌뇌의 특수 모듈에 관한 주제로 돌아가자. 마이클 가자니가 교수가 분리뇌 연구에서 얻은 쾌거는 좌뇌 해석기 모듈의 발견이다. 그는 대학원생 시절에 1981년 노벨생리의학상을 받은 로저 스페리와 같이 분리뇌 실험을 처음 시작했던 사람이다. 그가 이후에 독자적으로 진행한 연구에서 '좌뇌의 해석기 모듈'을 발견해 낸 것은 뇌의 기능을 이해하는 데 있어서 일대 혁명적 사건이다. 그가 좌뇌 해석기 모듈을 발견해낸 유명한 좌뇌, 우뇌 간의 소통 실험은 아래 <그림 5-1>과와 같이 요약될 수 있다.

분리 뇌 환자를 대상으로 두 눈이 앞만 볼 수 있게 왼쪽 눈과 오른쪽 눈 사이에 칸막이를 했다. 분리뇌 환자의 오른쪽 시야에 닭발을 보여주었다. 그래서 좌뇌는 닭발만 보았다. 왼쪽 시야에는 설경을 보여주었다. 그래서 우뇌는 설경만 보았다. 그런 다음 환자가 양쪽 눈을 다 볼 수 있게 칸막이를 제거한 다음 여러 사진을 놓고 하나를 선택하도록 하였다. 배열

되어 있던 사진에서 환자는 왼손으로 삽을 선택하고, 오른손으로는 닭을 선택했다.

왜 그 사진을 선택했는지 묻자 좌뇌의 언어 중추는 이렇게 대답했다. "오, 간단해요. 닭발은 닭이랑 어울리고, 닭장을 치우려면 삽이 필요하잖아요." 여기서 왼손이 왜 그 사진을 집었는지 알지 못한 채 왼손의 반응을 관찰한 좌뇌는 그것을 설명해야만 했다. "모르겠습니다"라는 대답은 나오지 않을 것이다. 좌뇌가 아는 것은 닭발이 전부다. 좌뇌는 눈이 내린 설경에 대하여 알지 못하지만 왼손으로 삽을 집은 이유를 설명해야 했다. 즉 좌뇌는 그 행동에 대한 이유를 찾아야 했다. 실험대상자는 뇌량을 제거하여 좌뇌와 우뇌가 서로 소통하지 못하는 분리뇌 환자이기 때문에 이런 결과가 나온 것이다.

| 그림 5-1 **좌뇌의 작화 능력 실험**

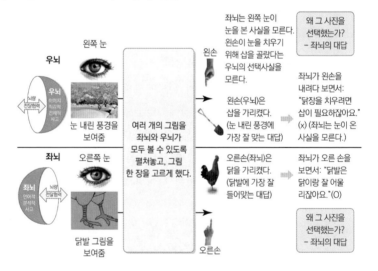

삽을 가리키고 있는 왼손을 내려다보면서 주저하지 않고 "그리고 닭장을 치우려면 삽이 필요하잖아요"라고 말했다. 좌뇌는 왼손이 왜 삽을 골랐는지도 모른 채 왼손의 삽을 관찰한 즉시 설명이 가능한 상황으로 끼워 넣은 것

이다. 말하자면 이미 알고 있는 사실과 일관되도록 상황에 맞게 반응을 해석한 것이다.

좌뇌가 알고 있는 사실은 닭발뿐이다. 눈이 내린 풍경에 대해서는 아무것도 몰랐지만 왼손이 쥐고 있는 삽을 설명해야 했다. 닭은 어지르길 좋아하니까 청소를 해야 해. 옳거니. 바로 그거야. 말이 되는군. 흥미로운 점은 좌뇌가 "모르겠다"고 대답하지 않는다는 사실이다. 사실 좌뇌는 아무것도 모르는 것이 맞는데 말이다. 좌뇌는 상황에 맞는 사후 대답을 만들어 냈다. 알고 있는 사실에서 단서를 찾아 납득이 되도록 엮어 이야기를 만들었다. 가자니가 교수는 좌뇌의 이같은 과정을 해석기(interpreter)라 불렀다.22)

좌뇌의 해석기가 사건에 대한 설명이나 원인을 찾도록 만들어졌다는 사실을 이해하고 나면 이 해석기가 온갖 상황에서 작동하고 있음을 쉽게 알 수 있다. 해석기는 원인과 결과를 추론하도록 만들어졌다. 현재 인지 상태에서 얻은 정보와 주변 상황에서 얻은 단서를 사용하여 끊임없이 세상을 설명한다. 해석기는 원인과 결과를 추론하도록 만들어졌다. 우리는 이 해석기 모듈을 하루종일 사용한다.23)

우뇌는 있는 그대로의 삶을 살면서 주어진 항목만을 정확하게 기억하는 반면, 좌뇌는 유사한 항목을 동일한 항목으로 잘못 인지하는 경향이 있다. 거듭 말하지만, 좌뇌는 이야기를 지어낸다. 우리의 해석기는 사물만이 아니라 사건을 가지고도 이야기를 만들어 낸다.24)

좌뇌 해석기가 지각된 정보를 이해 가능한 하나의 전체로 통합하기 위해 이론을 형성한다는 가설과도 일치한다. 뇌는 어떤 사건을 있는 그대로 관찰하는 수준을 넘어 그 이유를 알아내려고 하기 때문에 그런 사건이 다시 일어날 경우, 보다 효과적으로 처리할 수 있게 된다.25)

자아의 창발성

우리의 뇌는 셀 수도 없을 만큼 엄청난 수의 모듈로 이루어져 있는데 어떻게 하나로 통합된 존재인 것처럼 느껴지는지도 이해하게 되었다. 우리는 수천 개의 재잘거리는 목소리를 듣는 게 아니라 하나의 통합된 경험을 갖는다. 의식은 논리에 맞는 하나의 통합된 이야기를 가지고 한 순간에서 다음 순간으로 쉽게 그리고 자연스럽게 흐른다. 우리가 경험하는 심리적 통일성은 우리의 지각, 기억, 행동, 그리고 이들 사이의 관계에 대한 설명을 만들어내는 '해석기'라는 전문화된 체계에서 창발한다.

이것으로 의식적 경험의 개별적 측면들이 논리가 통하는 온전한 하나로 묶이고 이렇게 개인만의 이야기, 사적논리가 탄생한다. 혼란에서 질서가 만들어지는 것이다. 아동기에 사적논리가 이렇게 만들어지고, 어른이 되어서도 거짓말이 이렇게 만들어진다. 또한, 새로운 아이디어를 창의적으로 궁리해 내는 것도 이런 좌뇌 해석기의 역할이다. 해석기 모듈은 인간에게만 있으며 특히 좌뇌가 특화되어 있는 것으로 보인다.[26]

해석기는 마치 풀과 같아서 이야기를 하나로 통일하고 우리가 일관되고 합리적인 행위자라는 느낌을 갖게 한다. 해석기는 가만히 있더라도 제대로 기능했을 뇌에 끼어들어 수많은 부산물을 만들어낸다. 이것이 저것과 어떤 관련이 있는지부터 묻기 시작하는 장치, 무수히 많은 질문을 던지는 장치, 그리고 실제로 그 질문에 대해 생산적인 대답을 얻을 수 있는 이 장치는, 그래서 자아라는 개념을 탄생시킬 수밖에 없다. 물론 이 장치가 물을 만한 질문이 있다면 그것은 "누가 이 모든 문제를 풀고 있지? 흠, 그걸 '나'라고 부르기로 하자"이다. 자신에 대한 생각이 좌뇌의 해석의 부산물이다. 세계관과 자아관, 인생관이 바로 이 좌뇌 해석기에 의해 주관적으로 창조된다.[27] 우리의 사적논리가 바로 이런 원리로 만들어진다.

좌뇌 해석기를 통하여 우리 뇌의 두가지 중요한 기능을 알게 되었다. 뇌의 창발성과 인간의 주관성이 좌뇌의 해석기 모듈의 소산임을 알게 되었다. 여러 요소가 모임으로써 각각의 부품과는 전혀 다른 기대하지 않았던 현상이 나타나는 것을 창발성(emergent property)이라고 하는데, 뇌에서는 신경세포들이 연결되어 만든 네트워크가 창발성을 만드는 것이다.[28]

좌뇌의 해석기 모듈에 대한 이해를 통하여 우리의 뇌는 주관적인 너무나 주관적인 인간을 만들었다는 사실을 알 수 있게 되었다. 우리의 주관적

인식은 지배적 좌뇌가 의식 속으로 뛰어 들어온 이런저런 잡동사니들을 어떻게 해서든 설명하려는 끊임없는 탐구욕을 가지고 있기 때문에 발생하는 것이다.

우리의 해석기는 의식으로 들어온 정보만 가지고 이야기를 엮는다. 의식은 느린 과정이므로 의식으로 들어온 것이 무엇이든 이미 벌어진 과거의 일이다. 이는 기정사실이다. 우리는 얼마나 자주 과거의 사건에 대해 가공의 해석을 내놓고 그것이 진실이라 믿는 작화(作話)를 하는 것일까? 진화과정에서 사후에 상황을 해석하는 이 체계를 소유한 이 개인들이 바로 우리의 조상이 되었다.[29]

아들러 심리학에서 사적논리라는 개념이 바로 좌뇌 해석기가 만들어 낸 '주관적 이야기'임을 알 수 있다. 그러므로 이제부터는 사적논리는 정말로 '사적(private)'인 것이다. 다른 사람들이 대체로 옳다고 동의해주는 '객관적'인 것이 아닌 것이다. 그리고 자아라는 개념도 좌뇌 해석기가 지어낸 가공의 것이라는 사실을 알 수 있다. 아들러 코칭은 좌뇌가 행하는 이 기능에 대한 이해를 기반으로 사람들에게 자아를 새롭게 재구성할 수 있도록 도울 수 있게 되었다.

3. 뇌의 거울뉴런 및 공유회로와 인간의 공동체 감각

앞 절에서 좌뇌가 주관적인 논리를 구성하고 이를 정당화하는 이야기를 지어낸다는 사실을 알게 되었다. 그런데 인간이 개인적인 입장에서 주관적인 논리에만 치우치면 큰 문제가 발생한다. 타인과 협력하고 공생해야 가능해지는 생존과 번식의 전략에 차질이 생길 수 있다. 인간이 개인의 논리로만 사는 것이 아니라 세상의 이치와 조화롭게 살고 타인과 더불어 공감하며 살도록 뇌 기능이 진화하지 않았던가. 보편성의 가치, 보편적인 상식이 인간사회의 중요한 가치이지 않은가? 거울신경세포 또는 거울뉴런(mirror neuron)이 바로 그 역할을 담당한다. 좌뇌 해석기와 거울뉴런은 대극적인 기능을 하는 셈이다.

거울신경세포 덕분에 인간은 사회적 동물이 될 수 있었다. 가자니가 교수는 인간은 뼛속까지 사회적이라고 했다. 그는 다른 동물에 비해 더 크고 발달한 인간의 뇌는 기본적으로 사회적 문제를 다루기 위해 있다고 했다. 생존과 번식을 더 잘하기 위해 인간은 사회적이어야만 했다는 것이다. 다른 사람의 마음을 읽고 이해하려는 능력, 다른 사람에게 인정받고 더 높은 사회적 지위로 오르고 싶은 욕구, 더 나은 이성에게 선택받고 싶은 욕망, 더불어 살면서 서로 안전하게 생존하려는 바람, 이런 사회활동이 우리 뇌를 지금처럼 복잡하면서도 정교하게 발달시켜 왔다는 것이다. 이런 욕구를 위해 기능하는 것이 거울뉴런이다. 인간의 지적 능력이 더 높은 이유는 사회적 요구에 적응하기 위해서라는 주장이 대세다.30)

거울뉴런의 발견

오랫동안 우리는 두뇌가 어떻게 타인을 이해하는 일을 해내는지 그리고 어떻게 타인에게 일어난 일을 그토록 능숙하게 추측하는지에 대한 작은 실마리조차 잡지 못했다. 그러나 더 이상 그렇지 않다. 1990년대 초 이탈리아 파르마 대학의 지아코모 리촐라티(Giacomo Rizzolatti) 연구팀은 '거울뉴런(mirror neuron)'이라 이름 붙인 특별한 뇌세포를 발견했고, 이것은 두뇌를 관찰하는 방법뿐 아니라 사회적 상호작용을 이해하는 방식도 극적으로 변화시켰다. 리촐라티는 원숭이가 손으로 특수한 행위를 할 때, 예컨대 땅콩을 집어서 입에 넣을 때, 전운동피질(premotor cortex)의 특정 뉴런들이 활성화된다는 것을 발견했다. 그런데 놀랍게도, 다른 원숭이가 (또는 심지어 인간이) 먹이를 입에 넣은 것을 원숭이가 바라볼 때도 원숭이의 동일한 뉴런이 활성화되었다. 리촐라티는 그것을 '거울뉴런(mirror neuron)'으로 명명하고서, 그것들이 모방과 동일시, 감정이입, 그리고 어쩌면 목소리 흉내내기 능력에 대한 최초의 발견이라고 주장했다. 거울뉴런은 행위의 관찰과 모방 사이가 신경적으로 연결되어 있으며 타인의 행동을 이해하고 받아들이는 기능이 있다는 사실을 증명하는 첫 번째 확실한 증거였다. 빌라야뉴르 라마찬드란은 인간의 전운동피질에 리촐라티가 발견한 것과 유사한 뉴런이 있다는 증거를 확보했다.[31]

이탈리아 파르마 대학의 연구팀에 2000년부터 포스닥 연구자로 참여했던 케이서스(Christian Keysers)에 의하면, 거울뉴런은 두뇌를 관찰하는 방법뿐 아니라 사회적 상호작용을 이해하는 방식도 극적으로 변화시켰다는 것이다. 거울뉴런은 우리 주변 사람들의 행동과 정서를 '거울처럼 반영하여' 그것이 우리의 일부가 되도록 하기 때문이다. 또한 그러한 세포의 존재에 대한 지식은 인간 행동의 많은 수수께끼를 설명할 수 있다고 본다.[32]

케이서스는 행동뿐만 아니라 정서와 감각 영역에서도 거울체계를 확인함으로써 '공감'의 신경학적 기초를 밝히는 데 중요한 기여를 했던 사람이다. 케이서스는 뇌 기능의 한 부분으로 보던 기존의 연구를 넘어 거울뉴런에 '공유회로(shared circuits)'라는 개념을 추가하였다.

그녀는 거울뉴런이라는 용어는 '행동'의 맥락에서, 즉 두뇌가 거울뉴런을 통해서 다른 사람의 행동을 내적으로 시뮬레이션하고 그 행동에 대한 거울상을 생성하기 때문에 붙여진 말이다. 이제 케이서스는 '정서와 체감각'에 관해서도 이와 유사한 체계를 발견했다. 그래서 그 체계를 부를 새로운 용어를 만들었다. 거울뉴런이 지나치게 운동체계와 결부되었기 때문이다. 전운동피질이 두 과정 즉 행동을 실행하는 것과 타인이 유사한 행동을 하는 것을 보거나 듣는 것을 공유하듯이, 뇌섬엽(insula)도 두가지 '정서적 과정' 즉 역겨움이나 강력한 신체적 느낌을 경험하는 것과 타인이 역겨워하는 것을 보는 것을 공유한다는 사실을 강조한다.

전운동피질과 뇌섬엽은 타인의 행동과 정서를 대리공유하게 해주는 신경회로와 관련이 있다. 케이서스는 행동과 관련해서는 거울뉴런을 포함하고, 역겨움과 관련해서는 뇌섬엽을 포함하는, 이러한 신경과정의 전체 집합을 가리키는 용어로 '공유회로(shared circuits)'라는 용어를 만들었다. 인간은 공유회로의 연결에 의해 함께 결합되는 사회적 동물이라는 것이다.[33]

공유회로는 인간의 두뇌에서 거의 불가피한 특성이다. 우리의 사회, 문화, 지식, 기술, 언어 등 우리가 인간이라는 사실에 자부심을 갖게 만드는 이 모든 것들은 다른 사람의 생각을 공유하게 만드는 두뇌구조의 논리적인 결과이기 때문이다.

거울뉴런의 기원과 공동체 감각의 진화

인간이 인간인 것은 사람으로서의 공동체 감각과 공동감각을 가지고 있기 때문이다. 그래서 사회적 동물이라 일컫는다. 인간은 왜 이런 감각을 가지고 있을까? 바로 거울신경세포라는 뇌생리적 장치가 장착되어 있기 때문이다.

그것을 갖지 못하면 무슨 문제가 있기에 인간의 뇌가 거울뉴런 또는 공유회로를 진화 과정에 장착하게 되었을까? 600만 년 전에 유인원이 침팬지에서 분리되어 나왔을 때 유인원은 침팬지만큼이나 개체지향적이었다. 개체끼리 서로 협력하지 않아도 생존할 수 있는 자연환경이 있었기 때문이다. 그런데, 토마셀로에 의하면 개체지향적으로 생존하던 인류 조상이 생태환경의 변화와 더불어 협력 지향적으로 생활하기 시작했다는 것이다. 그렇게 살기 시작한 조상이 인류의 기원이 되었고, 그 종은 약 40만 년 전에 살았던 호모 하이델베르겐시스로 추정된다는 것이다. 고인류학 증거에 따르면 호모 하이델베르겐시스가 큰 동물을 사냥하기 위해 체계적으로 협동했던 최초의 인류인 것으로 본다고 한다.[34]

초기 인류에게 협력이 진화적으로 안정적인 전략이 될 수 있었던 것은 상호의존과 사회적 선택 때문이었다는 것이 토마셀로의 가설이다. 기후변화와 생태환경의 변화에 따라 인류는 더 이상 혼자만의 힘으로 식량을 구하기 어려워졌기 때문에 타인과 협력해야 하는 상황에 직면했다. 협력을 위한 새로운 사회적 기술과 동기를 마련하지 않으면 굶어 죽을 상황이었다. 협력을 통한 생활에 대한 직접적이고 즉각적인 선택 압력이 작용한 셈이다. 이런 상황에서 사회적 능력이 진화된 초기 인류가 탄생되었던 것이다.

이런 상황에서 초기 인류는 타인을 협력 파트너로 어떠한지 평가하는 것이 일상적인 과제가 되었다. 누구랑 같이 일하는 것이 효율이 높은지가 관건이기 때문이다. 이것이 바로 사회적 선택이다. 형편없는 파트너를 고르면 굶어 죽게 되는 것이다. 사기꾼이나 게으름뱅이는 회피 대상이었으며, 불한당도 꺼린다. 다른 사람을 평가하는 것뿐만 아니라, 다른 사람이 자기를 어떻게 평가할지도 걱정하기 시작한 것이다.35) 공유회로가 마술적인 것이 아니라 정말로 불가피한 우리의 생물학적 적응의 결과라는 사실을 이해할 수 있다.

'협력 파트너로서 동료 인간을 본다'는 토마셀로의 주장은 공동체감이 진화심리학적으로 의미가 있다는 아들러의 주장을 지지한다. 아들러는 사람에 대한 평가의 기준이 공동체감이라고 본다. 아들러는 사람들의 생각과 행동을 평가할 수 있는 기준으로 공동체감 외에 다른 것을 가지고 있지 않다고 주장한다. 인간은 모두 사회의 한 일원으로서 사회와 불가분의 관계를 맺고 있기 때문이다. 우리는 공동체 안에 있으며, 공동생활의 논리를 벗어날 수 없다. 이것은 사람을 평가하기 위해서는 검증된 기준이 필요하다는 것을 의미한다. 한 개인 안에 내재된 공동체감보다 더 보편타당한 기준은 없다는 것이다. 우리는 심리적으로 공동체감을 벗어날 수 없다. 이 감정을 완전히 무시하고 살 수 있는 사람은 아무도 없다. 사람을 평가하기 위해서는 검증된 기준이 바로 공동체감이라는 것이다.36)

거울뉴런의 기능

거울뉴런은 상대의 행동을 보는 것만으로도 무슨 목적과 의도를 가지고 하는지 예측할 수 있게 한다. 그것의 신경학적 원리는 바로 내가 그 상황에서 그렇게 하기 때문에 저 사람은 저 상황에서는 저렇게 할 것임을 알게 된다. 공감이란 내가 먼저 경험해봐야 가능한 것이다.

우리는 자신이 어떻게 행동할지를 근거로 타인의 행동을 예측한다. 거울뉴런 때문에 상대를 이해하고 예측하는 것이 가능하다. 동양사상의 혈구지도(絜矩之道)가 바로 이 말과 같은 뜻이다. 내 처지를 생각해서 타인의 입장을 헤아린다는 말이다. 타자에 대한 시뮬레이션을 위해 자신을 활용하는 것은 매우 경제적이고 우아한 계산방식이다. 왜냐하면 타자에 대한 일련의 명시적 규칙을 요구하는 대신에, 자기 자신의 행동에 특화된 기제를 타자의 행동을 예측하는 데에도 활용하기 때문이다. 두뇌가 실제로 이런 방식의 체화된 시뮬레이션을 이용한다는 발견은 두뇌에 대한 이해를 높인다. 인간의 사회적 인지는 사람 사이의 유사함에 의존하는 매우 구체적인 방식이 된다.

또한 거울뉴런은 우리가 타인의 경험을 공유할 수 있도록 해준다. 다른 사람이 초콜릿을 먹는 것을 보는 것만으로도 우리가 초콜릿을 먹을 때의 느낌이 촉발된다. 거울뉴런은 우리가 다른 사람이 하는 행동을 이해하는 데 도움을 주기도 하지만, 같은 행동을 하려는 경향 또한 촉발시킨다.37) 독자 여러분도 초콜릿이란 말만 들어도 벌써 입에서 침이 고이지 않는가? 그리고 초콜릿이 먹고 싶어지지 않는가? 거울뉴런은 좋건 나쁘건 우리를 근본적으로 사회적 존재로 만든다.

거울뉴런 때문에 인간은 다른 사람의 마음에 저마다의 다양한 욕구, 의도, 신념, 정신 상태가 있다는 것을 선천적으로 이해할 수 있으며, 이러한 욕구, 의도, 신념, 정신 상태가 무엇인지에 관해 어느 정도 정확성을 가지고 이론을 만들어 내는 능력이 있다. 이른바 '마음이론(Theory of Mind)'이다. 그것은 행동을 관찰하고 그 행동을 유발하는 정신 상태를 추론하는 능력이다. 아이들은 네다섯 살쯤 되면 자동적으로 마음이론이 완전히 자리를 잡는다. 거울신경 체계는 '추측'의 주체로 기능한다. 이 신경세포는 다른 사람의 행동을 이해할 때, 모방을 이용해 새로운 기술을 배울 때도 중요한 역할을 한다.

인간이 다른 동물과 달리 성장하고 발전할 수 있는 것은 거울신경세포에 기반한 모방과 학습의 능력 때문이다. 거울시스템으로 인해서 인간은 타인을 모방하고 학습할 수도 있게 되었다. 흉내내기가 의도적이고 자발적인 게 아니라, 자동적이고 무의식적이라고 주장하는 또 다른 형태의 모방이론이 있다. 말하자면 의식적인 통제나 이성적인 추론 없이 저절로 일어난다는 것이다. 우리가 감각을 통해 감정적인 자극을 인지하면 몸이 저절로 그 감정을 흉내 냄으로써 반응을 보이고, 이 반응을 의식적인 마음이 인식하거나 인식하지 못하거나 한다는 이야기이다.38)

이제 우리는 공감이 원칙적으로 단순한 생물학적 개념으로 설명될 수 있음을 알게 되었다. 헵(Hebb)은 정신을 두뇌 내의 기계적인 프로세스를 활용하여 설명할 수 있다는 것을 보여줌으로써 심리학을 혁신적으로 변화시켰다. 즉, 함께 발화되고 함께 연결되는 뉴런은 사람들도 함께 연결시킨다. 두뇌는 보고 듣고 느끼는 것에 기반해서 행동을 계획해야 하기 때문에 시각, 청각, 체감각, 전운동 영역들을 함께 연결해야 한다. 거울신경과 공유회로는 이러한 메커니즘을 사회인지에 적용한다. 사회인지가 곧 학습인 셈이다. 이런 학습이 일어나면 뇌에 시냅스가 형성되고 기억으로 저장된다. 이것이 뇌 가소성의 프로세스다. 도식으로 표현해 본다면, 거울신경과 공유회로가 작동하여 상대를 공감한다. 공감을 통해서 사회인지가 일어난다. 사회인지가 곧 학습이다. 학습이 일어나면 시냅스가 생성되어 뇌 가소성이 일어난 것이다.39)

인간의 공감하고 모방하는 습성과 독창성이 거울신경세포를 발달시키고 뇌의 진화를 일으킨 것이다. 거울신경세포가 발달하여 다른 사람의 감정과 행동을 모방할 수 있다. 우리 인간이 하는 대부분의 일은 사실은 단 한 사람의 반짝이는 아이디어에서 비롯되었고 그것을 우리가 모방해서 따라 하는 것이다.40)

이제 인간이 가진 사회적 동물로서의 본성인 공동체 감각을 뇌과학적으로 이해할 수 있게 되었다. 그러나 모든 사람이 동일하지는 않다. 거울신경세포가 장착되어 있다고 해서 모든 사람이 똑같이 타인을 공감하고 감정전이를 일으키는 것은 아니다. 유아기 때 개발되고 학습되어야 한다. 역지사지의 감각으로 상대의 눈으로 보고, 상대의 귀로 듣고, 상대의 가슴으로 느끼는 훈련을 해야 한다고 아들러는 말했다.41) 아들러 코칭이 개입하면 더 쉽게 가능해진다.

거울뉴런 및 공유회로와 아들러 심리학의 공동감각 및 공동체 감정

거울뉴런의 발견은 우리의 두뇌가 정말로 마술처럼 사람끼리 서로 연결되어 있다는 사실을 명확하게 보여주었다. 우리는 전적으로 자신만을 처리하는 두뇌가 아니라 타인을 느낄 수 있는 두뇌를 가지고 태어난다. 우리의 두뇌는 주변 사람과 공명하도록 만들어져 있다.[42] 또한 공감은 도덕률이 아니라 생존에 필수적인 것이어서 오랜 진화과정에 획득되어서 우리 뇌에 내장되어 있는 것이라는 것을 이해할 수 있다.

아들러 리더십 코칭은 바로 이런 맥락에 있다. 사적논리만이 생존전략의 능사가 아니고, 공동감각이 진화적으로 획득한 인간의 생존수단임을 강조한 것이다. 그래서 공동감각을 회복하라는 것이다. 우리가 공동감각을 강조하는 이유가 거울뉴런의 공감의 기능을 더 활성화하는 방향으로 본성을 회복하자는 것이다. 아들러가 강조한 대로,[43] 상대의 눈으로 보고 상대의 귀로 듣고 상대의 가슴으로 느끼는 인간의 직관적 본성을 회복하자는 것이다.

안타깝게도 산업화시대, 특히 후기산업화시대에 개인 간의 경쟁이 심화되자 개인주의가 득세하게 되었다. 그러나 이기적으로 사는 인간은 고독하고 우울하고 자살률도 높아진다. 이것은 사회적 존재로서의 인간의 DNA에 역행하기 때문에 생기는 것이다. 그러니 해법은 인간이 본성으로 타고난 공동체 감각을 회복하는 것이다.

4. 뇌의 신경가소성 원리와 라이프스타일 신경회로 바꾸기

뇌과학에서 배울 수 있는 최고의 지혜가 바로 뇌 가소성의 원리이다. 뇌의 가소성이 얼마나 엄청난 힘을 발휘하고, 그 힘을 활용하면 우리 모두의 삶이 어떻게 바뀌는지를 깨닫게 된다.[44] 나 자신이 바로 뇌에 담겨 있다면, 나를 바꾸려면 뇌를 바꾸면 된다. 이제 우리의 뇌를 바꿀 수 있다는 사실을 알게 된 것이며, 뇌의 신경회로를 바꾸는 방법의 하나가 아들러 리더십 코칭이다. 뇌의 유심칩을 바꾸는 것이다.

라이프스타일은 변화 가능하다

아들러는 유아기에 만들어진 인생각본은 변화하지 않고 상영된다고 설파한 바 있다. 인간은 생후 몇 년 사이에 형성된 삶의 패턴에서 거의 벗어나지 않으며, 한번 굳어진 패턴을 벗어나는 사람은 거의 없다고 말한 바가 있다.[45] 세살 버릇 여든까지 간다는 의미이다. 아들러의 이 말은 변화의 자극을 주지 않으면 그대로 간다는 의미이다. 뇌의 신경회로가 만들어져서 저장되면 자동적으로 지속되기 때문이다.

그런데 다행히도 아들러는 성격은 선천적인 것이 아니라 후천적으로 습득된 것이며 그래서 성격은 변화할 수 있다고 보았다. 아들러가 자신의 심리학 개념에 성격이라는 말 대신 '라이프스타일'이라는 개념을 쓴 이유도 바로 그런 이유 때문이다. 성격이라는 단어 자체에서 연상되듯, 성격은 '타고난' 것이라거나 바꾸기 힘들다는 고정관념이 있다. 아들러는 절대 그렇지 않다는 점을 강조하기 위해 '성격(personalty)'이라는 말 대신 '라이프스타일(lifestyle, 생존양식)'이라는 용어를 사용했다.[46]

아들러에 의하면 성격도 선천적으로 주어지는 것이 아니다. 성격은 선천적인 힘이나 실체가 아니다. 아이들은 비록 나이는 어리지만 특정한 인생의 길을 걸어가기 위해 성격을 후천적으로 습득한다. 예를 들어, 태어날 때부터 게으른 아이는 없다. 한 아이가 게으르다면 그 이유는 그 아이가 편하게 살면서 동시에 인정받을 수 있는 최적의 수단이 게으름이라고 생각하기 때문이다.[47]

아들러의 이 관점은 뇌과학 연구 결과와 맥을 같이 한다. 뇌 가소성을 믿는 뇌과학자들은 아이들의 정신적 능력이 언제나 타고난 그대로 고착되어 있는 것은 아니라고 본다. 손상된 뇌가 스스로를 재조직하여 제대로 작동하지 않고 있는 부분의 기능을 다른 부분에서 대행할 수 있으며, 죽은 뇌 세포도 때때로 교체될 수 있고, 우리가 배선되어 있다고 생각하는 많은 '회로'와 기본적 반사조차도 사실은 영구히 배선된 것은 아니라는 것을 보

여주었다.48)

우리가 새 정보를 쉽게 획득하고 보유할 수 있는 것은 기억과 관련된 뇌 시스템들이 쉽게 변화될 수 있기 때문이다. 그 시스템에 속한 시냅스 연결들은 강해지거나 약해질 수 있고, 심지어 영구적인 구조 변화를 겪을 수도 있다. 뇌의 이같은 대단한 가소성을 아는 것은 우리의 개성과 정신적 삶의 모든 측면을 위해 근본적으로 중요하다.49) 이미 뇌졸중으로 쓰러진 사람들이 재활치료를 잘하면 상당 부분 원상으로 회복되지 않은가? 질 테일러의 사례가 잘 말해준다.50) 재활치료의 본질은 근육의 강화가 아니라 뇌의 신경회로의 복원이다.

아들러는 특정한 초기기억이 평생의 삶을 결정한다고 보기 때문에 초기기억을 바꾸면 평생의 삶이 바뀌는 것이다. 특정한 초기기억은 시냅스를 형성하여 뇌의 신경회로를 구성하고 있기 때문에, 성격을 바꾼다는 것은 바로 이 신경회로를 바꾸는 것을 의미한다.

그런 점에서 아들러 심리학의 초기기억은 뇌과학의 뇌 신경가소성 원리와 상응한다고 볼 수 있다. 그래서 뇌과학은 아들러 이론에 신빙성을 부여한다. 뇌의 신경회로 개념을 활용해 원하는 삶을 사는 법을 터득할 수 있게 한다. 뇌의 가소성이 얼마나 엄청난 힘을 발휘하고, 그 힘을 활용하면 우리 모두의 삶이 어떻게 바뀌는지 깨닫게 된다.51) 결국 라이프스타일은 변화 가능하다.

뇌의 신경회로도 변화가능하다

뇌 가소성 분야에서 노벨 생리의학상이 여러 차례 나왔다. 이 카할 (Santiago Romon y Cajal)은 1906년에 신경망의 기본 구조를 밝힌 공로로 노벨상을 수상했다. 그리고 거의 한 세기 후에 캔델이 뉴런 사이의 신경접합부(시냅스)에서 변화가 일어난다는 그의 가설(뇌의 신경가소성)이 사실임을 증명하여 2000년 노벨 생리의학상을 받았다.

폴 바크-이-리타(Paul Bach-y-Rita)는 뇌 가소성 이해의 위대한 선구자 중의 한 사람이다. 그는 그 세대의 신경과학자들 중에서 처음으로 뇌가 가

소적임을 이해한 동시에, 이 지식을 실용적으로 적용하여 인간의 고통을
덜어주었다.[52] 1969년 '네이처'에 '가소성'이라는 단어를 넣은 논문이 게
재되면서 처음으로 '뇌 가소성'이라는 단어를 사용하여 뇌 가소성이론을
최초로 주장한 사람이 되었다. 바크-이-리타는 1960년대초부터 '한 기능,
한 위치(location)'라는 국재론의 생각이 옳을 수 없다고 생각하기 시작하
였다. 그가 밝혀내기 전에는, 누구나 대부분의 신경과학자들이 말하듯이
후두엽에는 시각을 처리하는 '시각피질'이 있고, 측두엽에는 청각을 처리
하는 '청각피질'이 있다고 말할 수 있었다. 그런데 우리는 바크-이-리타에
게서 문제가 사실 훨씬 더 복잡하다는 것, 뇌의 영역들은 가소적 처리장치
들이며 서로 연결되어 있고, 예상 밖의 다양한 입력을 처리할 수 있다는
사실을 배웠다.[53]

앞에서 본 대로, "함께 발화하는 뉴런은 함께 배선된다"는 헵의 이론은
뉴런의 구조가 경험에 의해 바뀔 수 있다는 것이다. 이 개념은 오늘날까지
도 신경과학의 핵심 논제로 남아있다.[54] 마이클 머제니치(Michael Merzenich)
는 헵의 이론을 발전시켜 뇌 지도 안의 뉴런들이 동시에 자극을 받으면
서로 간에 강한 연결망이 발달한다는 제 이론을 세웠다.[55] 그는 뇌가소
치료사들 중에서도 가장 야심적인 주장을 한 사람이다. 그는 정신분열증
과 같이 심한 질병을 치료하는 데도 뇌 훈련이 약물만큼 유용할 수 있고,
뇌 가소성은 요람에서 무덤까지 존재하며, 노인들조차도 인지기능을 급격
하게 향상시킬 수 있다고 주장하였다. 머제니치는 우리가 뇌 가소성을 지
배하는 법칙과 일치하는 방식으로 학습하면, 뇌의 정신적 '기계장치'가 향
상되어 우리가 더 큰 정확성과 속도, 기억력으로 학습하고 지각할 수 있다
고 주장한다. 또 그는 "뇌는 변합니다. 물리적으로도, 화학적으로도, 기능
적으로도 변화합니다"라고 단언하였다.[56]

뇌 가소성과 학습 및 코칭

캔델은 정신요법이 사람을 변화시키는 것은 "아마도 학습을 통해서, 곧
유전자 발현에 변화를 일으켜 시냅스 연결 강도를 바꾸고, 구조적 변화를

일으켜 뇌 신경세포들 간의 해부학적 연결 패턴을 바꿈으로써 그렇게 할 것"이라고 주장한다. 정신요법은 뇌와 그 뉴런 안으로 깊숙이 들어가 올바른 유전자를 켬으로써 뉴런의 구조를 변화시키는 방법으로 작용한다는 것이다.57)

리더십 코칭을 하나의 학습이라 본다면, 그 학습작용은 뇌 속에서 새로운 정보를 담은 신경세포가 서로 연결되어 새로운 시냅스가 형성되어서 장기기억으로 보존된다. 에릭 캔델은 시냅스 (연접 신경 흥분이 전달되는 자리의 두 개의 신경세포의 접합 부분) 가소성을 실험으로 입증해 낸 사람이다. 그는 자극에 노출된 뉴런들의 시냅스 연결이 강화된다는 사실을 통해 시냅스 가소성을 보여주었다. 학습에서 시냅스 가소성은 장기기억을 형성하는 데 결정적인 역할을 한다.

그의 이론에서 추론할 수 있는 것은 새로운 시냅스를 형성되기 위해서는 두가지 조건이 필요하다는 것이다. 첫째, 반복 학습이다. 시냅스는 반복 학습을 통해 강화되기 때문이다. 둘째는, 핀포인팅(pin-pointing) 기법으로, 해당 유심칩을 찾아내서 그것만을 들어내고 교체하는 외과수술적 방법인 경우에는 효과가 클 것이라는 점이다. 그럴 경우, 강렬한 경험이나 사고의 자각으로 형성된 시냅스가 장기기억으로 보존된다. 아들러 코칭은 바로 이런 점을 코칭 프로세스에 포함한다.

신경가소성의 역설

신경가소성은 속성상 유연한 습성과 변하지 않는 습성을 둘 다 지니고 있다. 훈련된 뉴런은 그렇지 않은 뉴런보다 더 빠르고 분명한 신호를 보낸다. 따라서 우리가 무언가를 배우고 반복하게 될 때 소통하는 회로들이 더 빨리 기능하기 시작한다. 즉 새롭게 받아들인 정보들은 가장 많이 지나간 길을 따라가려는 경향이 있다.

생각하는 방식이나 어떤 일을 하는 방식이 습관이 되면, 그것은 어느새 당신의 몸에 배어 그 틀을 깨기가 어려워진다. 그러다보니 이미 뿌리 깊게 자리잡은 낡은 사고패턴을 재구성하고 새로운 습관을 도입하는 데 막대한

에너지가 필요하게 된다.58)

노먼 도이지는 이것을 뇌 연구에서 가장 중요한 교훈들 중의 하나라고 생각한다. 가소적 역설은 우리로 하여금 뇌를 변화시키고 더 유연한 행동을 하도록 만드는 뇌가소적 성질들인 동시에 우리로 하여금 더 경직된 행동을 하도록 만들 수도 있다는 것이다. 한번 형성된 시냅스가 자동반복하면서 스스로를 강화하기 때문이다. 어떤 사람들의 경우는 어린 시절의 자연스러운 창의력이 점차 판에 박힌 것들에 자리를 내주어, 똑같은 행동을 반복하면서 스스로를 경직된 모습으로 살아간다. 직업, 문화 활동, 기술, 신경증 등, 다른 그 어떤 것이든지 변화 없는 반복과 관련된 것은 무엇이든 경직성으로 이어질 수 있다. 실은 애초에 우리에게 이러한 경직된 행동이 생길 수 있는 것도 우리의 뇌가 가소적이기 때문이다.59)

신경회로는 한번 확립되면 저절로 유지되는 경향이 있으므로, 그 경로는 이제 상당히 굳어질 것이다. 우리의 뇌 가소성은 정신적 유연성과 정신적 경직성 둘 다를 일으킬 수 있기 때문에, 우리는 우리가 가진 유연성의 잠재력을 과소평가하는 경향이 있다. 가소성의 부재가 습관의 힘과 관련이 있다. 습관은 우리가 의식하지 못하는 반복 패턴을 따르므로, 전문적인 기법을 쓰지 않고서는 그 패턴을 멈추거나 방향을 돌리기가 거의 불가능하기 때문이다.60)

또한 우리가 새 정보를 쉽게 획득하고 보유할 수 있는 것은 기억을 담당하는 뇌 시스템들이 쉽게 변화될 수 있기 때문이다. 그 시스템에 속한 시냅스 연결들은 강해지거나 약해질 수 있고, 심지어 영구적인 구조 변화를 겪을 수도 있다. 뇌의 이같은 대단한 가소성은 우리의 학습과 성장을 위해 근본적으로 중요하다.61)

뇌의 신경가소성 원리에 의하면, 우리의 라이프스타일은 가만히 놔두면 여든까지 갈 수 있지만, 아들러 코칭이 개입하여 새로운 의식확장이 일어나고 새로운 삶의 스타일을 학습하면 바뀔 수 있다는 것을 뇌과학의 가소성 이론이 입증해 준 셈이다.

제II부

리더십 개발의 방향과
ADLERS 모델의 코칭 프로그램

제6장
아들러 심리학이 보는 리더십 개발의 방향
: 공동감각

앞에서 살펴본 대로, 아들러는 공동체 감정과 공동감각(common sense) 이 리더십이 지향해야 할 답이라고 강조했다. 그런데 모든 인간에게는 자기의 생존을 위해 경쟁적으로 자기의 우월성을 추구하는 측면도 있다. 이 대극적인 모순을 어떻게 이해하고 대처해야 할 것인가? 공동체 감정을 추구하는 인간의 심리적 경향이 개인적 우월성을 추구하려는 심리적 욕구보다 인간에게 더 본질적인가 하는 물음이 제기될 수 있다. 공동감각의 가치에 대한 더 본질적인 탐색이 필요하다.

1. 인간 본성의 대극성

리더십 개발의 방향은 인간의 본성에서 출발해야 한다. 인간이 가진 모든 문제의 근원은 인간 본성에서 비롯되기 때문이다. 인간의 제반 문제의 원인과 해법을 알 수 있는 인간의 본성은 무엇일까? 칼 융은 생존 당시인 1959년 영국방송공사에서 진행된 대담에서 지나간 제1차 및 2차 세계대전과 당시의 세계정세에 관한 의견을 물었을 때 다음과 같이 말했다. "우리는 인간의 본성을 좀 더 이해할 필요가 있습니다. 유일한 위험은 인간 그 자신이기 때문입니다. 인간이 큰 위험인데도 우리는 너무도 그것을 모르고 있습니다. 우리는 인간을 모릅니다. 우리는 인간의 정신을 연구해야 합니다. 왜냐하면 다가오는 모든 재앙의 근원은 바로 우리 자신이기 때문입니다.”1)

아들러도 인간의 본성을 이해해야만 우리가 자기 자신과 공동체, 세계와 만족스러운 관계를 맺고 살아갈 수 있다고 지적했다. 정신의학은 무엇보다 인간 본성에 대한 지식이 우선적으로 요구되는 학문이라고 했다. 아들러는 정신의학의 광범위한 분야 속에 ‘인간 이해’라는 새로운 학문을 세우고자 『인간 이해』라는 책을 썼다.2) 효과적인 진단을 내리고 올바른 치료와 처방을 내리기 위해서는 내담자의 정신세계에서 일어나는 일에 대해 명확하게 이해해야 한다고 보았다.3) 리더십 코칭의 전제도 인간의 본성에 대한 이해이다.

인간 본성에 대한 대극적 관점들

수천 년 동안 전승된 인류의 지혜 속에 인간 본성을 보는 관점이 대극적으로 나누어진다는 점을 주목할 만하다. 덜 인간적인 면에서 더 인간적인 면으로 펼쳐진 스펙트럼이다. 그러므로 그러한 대극성을 이해하지 않고 일방의 관점으로 인간을 바라보는 것은 인간을 제대로 이해하지 못하는 것이며, 자기개발이나, 교육, 코칭 모두에서 비효율을 범하게 된다.

인간의 본성에 관하여 동양고전, 서양 심리학, 그리고 현대의 첨단 뇌과학에 이르기까지 일관적으로 드러나는 관점이 인간 본성의 대극성이다. 우선, 동양의 사상 자체가 주역의 음양사상에 기반한 대극사상이다. 주역은 우주 만물이 음과 양으로 구성되어 있다고 보는데, 남성과 여성, 낮과 밤, 여름과 겨울 등의 대극적 관점으로 본다는 것이 대극적 관점의 시원이다.

주역의 음양사상과 대극적 관점은 인문학에도 많은 영향을 미쳤다. 주역 음양사상의 영향을 받는 칼 융도 인간의 정신의 구조를 외향—내향, 감각—직관, 사고—감정 등의 대극의 쌍으로 이해하였다. 그는 또한 인간의 정신에 대해서도 대극적인 구조를 가지고 있다고 분석하였다. 자아와 그림자라는 대극적 관점으로 인간의 정신을 본다. 대극 중에서 어느 한 요소라도 그의 정신에 통합되지 못할 때, 무의식 속에 들어가 감정적 색조를 지니게 되고, 자동성을 얻게 되어, 자아의식과 무관하게 작용한다고 본다. 융은 사람들에게 있는 이러한 대극적인 구조가 정신적인 관점에서 볼 때 악의 원인이 된다고 본다.

2천여 년 전의 고전적 사상인 유학에서는 인심도심설(人心道心說)이라는 것이 유학 사상의 핵심으로 알려져 있다. 유학의 도를 잇는다는 도통설(道統說)이라는 것의 핵심이 인심도심설이다. 인간의 본성을 인심과 도심의 대극성으로 본다. 인심도심설, 즉 인간의 욕심은 위태롭고, 도심은 은미하여 영향력이 약하다고 본다. 그래서 도심을 배양하기 위한 것이 유학이다.

불교에서는 인간의 마음을 생멸심과 진여심의 대극성으로 나눈다. 생멸심이란 감각의 자극에 따라 마음이 움직이고 변화하는 측면을 말한 것인데, 이 생멸심이 바로 에고의 마음이다. 진여심은 여래를 닮은 마음이란 뜻인데, 우리의 본래 마음이 보편적인 진리를 아는 마음이 있다는 의미이다.

기독교에서는 선악과로 상징되는 선과 악이라는 대극적인 인간 본성이 있다는 것을 전제로 한다는 점에서 불교나 동양사상과 유사점이 있다.

체로키 인디언 속담처럼 우리 속에 선한 늑대와 착한 늑대가 있는데, 그 중에서 어느 늑대에게 먹이를 더 많이 주느냐 하는 자기 선택의 문제로 귀결된다고 본다. 가깝게는 소설 지킬 박사와 하이드 이야기도 인간의 이런 양극적 측면을 드러내 보여주고 있다.

진화심리학은 인간의 본성이 자기중심성에서 공동지향성으로 진화되었다고 본다. 인간의 본성은 자기중심성과 공동지향성의 대극 구조로 되어 있다는 것을 진화론적으로 주장한 셈이다. 진화심리학자 토마셀로는 지금의 침팬지와 마찬가지로 500만 년이 넘는 기간 동안 인류조상의 생각은 개인 중심적이었으며, 경쟁적이고 착취적인 사회적 인지를 가동할 뿐이었다고 지적했다. 토마셀로는 이것을 '개인지향성'이라는 개념으로 설명한다. 그러다가 40만 년 전쯤 초기 인류는 생태환경의 변화에 따라 식량을 얻기 위해 다른 개체와 협력해야 했다고 본다. 공동의 목표를 위해 협력하고 각자의 역할에서 상대방에게 유용한 정보를 알리는 것이 개개인의 관심사였기 때문이다. 그래서 사회적 파트너와의 협력과 소통에 기대어 생존하고

번창할 수 있는 초기인류가 탄생했다는 것이다.4)

20만 년 전, 호모 사피엔스의 시대가 되자 협력규모는 집단 전체로 확장되었는데, 현대인류는 초기 인류의 '공동지향성'에서 한발 더 나아가 '집단지향성'을 기반으로 사회적 제도라는 가상의 실체들을 만들었다고 한다. 그리고 자신이 공동체의 일원으로서 협력 활동을 잘 수행할 수 있음을 보이기 위해 집단의 관점에서 자신을 평가하기 시작했는데, 이렇듯 인간만의 전유물인 사회성이 형성된 것이다.5)

이처럼 진화심리학은 인간의 고유한 본성인 공감, 상호의존, 협력, 공동지향성의 본성들은 인류 조상들이 엄혹한 자연환경과 사회 속에서 생존하기 위하여 적응하는 과정에서 획득한 생존의 전략이라고 본다. 아마도 진화심리학이 인간 본성의 양극성을 과학적으로 증명했다고 볼 수 있다.

인간 본성의 양극성에 관하여 진화심리학보다 더 과학적인 발견이 뇌과학에 의하여 이루어졌다. 뇌과학은 인간의 뇌의 구조가 좌뇌, 우뇌로 나뉘어져 있는데 이는 기능적 분업을 위해서라고 한다. 우리는 생존하기 위해 두 가지 일을 동시에 수행할 필요가 있다. 먼저 우리는 자신이 우선시하는 것에 바쁘게 몰두할 수 있어야 한다. 새가 둥지를 짓기 위해 잔가지를 끊임없이 물어오는 것처럼 말이다. 하지만 동시에 그 새는 다른 천적이 새끼나 알을 물어가지는 않는지, 또는 다른 경쟁자가 자기 둥지를 차지하려고 노리지는 않는지 눈을 크게 뜨고 경계할 수 있어야 한다.

새가 모래 속에 섞여있는 곡식 낟알을 쪼아 먹을 때에는 좁은 범위에 관심을 집중하고 정밀하게 신경써야 한다. 그러면서 독수리 같은 천적의 위협을 피하려면, 동시에 관심을 최대한 넓게 열어두어야 한다. 이는 배를 문지르면서 동시에 머리를 두드리는 것처럼 상당히 어려운 일이다. 두가지 아주 다른 행동을 동시에 한다는 것은 단순히 관심을 나누는 것 이상의 일이기 때문이다.

한편에는 나의 맥락이 있고, 다른 편에는 세계의 맥락이 있다. 나는 내 목표를 위해 세계를 활용하고 조작할 필요가 있고, 그러려면 관심을 좁게 집중해야 한다. 반면에 더 큰 세계의 맥락에서는, 타자들과의 관계에서 그들이 친구인지 적인지를 파악하며 나 자신을 볼 필요도 있다. 여기서 나는 자신을 나보다 훨씬 큰 어떤 것의 일부로, 나 자신보다 더 큰 어떤 것 속에서 그것을 통해 살아가는 존재로 느껴야 한다. 그렇게 하려면 좁게 집중되는 관심보다는 존재하는 모든 것을 잘 받아들이는 태도, 넓고 열린 시야, 폭넓게 확산되는 기민한 반응과 자아 밖의 세계에 충성하는 자세가 있어야 한다.6)

　생존을 위해서는 이런 두 가지 행동 양식이 어떤 식으로든 유기적으로 결합되어야 한다. 즉, 작은 부분을 면밀히 관찰하고 세심하게 집중하는 행위를 해야 하며, 동시에 맥락을 잡아서 전체적인 큰 그림을 그리고 살피는 행위도 동반해야 한다. 생존하기 위해서는 양쪽 측면이 반드시 함께 이루어져야 하는 것이다.

2. 아들러가 인간을 보는 대극적 관점
　　: 사적논리 vs. 공동감각

　알프레드 아들러의 인간 본성에 대한 입장도 대극성의 측면을 가지고 있다. 아들러는 인간의 본성을 '사적논리(private logic)'의 측면과 '공동감각(common sense)'의 측면으로 대비하고 있다. 아들러의 사적논리와 공동감각도 주역의 음양사상과 마찬가지로 상보성의 관계에 있다. 서로 배타적이지 않고 서로 도와주는 보완적인 관계에 있다. 서로 상충되는 요소도 있지만 사적논리가 완전히 배제된 공동감각은 없으며, 공동감각이 전혀 없는 사적논리도 없다. 그렇지만 사적논리가 공동감각으로 향하여 성장해가야 한다는 점에서 일반적 대극성과는 차이가 있다. 공동감각의 작용이 사적논리 속으로 파고 들어가서 더 많이 대체하는 것이 더 바람직하다.

1) 사적논리(private logic)의 인간형

　이미 제3장에서 아들러의 사적논리 개념에 대하여 설명한 바 있다. 여기서는 리더십 성장의 방향에 초점을 맞추어 인간의 본성 측면에서 논의

한다. 사람은 열등감을 극복하고 자신의 생존과 번식을 위한 우위를 차지하기 위한 노력을 한다. 우월성 추구가 나쁜 것이 아니다. 대단히 정상적인 것이다. 다만 방향이 문제이다. 인류에 유익한 일이냐, 아니면 무익한 일이냐의 차이이다. 우월성이 개인적으로도 유익하고, 인류에 유익한 공동체 감정에 기반한 것이라면 좋은 것이다.

아담 스미스도 개인의 이익 추구가 경제발전을 가져왔다고 본다. 그것이 자본주의 시장의 원리가 되었다. 흔히 이기심은 나쁜 것으로 여겨지지만, 『국부론』의 관점에서는 이기심이 없으면 경제발전도 없다. 빵집 사장이 빵을 만드는 것은 소비자들에 대한 '자비' 따위가 아니지만 결론적으로 소비자는 빵을 먹고, 사장은 돈을 번다고 본다.

아담 스미스는 모든 사람들이 자기의 이익을 추구하며 이기심에 따라 행동하면, 이른바 '보이지 않는 손'에 의해 모든 경제활동이 조정된다고 보았다. 각 경제 주체들은 가격 변동에 따라 행동을 조절한다. 자원은 한정되어 있으므로, 이익을 위해 최대한으로 효율적으로 활용하게 된다. 즉, 말 그대로 시장이 제대로 기능한다면 가격에 의해 모든 생산주체와 소비주체는 조절되며, 어떠한 제품의 가격에 따라 그 제품의 공급과 수요가 형성되고, 조절된다는 말이다.

아담 스미스보다 훨씬 오래전에 동양의 한비자도 고전적 자유주의와 비슷한 말을 한다. 한비자에 의하면, 각자의 이기적 욕망 자체가 나쁜 것이 아니다. 이익을 탐하는 마음 자체가 그릇된 것은 절대 아니다. 사람들 각자가 가진 이익추구의 마음이 잘 발휘되면 국력이 강해질 수 있는데, 각자의 욕망 추구가 국가의 이익과 일치하고 법과 제도를 잘 만들면 된다. 백성이 열심히 생산하고 의무에 충실하면 국가에 이로우니 열심히 일하고 의무를 준수한 사람에게 이익을 주는 것을 법으로 정하면 국력이 얼마든지 발전할 수 있다고 본다.[7]

그런데 정당한 방식으로 사적 이익을 추구하는 개인의 이익추구 개념과 사적논리와는 차이가 있다. 사적논리로 언제나 개인적인 관심만을 추구하는 사람들은 그렇지 않은 사람들만큼 쉽게 옳고 그른 것을 구별하지 못한다.

아들러에 의하면 사적논리는 어떤 경우에는 다른 사람이 이해할 수 없는 지극히 개인적인 논리일 수 있다. 가령, 물건을 훔치고 있는 사람들 중에 우월감에 취해 있는 사람들이 있다. 그런 사람들은 자신이 다른 사람들을 속이고 있다고 생각하고 또 다른 사람들이 자신이 훔치고 있다는 사실을 모를 것이라고 믿는다. 이와 똑같은 감정이 스스로를 뛰어난 영웅으로 생각하는 범죄자들 사이에도 자주 발견된다.[8]

여기서도 알 수 있듯이 실패를 저지르는 사람들은 공생인으로 발달하는 과정이 정지되어 올바로 보고 듣고 말하고 판단할 능력을 이미 상실했다. 그들은 공동감각(common sense) 대신 '사적 지능(private intelligence)'을 사용해 자신의 일탈 행위를 교활하게 보전하려 한다. 공동체 감정을 익히지 못한 개인에게는 공생의 강요가 견디기 어렵고 자신의 사적 지능에 반하여 개인적 우월의 추구를 위협하는 것으로 보이기 때문에 저항이 끊이지 않는다.[9]

사적논리를 사용하는 경우, 우리는 우리 자신의 편향된, 개인의 특유한 사고 틀을 따르는데, 이것은 공동감각과는 거리가 먼 것이다. 모든 사람은 자신의 편견을 가지고 있다. 사적논리는 각 개인이 자신의 라이프스타일에 특유한 사적인 편견(ideographic bias)이다.

사적인 편견이 많은 사람들이 정치인들이다. 자신의 사적논리를 공동감각이라 주장하는 경우도 있다. 자기 집단에만 이익이 되는 사안을 공적인 명분으로 주장하고, 공동감각의 언어로 말하고, 건강부회를 한다. 서로 다른 사적논리가 경쟁하는 경우도 있다. 조선시대 붕당의 갈등이 그러하고, 최근 우리 사회의 좌파와 우파 진영의 이념갈등이 그러하다. 그래서 춘추전국시대 현자들이 인치(人治)를 기준으로 하지 말고 하늘의 법도를 기준으로 하라고 하였다. 묵자는 하늘의 법도가 기준이 되어야 하는 이유는 사사로움이 없기 때문이라고 하였다.[10]

Dreikurs는 사적논리와 공동감각 사이의 관계를 심리병리학적 장애로 설명하였다. 불안, 우울, 적응 및 수면 장애와 같은 신경증 증후군에서 그 관계는 이렇다. 사람은 공동감각을 가지고 있지만 사적논리를 따르기 위해서 평계를 댄다는 것이다. 예를 들어서, "그래, 나는 일을 해야만 한다는 것을 알아. 그러나, 나는 졸리기 때문에 할 수가 없어. 내가 잠을 좀 자지 않으면, 내 몸이 어떻게 제대로 기능한다는 말인가?"

그러한 "그래, 그렇지만 나는 아파"와 같은 태도는 몇가지 흥미 있는 변형을 내포하고 있다. 그러한 개인들은 무엇을 해야 하는지 '올바른' 할 일이 무엇인지를 안다. 즉 그들은 공동감각을 가지고 있다. 그러나 그들은 행동에서는 사적논리를 따른다. 공동감각에 대한 허구적인 시도를 유지하기 위하여 그들은 그 요구를 인지하지만 그럼에도 결국 그에 상충하는 쪽으로 행동을 바꾼다. 그 사람은 사적논리를 가지고 있다. 그러나 사적논리가 공동감각인 것처럼 행동한다. 예를 들어보면, "나는 왜 절도를 하는가? 세상은 개가 개를 먹는 세상이다. 만약 내가 먼저 갖지 않는다면 다른 사람이 가질 것이다. 모두가 그것을 안다." 이런 개인들은 자기의 사적논리가 공동감각인 것처럼 행동한다. 그들은 자신의 세계관에 대하여 아무것도 잘못된 것이 없다고 생각한다. 그리고 실제로, 다른 사람들은 삶을 자신들처럼 보지 않는다는 사실을 알고 놀란다.[11]

아들러는 사적논리의 편향이 가져올 문제를 알아차리지 못하고, 과도할 경우 사회적으로 고립되어 고독하고 우울한 상태에 빠지게 된다고 본다. 신경증에 걸리면 사적 이익을 실현하기는커녕 자기를 병들게 한다고 보는데, 신경증을 치유하는 길은 공동체 감각, 즉 공동감각을 배양하는 것이라고 본다. 아들러는 공동체감을 키우고 실천하지 않는 사람은 결코 성숙한 인간이 될 수 없다고 본다.[12] 그래서 아들러 심리학에서 보면 리더십 개발의 과제는 공동감각을 더 개발하는 것임을 알 수 있다.

명상의 관점으로 인간의 에고를 바라보는 존 카밧진도 사적논리에 관해서 매우 시사적인 주장을 하고 있다. 그에 의하면, 에고, 즉 사적논리는 관성적 자동모드로 작동한다고 본다. 우리는 진정으로 보지 않는 채 보고, 진정으로 듣지 않는 채 들으며, 진정으로 맛보지 않는 채 먹는다. 우리는 삶의 대부분을 관성적인 자동모드로 살면서도 자신에게 무슨 일이 일어나는지, 자신이 누구인지, 또 어디로 가고 있는지 '알고 있다'고 착각한다. 고도로 조건화된 완강한 무자각의 상태, 관성적인 자동조종 모드, 생각 없이 하는 행동 등 …. 이런 상태가 지금 우리의 기본 설정값(default)이라고 할 수 있다.13)

에크하르트 톨레가 말했듯이, 에고 알아차림이 깨달음이다. 인류의 가장 위대한 성취는 에고의 광기를 알아차림이다. 붓다는 깨어난 자를 의미하고, 예수는 너 자신을 부정하라고 했고, 노자는 가장 영적인 서적 중 하나인 '도덕경'을 남겼다. 자신의 에고의 광기를 알아차리는 것 자체가 온전한 정신의 등장이며 치유의 시작이다. 자신이 살고 있는 방식을 보라는 것이다.14)

2) 공동감각(common sense)의 인간형

우리가 지고한 인간성으로 간주하는 것들은 다름 아닌 인간사회가 요구하는 기본 조건들이다. 공감, 신뢰, 신의, 열린 마음, 진리에 대한 믿음 그리고 이와 유사한 것들은 공동체의 보편적 원칙에 의해 제기되고 지켜지는 미덕이다. 정서지능, 사회지능이라 이름붙일 수도 있다. AI가 아닌 인간만이 가질 수 있는 휴먼스킬의 토대가 된다.

아들러는 삶의 의미를 다른 사람을 돕는 일이라고 정의하고, 그 구체적인 교육의 방향이 공동체 감정, 즉 공감을 가진 인간성의 함양이라고 주장한다. 이웃이나 고객의 필요를 이해하고, 그 사람들의 눈으로 보고 그 사람들의 귀로 듣고 그 사람들이 느끼는 식으로 느낄 줄 아는 능력을 함양해야 한다고 본다.15) 아들러의 공동체 감정에 관한 핵심 명제이다.

공동감각은 넓은 세상에서 보편적으로, 공동으로(in common), 자명하게 수용되는 인식이나 이해를 의미한다.16) 공동감각은 있는 그대로 바라볼 수 있는 감각이다. 사심과 사욕을 배제하고 상식적인 관점에서 사물과 사실을 바라보는 것이다. 공동감각(common sense)은 더 쉬운 말로 번역하면 '상식'이다. 상식이란 누구나 알아야 하는 지식이고 보편타당한 지식이다. 우리의 사고와 감정은 그 보편성이 전제될 때 비로소 아름다운 것으로 인식된다. 아름다움이 주는 기쁨도 미와 선에 대한 우리의 감정과 인식

이 일반적이기 때문에 가능한 것이다. 그래서 정신발달의 더 높은 단계는
보편성을 지닌 공동감각을 인식하는 능력이다.[17] 제5장 뇌과학 관련 장에
서 자세히 논의했듯이, 거울신경세포와 공유회로가 작용하여 공감을 하게
될 때 공동감각을 얻게 된다.

공동감각의 보편성에 대비되는 말이 사적논리이다. 자기 생각의 감옥에
갇혀있을 때 발생하는 사유와 행동이다. 이는 인간사회가 가장 경계하고
인문학이 극복하고자 애쓰는 문제이다.

『성공하는 사람들의 7가지 습관』과 『원칙중심의 리더십』이라는 유명한
자기개발 책들을 쓴 스티브 코비는 아들러 사상의 영향을 받은 사람으로
서 공동감각의 개념을 잘 담고 있다. 그의 리더십 책『원칙중심의 리더십』
은 '원칙'이란 무슨 의미인지를 예를 들어서 설명하고 있다. 스티브 코비는
'원칙'의 의미로 '공통의 가치'라는 말을 쓰는데 그것을 친절, 공평, 존엄,
공헌, 성실이라는 가치로 표현했고 책의 전체 내용은 공감, 경청, 배려, 존
중, 봉사, 협력과 같은 가치들을 포함한다.[18]

후기의 아들러는 개인심리학의 뿌리를 사회적 감정을 가진 인간성에 두
었다. 아들러는 1935년 베를린에서 행한 강연에서 '삶의 의미'는 다른 사
람들을 돕고, 그리하여 미래 세대를 위한 영구적인 유산을 남기는 데서 나
온다고 강조했다.[19]

아들러는 사회적 감정을 결여하고 있다는 것은 곧 인생의 쓸모없는 면으
로 경도되어 있다는 것으로 본다. 사회적 감정이 부족한 개인들은 문제아
와 범죄자, 광인, 주정뱅이 집단을 이루고 있다고 진단하고, 이러한 사람들
을 치료할 때, 개인심리학자의 과제는 그들이 인생의 쓸모 있는 쪽으로 돌
아가 다른 사람들에게 관심을 갖도록 할 수단을 발견하는 것이라고 주장한
다. 이 점에서 보면 개인심리학은 실은 사회심리학이라고 할 수 있다.[20]

그래서 인간의 사회적 감정은 정상적인 성격 발달에 결정적으로 중요한
요소이다. 사회적 감정, 즉 공동체적 감정의 약화를 낳는 모든 장애는 아
이의 정신적 성장에 대단히 해로운 영향을 미친다. 사회적 감정은 곧 그
아이가 정상적으로 성장하고 있는지 여부를 알려주는 바로미터이다. 아들

러 심리학은 바로 이 사회적 감정이라는 원칙을 바탕으로 아이들을 교육시키는 기술을 개발했다.[21]

아들러가 공감의 덕성을 지속적으로 강조하는 이유는 이 한 가지만으로도 당신의 삶을 송두리째 바꾸어 놓을 수 있기 때문이다. 공감의 마음으로 상대에게 귀를 기울이면 상대와의 관계에 큰 변화가 생긴다. 상대의 상황과 상대의 감정을 이해하게 되면 상대를 존중하게 되고 인간적으로 대하게 된다. 링 램은 이 한 가지 휴먼 스킬이 사실상 사람관계의 근본적 토대가 된다고 주장한다.[22]

3. 공동감각의 가치는 보편적인가

우리가 중시하는 아들러 사상의 핵심가치가 공동감각이다. 그런데, 이 중요한 공동감각이 아들러만의 공동감각에 그친다면 그것은 진정한 공동감각이 아니다. 왜냐면 공동감각의 핵심은 공동으로 공유하는 보편성이기 때문이다. 동서양은 물론 고금에 걸쳐서 유효해야 진짜 보편적이기 때문이다. 그래서 공동감각의 가치가 얼마나 보편적인지를 살펴보는 것이 필요하다. 이러한 노력은 아들러의 공동감각 개념을 확장하고 심화하는 데 기여하게 될 것이다.

1) 미국 독립전쟁에서 상식 또는 공동감각이 행한 역할의 사례

공동감각이 미국의 독립전쟁을 승리로 이끌게 하는 명분과 지도이념이 되었다는 사례를 살펴보자. 공동감각이 설득력 있는 가치라는 것을 보여주는 역사적 사례라는 점에서 먼저 살펴보기로 한다.

토마스 페인은 그가 쓴 『Common Sense, 상식; 공동감각』에서 다음과 같이 주장하면서 공동감각 또는 상식이 무엇인지를 잘 보여주었다.

나는 오로지 단순한 사실, 명백한 논거, 평범한 상식만을 제시할 것이다. … 독자는 단지 편견과 선입견을 버리고, 이성과 감정을 동원해

스스로 판단하면 된다. 인간의 참모습을 되찾으면, 아니 참모습을 버리지 않으면, 누구나 현재를 뛰어넘어 자신의 견해를 폭넓게 확장할 수 있다.23)

페인은 아메리카가 영국으로부터 독립하는 것이 마땅하다는 이유를 '상식' 또는 공동감각 차원에서 주장한다. 첫째, 신이 정해놓은, 영국과 아메리카의 먼 거리도 한쪽이 다른 쪽을 지배하는 것이 하늘의 뜻이 아니라는 강력한 자연적 증거라고 주장한다.

둘째, 대륙이 발견된 시기도 그 논거에 힘을 실어주는데, 종교개혁에 앞서 아메리카가 발견된 것을 보면, 마치 신이 친절하게도 장차 박해받을 사람들에게 고향이 우호와 안전을 제공하지 못할 경우를 대비해 피난처를 열어준 듯하다고 주장하였다.24)

셋째, 정부 문제에 관해 영국은 이 대륙의 정치를 담당할 능력이 없다는 것이 한 이유라고 본다. 억지로 하려다가는 금세 너무 힘들어지고 복잡해져서 일 처리가 불가능해질 것이라는 것이다. 왜냐하면, 영국은 아메리카와 너무 멀리 떨어져 있기 때문에 아메리카를 전혀 알지 못한다는 것이다. 5~6천 킬로미터나 되는 거리를 넘어 정보나 보고서를 전달하면 답신이 오기까지 4~5개월이나 걸리고 그 내용을 설명하는 데 또 5~6개월이 필요하다. 이렇게 몇 년을 허송하는 것은 어리석고 유치한 일이라는 것이다. 과거에는 그래 왔지만 지금도 그래서는 안 된다는 것이다.

넷째, 아메리카라는 영토의 크기가 다음 이유이다. 작은 섬이 큰 대륙을 지배한다는 것은 상식에 어긋난다는 주장이다. 자연은 어떤 경우에도 행성보다 위성을 크게 만드는 법이 없다. 영국과 아메리카는 자연의 평범한 질서를 역행하고 있으므로 서로 다른 제도를 가지는 게 합당하다고 주장한다.

다섯째, 영국은 유럽에 속하고 아메리카는 자체에 속한다. 그러니 아메리카와 영국은 분리독립하는 것이 상식이라는 주장이다.

이처럼, 페인은 아메리카의 독립을 '상식'으로 봐야 한다는 논리로 독립을 주장한다. 토마스 페인은 자존심, 정파, 악감정 때문에 분리와 독립의 정책을 지지하는 게 아니라, 명확하고 확고하고 양심적으로 객관적 사실에 근거하여 이 대륙이 그렇게 되어야 한다고 설득한다는 것이다.[25]

또한 페인이 보기에 아메리카가 영국과 계속 한 몸으로 남는 것은 비상식적이다. 아메리카가 영국에서 분리되면 식민지 주민들에게만이 아니라 영국에도 이득이 된다는 것이다. 독립된 아메리카는 영국만이 아니라 유럽의 여러 국가들을 상대로 무역을 할 수 있으며, 영국도 수천 킬로미터 떨어진 곳에서 아메리카를 직접 지배하기란 불가능하고 쓸데없이 비용만 들기 때문이다.

결국 영국이라는 '왕국'이 아메리카를 '식민지'로 지배하는 것은 정치적으로나 경제적으로나, 또 군사적으로나 국제관계적으로나 상식에 어긋난다고 본다. 거꾸로 말하면 아메리카가 '공화국'이자 '독립국'으로 새롭게 재편되면 양국에게는 물론 세계질서에도 이득과 평화를 가져다준다는 게 상식이라는 주장이다.

기존의 질서가 비정상적일 경우 이것을 상식적인 질서로 바꾸는 데는 혁명이 필요하다고 본다. '상식=혁명'의 낯선 등식은 페인이 만들었으나 실은 당시의 몰상식하고 불합리한 상황에 이미 배태되어 있었다.[26]

한 나라의 독립을 쟁취하는 데 이보다 더 설득력 있는 논리가 있을 수 있겠는가? 한 국가의 분리 독립은 물리적 전쟁이기도 하지만 협상의 과정을 거친다. 협상에서 가장 중요한 것은 상식적 차원의 사실관계이다.[27] 있는 그대로의 상식적인 사실이 가장 강한 설득력을 지닌다는 사실을 이 사례에서 잘 알 수 있다. 그리고 상식을 이유로 독립을 주장한 토마스 페인은 상식의 힘을 가장 잘 인식한 사람이었다. 그 상식 또는 공동감각이 동양과 서양에서 고금을 막론하고 공동감각으로 인식되고 있는 원인이 무엇인지를 살펴볼 필요가 있다.

2) 동양에서 공동감각의 발아

아들러의 공동감각은 아들러만의 공동감각에 그친다면 그것은 진정한 공동감각이 아니다. 동서양은 물론 고금에 걸쳐서 유효해야 진짜 보편적이기 때문이다. 그런 의미에서 흥미로운 것은, 2,500여 년 전의 동양사상에서 사적논리의 문제와 그에 대한 대응으로 공동감각에 유사한 개념들이 많이 발견된다는 점이다. 우선 『묵자』에서 사적논리의 세계와 그것을 넘어선 공동감각의 세계가 왜 필요한지에 대해 마치 아들러가 쓴 것처럼 쓰고 있다.

> 옛날 사람들이 처음으로 생겨나서 아직 지도자가 없을 때 사람들은 저마다 의로움(義)을 달리했다. 한 사람이 있으면 한 가지 의로움이 있었고, 두 사람이 있으면 두 가지 의로움이 있었으며, 열 사람이 있으면 열 가지 의로움이 있었다. 사람의 수가 많아지면 그들이 주장하는 의로움 역시 많아졌다.
>
> 이로 인해 사람들은 자기의 뜻은 옳다고 하면서 남의 뜻은 비난했으니, 그래서 사람들은 서로를 비난하게 되었다. 그리하여 가정 안에서는 부자나 형제들이 서로 원망하고 미워하며 헤어지게 되고 서로 화합하지 못했다. 천하의 백성들은 모두 물과 불과 독약으로써 서로를 해쳤다. 남는 힘이 있더라도 서로 돕지 않았으며, 썩어나는 재물이 있어도 서로 나누어 갖지 않았으며, 훌륭한 도가 있어도 숨기고 서로 가르쳐주지 않았다. 이때 천하의 혼란은 마치 새와 짐승들이 뒤섞인 것과 같았다.[28]

여기서 의로움이란 자기 나름대로 옳다고 생각하는 사적논리(private logic)이다. 묵자가 묘사한 이 모습은 개별 인간들이 각자의 사적논리로 살고 있는 자연상태의 모습이다. 개인들이 모두 자기 나름의 사적논리를 가지고 이것이 정의요, 절대 진리라고 주장하고 있는 상황이다. 각자 자기의 정의가 절대 진리라고 주장하니 서로 합의에 이르지 못하고 갈등과 투쟁이 만연하다. 마치 아들러가 말한 사적논리가 지배하는 일상을 묘사한 것 같은 글이다.

묵자가 '천하의 혼란'이라 한 말은 500여 년간 지속된 전쟁의 시대, 춘추전국시대를 의미한다. 이런 천하의 혼란을 극복하고 질서를 회복하기 위하여 나온 사상들이 오늘날까지 중국과 동양 사상의 토대가 되어있는 소위 '제자백가 사상'이다.

묵자에 이어, 공자의 제자인 순자(荀子, BC298~BC238)의 사상은 아들러 (1870~1937) 공동감각 개념에 유사하다는 점에서 간단하게라도 살펴볼 필요가 있다. 순자는 아들러의 '공동감각'에 해당하는 말을 예(禮)라고 표현했다. 순자는 예외적 존재인 선왕(先王, 이상적인 정치를 펼친 과거의 성인 군주)의 문제의식과 사람들의 계산적인 이성에서 예(禮)라는 것을 끌어내어 발전시켰다는 점에서 공자의 제자이기도 하다. 공자가 '극기복례(克己復禮)'라고 할 때의 그 '예'이다.

순자는 사람은 나면서부터 귀와 눈의 욕망이 있어 아름다운 소리와 빛깔을 좋아하는데, 이를 따르기 때문에 지나친 혼란이 생기고 예의와 아름다운 의식이 사라진다고 본다. 그러니 사람의 성을 따르고 사람의 감정을 따른다면 반드시 서로 빼앗으려 하고 분수를 어기고 이치를 어지럽게 하여 세상이 혼란에 빠진다는 것이다. 그래서 순자는 스승의 교화와 예가 필요하다고 보았다. 순자는 사람은 욕망하는 본성을 타고 났지만 후천적 교화에 의해서 제2의 본성을 얻을 수 있다고 본다는 점에서 예와 후천적 본성을 중시한다.29)

> 길거리의 백성이라고 하더라도 선을 쌓아 완전함을 다하면 성인이라 한다. 선을 추구함으로써 얻었고, 선을 행함으로써 이루어졌으며, 선을 쌓음으로써 높아졌고, 선을 다한 뒤에 성스러워졌다. 그러므로 성인이란 사람이 선을 쌓은 결과이다.30)

임건순에 의하면, 순자는 저잣거리의 백성도 배우면 성인이 된다고 했다. 무엇을 배운다는 것인가? 예이다. 예를 배우고 거듭 실천하면 인간 본성은 바람직하게 변할 수 있다고 본다. 순자는 그 후천적인 본성이 인간 집단이 서로 예(禮)를 지키면 조화를 도모하는 삶을 살 수 있게 한다고 했다.31)

또한 순자는 인간은 무리를 지어 사는 존재이어서 무조건 '사회적 존재'라고 본다. 이 점도 인간을 사회적 존재라고 보는 아들러의 인간관과 유사하다. 순자는 인간이 다른 존재보다 우위에 있을 수 있는 이유를 무리를 이루는 인간의 능력에서 찾았다. 즉, 인간이 무리를 이루어 군집생활을 한다는 사실이 인간 생존의 가장 기본적인 조건이라고 말했다. 무조건 모여살아야 하는 인간이 각자 이익을 찾고 욕망을 향해 달려가면 혼란과 무질서가 일어나기 쉽다는 것이다.32)

순자에 의하면, 인간은 사회화되어 얻은 사회적 본성대로 살면 늘 만족하고 그것을 버리면 자신에게 큰 손해가 온다는 것을 알게 된다고 한다. 그래서 예를 배우고 거듭 실천해서 만들어진 후천적 사회적 본성은 변하지 않는다고 본다. 습관으로 굳어지기 때문이다. 순자는 예를 후천적 본성이라고 했다. 사람이 예를 지키는 것은 예가 나에게 좋고 이롭다는 것을 알기 때문이라고 한다. 이 점도 아들러가 공동감각으로 사는 것이 생존에 도움이 된다는 입장과 유사하다.33)

무질서를 극복할 천하의 법도는 하늘의 법도

춘추전국시대에 등장한 제자백가 사상들의 공통점은 사적논리와 사욕에 기반한 무질서를 극복하는 길이 무엇인지에 대해 나름대로 질문과 대책을 내놓았다는 점이다. 대표적인 문제의식이 바로 사람의 사적 이해관계를 넘어선 보편적 가치들을 모색하는 것이었다. 다시 묵자의 질문과 답을 살펴보자.

무엇으로 천하와 나라를 다스리는 법도를 삼으면 좋을까? 만약 모든 사람이 자기 부모를 본받는다면 어떻게 될까? 천하에 부모 노릇을 하는 자는 많지만 어진 자는 적다. 만약 저마다 자신의 부모를 본받는다면 이것은 어질지 않음을 본받는 것이다. 어질지 않음을 본받는 것은 법도로 삼을 수 없다.

만약 모든 사람이 스승을 본받는다면 어떻게 될까? 천하에 스승 노릇을 하는 자는 많지만 어진 자는 적다. 만약 저마다 자신의 스승을 본받는다면 이것은 어질지 않음을 본받는 것이다. 어질지 않음을 본받는 것은 법도로 삼을 수 없다.

만약 모든 사람이 자신들의 임금을 본받는다면 어떻게 될까? 천하에 임금 노릇을 하는 자는 많지만 어진 자는 적다. 만약 저마다 자신의 임금을 본받는다면 이것은 어질지 않음을 본받는 것이다. 어질지 않음을 본받는 것은 법도로 삼을 수 없다.

그러므로 부모와 스승과 임금은 나라를 다스리는 법도로 삼을 수 없다. 하기에 하늘을 법도로 삼는 것보다 더 좋은 것은 없다. 하늘의 운행은 광대하면서도 사사로움이 없고, 그 베푸는 은혜는 두터우면서도 공덕으로 성군들은 이것을 법도로 삼았던 것이다.[34]

묵자는 현실의 혼란과 무질서를 직시하고 인치(人治)가 아닌 인간 밖의 보편적 법도에 기반해야 한다고 본다. 묵자는 부모든 스승이든 임금이든 사람이 그 기준이 되어서는 안 된다는 것이다. 인치는 안 되고 사사로움이 없는 공정한 것, 하늘의 법도가 천하를 다스리는 기준이 되어야 한다는 것이다. 하늘의 법도가 기준이 되어야 한다는 이유는 하늘은 '사사로움'이 없기 때문이라고 본다.

묵자의 법도는 겸애라고 잘 알려져 있다. 묵자는 공자의 이상주의와 인간의 도덕에만 호소하고 물적 토대와 하층민의 비참한 모습을 보지 않는 비현실성에 학을 떼고 새로운 사상을 들고 나왔다. 그것이 바로 겸애이다. 겸애란 한마디로 물적 토대가 뒷받침된 사랑이다. 최대 다수의 기본생활을 보장해주는 것이 바로 겸애이다. 모든 사람이 먹고, 입고, 살 수 있는 집이 있어야 한다는 것이다. 모든 사람이 '밥'으로 대변되는 기본생활을 누릴 수 있게 해줘야 한다는 의미이다. 묵자의 겸애사상은 공자의 이상주의적 사상에 대비되는 것으로서 현실적 물질의 충적을 내포하고 있다는 점에서 한비자가 공자와 더불어 묵자를 당시 현학의 양대기둥이라고 평가한 바 있다. 묵자의 이 겸애사상은 부처의 자비, 공자의 어짊, 예수의 사랑보다 더 물질적인 복지가 포함된 공동체 감각이다.[35]

묵자의 현실주의적 감각을 더 구체화한 사상이 법가사상이다. 공적 원리가 나라를 다스리는 법도가 되어야 한다는 생각을 가장 현실주의적으로 제시한 학파가 법가이다. 사적 감정과 욕망을 버리고 공적 원리와 규범인 법에 따라 통치하라는 한비자와 상앙 등의 법가사상의 원리를 보면 사적논리와 공동감각의 개념과 유사함에 놀라게 된다.

한비자에 따르면 현명한 리더는 자신의 논리를 내세우지 않고, 대자연처럼 그 자체의 질서에 따라 무심히 돌아가는 하늘, 땅, 계절처럼, 공적 원리인 법에만 의거해 통치한다는 것이다.36) 만일 인간의 사적 의지와 감정에 맡겨두면 혼란이 일 수밖에 없으니 객관적인 규범과 원리로 사회를 통치해야 한다는 주장이다. 37)

한비자는 사적 감정과 얕은 지혜를 버리고 사심 없는 대자연처럼 무심하게 자신을 내세우지 않으며, 법에 의해, 법대로, 법에 따라 다스리는 것이 치국의 큰 요체라고 주장했다. 이것이 바로 법가와 한비자가 강조하는 통치술이다. 한비자의 후학이자 법가 사상을 완성한 상앙은 법치에 대해 '저울'이라는 비유를 든다.

세상의 위정자는 대부분 법을 버리고 사사로운 의론(사적논리, 필자 주)을 신임한다. 나라가 혼란스러운 이유이다. 옛날의 제왕이 무게를 재는 저울을 제정하고 길이를 재는 자를 확립했다. 오늘날에도 이를 본받는 것은 그 표준이 명확하기 때문이다. 저울을 버려둔 채 무게를 가늠하고, 자를 버려둔 채 길이를 측정하는 것은 설령 정확히 알아맞힐지라도 상인이 취하지 않는다. 늘 정확할 수가 없기 때문이다. 법은 나라의 저울인 셈이다.38)

상앙의 이 말은 통치를 할 때 사적인 것을 모두 버릴 수 있어야 함을 뜻한다. 통치과정에서 무위(無爲)의 원칙이 지켜지지 않고 자의적 판단과 사적 감정이 개입되면 안 된다고 본다. 법을 만들었으면 법대로 하고 통치자의 사적 의지와 감정으로 비틀지 말아야 한다는 의미이다.39)

법가의 주장은 한 마디로 인치(人治)는 안 된다는 것이다. 법과 제도로 다스리라는 것이다. 법가는 인치는 인간의 사적논리와 욕망을 전제로 하기에 인치로 세상을 다스리는 것을 반대한다. 사실 유가의 인치노선은 정치와 행정에서 합리성과 투명성을 담보하는 것이 어렵기 때문이다. 인간은 욕망 때문에 이기적이기 쉽고, 감정 때문에 생각이 변화하는 존재인 인간 중심으로 사회를 이끌면 안 된다는 것이다. 인심(人心) 아닌 다른 보편적이고 공정한 것이 사회를 이끌어야 하며, 인간의 마음이 아니라 공정하게 정해진 법으로 다스려야 한다고 본다.[40]

법가사상의 시조는 춘추시대 정나라의 정자산이다. 그가 법가사상을 만들게 된 스토리는 이렇다. "대체로 불은 형상이 무섭기에 불에 데는 사람이 적습니다. 그러나 물은 약해 보이기에 빠져죽는 사람이 많습니다. 그러니 그대는 반드시 엄격한 태도를 보이되 절대 약한 모습을 보여서 인민을 다치게 하지 마십시오." 이렇게 다스려야 불리한 입지에 있는 정나라가 반드시 생존을 도모할 수 있다고 보았다. 다시 말해 엄격한 법치만이 '통치의 필연성'을 담보할 수 있다고 인식했다.[41]

이리하여 춘추시대 정나라의 정자산은 처음으로 성문법을 제정하였는데 고대 중국사의 큰 전환점이 되었다. 그것이 동아시아 최초의 성문법이다. 정자산의 사상은 한나라의 한비자에게 계승되었고 법가사상으로 발전하게 된 것이다.

그리고 법치를 체계적으로 논하고 사회공학프로그램으로 완성해서 만들어낸 인물이 상앙이다. 상앙이 만든 법가사상에 기반하여 만든 국가의 기본틀이 동아시아의 틀이 되었다. 상앙은 두차례의 변법을 통해 진(秦)나라를 개조했는데, 진의 법률이 나중에 한(漢)의 법률이 되고 다시 당(唐)의 법률로 대부분 흡수되었다. 상앙이 만든 국가의 기본틀이 신해혁명과 을사늑약으로 청(淸)과 조선이 망할 때까지 동아시아에서 계속 유지되었다. 상앙이 만든 진나라의 틀이 2,000년 넘게 동아시아 국가들의 기본틀이 되었던 것이다.[42]

법가사상이 인간 본성의 현실에 기반하고 공동감각의 중요성을 인식하여 국가를 경영하는 기본적 개념에 적용되었음을 볼 때, 리더 개인의 차원에서 사적논리를 넘어서 공동감각으로 사는 것이 리더십 개발의 방향임을 잘 보여준다.

3) 동양사상이 유럽 르네상스와 계몽주의의 기원이 되다

오늘날 동아시아에서 법가와 함께 동아시아 정신문화에 가장 큰 영향을 미쳤고, 서양에 전파되어 서양의 인본주의와 민주주의, 그리고 심지어 자본주의의 사상적 토대가 되었던 것이 유학이다. 그러한 유학이 동양과 서양에서는 다르게 활용되었다는 점을 주시할 필요가 있다.

진나라(秦)·한나라(漢) 제국의 성립기에는 인간에 대한 공감을 중시하는 유가보다는 통제에 초점을 두는 법가의 사상이 중용되었다. 한나라 고조 때에 동중서의 3강이 동아시아에 권위주의적 주종관계의 사람관계를 형성하는 사상적 토대가 되었다. 군위신강(君爲臣綱), 부위자강(父爲子綱), 부위부강(夫爲婦綱)이 그것이다. 임금은 신하의 벼리, 아버지는 아들의 벼리, 남편은 아내의 벼리가 된다는 말이다. 여기서 핵심어는 강(綱), 즉 그물의 벼리이다. 벼리는 그물의 주(主)가 된다는 말이며, 나머지는 거기 딸린 종속물이 된다. 곧 주종관계가 된다는 의미이다. 이로써 3강에는 군신관계, 부자관계, 부부관계는 주종관계, 상하관계, 지배복종의 관계, 권력관계 등의 권위주의적 사회관계의 의미가 내포되어 있다. 임금에 대한 신하와 백성의 지배복종 관계, 아버지와 아들의 가부장제, 남편과 아내 사이의 여필종부, 삼종지도, 부창부수와 같은 봉건적 가족윤리들이 파생된 것이다.

그에 반해 맹자의 오륜은 평등하고 인본주의적 민주주의 사상이다. 현재 3강과 5륜을 하나로 묶어 3강5륜이라고 알려져 있는 것은 공자·맹자의 사상을 오염시킨 것이다. 충효사상이라든지 3강은 공맹 사상이 아니다. 백과전서파 중에서 공자·맹자 사상은 인본주의, 민주주의 사상이다. 맹자는 인민이 가장 귀하고, 사직이 다음이며, 군주는 가장 가볍다고 했다.[43] 맹자에게 인간은 인의예지를 두루 갖춘 어엿한 인간으로서 군주나 통치자들과 동등한 존재라고 본다.[44]

현실적으로 우리가 권위주의적 유교의 핵심이라고 생각하고 있는 유학의 버전은 원형 유학이나 성리학과도 다른 버전인데, 이것은 공맹 사상이 아닌 다른 사상들이 섞여서 마치 동양사상이면 모두 유학의 일부인 것처럼 오인하도록 하는 것들이 있다.

그에 반해 서양으로 전파된 유학은 르네상스와 계몽주의의 자양분이 되었다. 우리는 흔히 동양은 권위주의적이고 서양은 민주주의라고 알고 있었지만 서양의 그 인본주의와 민주주의란 것이 기실은 동양에서 건너간 공자를 비롯한 동양사상에서 발아한 것이다. 동양 사람들은 이 사실을 잘 모르고 있었는데, 황태연 교수의 집중적인 연구 덕분에 이제 많은 사람들에게 알려지게 되었다.

황태연 교수는 바로 이 사실을 증명하기 위하여 『공자와 세계』 5권 (2011), 『감정과 공감의 해석학』 2권(2014), 『공자철학과 서구 계몽주의의 기원』 2권(2019) 그리고 이 방대한 책들을 요약 정리한 『공자 잠든 유럽을 깨우다』(2015)를 포함해서 2만여 페이지에 달하는 방대한 저작을 발간했다. 동양과 유럽의 지성사를 섭렵하여 공맹 사상이 서양의 르네상스와 계몽주의에 미친 영향을 드러냈다. 그는 공자 사상을 '공감의 해석학'이라 칭하여 유학 연구에 새로운 일가를 이루었고, 우리의 유럽에 대한 인식에 신선한 충격을 주었다.[45]

중국사상과 공맹철학을 최초로 유럽에 전달하는 데 독보적인 기여를 한 인물이 이탈리아 예수회 선교사 마테오 리치(Matteo Rich, 1552~1610)이다. 1582년 마카오에 도착하여 중국어를 배우고 1583년 중국 광둥성에 정착하여 선교활동을 시작한 마테오 리치와 그 일행의 선교사들은 공자철학을 심층적으로 연구하고 이미 16세기 말부터 서신과 보고서로 그 내용을 유럽에 소개하기 시작하였다. 그는 중국의 문관정치에 찬사를 보냈는데, "온 나라가 지식계층의 철인, 즉 유생으로 불리는 사람들에 의해 다스려지고, 국가전체를 질서정연하게 관리하는 책임이 온전히 그들에게 있었다"고 했다.[46]

계몽주의의 시작을 알리는 영국 명예혁명 전까지 유교의 사서 즉 논어, 맹자, 대학, 중용과 주역, 효경, 소학은 대개 라틴어로 다 번역되었다. 이런 분위기에서 가장 완전하다고 평가할 수 있는 라틴어 경전 번역서는 논어, 맹자, 대학, 중용, 효경, 소학을 번역해 1711년에 출간한 프란시스 노엘(Noel)의 『중국제국의 고전 6서』이다.[47]

30년 종교전쟁이 끝난 17세기 중반, 유럽의 분위기가 살벌했던 종교개혁과 종교전쟁으로 인해 유럽인들은 깊은 정신적 상처를 입었다. 기독교 신앙은 크게 약화되었고, 종교적 회의주의는 깊어만 갔다. 바로 이때 유럽에 소개되기 시작한 중국의 공자철학은 새로운 사상적 관심으로 부상했다. 종교적·사상적 회의주의가 만연하는 가운데 중국 문명과 공자철학이 유럽에 보편적으로 알려졌기 때문이다.

실제로 공자의 철학과 사상은 기독교적 세계관에 젖어 있던 유럽인들에게 일대 충격이었다. 급기야 유럽사회에 공자 열풍이 불었고, 기독교 선교사를 유럽에서 중국으로 보낼 게 아니라 공자 선교사를 중국에서 유럽으로 파견해야 옳다는 주장까지 나오게 됐다. 그 결과 2천년 동안 동아시아를 풍미하던 공자 사상은 18세기에 유럽을 강타한 계몽주의라는 새로운 흐름을 만들어낸 것이다.

공맹철학이 유럽에 유입되기 전까지는 유럽의 철학자들은 공감도덕론을 전혀 몰랐고, 이성(플라톤), 계시(기독교), 이기적 계약(에피쿠로스) 등을 도덕의 기초로 간주하는 전통철학을 교조적으로 계승 답습하고 있었다.

그런 상황에서 유럽인들이 공맹 사상에 열광하던 18세기에 들어서면 공맹의 도덕철학은 서양 계몽주의의 기폭제이자 원동력이 되었고 18세기 말 프랑스 혁명과 19세기 초 유럽 시민혁명의 사상적 기반으로 융해되어 들어갔다.[48] 1960년대 패스모어는 공맹철학이 17~18세기 유럽에 미친 영향에 대해서 "유럽사상의 공자화"라고 평가한다.[49] 황태연 교수는 공자 사상의 이런 측면을 '감정과 공감의 해석학'이라 불렀다.[50]

4) 원형 유학의 공동감각

공맹 사상이 서양에 전파되어서는 인본주의와 민주주의의 사상적 씨앗이 되었던 것에 비해 동양에서는 오히려 법가와 권위주의 주종관계의 사상으로 오용된 것은 정말 아쉬운 일이다. 서양으로 건너가서 서양의 인본주의와 민주주의의 사상적 자양분이 되었던 원형 공맹 사상 또는 유학의 본질이 무엇인지를 간단하게나마 살펴보자.

공자의 인(仁) 사상은 춘추전국시대에 사람이 사람을 잡아먹는 약육강식의 혼란기를 구제하고자 나온 것이다. 공자는 이러한 시대상황을 보며 타인을 공감하고 불쌍히 여기는 仁만이 세상을 구할 수 있다고 보았다.

공자의 인(仁) 사상이 다른 곳에서 다른 단어로 표현된 것이 충서(忠恕)이다. 충서 개념은 공자와 맹자의 사상을 하나로 통합된 개념으로 이해할 수 있다. 논어 이인편(4.15)에서 공자가 "나의 도는 하나로 꿰뚫는다"라고 하자 어리둥절해 하는 제자들에게 증자가 그 의미를 설명하기를 "선생님의 도는 충서(忠恕)일 뿐이구나"라고 하였다. 문맥으로 봐서는 공자가 직접 말한 것이 아니라 증자가 추측하여 한 말이다.

그런데 공자가 직접 말한 것은 위령공편(15.23)에 나온다. 자공이 여쭈었다. "한마디 말로 평생 동안 실천할 만한 것이 있습니까?"라고 하자, 공자께서 말씀하셨다. "아마도 서(恕)일 것이다. 자기가 하고자 하지 않는 바를 남에게 하지 않는다"고 풀이까지 해 주었다. 중용 13장에도 똑같은 구절이 나온다. "충서는 도부터 멀리 있지 아니하다. 자기에게 베풀어보아 원하지 아니하는 것은 또한 남에게 베풀지 말지어다"라고 하였다. 서(恕)가 공맹 사상의 핵심임을 여러 곳에서 확인할 수 있다. 공자의 핵심사상이 '공감의 감정'이라는 증거가 『대학』에 나오는 '혈구지도'라는 말도 같은 맥락이다. 나의 처지로 미루어 남의 처지를 헤아린다는 의미이다. 남의 처지를 감안한다는 '역지사지'도 비슷한 의미이다.

그렇다면 서(恕)란 무엇인가? 恕는 여(如)와 심(心)의 합성어이다. 남의 마음과 같은 마음을 가지라는 것이다. 자기가 하고자 하지 않는 바를 남에게 하지 않는다는 공자가 덧붙인 말의 의미와 동일하다. 이것을 오늘날 개념으로 말한다면 '공감'이다. 이 공감 개념이 오늘날 가장 보편적인 가치로 강조되지 않는가? 대니얼 골먼의 『감성지능』 책의 핵심 키워드가 공감이다. 사람관계에서 핵심 개념이 공감이다. 리더십에서 핵심 개념이 공감이다.

성경에도 황금률이란 말이 나온다. "무엇이든지 남에게 대접을 받고자 하는 대로 너희도 남을 대접하라"51)이다. 대학에 나오는 혈구지도(絜矩之道)의 개념도 유사한 의미이다. 내가 상대방이라면 원하지 않을 것을 상대에게 가하지 않고, 내가 상대방이라면 원했을 것을 상대방에게 해주는 것이다. 『대학(大學)』의 핵심사상의 하나인 혈구지도는 나의 마음으로 미루어서 남의 마음을 헤아리는 도덕성이고, 『중용』에 나오는 충서(忠恕)란 나의 마음을 타인의 마음에 이입하여 같이 느끼는 공감 상태이다.

충서의 사상은 자기중심적인 의식을 초월할 수 있는 효과적인 방법이다. 충서의 정신은 중심의 전이(轉移)라고 하는 심리기제를 갖는다. 그것은 자기중심적인 '나'의 자리에서 상대방의 입장에 서서 사물과 세계를 살피는 역지사지의 마음을 갖고 있기 때문이다.52)

이 사상을 요약한 말이 공자의 극기복례(克己復禮)이다. 에고를 이기고 공동체의 예로 돌아오라는 말이다. 극기복례를 인간의 사욕과 사심을 이겨내는 관건으로 공공성의 도를 보존하라고 한 공자의 이 언명은 당시 춘추전국시대, 500여 년간의 전쟁의 시대에 인간이 인간을 잡아먹던 약육강식의 혼란시기에서 얻은 경구이기도 하다. 공자와 맹자 사상의 밑바닥에는 두려움이 깔려있다고 한다. 인간이 짐승으로 추락할지 모른다는 공포와 염려인 것이다. "한밤중에 산길을 가다가 만나는 사람이 짐승보다 무섭더라"던 것처럼, 사람이 짐승보다 더 두려웠던 시대였다. 이 시대를 상징하는 말이 가정맹어호(苛政猛於虎)라, "가혹한 정치는 호랑이보다 무섭다"는 고사가 있다.53)

극기복례(克己復禮)라는 사자성어의 유래는 『논어』이다. 『논어』 '안연(顔淵)' 편은 안연이 인(仁)에 대해 묻자, 공자가 "자기를 이기고 예(禮)로 돌아가는 것이 인(仁)을 하는 것(克己復禮爲仁)"이라고 답한다.54) 자기를 이기고 예로 돌아가는 것이 인의 실천이란 뜻이다. 자기란 자기의 사심, 사욕, 즉 에고이다. 예란 무엇인가? 인간의 가장 강력한 본성인 사심과 사욕을 극복할 수 있게 하는 예가 대체 무엇이길래 그런 강력한 무기가 될 수 있을까?

예(禮)는 기본적으로 남과 더불어 살자는 공존의 지혜다. 나도 욕심이 있지만 남도 배려하고 양보도 해야 서로가 평화롭게 살 수 있다는 공존의 철학이다. 공공감각, 공동체 감각, 공공성이다. 우리는 일상에서 예(禮)는 흔히 도덕적 규범으로 본다. 지켜야 할 당위의 도리라는 것이다. 그런데 진화심리학은 도덕적 규범이 아니라 인류가 진화적 과정에서 획득한 인간의 본성으로 본다. 『중용』에서 말한 천명(天命)이다.

이로써 아들러 개념의 공동감각(common sense)의 개념은 이러한 동양사상의 충서, 혈구지도, 인, 의, 예, 지, 신과 다르지 않다는 것을 알 수 있다. 그래서 아들러의 공동감각은 실로 동서양의 고금을 막론하고 공통적인 감각인 것을 알 수 있다.

5) 명대 중국 양명학의 공동감각

아들러의 사적논리 대비 공동감각에 가장 근접한 동양의 고전 사상이 중국 명나라에서 발전된 양명학이라 볼 수 있다. 아들러의 사상을 더 깊게 이해하는데 도움이 될 것이다.

한(漢)나라 이후 유학이 관학으로 도입되었는데, 신유학의 양대 기둥이 주자학과 양명학이다. 송나라에서 주자학으로, 명나라에서 양명학으로 더 심화 발전되었다. 주자학은 앞에서 살핀 내용과 유사하지만, 양명학은 사적논리를 넘어서 공동감각으로 살라고 한 아들러의 관점에 더 근접해 있다는 점에서 흥미롭다. 주자학이 원나라 이후 과거시험의 과목으로 되면서, 학문이 권력의 시녀가 되고, 벼슬을 위한 타율적 학문으로 전락하였고 수신(修身)을 위한 학문이 그 생명을 잃어버렸다.[55]

이런 상황에서 왕양명(1472~1529)은 당시 주자학에 기반한 엘리트들이 성인(聖人)의 학문을 추구하여 인과 공의를 추구하기보다는, 이기적 욕구에 따라 자신의 물질과 명예와 권세 등을 쫓는 데 혈안이 되어있고, 정치인들은 왕도를 실천하기보다는 타국을 침략하여 자국의 부와 영토를 확장하는 데 전념하고 없다고 비판한다.

공맹의 유학자로 교육받은 왕양명은 공맹 사상의 도통(道統)을 공부했던 유학자들이 과거에 급제하여 권력을 잡고는 도를 망각하고 구이지학(口

耳之學)에 빠져있는 모습을 보고 개탄하였고, 공자의 이상사회인 대동사회
와는 너무나 거리가 먼 현실에 대하여 새로운 대안을 모색하지 않을 수
없었다.56)

　이러한 시대적 상황에서 명대 중기에 학자, 교육자, 정치관료, 군사지휘
자로서 활약하였던 양명 왕수인은 육구연의 사상을 계승하면서 공자와 맹
자가 추구하던 유학의 목적과 그 방법을 다시 정립하고자 하였다. 만인에
의한 만인의 투쟁이 벌어지던 시대에 왕양명은 주자학에 문제의 원인이
있다고 보고, 새로운 사상을 창시하여 새로운 세상을 만들겠다는 꿈을 가
졌다.

　양명학을 창안한 왕양명의 핵심사상은 거인욕존천리(去人欲存天理)이
다. 욕심을 버리고 천리를 보존하라는 사상이다. 양명은 유학의 근원을
요·순·우(堯舜禹) 임금이 서로 전승해주었다고 하는 16자 심법, 즉 "人心
惟危 道心惟微 惟精惟一 允執厥中"57)이라는 서경에 나오는 구절에서 찾
았다. 왕양명이 '16자 심법'에서 깨달은 것은 심학의 핵심사상으로서 '인심
도심설'의 개념이다. "인심은 오로지 위태롭고, 도심은 오로지 희미하다"
는 인심도심설에서 양명학은 "인욕을 제거하고 천리를 보존하라"는 핵심
명제를 도출한 것이다. 인욕을 제거하고 천리를 보존하는 이 명제가 심학
으로서의 양명학과 양지학으로서의 양명학이 창안된 것이다.

　양명학은 인간의 본성에 인심과 도심이라는 양극적인 마음이 있는데 도
심보다는 인심이 더 강력하게 드러난 것이 인간사회의 만악의 근원이라고
보는 것이다. 왕양명은 정자가 "인심은 곧 인욕이고, 도심은 곧 천리이다"
라고 한 말을 인용하면서 자기 사상의 토대를 인심도심설에서 마련하였다.
공자가 『육경』을 저술한 것은 오직 천리를 보존하고 인욕을 제거하고자
한 것이라고 말했다.58) 심학으로서의 양명학의 핵심 명제는 전체를 일관
하여 인욕을 제거하고 천리를 보존하는, 거인욕존천리(去人欲存天理)이다.

　간단히 살펴본 바와 같이 양명학의 논리는 사적논리를 넘어서 공동감각
으로 살라고 하는 아들러의 심리학 사상과 매우 유사하다는 것을 알 수
있다. 이런 유사성은 우연히 유사한 사상이 발달된 것이 아니라, 앞에서

본대로 동서양이 서로 교류를 통하여 영향을 주고받았기 때문이다.

6) 켄 윌버의 2층의식

아들러의 공동감각에 유사한 생각을 한 사람이 미국의 세계적인 영성가, 켄 윌버(Ken Wilber, 1949~)이다. 인간의식의 발달과 진화에 대한 특유의 통합이론을 제시하고 있다. 인류 문화사를 빅픽처(big picture)의 관점에서 보는 사람이다. 켄 윌버는 자연과학을 전공하던 학생이었는데 노자의 『도덕경』을 접하면서 큰 충격을 받고, 심리학, 종교, 영성에 대한 동서양의 사상에 심취하게 된다. 23살의 나이에 쓴 첫 책 『의식의 스펙트럼』(1977)을 통해 인간의 의식연구의 패러다임을 바꾸어 놓았다. 그가 구상한 미래의 방향, 우리가 가야 할 방향을 스파이럴 다이나믹스 또는 나선동학이라 불리는 개념을 이용하여 과거를 리뷰하고 인간이 가야할 미래를 엿보고 있다.

그는 인류의 아득한 원시시대부터 지금까지 의식의 전개과정을 문화유전자로 불리는 밈(meme)의 개념에 기반하여 분석한다. 그는 문화유전자를 시대별로 색으로 표시하는데, 수렵 채집 생활을 하던 때의 베이지색 밈, 농경 정착생활을 하던 시대의 자주색 밈, 농경 채집 생활을 하던 때의 투쟁과 갈등의 시기를 나타내는 적색 밈, 적색 밈 시대의 전쟁과 무질서를 극복하기 위해 질서를 추구하는 시대의 청색 밈, 자본주의적 질서의 오렌지색 밈, 생태 환경주의자의 녹색 밈이라고 규정한다.59)

켄 윌버는 인간의 의식이 원시공동체의 베이지색 밈에서 현재 생태 환경을 중시하는 녹색 밈 단계까지 진화했다고 본다. 6개 단계의 의식까지 진화했으나 6개 단계는 지금 현재 동시적으로 존재하고 있다는 것이다. 현대세계에서도 모두가 첫 번째 파동(베이지색)에서 태어나며, 거기에서 발달을 시작하여 오렌지색과 녹색 그리고 더 상위 수준에 이르기 위해서는 자주색, 빨간색, 파란색을 거쳐야 한다는 것이다.

일상의 삶에서도 경쟁적 상황에서는 빨간색 밈의 욕구를 활성화시킬 수 있고, 혼란에 대한 반응으로는 파란색의 질서를 활성화시킬 수 있다. 새로운 직장을 찾기 위해서는 오렌지색의 성취욕이 필요할 수도 있고, 결혼과 친구관계에서는 친밀한 녹색의 유대가 필요할 수도 있다. 이런 밈들 전부가 유용하게 쓰일 수 있다는 것이다. 그럼에도 인류는 녹색 밈의 단계까지 의식이 진화해왔다고 본다. 녹색 밈이 완성되면 인간의 의식은 두 번째층(또는 2층의식) 사고로 비약할 태세를 갖춘다고 전망한다. 두 번째 층의 의식을 갖게 되면 본질적으로 계층구조와 수평계층 모두를 사용하여 수직적인 동시에 수평적으로 사고할 수 있다는 것이다.60)

켄 윌버는 나선 역학에서 녹색의 시대가 2층의식의 시대로 가는 길목이라고 본다. 이 시대에 베이비부머 세대가 녹색 단계까지 성장하였다고 본다. 이제는 2층의식으로 올라갈 수 있는 시대에 왔는데, 이는 베이비부머 세대의 시대적 사명이기도 하다고 본다. 인류의 향후 나아가야 할 미래는 노란색 밈으로서, 보편주의를 지향하는 밈으로서 이전의 생존 경쟁의 1층 의식과 구분하여 2층의식이라 칭한다. 켄 윌버의 2층의식이 아들러가 말하는 공동감각의 세계인 셈이다.

이처럼 개념은 달라도, 사적논리와 공동감각으로 대변되는 양극성에 관한 사상이 동서양에서 고금에 걸쳐서 전개되어 있으며, 성장과 지향점이 바로 공동감각임을 알 수 있다.

7) 현대 서양의 공동감각, 감성지능

현대에 들어서 서양의 공감 사상도 동양의 영향을 받았다. 동양의 불교가 서양에 가서 공감의 개념으로 발전되었다는 사실은 『감성지능』 책을 쓴 대니얼 골먼의 사례에서 잘 드러난다. 대니얼 골먼이 쓴 『감성지능』은 사회과학 책 중에서 가장 많이 팔렸다고 할 정도로 영향력이 큰 책이다. 골먼은 감성지능의 구성요소로서 자기감성 지각, 자기감성 조절, 자기 동기화, 타인의 감성지각, 대인관계 조절의 5가지를 들고 있다. 이 책이 나온 뒤로 교육학, 경영학, 상담심리학, 코칭 등 각 분야에서 감성지능이 매우 중요한 개념으로 인식되고 활용되었다. 감성지능이라는 말은 결국은 공동체 감각이나 공동감각이다.

여기서 흥미로운 것은 대니얼 골먼의 감성지능이라는 책의 출처가 동양 사상에서 나온 것이라는 사실이다. 대니얼 골먼이 뉴욕에서 한국인 숭산 스님에게서 명상 수련을 배우고 '관계의 알아차림' 개념에 기반하여 『감성 지능』을 썼다고 한다.

숭산스님의 또 한 사람의 제자인 존 카밧진은 MBSR이라는 '마음챙김 명상'수련 프로그램을 개발하였다. 미국사회에 명상 수련을 유행시킨 프로 그램이 바로 존 카밧진의 MBSR이다. 역으로 존 카밧진의 명상 프로그램 을 응용하여 자기 감정을 알아차리는 수련법으로 개발된 것이 구글의 엔 지니어였던 차드 멍 탄의 내면검색(Search Inside Your Self) 프로그램이 다.[61] 이 두개의 프로그램이 우리나라에 역수입되어 명상수행의 선풍을 일으키기도 하였다. 동양과 서양은 이렇게 서로 영향을 주고 받으며 공동 감각의 접점을 확장해왔다.

8) 공동감각의 근원은 기축시대의 가치관이다

오늘날 우리가 보편적 가치라고 일컬어지는 공자의 인, 부처의 자비, 소 크라테스의 덕, 예수의 사랑은 기축시대라는 같은 시기에 형성된 가치이 다. 인도의 부처, 중국의 제자백가, 서양에서 소크라테스와 예수가 출현한 이 시대를 기축시대라고 일컫는다. 이 시대는 중국에서뿐만 아니라 서양 에서도 유사한 시대상황이 전개된 때이다.

기축시대가 대두된 것은 철기라는 혁신적인 생산수단의 등장에 기인한 생산양식의 변화와 관련이 있다. 2,500여 년 전에 인간사회의 생산양식이 씨족공동체의 집단적 생산양식에서 개체중심의 가족공동체로 전환된 시대 이다. 철기에 기반한 급격한 생산성의 향상이 사회 정치적 시스템의 변화 를 가져왔다. 기축시대라는 말은 칼 야스퍼스가 만든 말이다. 칼 야스퍼스 는 인류는 비슷한 시기에 역사적으로 커다란 소용돌이에 휘말렸는데, 이 때 비슷한 문제의식을 가지고 비슷한 가르침을 말하며 인류문명사에 전환 점을 만든 사람들이 등장했다고 말한다. 칼 야스퍼스는 이 시대를 기축시 대라고 칭한다.

중국 춘추전국시대 등장의 사회경제적 토대

중국의 경우에 초점을 맞추어 기축시대의 전개과정을 살펴보자. 석기시대와 청동기시대에 걸쳐서 씨족공동체의 생산양식이 장구한 세월동안 유지되다가 철기시대가 도래하여 철제 농기구가 보급되자 급격한 생산력의 증대에 따른 생산양식의 변모가 일어났다. 생산양식의 변모는 동시에 칼이나 창 등의 철제무기가 발달하여 축적된 부를 기반으로 정예 군대를 양성한 제후들의 군웅이 할거하게 되자 주나라 봉건사회의 질서가 해체되고 통치질서의 변모를 초래하였다. 이것은 곧 춘추전국시대의 도래를 수반하였다. 춘추전국시대가 무려 550년의 긴 기간이니 이조시대 500년보다 더 긴 세월이다. 이 시대의 변화가 급격하지는 않았겠지만 긴 기간 동안의 변화의 총량은 엄청났다. 농경사회 이후의 인류의 역사시대를 1만년이라고 하는데, 7천5백여 년 동안 변화가 완만하다가 2,500여 년 전에 동양과 서양에서 동시에 이런 구조적 생산양식의 변화와 통치양식의 변화를 맞았다.[62]

당시 중국에서 이런 변화가 가져온 가장 끔찍한 현상은 전쟁의 일상화이다. 진시황이 중원을 통일한 기원전 221년까지 550년간은 전쟁의 시대였다. 이런 무질서하고 혼란스런 상황을 어떻게 대처한단 말인가? 프랑스에서 혁명이 장장 수백년에 걸쳐서 진행되었을 때 "어떻게 하면 사회질서가 가능해질 것인가?"라는 질문을 던지고 답을 얻은 사람이 최초의 사회학자, 사회학의 아버지 오귀스트 꽁트(Auguste Comte, 1798~1857)이다. 철학에서 사회학이 분화되어 나온 시원이기도 하다. 우리사회에서 사회학은 사회 변혁을 외치는 학문으로 알려져 있지만, 원래 사회학의 원조는 혁명이 일상화된 프랑스에서 질서를 회복하기 위한 보수적 관점에서 시작된 학문이었다. 프랑스 사회학과 동양의 제자백가가 시대는 다르지만 출현한 맥락은 유사하다. 이처럼 동서양의 인간의 사고의 흐름은 유사한 점이 많다.

제자백가 사상의 전개

춘추시대에 들어서 형성된 최초의 제자백가 사상이 바로 손자의 손자병법이다. 싸움의 기술, 싸움의 전략을 중심으로 혼란한 사회를 평정하는 해법을 들고나온 사람이다. 공자가 30대 후반 무렵에 손자병법이 나왔다고 한다. 병가의 사상은 씨족공동체가 무너져가는 시대 상황에서 폭력의 힘을 효율화하고 극대화하자는 논리이다. 그 폭력의 힘을 구사하여 혼란을 평정하자는 생각에서 만들어졌다. 병가의 대표적인 스타가 바로 손무, 곧 손자이다. 손자보다 먼저 나온 노자의 도덕경이 더 고차원적인 병법서라는 시각도 많다.(63)

이러한 손자의 병법에 대응하고 나온 것이 공자의 인(仁) 사상이다. 공자는 손자가 병법으로 문제를 해결하고자 하는 그 방식에 제동을 건 것이다. 체계적으로 폭력을 행사하자는 손자에게 공자는 "싸우지 말고 인(仁)으로 합시다"라고 맞선 것이다. 공자는 과거의 씨족공동체시대의 관습에서 만들어진 인(仁)과 예(禮)를 더욱 정교하게 개발한 셈이다. 주나라가 쇠퇴하면서 제후국들 간의 패권 다툼을 위한 경쟁과 갈등의 시기, 춘추시대, 전쟁의 시기에서 공자는 수기와 수양을 핵심가치로 제시하고, 비폭력적 도덕적 과제에 주력하면서 정치공동체의 평화를 주장한 것이다.(64) 공자는 당시 인간의 가혹한 정치가 호랑이보다 더 무섭다는 가정맹어호라고 설파한 적이 있다. 공자가 이 나라 저 나라를 전전하며 인(仁)을 설파한 것은 "사람이 사람을 잡아먹는" 암울한 인간세상을 구제하고자 함이었다고 한다.(65)

공자가 말한 인이라는 대안이 당시의 전쟁의 시대를 구원하고 바꾸지는 못했다. 그러나 춘추전국시대가 끝나고 진나라와 한나라가 중원을 통일하였을 때 한 무제에 의하여 공자의 유학이 통치이념으로 채택됨으로써 이후의 동아시아 유교 문화의 역사가 시작된 것이다. 동아시아 유교 역사의 시작은 공자의 인 사상이다.(66)

중원을 통일한 진나라는 12년이란 짧은 역사로 무너지고 곧 한(漢)나라가 들어선다. 법가에 기반한 진나라의 전철을 밟지 않으려는 듯, 한나라

제국은 이른바 외유내법(外儒內法), 즉 속으로는 법가를 통치술로 삼지만, 겉으로는 유가를 표상하였다.[67] 유학을 임금과 부모에 대한 인의 사상인 '충효'의 사상으로 변형하여 채택한다. 사람과 사람 사이의 공감을 기반으로 한 평등사상을 수직적 권위주의 질서의 사상으로 변형시킨 것이다.

유가가 통일된 한나라에서 공식이념으로 채택되기 이전, 춘추전국시대로 다시 되돌아 가보자. 전쟁으로 혼란한 상황에서 공동감각, 즉 보편적 가치가 무엇이 되어야 하는가에 대한 응답이 도, 인, 의, 예, 법가 등의 제자백가 사상이 쏟아져 나왔다.

기축시대에 나온 제자백가 사상들이 너무 많아서 이해하기에 혼란스러운 것 같지만 몇가지로 체계적으로 요약할 수 있다. 첫째가 그 사상들 모두가 혼란을 극복하기 위한 보편적 가치를 제안하였다는 점에서 공동감각이다. 둘째는 각 사상에는 출생의 서열이 있다는 점이다. 그 서열은 노자의 도덕경이 정해주고 있다.

노자는 "도(道)를 잃은 후에 덕(德)이 생겨났고, 덕을 잃은 후에 인(仁)이 생겨났고, 인을 잃은 후에 의(義)가 생겨났고, 의를 잃은 뒤에 예(禮)가 생겨났다. 대저 예란 것은 진실과 신의가 희박해진 데서 생겨난 것이니 분란의 시작이다"라고 갈파했다.[68] 분명히 각 사상의 출생의 서열의 정의를 내린 것이다.

상고시대에 도덕이 쇠퇴해지자 공자가 인을 주장하며 나왔고, 다음으로는 맹자가 의를 주장하며 나왔고, 다음에는 순자가 예를 주장했고, 그 후에는 한비자가 법을 주장하여 오늘에 이르렀다. 결국 처음에는 도에 의해서 살다가, 사랑으로 살다가, 의로움으로 살다가, 예의로써 살다가, 법으로 살게 되는 것이다. 禮라는 것은 얄팍한 마음을 드러내는 수단이며 형식적인 꾸밈이기 때문에 그러한 것이다. 오늘날에는 도, 덕, 인, 의, 예가 다 힘을 잃고 오로지 법의 강제에 의해 사회질서가 유지되고 있다고 보는 것이다. 싫어서 거부하고 싶어도 따를 수밖에 없는 것이 법이다. 법가 사상이 오늘날까지 모든 국가, 조직의 제도의 근간으로 작용하고 있는 이유가 여기에 있다. 그러면서 또 한편 외유내법의 원칙에 따라서 유가가 중요한 사

상으로 살아남아있다.[69]

이처럼 기축시대의 논리가 여전히 유효하다는 것을 알 수 있다. 공자, 부처, 예수, 묵자를 포함한 기축시대의 스승들이 왜 여전히 조명받고 그들에 대해서 우리가 고전으로 여기며 공부하는 것인가? 아직도 우리가 사는 시대가 철기시대의 연장이기 때문이다. 컴퓨터가 생기고 인터넷이 깔리고 스마트폰이 나왔어도 문명을 구동하는 핵심은 동일하다. 철기시대가 완성한 종적인 질서는 여전히 견고하고 완강하다. 착취 내지 억압도 여전하다. 기축시대 현자들의 말은 여전히 설득력이 있다. 지금은 근대화·산업화·글로벌화되고, 극단적인 도시화, 신자유주의화 등 철저히 자본주의적 논리대로 재편된 세계기에 더더욱 기축시대 현자들의 지혜가 절실히 필요하다.[70]

기축시대 이후 2,500여 년이 지났지만 그것이 600만 년 동안 진행된 인류의 진화의 역사에서 보면 순간의 시간이다. 생산양식에서 변화가 있었지만 여전히 철기시대의 논리에서 크게 변한 것은 없다. 인간의 뇌에 내장된 신경회로가 바뀌기 위해서는 과거의 역사에 비추어 보면 더 오랜 역사가 지나야 될 것이다.

이제까지 아들러의 공동감각이 동서양에서 함께 대두된 기축시대의 가치와 유사하다는 사실을 알게 되었다. 아들러가 지향하는 공동감각이란 이렇게 긴 역사와 동서양을 아우르는 보편성을 가지고 있는 개념임을 이해하게 되었다. 이제 리더십의 개발의 방향이 어디로 향해야 할지는 이해가 될 것이다. 다음 절에서 다시 아들러로 돌아와서 사적논리를 넘어서 공동감각을 지향하면 얻게 되는 이익이 무엇인지를 알게 될 것이다.

4. 리더십 성장의 방향
: 사적논리를 넘어 공동감각으로

인간은 진화의 과정에서 생존전략으로서 사적논리와 공동감각이라는 대극적 본성을 다 획득하였다. 상황에 따라서 사적논리를 사용할 때와 공동감각을 사용할 때가 있기는 하다. 그러나 리더십 성장의 방향은 사적논리보다는 공동감각을 더 많이 사용하는 것이다. 특히 조직의 목적을 위한 공적 역할을 책임지고 있는 리더들은 공동감각을 더 많이 개발하고 사용해야 한다는 것이다. 그래서 사적논리와 공동감각이 더 많이 합치되어야 한다. 합치되는 면적이 넓을수록 더 좋은 리더가 된다는 것이다.

| 그림 6-1 **리더십의 성장의 방향**

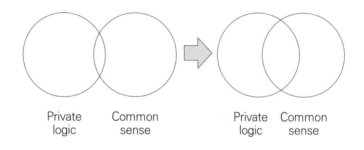

1) 사적논리는 철없던 시절에 형성된 자기중심적 신념이다

사람들이 일상에서 야기하는 자기문제는 대체로 지극히 개인적인 논리 (private logic)가 지배하고, 공동감각(common sense)을 결여한 까닭이다.71) 사적논리는 유아기에 경험이 일천하여 철없던 시절에 형성된 자기중심적 신념이기 때문에 어른이 되어 성장한 상황에서 맞지 않는 신념이다. 어른이 되면 어른의 몸에 맞는 새 옷으로 갈아입는 것과 유사하다. 어린아이 시절에 만들어진 자기중심적 세계관, 인생관을 어른의 격에 맞는 성숙한 보편적인 신념체계, 즉 공동감각의 체계로 다시 바꾸어야 한다.

아들러에게 심리치료의 과제는 의뢰인이 스스로 무슨 생각으로 어떤 행동을 하고 있는지를 깨닫게 하고 자기중심적인 관심을 사회적인 관심과 유용한 활동으로 옮겨갈 수 있도록 돕는 것이다. 다시 말해 의뢰인이 자신만의 판단으로 지금까지 철통같이 지켜오던 자기중심적 목표를 이해하는 것이 치유의 관건이다.

심리치료의 과제는 의뢰인이 인류사회에 좀 더 유용한 목적을 향해 노력하게끔 새로운 방향을 제시하는 것이 된다. 의뢰인이 치료전문가를 찾아오는 건 그가 현재 직면한 특정한 삶의 상황에서 막다른 골목에 부딪혔기 때문이다. 치료자는 사적논리가 야기하는 역기능성을 알아차리게 하고, 이러한 결과들의 기저를 이루는 라이프스타일을 변화시켜야 한다. 인지적 재편성이 필요하다.72)

『국부론』을 쓴 아담 스미스의 주장대로 우리가 빵을 먹을 수 있는 건 빵집 주인의 이기심 덕분이라는 명제는 여전히 유용하다. 그러나 타인과 우주와 조화되는 이기심이어야 한다. 공동감각의 범위 안에서의 이기심이다. 타인과 우주와 조화롭게 살면 타인이나 상황에 적대적인 에너지를 쏟을 때보다 더 큰 행복감을 느낄 수 있다. 나뿐 아니라 내가 책임져야 할 사람들에게 이로운 결정을 내리는 것은 이 때문이다.73) 리더십의 관점에서 보면 사적논리로 살아왔던 삶을 공동감각으로 사는 삶으로 변환하는 것이 리더십 성장의 방향이다.

2) 사적논리에서 공동감각으로 전환해야 하는 3가지 이유

공동감각으로 사는 것이 자기 문제의 솔루션이라는 사실을 깨달은 것이 아들러 코칭 프로세스의 핵심이다. 그래서 앞 장에서 공동감각에 대해 길게 자세하게 탐색한 이유이다.

공동감각이 도덕 윤리가 아니라 자기 삶에 유익한 생존전략이 되는 이유는 다음과 같다. 이 세 가지 이유는 "이것이 도덕적으로 옳으니 이것을 하라"가 아니다. 이것이 옳으면서도 이익이 된다는 것이다. 묵자의 말과 유사한 점이 있다. "너 자신을 희생해라. 나보다 남을 위해라 하는 것이 아니라, 공동체 감각과 공동감각을 따르면 타인에게 이롭고 사회전체에도 이로우며 결국 당신도 이로울 것이니 함께 하지 않으시렵니까"라고 설득하는 묵자의 사상이74) 어쩌면 아들러의 사상과도 맥을 같이한다고 볼 수 있다.

인간들이 사회를 이뤄 살고 있는 이유는 개인으로서 한 사람의 인간은 열등하고 약한 존재이기 때문이다. 그러므로 사회적 관심과 사회적 협력이 곧 개인의 구원이라고 말하는 것이 아들러의 심리학적 처방이다.75) 아들러의 처방을 한마디로 줄이면, 공동감각은 도덕이 아니라 생존전략이다. 노자가 말하기를 성인(聖人)은 사사로움이 없는 고로 능히 사사로움을 이룬다고 했다. 사사로움이 없는 것이 사사로움을 얻는 전략이라는 말이다. 이것이 성인이 사는 법이라 했다.

(1) 인간의 본성은 뼛속까지 사회적이어서, 사회적 본성대로 사는 것이 더 행복하다

가자니가 교수가 밝힌 바와 같이 인간의 뇌가 뼛속까지 사회적인 방향으로 진화되어 있다.76) 인간은 유아 때부터 사회적 도움 없이는 생존할 수가 없는 방향으로 진화되어 있다. 인간의 뇌는 사람과 더불어 사회에 참여하여 사람과 관계를 맺고 함께 공동생활을 하도록 최적화되어 있다. 제5장에서 자세히 논의하는 거울뉴런과 공유회로를 두고 하는 말이다.

인간은 너무나 상호의존적인 존재이다. 인간은 노동분업을 통해서만 생존이 가능하다. 공동체는 인류의 지속적인 생존을 보장할 수 있는 필수 조건이다.77) 그래서 인생의 의미는 타인과의 사회적 관계에 의해서만 가능하다. 개인적인 인생의 의미란 것은 실제로는 결코 의미라고 부를 만한 게 아니다. 단지 한 인간에게만 의미가 있다는 말은 실제로는 무의미하다는 뜻이다. 사람들에게 있어서 유일한 의미는 타인과의 관계속에서의 의미이다. 모든 사람은 의미를 구하려고 노력한다. 그러나 의미란 본질적으로 타인의 삶에 공헌할 수 있을 때 얻을 수 있다는 사실을 깨닫지 못한다면 잘못을 범하기 쉽다.78) 우리가 삶에서 느끼는 의미라는 것이 진정으로 타인을 위한 것이며, 타인에 대해 관심을 갖고 서로 협동하는 데 있다고 본다.

공동체 감정, 사회적 동물로 살라고 하는 이 언명은 현대사회에서 인지불일치를 느끼게 할 수도 있다. 인간은 사회적 동물로 진화되었지만 현대사회의 산업구조는 인간을 개인화, 원자화시켰다. 문명은 인간을 개인화시키고 경쟁사회로 전환시켰다. 그래서 인간의 사회적 동물로서의 본능과

개인주의적 행동이 불일치한다.

가령, 인간의 사회성. 사람과의 협력을 통해 해결했던 문제를 이제는 돈으로 해결하고자 하는 측면들이 많다. 돈이면 타인의 도움이 없이도 다 해결된다는 황금만능주의가 생겨났고, 돈을 숭배하는 인식구조를 낳았다. 이것은 인간의 본성에서 멀어지는 것이다. 이러한 새로운 방식으로 인간이 행복하면 괜찮다. 그러나 문제는 이로 인해 인간은 외롭고 고독하고 신경증에 시달리기도 한다는 점이다. 스트레스를 받고 고독하고 외롭고 소외감을 느끼는 문명병을 앓고 있다. 이른바 문명화된 의식이라는 것은, 기본적인 사회적 본능으로부터 늘 스스로를 분리해 왔다.

우리나라는 2018년 36개 OECD 회원국 중에서 자살률 1위를 기록하였다. 비극의 순위이다. 이혼도 증가하고 있다. 2018년 이혼 건수는 전년대비 2.5% 늘어났다. 최근에도 증가하고 있다는 의미이다. OECD 국가 중 9위를 차지한다.

우리나라 사람들의 마음이 얼마나 각박한지는 고소·고발 건수에 드러난다. 인구 1만 명당 한 해 평균 고소·고발 건수로 계산하면 80건에 달한다. 일본이 1만 명당 1.3건 수준인 것과 비교하면 무려 60배 이상 많은 수치다. 더 큰 문제는 실제 혐의가 입증돼 기소로 이어지는 비율은 전체 고소·고발 사건의 30% 수준에 불과하며, 가장 큰 문제는 민사사건의 형사사건화이다. 개인 간 채무와 관련된 사기나 횡령, 배임 등의 고소는 대부분 민사적인 방법으로 해결이 가능하지만 고소부터 한다는 것이다.

개개인의 품격에서 우리는 왜 인격적으로 성숙한(mature) 시민이 되지 못하고, 이기적이고 투쟁적인가? 세계 최고의 교육수준에도 왜 여전히 우리는 정직성, 투명성, 준법정신, 신뢰도 면에서 미성숙을 보이는가. 얼마나 우리는 시민적 성숙과 인격적 완성에서 멀어져 있는가.

바로 이것이 공동체 감각, 공동감각으로 되돌아가라고 하는 이유이다. 자신에게 이롭게, 타인과 우주와 조화롭게 살면 타인이나 상황에 적대적인 에너지를 쏟을 때보다 더 큰 행복감을 느낄 수 있다.[79]

(2) 공동체 감정과 감성지능은 생존과 번식을 위해서 유익하다

아들러는 개인이 생존과 번식을 위해서 두가지 방향의 노력을 한다고 본다. 우월성 추구와 공동체 감정 개발이다. 우월성 추구도 그렇지만 공동체 감각도 생존과 번식에 유익하다고 본다. 왜 그런가? 인간은 생존과 번식을 위해서 일, 관계, 사랑이라는 삶의 3대 과제에 직면할 수밖에 없는데, 공동체 감정이 없이는 이들 3가지 과제를 효율적으로 대처할 수가 없다는 것이다. 세상에 어느 누가 혼자서 일을 하여 생존을 도모하는가? 혼자서 결혼을 하는가? 공동체 없이 공동체 감정을 바탕으로 할 때 이런 과제에 잘 대처할 수 있고 그럴 때 비로소 삶의 진정한 의미를 실현할 수 있다. 그렇지 않을 경우에는 온갖 심리적 문제와 반사회적 일탈 행동의 잘못된 길로 빠질 것이라고 경고한다.[80]

감성적 능력이 높을수록 사회적으로 성공한다. 고위직의 리더들 중에서 뛰어난 능력을 가진 사람들을 보통의 능력을 가진 사람들과 비교해보면 뛰어난 능력을 가진 사람들을 특징짓는 것 가운데 85%는 감성적 능력이었다는 사실이 밝혀졌다. 기술적이고 인지적인 능력들은 15%에 불과했다는 것이다.

이 사실은 대니얼 골먼과 리처드 보이애치스, 애니 맥키가 500여개의 능력모델을 바탕으로 추출한 자료를 분석한 결과이다. 거기에는 IBM, 루슨트, 브리티시 항공과 같은 세계적인 기업들과 보건 관련 단체, 학술기관, 정보기관, 종교조직까지 포함되어 있다. 이들 조직에서 개인이 지닌 능력들 가운데 과연 어떤 것이 뛰어난 업무 수행을 가능하게 하는지를 가려내기 위해 그것을 세 부류로 나누었다. 우선 회계 및 기획과 같은 순전히 기술적인 능력들이 있고, 분석적 추론과 같은 인지적 능력이 있으며, 자기인식 및 관계인식 능력을 포괄하는 감성지능의 능력으로 나누어서 분석이 이루어졌다. 그 중에서 감성지능이 가장 중요하며 지위가 높을수록 감성지능 능력이 점점 더 큰 비중을 차지한다는 것이었다.[81]

인간이 다른 동물을 제압하고 지구의 주인이 될 수 있었던 것은 소통하고 협동하는 능력 때문이라고 유발 하라리가 주장하지 않았던가. 다른 사람과 협동하여 유니언을 구성한 사람이 성공하는 사람이 된다.

(3) 자기를 초월하여 공공성을 지향하는 사람이 성공하는 리더다

오늘날 리더십을 설명하는 여러가지 이론들이 있다. 카리스마 리더십과 같은 전통적 리더십부터 시작하여 권위주의 리더십, 인본주의와 감성을 중시하는 새로운 감각의 리더십으로서 감성 리더십, 서번트 리더십, 진정성 리더십 등 다양한 리더십 이론들이 있다.

그러나 리더십의 가장 근저에서 토대가 되는 것은 자기중심성을 초월해서 조직의 공적 이익을 위해 헌신하는 가치관을 갖는 게 가장 중요하다는 입장이다. '리더십이란 타인을 통해서 조직의 목적을 실현하는 예술'이라고 정의할 수 있듯이, 리더의 존재이유는 구성원들과 더불어 조직 목적을 달성하는 것이다. 그런데 리더가 조직의 이익이 아니라 자기 개인의 이익에 편향되는 경우 그 리더는 실패하고 만다. 『일 잘하는 당신이 성공하지 못하는 20가지 비밀』과 같은 책[82]도 있고, 사람은 태산에 걸려 넘어지는 것이 아니라 작은 돌부리에 걸려 넘어진다는 한비자의 고사성어도 있듯이, 인간이 본능적으로 가지는 자기중심적 사고와 행동이 리더십을 망치는 주요인이 된다는 시각을 주목할 필요가 있다.

현대의 리더십 이론의 대가인 제임스 쿠제스와 배리 포스너는 "자신의 욕구 너머에 있는 더 큰 것을 보려는 자세가 되어 있지 않다면 결코 리더가 되지 말아야 하며, 이기적인 마음가짐으로 리더가 된다면 결국은 실패하고 만다"고 했다.[83] '서번트 리더십'으로 유명한 제임스 헌터는 "불행히도 많은 사람들이 유아기의 '자기중심적' 단계를 벗어나지 못하고 겉으로는 어른의 옷을 입고 있지만 세상이 자신의 욕구와 기대를 충족시켜주길 바라는 두 살짜리 감정을 가진 채 인생을 살아간다"고 지적하였다.[84] 그래서 리더에게는 개인의 사심과 사욕을 넘어서 공공성을 지향하는 것이 리더로서 지녀야 할 가장 근본적인 품성이 되는 것이다. 동양고전에 사욕을 넘어서 공공성을 지향하라는 한 사례를 보자.

공의휴(公儀休)는 노나라의 재상으로 생선을 즐겨먹었다. 그러자 온 나라가 앞다투어 그에게 생선을 사서 바쳤다. 그러나 공의휴는 받지 않았다. 아우가 그에게 물었다. "생선을 즐겨드시면서 받지 않으시니 왜 그러십니까?" 공의휴가 대답했다. "오로지 생선을 좋아하기 때문에 받지 않는 것이다. 만약 생선을 받는다면 반드시 남에게 태도를 낮출 것이다. 그러면 장차 법을 굽히게 될 것이다. 법을 굽히면 재상 자리를 면직당할 것이다. 그때가 되면 내 비록 생선을 즐겨 먹는다 하더라도, 분명 나에게 생선을 보내줄 리가 없고 나 또한 생선을 구할 수 없을 것이다. 만약에 생선을 받지 않으면 재상 자리를 면직당하지 않을 것이며, 내가 계속해서 오래도록 생선을 스스로 구해먹을 수 있을 것이다.(『한비자』「외저설 좌상」)85)

여기서 공의휴는 도덕 윤리를 말하지 않았다. 법을 어겨서 사익을 취하는 것보다는 법을 지키고 공동감각으로 사는 것이 자기의 생존에 이득이 된다고 말한 것이다. 아들러의 프레임대로 말한 것이다. 다시 한번 아들러의 처방을 한마디로 줄이면, 공동감각은 도덕이 아니라 생존전략이다.

제7장
'ADLERS' 모델의 코칭 프로그램 개발

　이제 아들러 심리학을 아들러 리더십 코칭으로 확장하는 단계이다. 아들러 리더십 코칭은 아들러 심리학과 심리상담, 그리고 코칭의 원리를 통합한 것이다. 코칭은 대체로 GROW 모델에 기반을 둔다. GROW 모델은 Goal－Reality－Option－Will의 순서로 진행되는 코칭 프로세스의 약자이다.

　아들러 리더십 코칭이 코칭의 일반적 원리에 의거하되, GROW와는 프로세스를 달리한다. 이 책이 개발한 아들러 리더십 코칭 모델은 ADLERS 모델이다. ADLERS는 아들러 코칭의 시작(Adlerinal introduction), 라이프스타일 진단(Diagnose lifestyle), 초기기억 청취(Listening early memory), 의식확장(Expanding awareness), 라이프스타일의 재각인(Re-imprinting), 코칭 효과의 장기기억을 위한 뇌의 시냅스 강화와 추가코칭(Synapse strengthening & Supplementary coaching)의 약자이다.

　아들러 리더십 코칭은 아들러 심리상담의 원리와 프로세스를 많이 참조하고 원용한다. 기존의 아들러 심리상담을 참조하되 문제의 원인 탐색은 초기기억의 탐색에 한정하여, 과거보다는 미래로 나아가고자 하는 코칭의 원칙을 견지한다.

1. 아들러 심리상담학과 일반 코칭 원리의 원용

아들러는 심리학자였고, 내담자들을 대상으로 심리상담을 하는 상담가였으며, 아동들과 성인들의 정신건강을 위하여 대중적으로 강의와 강연을 많이 하였던 사람이다. 그의 책의 대부분은 이 심리상담의 원리와 내용을 다룬 심리학, 사회심리학, 가치심리학 관련 저서이다.

현대의 아들러 학파 상담심리학은 아들러의 사상과 방법론을 거의 그대로 이어받았고, 현대 상담심리학에서 발전시킨 새로운 스킬이나 방법론이 추가되었다. 그래서 세부적인 측면에서 더 구체화되고 수정된 내용들도 있다.

또한 전통적 정신분석의 예외가 있기는 하지만, 대부분의 주요 상담과 심리치료의 접근은 그 체계에 아들러식 원리와 기법을 통합해왔다. 특히 아들러 이론에서 지향한 초기기억 방법이 과거 10여 년 동안 견실하게 증가했다. 즉 초기기억 방법은 프로이트식, 자아심리학적 혹은 인지적, 지각적 관점과 비교하여 더 많이 증가되었다. 전체적으로 이러한 연구들의 실제는 초기기억에 대한 아들러식 관점을 보편적인 방법으로 인정하고 타당성을 증명한다고 볼 수 있다.[1]

결국 아들러 상담심리학에 기반한 아들러 리더십 코칭은 방법론적 측면에서 타당성을 인정받을 수 있는 셈이다. 이 책 "제III부 ADLERS 모델 코칭 스킬"에서 참고한 아들러식 상담심리학의 내용들은 Thomas Sweeney, Don Dinkmeyer, Jr 및 Len Sperry, 김필진, Arthur Clark, Jeffry Young, Janet Klosko, Marjorie Weishaar 등의 저서로서,[2] 모두 아들러 심리학을 계승하여 발전시킨 미국과 국내의 아들러 심리상담 관련 저서들이다. 끝으로 허일강 코치의 2015년 1월부터 3회에 걸쳐서 진행되었던 아들러 심리 코칭 프로그램 워크숍과 2016년 8월에 진행된 「Adler Life Creator 자격과정 워크숍」과 그때 사용된 프로그램 매뉴얼[3]도 참고를 했다.

아들러 상담심리학이 코칭에 유용한 이유는 아들러는 목적론이라는 방법을 사용하여 다른 상담과는 달리 더 목적론적이어서 목표 설정부터 시작하는 코칭에 더 근접하기 때문이다. 그래서 아들러를 코칭 이론의 원조라고 평가한다. 코칭에 비해 상담은 과거의 원인으로 거슬러 올라가서 상처를 찾아서 탐색하는 측면이 많다는 점에서 상담과 코칭의 차이가 있다.

상담이든 코칭이든, 한 개인이 가진 비적응적인 생존양식에 도전하는 것이야말로 아들러의 접근방법에서 특이점이다. 상담의 목표로서, 아들러는 대상자의 역기능적인 신념체계가 근본적인 구조적 변화를 겪도록 촉진하는 것에 일차적 초점을 두었다.

아들러 방식의 치료는 또한 자기패배적 사고 패턴을 변화시키고 새로운 행위 방식을 자극한다는 점에서 인지행동치료 모델과 유사하다.[4]

1) 심리상담과 아들러 리더십 코칭과의 관계

이 책의 아들러 리더십 코칭 개발에 도움이 된 심리상담 모델은 Jeffrey Young 등이 개발한 심리도식 치료(schema therapy)이다. Jeffrey Young 등의 심리도식 치료 모델은 당연히 아들러 심리학의 전통에 있지만 아들러보다 더 많이 구체화 세부화되어 발전된 측면이 있다. 심리도식 치료는 인지행동 치료, 대상관계 치료, 게슈탈트 치료, 구성주의 치료 및 정신분석 치료의 요소를 통합하여 만성적인 성격장애까지 치료할 수 있는 효과적인 치료방법으로 발전되었다.[5] 심리도식 치료는 전통적인 인지행동 치료를 통해서는 적절한 도움을 받을 수 없었던 만성적인 성격문제를 지닌 내담자들을 치료하기 위해 개발된 치료법이다. 이 모델은 내담자가 자신의 성격문제를 자아 이질적(ego-dystonic)인 것으로 볼 수 있게 하여 더 쉽게 자기 성격을 포기할 수 있게 한다. 즉, 자신의 성격이 환경에 의해서 자기에게 덧입혀진 헌 옷 같은 것으로 인식하게 하고, 본래의 순수한 모습으로 되돌아가게 한다.

심리도식 치료는 개인이 삶의 경험을 이해하는 대략적인 조직화 원리를 '도식'이라 정의한다. 도식 중의 대다수는 생애 초기에 형성되고, 이후로 지속적으로 정교해지면서 생애 후기의 경험들에 중첩되며, 심지어 더 이상 기존의 도식을 적용할 수 없을 때까지도 영향을 미친다고 본다. 심리도식은 세상을 바라보는 시각이 실제로는 부정확하고 왜곡된 것이라고 하더라도 이를 지속적으로 유지하려는 현상을 말한다.

심리도식은 아동의 핵심적 정서욕구, 생애 초기의 경험들, 정서적 기질에 따라서 형성되므로 개인마다 상이한 심리도식이 형성되며, 이 심리도식은 적응적인 도식과 부적응적인 도식으로 나눌 수 있다고 본다. 심리도식 치료는 문제적인 사람에 대한 치료의 목적상 부적응적 도식에 초점을 맞추고 18개의 부적응 도식을 판별해 내었다. Young 등의 18가지 부적응 도식은 다음과 같다. 유기/불안정, 불신/학대, 정서적 결핍, 결함/수치, 사회적 고립/소외, 의존/무능감, 위험/질병에 대한 취약성, 융합/미발달된 자기, 실패, 특권의식/과대성, 부족한 통제/부족한 자기훈련, 복종, 자기희생, 승인추구/인정추구, 부정성/비관주의, 정서적 억제, 엄격한 기준/과잉비판, 처벌 등이다. 아들러의 개념으로 말한다면 이들 18가지 부적응 도식은 모두 사적논리의 내용이자 열등감의 근원이 된다.

심리도식 치료는 아동기의 경험에 의해 형성된 심리도식에 대하여 대처반응이 형성된다고 본다. 대처방식은 3가지 유형으로 나뉘는데 심리도식 굴복, 심리도식 회피, 심리도식 과잉보상이다. 과잉보상은 다시 자기과시적 양식과 위협 양식으로 분류한다.6) 그래서 심리도식 치료의 성공 여부는 심리도식과 대처방식을 정확히 밝히는 것에 있다.

그 다음에 내담자가 자기 문제의 근원인 심리도식과 그 도식에 대응하는 대처방식을 알아차리는 등 그 두가지 문제를 극복하도록 돕는다. 그 첫째가 인지적 방략으로서 내담자의 건강한 성인양식을 강화하면서, 내담자가 심리도식을 논박할 수 있는 건강한 목소리를 분명하게 될 수 있도록 돕는다. 치료자는 내담자가 그 심리도식에 대항하여 논리적이고 합리적인 반대 주장을 하도록 돕는다.7)

둘째는 체험적 방략으로서 재양육, 재경험하게 하고, 내담자의 충족되지 못한 아동기 욕구를 충족시켜주는 것이다. 많은 내담자들이 체험적 기법을 통해서 상당히 깊이 있는 변화를 체험한다고 한다. 심리도식이 잘못되어 있다는 것을 머리로만 알고 있던 내담자들이 체험적 작업 후에는 그

사실을 가슴으로 확인하고 받아들이게 된다고 한다.[8]

셋째, 행동패턴 바꾸기 단계에서는 내담자들은 심리도식 때문에 생긴 행동패턴을 보다 더 건강한 대처방식으로 바꾸게 한다. 행동패턴 바꾸기는 심리도식 치료에서 가장 길고, 어떤 면에서는 가장 중요한 부분이다. 이 과정없이는 문제가 재발하기 쉽기 때문이다. 비록 내담자들이 초기 부적응 도식에 대한 통찰을 갖게 되고, 인지적·체험적 작업을 했다고 하더라도, 행동패턴을 바꾸지 않는다면 원래의 심리도식이 되살아나게 되기 때문이다.[9]

제프리 영 등의 『심리도식치료』 책이 우리의 아들러 리더십 코칭의 프레임을 구성하는 데 도움이 많이 되었다. 제프리 영의 상담 프로세스는 내담자의 심리도식을 찾고, 동시에 이 심리도식에 어떠한 대처방식을 구사하는지를 관찰하고 내담자와 공유한 뒤에 치료를 위한 단계를 거치는 것으로 정리할 수 있다.

아들러의 심리상담 모델은 사적논리 탐색과 라이프스타일 탐색을 거쳐서 사적논리를 논박하고 아동기의 초기기억으로 다시 돌아가서 초기경험을 공동감각으로 재경험하고, 라이프스타일을 바꾸어서 행동패턴을 바꾸는 방식과 크게 차이는 없다.

Jeffrey Young 등의 『심리도식치료』는 문제가 심각한 수준의 성격장애 환자들을 치료하기 위한 방법으로 개발된 것이기 때문에 이 책의 아들러 리더십 코칭은 원래 아들러의 상담 모델을 코칭 프로세스로 재활용하는 방식을 선택한다. 18가지 심리도식에 대한 4가지 대처방식으로서 굴복, 회피, 자기과시형 과잉보상, 위협형 자기보상 등의 개념은 lifestyle의 네가지 유형의 특징을 이해하는 데 참고하는 정도로 반영한다.

2) 일반 코칭과 아들러 코칭과의 관계

아들러 리더십 코칭은 기본적으로 ICF 11가지 핵심역량의 기반위에 서 있다. 그리고 일반적으로 적용되는 코칭 철학도 그대로 따른다. 최근에 새롭게 개정된 코칭 핵심역량 8가지도 아들러 리더십 코칭에 적용된다. 새롭게 개정된 8가지 코칭 핵심역량에 대한 상세한 설명은 한국코치협회 홈페이지나 인터넷 자료에 있으므로 여기서는 생략한다.

일반적 코칭의 대표적인 대화모델인 GROW 모델의 정신이나 스킬을 이해하면 아들러 코칭 모델을 이해하는 데 도움이 된다. GROW 모델은 Goal, Reality, Option, Will의 머리글자이다. 목표설정, 현재상태 탐색, 대안모색, 실행의지 확인 등의 순서로 진행된다. GROW 모델의 원리를 잠깐 살펴보는 것은 코칭의 일반 모델을 이해하는 데 도움이 될 것이다.

GROW 모델 코칭은 먼저 의뢰인이 해결하고자 하는 당면 목표(Goal)가 무엇인지, 또는 장기적 목표가 무엇인지를 설정하는 것으로부터 시작한다. 가장 원하는 결과가 무엇인지를 명확히 한다.

두번째는 이 실현하기를 원하는 목표를 방해하거나 장애가 되는 현실(Reality)이 어떠한지를 탐색하는 것이다. 코칭의 하이라이트는 현재 상태를 객관적으로 탐색하는 것이다. 현재 상태를 탐색하는 과정에서 자각이 많이 일어나고 목표에 다가갈 해법도 생각해내게 된다.

세번째는 목표에 이르는 대안(Option) 모색이다. 자기가 이미 가진 자원, 더 학습하고 더 준비해야 할 역량 등을 찾기도 한다. 목표 실현을 위해 필요한 결정적 행동이 무엇인지를 찾아내는 것이 핵심이다.

마지막 프로세스는 실행의지(Will)이다. 코칭 과정에서 알아차린 것, 대안으로 선택한 것, 학습하거나 배양해야 할 역량 개발 같은 것을 어떻게 실행할 것인지를 구체적인 계획을 수립하고 실행의지를 다지는 과정이다.

아들러 코칭 모델은 GROW 모델과는 다른 구조와 다른 개념을 가졌지만, 대략적으로 유사한 점이 많다. 그래서 일반 코칭에서 역량을 가진 코치는 아들러 코칭 프로세스를 쉽게 이해하고 실행할 수 있을 것이다.

아들러 리더십 코칭은 일반적으로 활용되는 국제코치연맹(ICF)이 제시하는 코칭의 세가지 철학에도 기반하고 있다. 국제코치연맹이 제시하는 코칭 철학은 "모든 사람은 창조적이고(creative), 풍부한 자원을 가졌고(resourceful), 전인적(whole)이라는 것이다. 이외에도 일반적으로 적용되는 코칭 철학 3가지는 다음과 같다.

첫째, 모든 사람에게는 무한한 가능성이 있다.
둘째, 그 사람에게 필요한 해답은 모두 그 사람 내부에 있다.
셋째, 해답을 찾기 위해서는 파트너가 필요하다.[10]

이 철학은 사실상 아들러가 주장했던 인본주의를 더 확장한 것으로 볼 수 있다. 코칭 대상자를 내면의 마음을 부분으로 나눌 수 없는 일원적 (wholistic) 인간으로 보는 관점에 입각한다. 코칭 대상자에게 질문하면, 주어진 상황에서 그 상황을 어떻게 인식하고 의미를 부여하고 행동을 선택하는지, 삶의 목적과 그 목적을 실현하기 위한 전략, 즉 사적논리 및 라이프스타일이 무엇인지를 알아차리도록 도울 수 있다고 가정한다.

코칭의 철학은 한마디로 인간에 대한 존중이라고 말할 수 있다. 코칭의 이 첫 번째 철학을 제대로 이해하고 실천한다면 리더로서 기본 역량을 갖추었다고 볼 수 있을 정도이다. 이 철학 위에 라포형성, 공감, 경청, 질문이 성립한다.

유발 하라리는 인간에게 인생의 의미를 부여하는 역할에 있어서 과거에 신이 맡던 역할을 인본주의가 대신 맡고 있다고 본다. 지난 몇백 년 동안 세계를 정복한 혁명적인 새 교리이다. 인본주의라는 이 새로운 종교는 인류를 숭배하고 신이 맡던 역할을 인류에게 요구한다고 주장한다. 인본주의는 우리 인간이 의미의 최종 원천이고 그러므로 우리의 자유의지가 최고의 권위라고 설파해왔다고 본다. 유발 하라리가 말하는 인본주의의 명령은 이렇다. "자신의 목소리에 귀를 기울여라. 자신에게 충실하라. 자신을 믿어라. 마음 가는 대로 따르라. 자신이 좋다고 느끼는 것을 하라. 내가 하고자 하는 일은 오직 나 자신과만 의논하면 된다. 내가 좋다고 느끼는 것이 좋은 것이고 내가 나쁘다고 느끼는 것이 나쁜 것이다".[11]

코칭의 전제는 코칭 대상자가 자기가 의미 부여한 세계 속에서 산다고 가정하기 때문에 인본주의에 입각하여 코칭에 임한다. 코치는 코칭 대상자를 자의적으로 판단하지 않는다. 불교와 힌두교라는 2개의 세계적 종교를 탄생시킨 땅 인도에서 성인이라 일컬어지는 크리슈나무르띠가 "인류 지성의 최고형태는 판단하지 않고 있는 그대로 바라보는 것"이라고 했다. 판단하지 않고 있는 그대로 바라보는 것! 이렇게 쉬워 보이는 것이 어째서 인류 지성의 최고 형태란 말인가!

그런데 사실은 '판단하지 않기'가 쉬운 일이 아니다. 사람은 누구나 너무 습관적으로 자동적으로 판단하기 때문이다. 인간과 동물의 차이가 인간에게는 판단하는 뇌, 전두엽, 대내피질이 발달해 있다는 사실이다. 그래서 인간은 자극이 있을 때마다 자동적으로 판단한다. 좌뇌의 해석기가 가지고 있는 그 판단하는 능력 때문에 인간은 지구상에서 생존과 번식이 쉬워졌고, 지구라는 혹성을 완전히 점령하고 지배하게 되었다. 그런데 어째서 판단하지 않고 있는 그대로 바라보는 것이 지성의 최고형태란 말인가?

이러한 판단의 습관 때문에 상대를 존중하지 않기가 쉽다. 다원성을 인정하지 않기도 쉽다. 다름을 다름으로 알아차리지 않고 틀리다고 말한다. 그래서 판단하고 주장하고 강요하는 유혹을 떨치고, 있는 그대로 바라보는 능력, 평가하거나 판단하지 않는 자제력을 가진 사람이 인류지성의 최고 형태가 될 수 있는 것이다.

코칭은 상대를 존중하고 공감하고 인정해주는 것을 코칭 대화의 제1원칙으로 한다. 코치라는 존재는 상대의 말에 호기심을 가지고 들어주고, 공감해주고, 의문이 나는 것은 평가 판단하지 않고 질문을 한다. 질문을 해줌으로써 코칭 대상자는 대답을 하는 과정에서 자기 스스로를 바라보고 알아차일 수 있게 된다. 코칭의 이런 측면을 고객의 거울이 되어준다고 말한다. 고객은 거울을 통해서 자기의 모습을 바라보게 되는 것이다.

찰스 디킨스의 <크리스마스 캐럴>에 나오는 이야기가 이와 유사하다. 과거·현재·미래의 세 유령이 구두쇠 영감 스크루지에게 자신의 과거의 모습, 현재의 모습, 미래의 모습을 있는 그대로 보여주자 스크루지는 자신의 삶의 문제를 알아차리고 깨닫고 새로운 삶을 살게 된다.

코칭에서 가장 강력한 도구는 질문이다. 질문이 답을 찾도록 자극을 준다. 코치가 생각을 일으키는 질문을 던지면 상대는 대답을 하는 과정에서 자기의 생각과 행동을 펼쳐 보면서 어떤 패턴을 발견하게 된다. 이 발견이 사실상 깨달음이고 의식확장이다. 깨달음! 이것이 이 책의 두 번째 중요한 키워드이다. 깨달음은 생각의 틀에서 나와서 더 넓게, 더 깊게, 더 멀리 바라보는 알아차림과 성장의 모멘텀이다. 깨달음은 자기 자신과 자기가 처해있는 상황에 대해 관점을 바꾸어 볼 수 있으며, 다르게 생각하고 새롭게 알게 되는 것을 깨달음이라고 말할 수 있다.

코칭의 핵심은 의뢰인이 깨달음 또는 의식확장을 하도록 돕는 것이다. 국제코치연맹(ICF)이 규정한 코칭 핵심역량 8가지의 핵심도 깨달음(awareness)이다. 우리의 삶을 변화하고 성장시키는 데서 가장 필요한 것이 깨달음이다. 삶을 관조해서 볼 수 있고, 나아갈 방향을 달리 선택할 수 있으며, 고정관념에서 빠져나와 있는 그대로를 볼 수 있는 것이 깨달음이다. 이런 의식수준에 도달할 때 사람은 성장하고 발전하며 마음이 고요하고 평화롭고 다른 사람을 이해하고 수용하고 배려하고 존중할 수 있게 되며 자기를 넘어서는 대승적 리더십도 발휘할 수 있게 되는 것이다.

코칭은 변화의 도구이다. 성장을 위한 변화, 그 변화를 위해서는 깨달음이 선행조건이다. 코칭은 개인과 세상을 변화시키는 강력한 엔진이다. 자신의 세계를 바꾸려면 내면에서부터 자기 마음을 바꾸지 않으면 안 된다. 어릴 적부터 자신의 내면에 심어진 모든 신념과 습관을 아직도 가지고 있으며, 이런 것들은 마음속 깊이 자리 잡은 잠재의식에 숨겨져 있다. 그런 것들이 여전히 자신의 삶에 나타나며 영향을 미치고 있다는 사실을 알면 놀라게 된다. 그래서 21세기 리더에게 핵심역량은 코칭 리더십이다.

2. ADLERS 모델
: 아들러 리더십 코칭 프로세스

이 책은 아들러 코칭 프로세스를 단순화하여 각 단계에 대하여 다음과 같은 프로세스로 이름을 부여하였다. 각 단계의 영문 머리글자를 따서 ADLERS라고 명명한다. 그리고 그 순서대로 코칭을 진행한다.

① Adlerian introduction & Goal setting(아들러 코칭의 시작과 목표 설정): 코칭 대상자가 코치로부터 공감을 받고 존중받는다고 느끼도록 의뢰인과 공감적 관계를 형성한다. 아들러 심리학 소개, 라포형성, 코칭 주제의 합의를 다룬다.

② Diagnose lifestyle(라이프스타일 진단): 인생의 3대 과제를 중심으로 lifestyle 및 life goal 우선순위를 탐색하거나 검사를 한다. 코칭 대상자가 그의 생존양식을 이해하도록 돕는다. 코칭 대상자의 생존양식을 구성하는 사적논리, 가상인생목표, 생존전략, 신념을 알아차리도록 돕는다.

③ Listening early memory(초기기억 듣기): 초기기억 검사를 통해 라이프스타일의 뿌리를 찾는 작업으로서 사적논리를 먼저 밝혀내고 lifestyle까지 찾아낸다.

④ Expanding awareness(의식확장 및 깨달음): 현재의 자기 패배적 행동이 자신의 lifestyle과 사적논리에서 기인된 것임을 알아차리게 한다. 개인이 자신들의 잘못된 생각을 자각하고 왜 자신이 그런 방식으로 행동하는지를 이해하도록 돕는다.

⑤ Re-imprinting of lifestyle(라이프스타일 재각인): 초기기억을 재경험하여 사적논리에 기반한 lifestyle을 공동감각에 기반한 새로운 lifestyle로 바꾼다. lifestyle을 근원적으로 바꾸기 위해서는 초기기억을 재경험하여 새로운 사적논리를 형성하여 인지적 재각인이 일어나야 한다. 의식확장 단계에서 lifestyle을 변화시켜야겠다는 자각이 일어났다면, 이제 lifestyle을 구성하는 핵심요소인 사적논리를 새롭게 재구성해야 한다.

⑥ Synapse strengthening & Supplementary coaching(기억의 장기저장을 위한 시냅스 강화와 추가 코칭): 코칭의 효과를 지속시키기 위한 학습 및 후속 실행 단계이다.

ADLERS 모델은 기존의 일반적 코칭 모델인 GROW(Goal - Reality - Option - Will) 모델과 프로세스가 다르기는 하지만 큰 그림에서 보면 개념은 달라도 유사한 코칭 원리가 적용된다. 그래서 ADLERS 모델은 일반적 코칭의 역량이 어느 정도 갖추어진 전문코치들에게는 매우 쉽게 이해되고 활용될 수 있다.

제Ⅲ부

ADLERS 모델 코칭 스킬

제8장
코칭의 시작
(Adlerian introduction & Goal setting)

이 장에서는 코칭의 시작 단계에서 아들러 코칭을 어떻게 운용하는지를 살펴본다. 처음에는 코치와 코칭 대상자 사이에 친밀감을 형성하여, 코칭 대상자가 코치를 신뢰하고 코칭에 적극적으로 참여하도록 촉진하는 것이 중요하다. 둘째는 ADLERS 코칭의 원리에 대해 간략히 설명하고, 셋째로 코칭 프로세스에 대해 설명하며, 넷째, 코칭 대상자에 대한 진단을 실시하거나 사전에 실시된 진단들에 대한 디브리핑을 하는 것이 필요하다. 그리고 마지막으로 코칭 주제를 합의하는 순서로 진행한다.

둘째의 아들러 코칭의 원리 이해와 셋째의 아들러 코칭 프로세스에 대한 설명은 완전히 생략하거나 아주 간단히 언급하는 것도 무방하다. 코칭 대상자에게 아들러 코칭의 원리나 코칭 프로세스를 굳이 설명할 필요는 없다. 여기서 자세히 소개하는 것은 전문코치들이 이해하고 참고하도록 하기 위한 것이다. 첫 회기에서 중요한 것은 코치와 의뢰인 사이의 라포를 따뜻하게 형성하는 것이며, 코칭 목표를 합의하는 것이다.

첫 세션에서는 이 주제를 ADLERS 모델을 전일적으로 진행할지, 아니면 ADLERS 모델은 부분적으로만 적용할지를 판단하는 것도 필요하다.

그런데 대체로 의뢰인이 가지고 온 코칭 주제는 대부분이 자신의 라이프스타일로 인해서 야기된 문제들이 대부분이다. 따라서 ADLERS 모델 프로세스를 진행하면서 코칭 주제를 다루는 것이 좋다.

또한 어떤 주제는 ADLERS 모델과는 별도로 진행해야 할 주제도 있을 수 있다. 그럴 경우에는 GROW 모델과 같은 일반적 프로세스에 기반하여 진행하다가, 부분적으로만 ADLERS 모델을 적용할 수도 있다. ADLERS 모델을 부분 적용할 경우는 한 세션에서는 라이프스타일을 진단하고, 다음 두 세션에서 초기기억 조사 및 의식확장과 재각인까지 마칠 수 있다.

1. 코칭관계의 시작
: 라포형성

코치의 가장 중요한 역량은 의뢰인과의 라포형성 기술이다. 라포형성의 핵심기술은 공감과 경청, 그리고 격려 및 인정·칭찬이다. 의뢰인이 자신이 이해받고 있으며 받아들여진다고 느끼도록 공감적 관계를 형성하는 것이다. 의뢰인은 코치가 자기 말을 집중해서 들어준다고 느낄 때, 그들은 문제가 되는 생각과 행동을 펼쳐놓고 도움을 청할 수 있게 된다.

코칭 대상자는 자신의 역기능적 문제를 해결하기 위하여 코칭에 왔는데, 그 문제의 본질이 무엇인지 모르면 해결도 없다. 그래서 의뢰인과 코치가 합심하여 코칭 주제 관련 행동에 대한 명료한 이해와 통찰을 얻어야 변화가 가능하다는 사실을 공유하는 것이 필요하다. 그래야 코칭 의뢰인이 자신의 사고와 행동을 있는 그대로 펼쳐놓게 되는 것이다. 물론 이것은 상호간에 라포가 잘 형성된 다음에 가능한 일이다.

코치는 의뢰인을 공감하고 수용하지만 또한 직면시키기도 한다. 의뢰인의 숨겨진 목적과 목표에 대한 코치의 통찰은 의뢰인에게 문제의 본질에 빨리 다가가도록 사고를 촉진할 수 있다. 코치가 의뢰인에게 과도하게 수용적이라면 의뢰인의 문제에 대한 초점을 흐리기 쉽다. 의뢰인의 실제적이고 숨겨진 의미에 보다 일찍 관여하는 것이 좋다.[1] 코치가 직관으로 느낄 때 "나에게 이런 느낌이 드는데 설명해주실 수 있는지요?" 등의 질문으로 관여할 수 있다.

코치는 의뢰인의 감정에 대해 충분히 공감하고 머물러서 의뢰인을 위로

하기도 해야 하지만, 공감을 넘어서 내담자의 감정의 목적을 직면시킬 필요가 있다. 단순한 공감은 의뢰인의 부적절한 감정을 더욱 강화하게 된다. 더 적절한 접근은 먼저 감정을 공감한 후 감정을 넘어서 의뢰인의 인지, 신념, 태도, 목적을 탐색하여 의뢰인이 문제를 깨닫고 변화하기 위한 동기를 부여하는 것이다.

코치와 의뢰인의 라포 관계는 잠정적 가설들을 토의함으로써 강화된다. 의뢰인 스스로도 의식하지 못하는 행위의 목적과 동기에 대한 관점을 나누고 그것을 해석함으로써 아들러 코치는 관계를 더욱 효과적으로 만든다.

2. 코칭 대상자에 대한 진단 또는 진단결과의 디브리핑

일반적으로 코칭을 시작할 때 코칭 대상자의 성격이나 코칭 목적에 관련되는 자료를 얻기 위해서 진단을 실시한다. 성격진단이나 리더십 진단, 그 밖에 조직진단 등 필요에 따라서 다양한 진단을 실시한다. 성격진단을 위해서는 MBTI, Birkman, DISC, NASA-4D 등의 진단이나 다면평가 진단을 실시한다. 이런 진단들은 아들러의 라이프스타일을 파악하기 위한 보완자료로도 유용한다. 물론 아들러 라이프스타일 진단도 실시한다.

가능하면 진단은 미리 실시하고 첫 세션에서 진단 결과를 디브리핑하는 것이 좋다. 진단 디브리핑은 코칭 대상자 자신을 성찰할 수 있게 하는 강력한 도구가 되기 때문에 대상자로 하여금 조기에 코칭에 몰입할 수 있게 하는 효과가 있다. 진단 디브리핑은 진단 내용도 중요하지만 코칭에 처음으로 임하는 대상자에게 자기가 정말로 코칭을 필요로 하는 사람이라는 사실을 자각하게 하는 효과가 더 중요하다.

3. 코칭 주제 합의

코칭을 한다는 것은 의뢰인의 문제를 해결하는 목적을 가지고 대화를 나누는 것이다. 그런데, 많은 경우, 코칭 의뢰인들은 자기 문제가 무슨 문제인지 정확히 모르는 경우가 많다. 그래서 의뢰인과의 대화를 통해 코칭 주제를 명확하게 도출해 내는 것이 코치의 역량이다. 질문을 통하여 의뢰인이 가져온 주제를 명료화하는 작업이 코칭의 성패를 좌우한다. 처음에 의뢰인이 가져온 코칭 주제는 문제의 본질과 다를 수 있다. 의뢰인은 자기의 문제가 무엇에 기인하는지 모르고 있을 수 있다.

아들러 코칭은 대부분의 문제가 의뢰인의 라이프스타일에 기인한다고 보기 때문에 작은 문제를 넘어서 성장을 향한 주제로 전환시키는 것이 좋다. 더 큰 리더로 성장을 향해 가는 과정에서 원래 문제가 해결되도록 하는 것이 좋다. 의뢰인이 호소하는 문제를 문제해결 방식으로 접근하는 것은 바람직하지 않다.

또한 의뢰인이 가져오는 주제는 대체로 3대 인생과제(life task; 일, 관계, 사랑)와 관련이 있다고 볼 수 있다. 이들 3대 과제를 수행하는 과정에서 좌절과 고통과 갈등이 발생한다. 대체로 이것이 코칭의 주제가 된다. 조직의 리더들은 사람관계와 사람 관리에 관심이 많고, 또한 효과적으로 성과를 내는 문제에 관심이 많다. 또 사랑, 부부관계에 문제가 있어서 코치를 찾는 사람도 있다.

그런데 대체로 문제의 본질을 잘못 파악하고 해법을 찾으려 하기 때문에 문제해결이 안될 수 있다. 가령 어떤 50대 여성은 남편이 바람피웠다고 남편을 어떻게 변화시킬 수 있느냐는 문제로 코칭을 의뢰했다. 이 문제를, 즉 남편의 바람피우는 문제를 어떻게 해결할 수 있느냐고 나를 찾았다. 그녀는 남편이 바람피운 증거를 확보하고 그것으로 남편을 끊임없이 비난하고 통제하고 있었다. 공직에 있는 남편은 또 이 사실이 세상에 알려지면 어쩌나 하고 전전긍긍하며 온갖 방어행동을 하며 아내에게 휘둘리며 살고 있었다.

그런데 그녀의 라이프스타일 탐색 결과 자신이 호소하는 문제는 바로 자기 자신의 라이프스타일에 기인하는 측면이 많다는 사실이 밝혀졌다. 그녀는 정직함과 원칙을 기준으로 남편의 일거수일투족을 완전히 통제하는 경향이 있었고 여기에 지친 남편이 바람이 났다는 것이 한 원인으로 보였다. 그래서 해법은 남편의 문제에 앞서 자신의 라이프스타일을 탐색하고, 라이프스타일이 가져온 자기패배적 사례들을 탐색함으로써 스스로를 먼저 변화하는 것이 필요하다는 것을 알아차리도록 돕는 것이다.

코칭 의뢰인으로 하여금 이런 문제를 자기 자신의 문제로 전환하여 코칭의 주제로 합의하는 것이 코칭의 진정한 시작이 된다.

아들러 코칭의 시작은 이처럼 의뢰인을 만나서 라포형성을 하고 난 다음, 의뢰인이 호소하는 문제들을 경청한다. 그 문제들의 근원이 자기의 사적논리와 라이프스타일에 있음을 알아차리게 한다. 라이프스타일 유형 진단을 통해서 자기의 역기능적인 패턴이 반복되고 있다는 사실을 알아차리게 한다. 그런 신념의 뿌리를 찾아서 초기기억으로 과거 여행을 시작한다. 이것이 아들러 코칭의 실질적 시작이다.

제9장
라이프스타일 진단
(Diagnose lifestyle)

앞의 제3장에서 아들러의 라이프스타일(생존양식)의 개념이 크게 3가지 구성요소로 나뉘어짐을 보았다. 첫째는 가상인생목표(fictional final goal)인데 라이프스타일이 지향하는 최종목표이다. 가상인생목표는 쉬운 말로 표현하면 장래희망이며 이상적 자아상이다. 이것만 실현되면 현재의 난관을 극복하고 한을 풀 수 있겠다는 가상적 목표이다. "병약한 몸을 치료하는 것이 가장 중요해, 나는 의사가 될 거야" 등의 방식으로 표현된다.

둘째가 사적논리이다. 3대 인생과제(life task)를 실현하기 위해 상황을 분석하고 판단하는 개인의 주관적이고 사적인 신념으로서 자아정체감, 세계관, 인생관/생존전략이 포함되어 있다. 사적논리는 Jeffrey Young의 개념으로 말하면 심리도식에 가깝다.

셋째는 라이프골 우선순위(life goal priority)이다. 가상인생목표에 도달하기 위한 '전략'이 되는 셈이다. 우월성 추구, 통제추구, 기쁨주기 추구, 편안함 추구 등의 4가지 우선순위 모델이 주로 사용된다. 아들러 심리학의 라이프스타일은 이 세가지를 다 포함하지만, 라이프골 우선순위가 '라이프스타일'의 중요한 한 단면이어서 이와 혼용하기도 한다.

라이프스타일 탐색은 이들 세가지를 탐색하는 것이다. 라이프스타일은 상당히 폭넓은 개념이며, 무의식 속에 잠재해 있어서 탐색이 그렇게 쉽지 않다. 한번에 뚝딱 진단되는 것이 아니다. 신념체계들은 경험을 통해서 암

묵적으로 가지고 있는 것이어서 무의식적이며 명확하지 않다. 아들러 심리 코칭은 질문을 통해서 인지할 수 있는 차원으로 의식화하여 명확하게 도출해 내는 과정을 거친다.

그림 9-1 **라이프스타일의 3가지 구성요인**

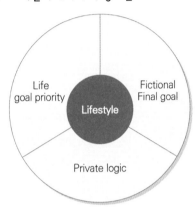

그런데 실제로 라이프스타일의 이 세가지 구성요소를 진단하는 순서는 역순으로 진행한다. 이 중에서 먼저 라이프골 우선순위(life goal priority)를 먼저 조사한다. 라이프골 우선순위를 측정하는 것이 라이프스타일에 대한 한 단면을 신속히 파악할 수 있는 매우 유용한 방법이기 때문이다.[1]

그래서 라이프스타일에 대한 진단은 두 단계에 걸쳐서 진행한다. 첫째는 라이프골 우선순위를 먼저 측정하고, 다음에는 사적논리와 가상인생목표를 측정하는 순으로 진행한다. 사적논리는 내면에 가장 깊숙이 내장되어 있는 심리 프로그램이기 때문에 다음 장에서 유년기 및 아동기 시절로 돌아가서 초기기억을 탐색하면서 심층 조사를 하여야 한다. 사적논리는 두 가지 방법으로 탐색한다. 1차는 인생의 3대 과제를 복기하는 과정에서 찾아내고, 2차는 초기기억을 탐색하는 과정에서 찾아낸다.

1. 라이프골 우선순위 조사

라이프골 우선순위(life goal priority)는 가상인생목표를 실현하기 위한 전략이다. 아들러의 목적론의 관점에서 볼 때, 인간을 바라보는 가장 첫 번째 발자국이 그 사람이 어떤 가상인생목표와 라이프골 우선순위 유형을 가지고 살아가고 있는지를 알아차리는 것이다. 이 점에 있어서 아들러는 인간 행동을 이해하기 위해서는 어디부터(where from)가 아닌 어디로 (where to)라는 것을 반드시 기억해야 한다고 보았다.2)

<그림 9-2>에서 보는 바와 같이, 생각, 감정, 행동과 같은 인간의 의식적 영역이 라이프골 우선순위라는 무의식의 지배를 받고 있다. 그래서 라이프골 우선순위라는 내면의 심리적 패턴 자체가 바뀌지 않는 한 외적인 변화는 다시 사라지게 될 허상에 불과하다.3) 매 상황에서 자신의 라이프골 우선순위가 먼저 상황을 해석하고, 판단한다. 사람마다 자기도 모르게 머리 위에 라이프골 우선순위가 드리워져 있다.

자영업을 하는 어떤 사람의 사례를 보자. 그의 사적논리는 "성공하여 돈을 벌어야 편안하게 살 수 있어!", "사람이 일하는 것은 다 돈을 벌기 위한 것이 아닌가?", "다 그런거 아니야? 그 외 뭐 있어?" 언제나 그렇게 이야기 한다. 이 관점에서 해석하고 판단하고, 이 관점에서 감정을 표현하고, 행동을 한다. 라이프골 우선순위가 생각, 감정, 행동을 이끌어 간다. 각 개인의 성격의 기본틀이 이렇게 만들어진다.

우리는 인생여정을 가는데 수시로 상황, 일, 이벤트가 몰려오고, 라이프골 우선순위가 매순간 이를 먼저 해석하고 판단한다. 자동사고로 그렇게 반응한다. 우리가 라이프골 우선순위를 중시하는 이유가 여기에 있다.

┃ 그림 9-2 **라이프스타일 개념도**

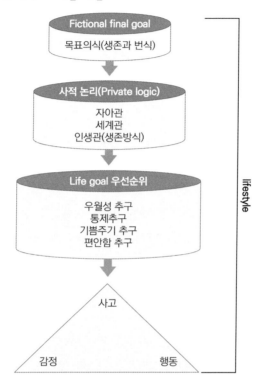

1) 라이프골 우선순위의 네가지 유형에 대한 이해

라이프골 우선순위(life goal priority)를 제대로 진단하기 위해서는 우선 개념 자체를 제대로 이해하는 것이 필요하다. 아들러가 원래 제시한 라이프골 우선순위 네가지 유형이 있다. 지배하고자 하는 목적의 지배형(ruling type), 획득하고자 하는 목적의 획득형(getting type), 회피하고자 하는 목적의 회피형(avoiding type), 그리고 사회적 유용함(socially useful)을 추구하는 목적의 이상적 유형(ideal type)이다. 아들러는 이 중에서 사회적 유용함 추구만이 유일하게 다른 사람의 복지와 공동선을 위하여 협동하는 유형이라고 보고, 나머지 세가지 유형은 그렇지 않은 부정적인 것으로 보았다. 이것은 아들러가 공동감각의 개념을 매우 가치 있고 중요한 것으로 보기 때문일 것이다.

오늘날 아들러 심리상담이나 코칭에서는 네가지 유형을 가치중립적으로 다시 정의하였다. Kefir의 유형이 오늘날 임상에서 많이 사용되고 있다. Kefir가 개발한 4가지 라이프골 우선순위는 우월성 추구(superiority), 통제 추구(control), 기쁨주기 추구(pleasing), 편안함 추구(comfort)이다.[4] 이것은 아들러의 획득형(getting type), 지배형(ruling type), 이상적유형(ideal type), 그리고 회피형(avoiding type)을 각각 대체한 개념으로 볼 수 있다.

이 네가지 유형에 대해 이 책은 진화론 관점으로 새롭게 의미를 부여하는 작업을 하고자 한다. 진화론적 관점으로 라이프골 우선순위를 이해해야 유형 판별이 용이해지기 때문이다. 그것은 아들러가 원래 가졌던 의도이기도 하다. 아들러의 라이프스타일 개념은 원래 진화론의 투쟁-도피-굴복 반응 개념에서 만들어진 것이기 때문이다. 아들러는 주어진 상황에 대한 대처방식으로서 다음과 같이 말했다.

> 우리에게 주어진 상황은 공격을 유발할 수도 있고, 안전을 요구할 수도 있다. 이에 따라 우리가 가지고 있는 어떤 선천적인 능력은 공격적인 기관, 안전을 도모하는 기관, 방어하는 기관을 만들어낸다. 정신은 외부 세계에 대해 공격적으로 반응하거나 방어적으로 반응하는 행위들의 복합체이며, 이 복합체는 인간의 생명을 유지하고 발전시키기위해 필요하다.[5]

아들러의 이 언명은 진화론자들이 투쟁-도피-얼음 또는 굴복 반응이라고 하는 말과 같은 맥락의 말이다. 진화론자들이 동물의 행동을 이해하는 도식이 위협에 대한 투쟁-도피-얼음 반응이다. 즉, 위험에 대한 반응으로서 살아있는 생물체의 본성은 싸우기, 도망치기, 얼어붙기로 나타나는 것처럼, 진화심리학자들은 인간도 반격(또는 과잉보상), 회피, 굴복의 세가지 대처방식으로 나타나는데, 이것은 인간의 진화적 유산에서 기원한다고 주장한다.[6]

아들러 전통을 이어받은 Jefrrey Young 등의 심리도식 치료 상담 모델에서는 대처방식에서의 이러한 개인차가 단순히 타고난 유전적 생물학적 기제의 반영이 아니라고 본다. 인생경험 또한 이러한 경향을 만들 수 있다는 것이다.7) Jeffrey Young 등은 사람들이 서로 다른 특정한 대처방식을 발달시키게 되는 주된 요인 중의 하나가 정서적 기질이라고 가정한다. 사실상 정서적 기질은 심리도식을 결정짓는 것보다는 대처방식을 결정짓는 데 더 큰 역할을 한다고 본다.

예를 들어 수동적인 기질을 가진 사람들은 굴복하거나 회피하는 경향이 있는 반면, 공격적인 기질을 가진 사람들은 과잉보상을 하는 경향이 있다.8) Young 등은 18가지 심리도식을 발견하고 그 중에서 가장 흔한 심리도식이 "나는 열등한 존재"라는 자기인식이라고 하였다. 그러나 그 결함이라는 인생의 덫에 대한 대처방식의 차이에 따라 반격 반응, 굴복자 반응, 회피 반응의 유형이 구별된다고 본다. 그 반격방식의 차이는 Young 등이 주장한 대로 대체로 타고나는 기질 때문이라고 본다.

| 그림 9-3 대처반응별 라이프골 우선순위 유형

위협에 대한 인간의 본성	심리도식에 따른 대처반응	4가지 life goal 우선순위
싸우기	과잉보상	Superiority 자기과시: 우월성 추구 Control 위협: 통제추구
도망치기	회피	Comfort 편안함 추구
얼어붙기	굴복	Pleasing 기쁨주기 추구

아들러 학파의 Rafaeli, David Bernstein, Jeffery Young 등의 심리도식치료 모델에 의하면, 아래의 <그림 9-3>에서와 같이 위협에 대한 인간의 대처방식을 싸우기, 얼어붙기, 도망치기로 나누고, 싸우기 과잉보상 방식은 자기과시형과 위협형의 두가지 방식으로 분화된다고 본다. 그래서 본성에 따른 대처반응을 과잉보상(자기과시), 과잉보상(위협), 굴복, 회피의

네가지로 보았다.9) 이렇게 해서 우월성 추구, 통제 추구, 기쁨주기 추구, 편안함 추구의 네가지 라이프골 우선순위 유형이 도출된다.

우리의 '아들러 리더십 코칭'은 Jeffery Young 등과 Eshkol Rafaeli 등의 대처방식을 Kefir의 네가지 라이프골 우선순위에 대입하여 <그림 9-3>과 같이 4가지 유형의 라이프골 우선순위 유형을 도출한다. 말하자면 Kefir의 네가지 라이프골 우선순위 유형의 특질을 Jeffery Young 등과 Eshkol Rafaeli 등의 대처방식으로 1:1로 연결하는 것이다.

여기서 자기과시형 과잉보상방식은 우월성 추구 유형인데, 결함에 대한 대처방식은 과잉보상 반응으로서 결함 도식과 '반대로 하기' 시도를 의미한다. 투쟁을 '자기과시'의 방식으로 한다. 그리고 위협형 과잉보상방식은 통제추구 유형인데, 과잉보상을 위한 투쟁을 상대에 대한 '위협'의 방식으로 한다. 자기과시형 과잉보상은 우월성(superiority) 추구로, 위협형 과잉보상은 통제(control) 추구의 라이프골 우선순위로 이원화되어 나타난다. 그리고, 굴복은 기쁨주기(pleasing) 유형으로, 회피는 편안함(comfort) 추구 유형의 네가지 라이프골 우선순위가 형성된다. 이들 네가지 유형은 다음과 같은 결함의 덫이 내면의 신념으로 작용한 것이다.

> superiority 유형: 나는 능력이 없다. 그래서 나는 열심히 노력하여 남보다 잘해야 한다. 내가 맡은 일을 성공적으로 잘해야 한다.
> control 유형: 나는 미래에 대해 불안하다. 주변 상황을 잘 통제하여 삶을 안정적으로 사는 것이 가장 중요하다.
> pleasing 유형: 나는 사랑받기에는 부족하다. 그래서 다른 사람의 기대에 맞추어 좋은 사람으로 인정받는 것이 중요하다.
> comfort 유형: 삶은 고통이다. 지금 여기에서 만족하고 편안하게 사는 것이 중요하다.

superiority 유형은 자기과시적인 방식으로 과잉보상을 추구하며 그래서 항상 중심인물이 되고 싶어하며 이를 위해 노력한다. control 유형은 위협의 방식으로 과잉보상을 추구하며 스스로는 남에게 강요당하지 않으러 한다. pleasing 유형은 자기 결함을 감추기 위하여 과중한 짐을 지려 하거나, 자신감을 잃고 얼어붙어서 굴복하는 경향이 있다. 남을 기쁘게 하는 방식으로 반응한다. comfort 유형은 고통을 회피하거나 도망치려는 경향이 있다.

라이프골 우선순위의 네가지 유형의 특징을 심리상담 분야의 Eshkol Rafaeli 등의 『심리도식치료』와 Don Dinkmeyer와 Daniel Eckstein의 『격려 리더십』을 참고하여 다음과 같이 정리할 수 있다.

자기과시형 과잉보상방식: Superiority 추구 유형

결함에 대한 대처방식은 과잉보상 반응으로서 결함 도식과 '반대로 하기' 시도를 의미한다. 즉, 투쟁을 자기과시의 방식으로 한다. 깊은 수치감이나 무가치함을 느끼는 아이(결함/ 수치심 도식)는 남보다 더 열심히 하여 성공하려 애쓰거나 그가 정상에 도달하도록 조력하는 지배적이고 저돌적인 스타일을 발달시킨다. 많은 이론가는 자기애적 개인들이 공허함, 외로움이나 열등감의 기저 감정을 과잉보상하기 위한 수단으로 과대한 자기이미지를 발전시킨다고 추측해 왔다.[10]

어떤 사람은 다른 사람들보다 더 잘하고, 더 능력 있고, 더 자주 옳은 결정을 하고, 더 유용할 필요를 느낀다. 그러한 개인들은 식견이 있고, 정확하고, 일반적으로 끈기가 있다. 그들이 피하고 싶어 하는 조직의 문제점은 무의미함이다. 남들보다 잘하지 못하면 삶이 의미가 없다는 뜻이다. 우월성을 나타내는 직원들은 가끔 지나친 부담, 지나친 책임, 지나치게 몰두하고 있음을 느낀다.[11]

위협형 과잉보상방식: Control 추구 유형

과잉보상 반응의 또 다른 유형은 과도한 통제이다. 그의 과도한 통제는 유기와 위험에 대한 취약성 도식에서 유래하였다. 무능감에 대한 반응을 상대에 대한 위협의 방식으로 한다. 직업에서는 성공하게 했지만, 사람관계에서 매우 높은 대가를 치르게 한다. 무서운 질병이나 다른 재앙이 언제든지 발생해서 그를 외롭고 무기력하게 만들 것이라는 예상은 정말 그가 이에 대한 대처 준비가 안 된 나이에 부모님을 잃었을 때 갖게 될 가능성이 높다. 그의 과도한 통제 성향은 그의 환경을 완벽히 통제하는 것을 유지함으로써 그러한 참사가 일어남을 막기 위한 시도다.12)

어떤 사람들은 전형적으로 자기 자신, 타인, 작업환경에 대한 영향력을 발휘함으로써 통제하려고 애쓴다. 창피함은 어떻게든 피하려 한다. 매우 높은 통제력, 잠재적인 리더십, 훌륭한 조직적 능력과 생산성은 그들이 가진 장점이다. 리더는 이러한 개인들에게는 가끔 화가 나고 도전의식도 느낀다. 지나치게 구성원들을 통제함으로써 창조성의 감소, 자발성의 결핍, 동료와 감독자들 간에 사회적 거리감 등이 구체적인 한계로 나타난다.13)

제프리 영과 자넷 글로스코에 의하면 과시형 보상방식(superiority 유형)이든 위협형 보상방식(control 유형)이든 과잉보상방식의 공통점은 자기 결함에 대하여 반격하고 보상을 극대화하려 한다는 점이다. 즉, 표면적으로는 자신만만하고 확신에 차 있으며, 겉으로는 우월감을 풍기려 하고 자신의 잘못은 인정하지 않으면서 남들에 대해서는 매우 비판적이다. 우월감을 느끼고 싶어 하며 특권과 지위를 획득하는 데 대부분의 에너지를 쏟는다. 이런 목적을 이용하기 위해 사람들을 이용한다. 우월감을 느낌으로써 어린 시절과 정반대의 느낌을 가지려 한다. 아동기 때 가졌던 무능한 아이라는 결함은 깊숙이 묻어둔 채 자신을 비난하거나 학대할 것이라고 생각되는 사람들의 공격에 맞서 싸우는 데 전 인생을 보낸다. 권력을 휘두르는 경향이 있는 사람들이 대체로 이런 유형이다.

반격이라는 대처방식은 결함이라는 인생의 덫에 대해 보상함으로써 남들과 자신에게 지금은 과거의 덫에 걸린 상황과 정반대임을 확신하는 것이다. 반격 대처방식은 더 이상 평가절하, 그리고 모욕을 당하지 않기 위해 보상적인 행동을 하면서 생겨난다. 과거의 취약성의 상태에서 벗어날 수 있는 길인 것이다. 반격 대처방식을 주로 사용하는 사람들은 건강하게 보인다. 사실 사회에서 존경받는 사람들 중 일부는 이런 반격을 잘하는 사람들이다.

이들이 비록 사회에 잘 적응하고 남들 눈에는 성공한 것처럼 보이지만 내면은 평화롭지 못하며 자신은 결함투성이라는 생각에 시달리고 있다. 그들은 청중들의 박수갈채와 환호 속에서 자신의 무능함을 묻어버린다. 박수갈채를 받는 것은 자신이 무가치하다는 뿌리 깊은 느낌을 보상한다. 자신의 결점이 드러나서 무시당하기 전에 결점을 감춤으로써 반격할 수 있는 것이다. 그러나 이러한 반격의 과정은 자신을 고립시킨다. 완벽해지는 데 너무 골몰한 나머지 그 과정에서 상처 입은 사람들을 배려하지 못하고, 남에게 어떤 문제가 생기든 반격을 계속한다. 반격은 친밀한 감정을 방해한다. 그 결과 사람들이 곁을 떠나거나 어떤 방식으로든 보복당하게 된다.[14]

그러나 반격하는 사람들의 내면은 쉽게 깨지기 쉬운 유리와 같다. 그들의 우월감은 바람 빠진 풍선처럼 쉽게 약화된다. 그들이 갖춰 입은 갑옷에도 결국에는 틈이 생기고 마치 온 세상이 무너지는 것 같은 날이 온다. 이런 때에는 인생의 덫이 강력하게 작동하여 자신은 결함투성이라는 느낌에 사로잡힌다. 결국 아무리 완벽하게 한다 해도 실패가 있을 수밖에 없다. 반격하는 사람들은 실패를 어떻게 받아들여야 하는지를 제대로 알지 못한다. 실패에 대해 책임을 느끼거나 자신의 한계를 인정하지 못한다. 그러나 전면적인 역풍이 불어올 경우에는 반격의 대처방식도 전적으로 실패할 수밖에 없다. 이런 상황이 오면 이들은 혼비백산하거나 우울증에 쉽게 걸린다.[15]

이런 사람에 대한 코칭 방향은 내적 지배력과 통제력을 격려하고, 사람들과 파워게임을 피하도록 하며, 가능하면 언제나 힘과 리더십의 책임감을 느끼도록 돕는다.

나의 코칭 의뢰인은 은퇴 후에 좌절감을 느끼는 사람들이 흔히 있었다. 현직에 있을 때는 열심히 노력하여 승진도 하고 돈도 벌면서 결함의 덫에서 빠져나왔다고 생각했다. 그러나 퇴직 후에 그런 자존감이 무너지는 경우가 많다. 우울증에 걸리거나 몸이 아파지는 사례도 있었다.

굴복자 반응: Pleasing 추구 유형

굴복자 대처방식은 자신의 결함도식에 종속되는 경향이 있다. 자기보다 더 강인하고 자기확신을 하는 것으로 여겨지는 다른 성인들과의 관계에서 거의 아이와 같이 느끼고 행동하며 수동적이고 고분고분하거나 남에게 의존하는 역할을 함으로써 그들의 도식에 대처한다. 이러한 행동은 일시적으로 그들이 보다 안전하게 느껴지도록 하지만 결국은 비참하게 느껴지도록 할 것이다. 굴복자 대처방식은 종종 '타인지향' 영역 도식들, 즉 인정추구, 자기희생, 복종 도식과 연관된다. 그들 자신의 욕구는 배제한 채 과도하게 타인의 욕구에 중심을 준다. 다른 사람들의 인정을 얻기 위해 너무 열심히 일하고, 그들 자신의 욕구를 희생한 채 타인에게 너무 많은 것을 주고, 타인의 요구에 그들 자신을 복종시킨다.16)

어떤 사람들은 리더가 자신을 인정해주길 원한다. 그들의 장점은 친절하고 사려가 깊다는 것이다. 그들은 리더가 자신들에게 일반적으로 기대하는 것을 빈번하게 자원해서 수행한다. 리더는 처음에는 친절하고 고분고분한 사람들에게 종종 즐거움을 느낀다. 나중에는 직원들의 관심과 인정에 대한 욕구 그리고 리더의 사소한 얼굴 찡그림을 개인적인 거부로 해석하는 경향에 격분하게 된다. 남에게 기쁨을 주려는 직원들은 개인적인 행복이 너무 자주 동료들이나 리더의 인정에 영향을 받기 때문에 전형적으로 노심초사한다. 비록 남에게 기쁨을 주고 싶은 욕구가 리더에게 개인적인 즐거움이 될 수는 있지만, 정직한 관계를 해치는 대가를 치르게 된다. 그들은 거부에 대한 두려움 때문에 진실된 의견을 내놓지 않는다.17)

기쁨주기(pleasing) 유형은 인생초기의 결함에 대하여 자신은 열등한 존재라고 생각하거나 결함투성이라고 생각하고 그렇게 행동한다. 이 점에서 반격 반응과 대조적이다. 남들과 자신을 비교할 때는 항상 자신에게 불리한 방식을 택한다. 항상 쉽게 사과하며 남들 앞에서 자책한다. 우호적인 환경도 수치심과 비난으로 가득 찬, 자신에게 익숙한, 환경으로 바꿔버린다. 이것이 굴복이다. 자신이 열등함을 타인들에게 은폐하기 위하여 그는 항상 많은 짐을 스스로 떠안는다. 그는 다른 사람들이 항상 자신보다 낫다고 생각한다. 이런 이유로 인해 사교 모임은 언제나 그에게 고통스럽다. 긍정적인 측면을 축소하고 부정적인 면을 강조하며 그런 사건들로 인해 자신의 결함이 증명된다고 생각한다. 자신의 굴복 대처방식을 유지·강화한다.[18]

나의 한 코칭 의뢰인은 아동기 때 한번 판단을 잘못하여 고생한 경험이 있었는데 그 일을 계기로 자신을 멍청한 사람이라고 규정하였다. 자신의 사소한 잘못을 책망하고 비난한다. 그리고 남들에게 인정받기 위해 애쓴다. 돈을 빌려달라고 하면 잘 빌려준다. 그렇게 하지 않으면 자신이 사람 같지가 않게 느껴진다. "그렇게 하지 않으면 나는 사랑받지 못해, 거절하면 저 사람을 기쁘게 할 수 없어, 저 사람을 보기가 힘들어진다, 내가 좀 힘들면 된다." 이것이 기쁨주기 유형의 열등의식이다. 매몰차게 내 길을 갈 수가 없다.

공동체감이 많은 것 같지만 사실은 내가 세상의 중심이다. 내가 베풀어서 사람들이 나에게 감사를 느끼도록 한다. 내가 베풀지 않으면 내가 힘들다. "그렇지 못하면 사랑받지 못하는 거야"라고 독백을 자주 한다. 좋은 사람 속에도 사적논리가 있다.

이런 유형에 대한 코칭의 방향은 기쁨을 주는 직원에게 리더의 개인적인 인정 없이도 자신의 자기존중감을 회복하도록 해준다. 일방적으로 주는 나무에서 받기도 하고 주기도 하도록 권장한다. 나를 제외하지 않고, 나도 성장, 자립하면서 타인도 도와주고 내 역할도 하도록 한다.

회피 반응: Comfort 추구 유형

회피대처 반응들은 자신의 결함도식을 유발하는 사람이나 상황에 대한 회피와 관련이 있다. 애정관계가 야기하는 고통 때문에 그것을 포기한다. 결혼이 늦어지는 경향이 있다. 회피대처 반응들은 매우 흔하다. 단순공포증, 사회공포증, 광장공포증 같은 불안장애 등이다. 종종 간과되는 회피 반응들의 특징은 그것이 얼마나 바꾸기 어려운가 하는 것이다. 회피대처 반응들은 일시적으로 도식 활성과 관련한 불쾌한 감정을 줄여주고 안도감을 준다. 하지만 두려움이나 고통에서의 이러한 일시적 중단은 또 다른 중단을 만들어 내는 동일한 회피 행동을 보상함으로써 영속되는 것이다. 즉 회피대처 반응들은 단기적으로는 불안을 줄여주지만 장기적으로는 회피 행동과 불안을 강화시킨다. 회피대처 방식을 가진 사람들은 행동적 회피 뿐만 아니라 인지적 회피도 한다. 그들은 아마 그들의 도식을 일으킬 수 있는 상황을 생각하거나 기억하는 것을 피할 것이다.[19]

이 유형은 어떻게든 스트레스, 책임감, 기대를 회피하고 싶어 하는 편안함에 의해 근본적으로 동기화되어 있다. 편안함(comfort) 추구 유형은 '삶은 고통이다'라고 생각한다. 싫어하는 것이 스트레스 받는 것, 강요당하는 것이다. 원하는 것은 즐거움, 편안함이다. 그들은 어떠한 위험도 떠맡지 않고 새로운 프로젝트에 거의 자원하지 않는다. 그들의 장점은 전형적으로 태평하고, 남의 일에 간섭하지 않는 경향이 있다는 점이다. 만약 직원들의 생산성이 감소하고 그들이 '나에게 안전함과 편안함을 제공해 주세요'라는 태도를 가진 응석받이가 된다면, 리더는 종종 그러한 직원들에게 화가 나거나 싫증이 난다.[20] 응석받이로 자란 사람은 인생과제를 회피하기 위해 차라리 사막에서 홀로 지내고 싶어 하는 괴짜가 되기도 한다.[21]

편안함(comfort) 추구 유형은 투쟁-도피-얼음 반응의 관점에서 보면, 결함의 현실에서 도망치려 하는 패턴이다. 자신의 인생 패턴에 대해 생각하기를 회피하며 마음속에서 지워버린다. 그에 관한 감정 또한 피한다. 대처방식의 하나로 도피를 사용하는 것은 자연스러운 일이다. 책임도 피한다. 자극받았을 때 슬픔, 수치감, 불안, 분노와 같은 부정적인 감정이 야기되므로 고통으로부터 도망치려 한다. 그런 감정들이 고통스러우므로 직면하기를 회피하는 것이다. 직면하기를 거부하므로 고착되어 있다. 문제라고 인정하지 않으므로 변화시킬 수 없다. 알코올 중독자도 도피 반응에 속한다. 자신은 알코올 중독자가 아니라 여가시간에 술 마시는 것뿐이며 음주를 스스로 조절할 수 있다고 주장한다.

Comfort 추구형은 자신에게 결함이 많다는 사실을 희미하게 느끼고 있을 뿐 이 사실을 외면하려고 애쓴다. 살아가는 동안 취약하거나 민감한 영역은 피해가려고 한다. 결함이라는 덫에 걸려있으면 친밀한 관계를 피하려 하며 그 누구도 너무 가까이 다가오는 것을 허용치 않는다. 실패의 덫에 걸려있다면 일, 학교에서의 과제, 승진이나 새로운 과제를 떠맡기를 회피할 것이다. 사회적 소외의 덫에 빠져있다면 집단, 파티, 회의를 피할 것이다. 의존의 덫을 가지고 있다면 독립적인 능력을 요구하는 모든 상황을 피할 것이다.

덫에 대처하는 방법의 하나로서 도피를 사용하는 것은 자연스러운 일이다. 덫이 자극받았을 때 슬픔, 수치감, 불안, 분노와 같은 부정적인 감정이 야기되므로 고통으로부터 도망치려 한다. 그럼 감정들이 고통스러우므로 직면하기를 회피하는 것이다.

comfort 유형의 도피반응의 또 다른 연원이 있다. 하나는 응석받이 출신들이다. 부모가 무슨 요구든지 다 들어주었기 때문에 자기가 굳이 싸워서 투쟁하거나 대응할 필요가 없다. 현실에 안주한다. 요구만 하면 되는 것이다. 또 하나는 너무 귀여움을 받아서 현실에 안주한 유형도 있다. 그래서 comfort 유형은 자기가 원하는 방식대로 사는 것이 중요하다는 신념이 강력하다. 일종의 현실 도피이다.

도피 대처방식의 단점은 덫에서 벗어나기가 어렵다는 사실이다. 진실을 직면하지 못하고, 문제라고 인정하지 않는 것을 변화시킬 수는 없기 때문이다. 따라서 과거와 같은 역기능적인 행동과 관계를 되풀이하게 된다.22) 회피를 추구하는 comfort 유형의 사람들은 자기 문제를 회피하고 변화도 회피하며, 그래서 고집이 세다.

이런 유형에 대한 코칭의 방향은 의뢰인이 위험을 감수하는 방향으로 조금씩 진전하도록 도울 수 있다. 새롭게 나아갈 방향에 대해서 의미부여를 하는 방식으로 코칭할 수 있다. comfort 유형은 편안함을 추구하는 사람이기 때문에 편안함을 선호하는 그 사람의 인생방식을 존중하면서 자각이 일어나도록 하는 질문을 던진다.

편안함을 추구하는 것은 무엇이 좋을까요?

그러면 편안함을 추구하여 손해 본 것은 어떤 것이 있나요?

그렇다면 반대로 성공을 하면 좋은 것은 무엇이 있을까요? (성공에 대한 의미부여 효과)

이렇게 하여 성공에 대하여 의미부여 하며 성공을 즐거움으로 바꾼다. 그리고 편안함은 언제든지 선택할 수 있다는 인식전환을 하도록 한다. 먼저 성공을 선택하게 하여 그것에 의미부여해서 즐거움으로 만들고, 그것의 신념, 원칙을 만들게 하고, 성취지향적 가치로 전환하게 하고, 우월성 추구 쪽으로 목표를 설정하게 하고, 그것을 실행하게 하고 점검하는 방식으로 코칭을 진행한다.

코칭으로 만난 이정해(가명) 팀장은 둘째 딸로 태어났는데, 공부를 잘하여 어머니로부터 총애받은 언니 때문에 상대적으로 관심을 덜 받고 살았다. 언니는 S대를 졸업하고 미국에 유학까지 간 엘리트였다. 그래서 어머니는 언니만 편애했다고 느꼈다. 어머니는 "너희는 아무 말도 하지마!"라고 무시하고 억눌렀다고 한다. 언니랑 경쟁을 포기했는데, 그 패턴은 삶의 전 영역에서 같은 방식으로 나타났다. 삶의 과제를 회피하여 불편한 관계를 회피하고, 사랑과 결혼도 회피하였다. 강력한 comfort 성향을 보였다.

서희(가명) 팀장은 미모의 여성 리더이다. 아빠가 자기를 무지무지 이뻐해 주셨다. 사랑을 많이 받고 자랐다. 일종의 응석받이였던 셈이다. 아버지가 항상 학교에 데리러 왔다. 그녀는 공부를 열심히 하지도 않았고 그래서 잘 하지도 못하였다. 언니는 공부를 잘했다. 장학생이었고, 자기가 공부를 제일 못했다고 한다. 언니는 열심히 살고 있다. 어머니의 유전자를 받았다고 한다.

서팀장은 아등바등 살지 않는다. "내가 할 수 있는 만큼만 하자, 안될 것 같으면 빨리 포기한다. 편하게 하고 싶은 대로 산다"가 주된 신념이다. 그녀는 편안함을 추구한다. 아무것도 하지 않고 처박혀 있고 싶다거나 힘들게 사는 것을 싫어하고, 그렇게 살지 않는다.

그녀는 간섭받고 싶지 않은 사람이다. 그녀는 자기 방식대로 자기 스타일을 유지하면서 살고 싶다. 편안하고 자신의 방식대로 살아가기 원하는 사람이다. 그녀의 자아정체성은 "내가 하고 싶은 대로 살고 싶은 사람"이다. "나는 간섭받고 싶지 않은 사람"이다. "그러므로 나는 내 방식대로 살기 원한다."

내 방식대로 산 그녀의 삶은 comfort 유형이다. 편안하고 자신의 방식대로 살기 원한다. 간섭받고 싶지 않은 사람이다. 내가 원하는 대로 안되면 되도록 나의 주변을 통제한다. comfort를 위해서 주변을 통제하기도 한다.

네가지 우선순위의 의미

이 네가지 라이프골의 우선순위가 왜 의미가 있는가? 결함의 덫에 대한 상이한 대처방식은 각자 자기의 독특한 사적논리 안에서 자신의 생존과 번식의 과제를 실현하는 전략이다. 이 사적논리가 어떤 라이프골 우선순위의 모습으로 드러났는지를 탐색하는 것이 코칭의 과제이다.

아들러는 가능하면 어린 시절부터 시작해 의뢰인의 인생 과정에 관해 이야기를 나누고, 특히 자신이 약하고 무능하다거나 고통스런 느낌을 드러내거나 감추는 사건과 시기에 주목한다. 그러면서 기관 열등성의 징후가 나타나는지도 주의 깊게 관찰한다. 주저하거나 멈추거나 도망가는 기질을 확실하게 추적할 수 있으면 현재 상태에 대한 실마리를 얻게 된다고 본다.[23] 삶의 투쟁-도피-굴복의 전략을 판별하려는 것이다.

인생의 3대 과제에서 생존과 번식이 여의치 않을 경우, 투쟁-도피-굴복 반응이 신경증으로 발전할 수도 있다. 애초의 목표였던 안전과 적응을 보장해줄 수 있는 우위를 차지하기 위해 노력하지만 우위 또는 우월성을 차지하려는 욕구가 너무 과도해지면 오히려 정신생활은 불안해지기 시작하며, 경우에 따라서는 극심한 불안에 빠질 수 있다.

생존과 번식의 목적에 대한 두려움이나 열등감이 우월성 추구의 근원이자 동력이다. 그러나 이 프로젝트가 곤경에 빠져 불안해지거나 주어진 과제를 해결할 수 없다고 확신하게 되면 사람은 회피할 방법이나 변명을 열

심히 찾는다. 그러면 잠재되어 있던 우월욕구가 평소보다 더 강하게 표출
된다. 이러한 상황에서는 목표수정이 불가피하다. 어려움을 회피하고 거기
서 벗어나는 것이 새로운 목표가 된다.24)

사적논리로 사는 삶은 열등감으로 사는 삶이다. 누구든지 자기 라이프
골 우선순위가 열등감에서 형성되기 때문이다. 그 열등감을 극복하기 위
해서 평생을 아등바등 산다.

> 나는 능력이 부족하다. (superiority 유형)
> 성공적으로 살 수 있을지 불안하다. (control 유형)
> 타인에게 사랑받기에는 부족하다. (pleasing 유형)
> 삶은 고통스러우니, 나는 내 방식대로 살아야 한다. (comfort 유형)

이런 열등감을 가지고 사는 사람들은 자신의 라이프골 우선순위에 집착
하기 때문에 이들은 모두 더불어 살기에는 모가 나고 부족한 삶으로 살기
쉽다. 거대한 우주, 자연, 사회에서 경쟁하면서 살고 생존하기에는 결핍감
을 느끼고, 열등감을 느낀다. 부족감을 극복하기 위해 노력하고 도전하며
성취지향적이 된다. 열등감을 보상받기 위한 마음의 작용이다. 인간은 항
상 부족감을 느끼기 때문에 인간은 스스로를 발달시키고 진화시키지만,
열등감이 온갖 심리적 문제의 근원이 되기도 한다. 열등의식에 가려서 자
존심은 높지만 자존감이 낮다.

우월성 추구의 사례

사적논리와 라이프스타일이 우리의 삶에 어떤 영향을 미치는지를 이해
하기 위해 전옥선(가명) 상무의 우월성 추구의 사례를 보자.

> 나는 경상도 안동에서 딸로 태어났다. 딸을 낳았다고 할아버지가 어
> 머니를 구박하며 갓난아이인 나에게 젖도 먹이지 못하게 하였다고 한
> 다. 그러니 어머니는 나를 안아주지도, 이뻐해 주지도 못했다고 한다.
> 나는 어머니의 돌봄 없이 혼자서 컸다고 생각하고 있다. 나는 어머니
> 를 싫어했고 미워했다.

초등학교에 입학했더니 공부 잘한다고 선생님이 나를 인정해주어서 더 열심히 공부하였다. 그래서 나는 공부를 잘 하는 학생이 되었다. 고등학교는 집을 떠나 도회지로 가서 혼자 살았다. 고등학교에서도 열심히 공부하여 서울에 있는 유명대학을 나와 대기업에 취업해서 임원급으로 승진하여 살고 있다. 아무도 날 돌보지 않으니 나 혼자 열심히 노력해서 잘 살아야 하기 때문에 이만큼 사회적 성공을 했다. 그러나 삶이 공허하고 재미가 없다. 성공한 삶을 살아도 기쁘지 않다.

전상무는 아들러 코칭을 통해서 자신의 라이프스타일의 뿌리를 알고, 현재 삶의 역기능성을 알게 되었다. 자기의 관점으로만 보고 어머니를 원망하고 미워하고 집을 떠나 있었는데, 나이 50이 넘어서 코칭을 받으면서 공동감각의 개념을 배우고, 어머니의 관점으로 세상을 보게 되었다. 자신이 철부지여서 자기중심으로 생각했다는 것을 알아차렸다. 유교적 문화에서 아들을 낳지 못했다고 시아버지가 젖도 먹이지 말라고 한 호령 때문에 어머니로서 어린 딸에게 애정 표현을 못하고 살았다는 것을 알게 되었다. 집을 떠나 도회지 고등학교로 진학할 때 역에서 어머니가 자기를 떠나보내면서 눈이 붓도록 울던 모습을 이제야 이해하게 되었다. 그때는 자기를 좋아하지도 않는 어머니가 왜 우는지 이해하지 못했다고 한다. 이전의 자기중심의 관점으로는 자기가 버려졌다고 생각했는데, 이제 그녀는 어머니의 사랑을 느낄 수가 있고 감사한 감정을 느끼게 된다고 한다. 이제 삶이 충만하게 느껴지고 감사함을 느낀다고 한다.

사적논리로 사는 삶은 열등감에 찌든 삶이다. 자기 존중감이 없으면 그 결핍감 때문에 성장을 하지만 충만한 안정감을 느끼기는 어렵다. 사람은 누구나 태어날 때부터 부족하고 열등하다. 사람이 붙어서 몇 년을 키워야 하는 무능력한 존재이다.

그렇지만 주위에서 사랑해주고, 양육해주면 자기도 살아가기에 충분한 능력이 있다고 인식하게 되며, 그런 자아개념을 바탕으로 자립하게 된다. 자기의 3대 인생과제인 일, 관계, 가족 구성이 성공적으로 해결되어 삶이 충만해진다. 이것이 인성 개발의 방향이다. 부모들이 자녀의 인성 개발에 신경써야 하는데 공부와 성취에 너무 집착하면 오히려 부적응적 사람이 된다.

사적논리를 넘어서 공동감각으로 살게 되면, 열등감이 대폭 소멸된다. 타인으로부터 인정을 받기 쉬워져서 '나는 능력 있는 사람, 나의 일을 하기에 충분히 준비된 사람, 내가 해서 안 되는 일이 없다'고 생각하게 된다. 자기 효능감이 생기고 자립이 된다. 성취, 도전, 창의가 나온다. 이것이 자존감이다.

아들러 말대로, 성숙한 삶은 타인의 눈으로 보고, 타인의 귀로 듣고, 타인의 가슴으로 느끼면서 경쟁심 없이 함께 살 수 있도록 돕고 기여하는 것이다. 공동체감이 풍성한 사회적 성격으로 개발되기 때문이다.

2) 라이프골 우선순위 유형 조사의 실제

이제 끝으로 라이프골 우선순위(life goal priority)를 어떻게 판별해 내는가? 첫째는 질문지 조사이다. 그런데 질문지 조사는 여러가지 불편함이 있다. 공인된 질문지에 접근하는 것이 쉽지 않다. 또한 무의식의 영역에 있는 라이프골 우선순위를 조사하는데, 한 페이지의 짧은 응답지에 응답할 때 응답자가 의도적으로 자기가 의식적으로 중요하다고 생각하는 문항에 높은 우선순위를 줄 수 있다. 그리고 편안함 추구 유형에 나오는 부정적 특질에 대해서는 체크하기를 기피하는 경향이 있다. 가령, 코칭에서 만난 서희 팀장의 경우는 편안함 추구 유형인데 질문지 조사에서는 우월성 추구의 결과가 나왔고, 또 어떤 사람의 경우는 우월성 추구형인데 질문지 조사에서는 기쁨주기 추구형으로 나왔다. 그래서 질문지 방법은 권장하지 않는다. 불편하지만 다음과 같이 차근차근 탐색해야 한다.

둘째로, 우선순위 판별은 아래의 표를 보고 자신의 가치와 일치한다고 생각하는 것을 고르게 한다. 이것이 변별력이 보다 높은 방식이다. 다음 질문에 대한 대답에 기초해서 결정된다.

내가 가장 중요하게 생각하는 것은 무엇인가?
내가 반드시 피해야 하는 것은 무엇인가?25)

중요하게 추구하는 것	어떤 경우에도 피하고 싶은 것
우월성(superiority) 추구	무의미, 즉 실패하거나 성공하지 못하면 의미가 없다.
통제(control) 추구	모욕, 굴욕, 굴복, 내가 원하는 대로 안되면 화가 잘 난다.
기쁨주기(pleasing) 추구	거절당하는 것을 싫어한다.
편안함(comfort) 추구	스트레스 받는 것, 책임지는 것, 기대를 받는 것 싫어한다.

이 질문에 대한 답을 찾을 때, 3대 인생과제를 수행하는 방식을 염두에 두고 찾아야 한다. 그래서 하루 일과 중에서 그들이 행하는 일이나 그들이 행할 때에 느껴지는 감정에 대해 자세히 설명해 보라고 요구함으로써 알 수 있다. 코치는 이러한 설명으로부터 그들의 우선순위를 추론하게 된다. 가령, Kefir는 편안함 추구자들은 스트레스를 피하고, 남을 기쁘게 하는 기쁨주기 유형 사람들은 거부당하는 것을 피하며, 통제 추구자들은 상황이나 타인들에 의해 굴욕감 느끼는 것을 피하고, 우월 추구자들은 성공하지 못하여 삶의 무의미감을 느끼는 것을 피한다고 주장한다.[26]

우선순위를 탐색하는 세번째 기술은 아래의 표를 보고 자신의 우선순위를 찾도록 하는 것이다. 이는 자신의 결함의 덫에 대한 항목과 자신의 내면의 신념을 읽고서 판단하게 하는 방법이다.

우선순위	나의 결함의 덫	사적논리
superiority	나는 능력이 없어	내가 맡은 일을 성공적으로 잘해야 돼. 내가 맡은 일을 남보다 잘해야 해.
control	미래에 대한 불안	삶을 안정적으로 사는 것이 중요해. 삶에 대한 통제감을 갖는 것이 중요해.
pleasing	나는 사랑 받기에 부족해	다른 사람의 기대에 맞추어 좋은 사람으로 인정받는 것이 중요해.
comfort	삶은 고통이야	지금 여기서 만족하고 편안하게 사는 것이 중요해. 내가 원하는 방식으로 사는 것이 중요해.

우선순위를 알아내는 네번째 기술은 그들에게 앞 절의 네가지 우선순위의 특징에 관한 자료를 읽고 자기에게 가장 맞는 것이 무엇인지 선택해보라고 요청하는 것이다. 이 네가지 유형에 대한 설명을 보고 어느 것이 자신을 가장 잘 설명하는지 선택하게 한다. 각 문맥에 해당하는 삶의 에피소드를 이야기해보게 한다. "통제감을 갖는 것이 나에게는 가장 중요합니다", "나에게는 타인을 즐겁게 하는 것이 가장 중요합니다" 등의 대답이 도출될 수 있다. 이 네 번째 조사방법이 가장 신뢰도가 높다.

이처럼 아들러의 분석기법은 무의식에 묻혀있는 자기의 라이프스타일을 탐색하여, 명료하게 인지적으로 드러내서 알아차리도록 한다. 알아차리지 못하는 무의식에 있는 것을 의식으로 드러내서 인지적으로 알아차릴 수 있게 한 것이 아들러 심리학의 탁월한 측면이다.

2. 사적논리 1차 조사
: 인생의 3대 과제의 복기를 기반으로

앞에서 언급한 바와 같이 사적논리는 두 가지 방법으로 탐색한다. 1차는 인생의 3대 과제를 복기하는 과정에서 찾아내고, 2차는 초기기억을 탐색하는 과정에서 찾아낸다. 2차는 다음 장에서 하기로 한다.

사적논리 탐색은 우선 인생의 3대 과제(life task)에 어떻게 대응하는지를 복기하는 과정에서 실시한다. 사적논리가 의미 있는 것은 세가지 인생과제를 해결하기 위한 전략의 논리이기 때문이다. 아들러는 일, 관계, 사랑이라는 인생 3대 과제를 어떻게 처리하느냐에 따라서 그 사람의 라이프스타일과 삶이 결정된다고 본다. 인생의 3대 과제를 실행하는 것은 생존전략의 최전선이기 때문이다. 인생의 3대 과제에 대응하는 방식을 보면그 사람의 생존전략을 알 수 있고, 생존전략이 바로 사적논리의 핵심이다.

당신은 무슨 일을 하는 사람인가요? 일을 어떤 태도로 임하시나요? 친구나 주변 사람들을 어떻게 생각하시나요? 그들은 당신에게 어떤 의미가 있나요?

사귀는 사람은 있나요? 결혼은 하셨나요? 결혼이란 당신에게 어떤 의미가 있나요?

당신의 장래희망은 무엇인가요? 그 희망의 의미는 무엇인가요?[27]

이런 질문들에 그 사람의 삶의 전략이 고스란히 드러나게 마련이며, 여기에서 그 사람의 사적논리를 판단할 수 있다. 인생의 3대 과제에 대한 위의 질문 3가지에 대하는 태도를 보면 그 사람의 진정한 모습이 드러난다. 이런 식으로 그리는 그 사람의 그림은 다른 어떤 방법을 통해 그린 그림보다 더 정확하다. 이 질문에 대한 답을 생각하는 동안 코치는 거울이 되어 의뢰인을 비추어주고 의뢰인 스스로 자신의 대답 속에서 자신을 바라보게 한다. 그리고 마음의 거울에 비친 자신의 모습을 음미하는 동안, 코치는 사적논리 삼단논법의 질문을 던진다. 생존양식 삼단논법은 다음과 같다.

나는 ~이다.

세상은 ~이다. / 타인은 ~이다. / 사건은 ~이다.

그러므로 나는 ~하게 살아야 한다.

이 질문은 아들러의 관점을 계승한 Manaster와 Corsini(1982)가 만들었다. 자기 개념, 세계관, 삶의 전략이라는 도식으로 구성된 생존양식 삼단논법(lifestyle syllogism)이다.

① 자기개념: 나는 누구인가에 대한 확신
② 세계관: 세상 사람은 어떤 사람이며 세계는 나에게 어떤 곳인지에 대한 인식
③ 생존전략: 자아개념, 자기이상, 인생관, 세계관을 종합하여 자기가 살아가야 하는 방식이 구성된다.[28]

여기서 자기이상, 즉, 아들러 용어로 가상인생목표(fictional final goal)를 질문할 수도 있다. 나는 어떤 사람이어야 하며 세상에서 특정한 위치를 차

지하기 위해 어떤 사람이 되어야만 한다는 확신을 질문한다.

인간의 인식은 논리적으로 구성되기 때문에 사적논리도 인과적·논리적으로 구성되어 있다. 사적논리는 생존양식 삼단논법의 틀로 구성되어 있다. 비록 생존양식이 아들러의 핵심 개념이기는 하지만, 삼단논법의 도식 요소(schema components)들은 개인심리학을 넘어서 다양한 임상가에게 폭넓게 수용되고 있다.29) 이들 삼단논법이 '사적논리'의 내용을 구성한다.30)

실제 코칭 사례를 보자. 코칭에서 만난 김수지(가명) 팀장은 마음의 공허함을 느끼고, 사람들과 잘 어울리지 못한다고 호소한다. 김수지 팀장은 다음과 같은 심리도식 혹은 사적논리를 가지고 있었다.

> '나는 혼자다.'
> '사람들은 각자 자기의 길을 간다', '세상은 외롭다.'
> '그러므로 나 스스로 강하게 살아야 한다.'

사적논리를 명확히 도출하기 위해서 구체화 질문을 몇 번이라도 던져야 한다. 그러므로 "나 스스로 강하게 살아야 한다고 하셨는데, 스스로 강하게 살아야 한다는 것은 어떤 의미이세요? 그렇게 해서 어떻게 한다는 것인가요?" 구체적으로 반복적으로 질문을 해야 대처하는 방법들이 명료하게 드러나게 된다.

그렇게 함으로써 사적논리에서 열등감도 확인할 수 있다. 사적논리는 인생의 3대 과제에 직면하여 느끼는 결핍감과 열등감에서 대처방안으로 나오는 것이기 때문에 반드시 열등감이 묻어 있다.

"그러므로 나는 강하게 살아야 한다고 했는데, 그렇게 살지 못한 나는 어떤 느낌이에요?"라고 질문을 해야 한다. 이렇게 질문하면 열등의식으로 들어가고, 열등의식을 경험하게 된다. 네가지 라이프골 우선순위 유형에 따른 열등의식은 능력 없음, 불안감, 사랑받을 가치 없음, 힘듦이라고 앞에서 지적하였다.

김수지 팀장의 열등감은 불안감이다. 혼자서 세상을 살아야 하니, 제대

로 살 수 있을지, 안정되게 살 수 있을지가 문제다. 그래서 결핍감과 열등
감 속에서 산다.

3. 가상인생목표(fictional final goal) 진단

라이프스타일을 찾기 위하여 사적논리를 조사한 다음에는 가상인생목표
를 탐색한다. 가상인생목표는 라이프스타일이 어떤 '목적'을 향해 움직이
는지를 알게 한다는 점에서 중요하다. 그 목적과 방향이 바로 개인의 가상
인생목표이다.[31]

아들러 심리학은 어떤 사람이 인생의 3대 과제에 대한 물음에 대해 내
놓는 대답을 바탕으로 그 사람의 전반적인 라이프스타일과 특별한 목표를
찾아낼 수 있다고 본다. 이 목표는 절대적인 힘을 갖는다. 여기서도 인생
의 3대 과제에 대한 질문을 다시 상기시키도록 한다.

> 당신은 무슨 일을 하는 사람인가요? 일을 어떤 태도로 임하시나요?
> 친구나 주변 사람들을 어떻게 생각하시나요? 그들은 당신에게 어떤
> 의미가 있나요?
> 사귀는 사람은 있나요? 결혼은 하셨나요? 결혼이란 당신에게 어떤
> 의미가 있나요?
> 당신의 장래희망은 무엇인가요? 그 희망의 의미는 무엇인가요?

이 마지막 질문이 바로 가상인생목표를 탐색하는 질문이다. 이 질문을
통해서 찾아낸 가상인생목표는 그 사람의 라이프스타일을 결정하고 또 그
사람의 인식과 행동의 모든 측면에 반영될 것이다.[32] 아들러가 객관적인
현실보다 가상(fiction)이 우리 삶에서 중요한 역할을 한다는 파이힝어의
생각을 받아들여 만든 개념이 가상인생목표이다. 우리 모두는 어린 시절
에 자신의 결함과 무능력을 극복하기 위한 가상적 목표를 세워서 인생 계
획을 세우고, 이는 가상적 목표지만 삶의 원동력이 된다. 자신의 가상적
최종목표라는 점에서 현재의 '자아개념'에 대비하여 '자아이상'이라고도 불

린다. 아들러 학파는 '모든 행동에는 목적이 있다'는 점을 강조하면서 행동 이면에 있는 구체적 목적이 무엇인지 탐색하게 한다.

인간의 삶은 개인의 내밀한 목적에 따라 만들어지는 것이기 때문에 생존전략은 목적론적 관점에서 관찰해야 한다. 이 목표는 유년기부터 아이의 마음속에 자리를 잡아 심리적 발달에 방향을 제시한다. 그러나 사람들 대부분은 그 목적을 의식하지 못한다. 행동을 보면 그 사람이 추구하는 목적을 알 수 있다. 현재 자아개념과 자아이상 즉, 가상인생목표 간에 간극이 클수록 스트레스와 열등감이 많다.

아들러는 어릴 때 자주 경험했던 허약함과 질병 때문에 의사가 되어야겠다는 장래희망을 일찍부터 가지게 되었다고 한다. 농부의 아내였던 어머니는 힘든 육체노동을 하면서 자식에게는 입버릇처럼 "손톱 밑에 흙 묻히지 않는 일을 하라"고 하셨다. 그 말이 내사되어 나는 어릴 때부터 열심히 공부하는 라이프스타일이 형성되고, 대학을 진학하고, 미국 유학까지 갔다 오는 삶을 살았다. 가상인생목표가 삶의 나침판이자 동력이었다.

아동기 때 경험한 결핍감과 열등감을 극복하기 위하여 지어낸 가상의 장래희망이 그 사람의 가치관과 행동과 감정을 결정하는 사례들을 볼 때, 한 인간을 이해하는 데 이보다 더 효과적인 방법은 없을 것이다. 구체적인 생의 목표를 가지면 그 목표가 이루어지는 순간, 개인은 자신이 현재의 어려움보다는 우월하다고 생각하고 느낄 수 있다. 그는 마음속에 미래의 성공을 이미 가지고 있기 때문이다.

그러나 객관적 조건이 가상인생목표를 결정하는 것은 아니다. 자신이 경험한 상황을 어떻게 인식하느냐에 달려 있다. 같은 상황이라도 사람마다 다르게 인식하고 해석하여 다른 가상인생목표를 선택한다. 이러한 가상최종목표는 어린 시절 초반부터 시작된다. 사회생활에 따른 자극을, 이를테면 형제자매와 부모, 친척, 지인, 동료, 친구와 선생 등과의 관계를 통해 보고 듣고 자극을 받으며 가상목표가 만들어진다.33)

아이가 성장할수록 그 목적은 어떤 시점이든지 현재를 안내하는 등대로 작용한다. 그것은 아이의 행동에 방향성을 제시하며, 어른이 되었을 때 구체적인 야망의 형태로 변환된다. "내가 착하거나, 부자이거나, 똑똑하거나, 요직에 있는 사람이거나, 권력이 있을 때에만 나는 존경받고, 수용받고, 안전하고, 중요한 사람이 될 것이다."[34] 이처럼, 사람마다 각자 다른 가상 인생목표를 가지고 있다.

4. 라이프스타일에 대한 잠정 가설 도출

3대 인생과제를 복기하는 방법에 기반하여 라이프골 우선순위, 사적논리, 가상인생목표를 차례로 조사하면 라이프스타일의 윤곽이 드러난다. 그런데 이 단계에서 찾은 라이프스타일은 확정된 것은 아니다. '잠정적 가설' 수준이다. 인생의 3대 과제에 대한 리뷰는 현재 상태에서 진행하는 라이프스타일 탐색이기 때문이다.

더 심층적인 탐색은 초기기억 조사를 통해서 하게 된다. 초기기억 조사를 통해서 의뢰인의 삶의 스토리와 사적논리, 당시의 가상인생목표 등을 탐색하면, 처음 구상했던 잠정가설을 점차 확정할 수 있다. 가설의 타당성이 확보된 다음에 비로소 최종 단계인 라이프스타일 재각인(re-imprinting) 단계로 넘어가야 한다.

자신의 사적논리와 라이프스타일, 즉 생존양식을 알게 되면 자신이 누구인지를 비로소 알게 된다. 『나는 누구인가』라는 제목의 책이 어떤 인터넷 서점에 30여 종이 있다. 30여 종의 책이 모두 나름대로 내가 누구인지에 대한 답을 찾기 위한 책이다. 나는 누구인지를 알고자 하는 갈급함이 그만큼 크다는 의미다.

그런데 진실로 내가 누구인지를 알게 되는 때는 자기 자신의 내면에서 가동되는 심리 프로그램인 자신의 사적논리와 라이프스타일을 찾았을 때이다. 자신의 사적논리와 라이프스타일을 알게 되면 비로소 자신이 여태까지 무엇을 위해서, 왜 이런 방식으로 살아왔는지를 이해하게 된다. '일체유심조'라고 하였듯이 모든 것이 자신의 마음이 만들어낸 것이니, 자신의 마음의 본질을 알게 된 것이 바로 자기 자신이 누구인지를 아는 것이다.

가상인생목표, 사적논리, 라이프골 우선순위로 구성된 라이프스타일에 대한 탐색을 의뢰인과 함께 도출하고 나서 이 결과를 충분히 되새김하는 것이 필요하다. 자신의 사적논리는 자기 자신이 선택한 것이라는 사실, 자신이 만든 사적논리에 기반한 라이프스타일이 자기에게 가한 역기능과 자기패배적 결과들을 복기해보는 것은 매우 중요한 자각의 모멘텀이 된다. 어린 나이에 철없을 때 만든 이 신념이 내면에 깊숙이 내장되어 이것을 '나'라고 믿고, 내가 그렇게 살아왔다는 것을 알게 된다. 내가 나를 그렇게 창조했구나 하고 성찰하게 된다.

특히 사적논리는 "그러므로 나는 ~하게 살아야 한다"는 대목이 사실상 생존전략을 규정한 것인데, 이것에서 자신만의 삶의 방식을 창조했다는 것을 알게 되는 것이다. 자기가 만든 신념에 기반한 정체성을 자기라고 믿고 자기의 라이프스타일도 자기가 만들어서 여태까지 살아왔다는 것을 자각하게 된다.

앞에서 본 대로, 라이프스타일의 핵심은 사적논리이다. 사적논리는 이성이나 상식이 아니라 아들러가 사적 지능이라고 부른 것이다. 즉 공동체감정 또는 상식과 분리된 채 개인이 자기합리화를 위해 사용하는 논리를 아들러는 '사적 지능' 또는 '사적인 내면의 논리'라고 불렀다.[35] 아들러의 사적논리를 Jeffrey Young은 심리도식이라 불렀다.

초기기억에 근거한 자아개념, 세계관, 인생관에 관한 사적논리는 모두 자기의 주관적인 인지체계이다. 객관적인 사실과는 거리가 있다. 그 주관적 허상에 따라서 지금까지 살아왔다. 사적논리는 어린아이의 좁은 소견을 기반으로 해석한 인지체계이다. 나는 지금 성숙한 성인인데 유아기에 만들어진 사적논리가 그대로 무의식적으로 작동하고 있다. 자신의 개인적 삶의 경험을 자신의 주관적 기준에 근거하여 인식한, 자신이 창조해 낸 신념이다. 이 사실을 알아차리는 것이 공동감각에 기반한 의식확장으로 가기 위한 마음 상태가 된다.

네가지 문제행동(misbehavior)에 대한 주의 사항

초기기억을 라이프스타일로 연결시킬 때 주의해야 할 사항이 하나 있다. 자기가 추구하는 라이프스타일이 좌절되었을 때 아동은 저항하거나 문제적 행동을 한다. 그 문제적 저항 행동을 드레이커스는 관심끌기, 힘겨루기, 보복하기, 무능한척하기의 네가지의 비행(misbehavior)으로 표현했다.[36)

아동기 때 본인은 자신의 라이프골 우선순위를 인식하지 못한다. 라이프골 우선순위가 무엇이든 그 라이프골이 좌절되었을 때 나타나는 문제상황에서 벗어나는 단기목표(immediate goal)로 네가지 유형의 문제행동이 나타날 수 있다. 성인의 경우에도 이런 저항적인 문제행동이 나올 수 있다.

예를 들어서 장돈규(가명) 사장은 기쁨주기(pleasing) 유형인데, 기쁨주기의 전형적인 특징이라면 부모님에게 기쁨을 주기 위하여 말 잘 듣고, 공부도 열심히 하는 모습을 보이는 것이 정상이다. 그런데 그는 부모님이 형을 편애한다고 생각하고 부모에게 저항하면서, '관심끌기' 차원에서 말을 잘 듣지 않고 용돈 많이 달라고 졸라대고 놀러다니고 사고를 치곤 했다고 한다. 관심끌기가 기쁨주기(pleasing) 유형의 문제행동인 것이다.

아동기 때의 이런 문제행동 유형을 본다면 현재의 라이프스타일 또는 라이프골 우선순위인 기쁨주기(pleasing) 유형이 아니라고 단정하기 쉬운데, 현재의 유형과 아동기 때의 유형의 이런 차이를 잘 관찰하고 그 맥락을 세밀하게 이해해야 한다. 아동기 때의 문제행동은 자신의 가상인생목표가 아니라 부모로부터 관심을 끌거나, 힘겨루기 하거나, 보복하거나, 아니면 무능한척하기의 단기목표인 것이다.

제10장
초기기억 탐색 기법
(Listening to early recollection)

앞장에서와 같이 라이프스타일의 대략을 진단한 다음에는 초기기억을 탐색하는 과정이 필수이다. 초기기억 탐색을 통하여 라이프스타일을 구성하는 가장 바탕이 되는 사적논리를 확인하는 것이다. 라이프스타일(또는 생존양식), 그리고 사적논리는 무의식에 들어있기 때문에 명료하게 찾아내기가 쉬운 일은 아니다. 그래서 이런 심리기제의 탐색은 아동기의 초기기억으로 거슬러 올라가서 찾는다.

어떤 사람의 생존양식을 탐색하기를 원한다면, 우리는 현재 그의 불평을 조금 들은 뒤에 그에게 옛날 기억을 떠올려달라고 부탁해야 한다.1) 아들러 코칭은 초기기억을 통해서 사적논리를 찾아내고, 그 사적논리가 가져오는 역기능적인 결과를 성찰해보고, 그 사적논리를 바꾸거나 수정하는 방식으로 진행된다. 이 논리를 받아들여서 아들러 리더십 코칭도 성립된다. 사적논리는 유아기 및 아동기 때 삶의 경험에서 만들어지는 것이기 때문이다. 그래서 사적논리 조사를 위해서는 유아기 및 아동기로 돌아가서 초기기억을 조사하는 것이 필요하다.

새로운 삶을 살고자 한다면 과거 기억을 재검토해야 한다. 그리고 재해석해야 한다. 성인이 되어 공동감각으로 사는 모습에서 과거의 경험을 바라보면 대체로 그 어린 시절의 속 좁고 편협한 생각을 바꾸지 않을 수 없다.

1. 초기기억의 방법론적 의의

인생의 초기 아동기에 있었던 경험 중에서 현재까지 남아있는 기억이 초기기억이다. 대부분의 기억은 없어지고 망각된 데 반하여 현재까지 영향을 미치는 기억은 남아있다. 초기기억은 내 삶의 의사결정의 준거틀이 되는 경험이다. 나의 라이프스타일과 관련된 기억들이다. 그 초기기억들 속에 현재의 라이프스타일의 원형이 녹아있다는 의미이다.

아들러가 제일 먼저 인식한 것은 인간 심리의 근간이 초기 유년시절에 형성된다는 사실이다. 아들러는 유아기에 만들어진 인생각본은 변화하지 않고 상영된다고 설파했다. 유아기의 모든 체험, 인상, 태도들이 성인이 된 후의 심리상태와 서로 연결되어 있다고 본 것이다. 아들러는 유아기의 체험과 성인이 된 후에 처한 상황과 태도를 서로 비교함으로써 둘 사이의 긴밀한 연관성을 찾아낸다. 초기기억 탐색 방법을 통하여 유아기에 형성되어 현재까지 삶을 이끌어온 인생각본을 찾아냄으로써 그것을 바꾸는 것도 가능하게 되었다.

초기기억 조사는 라이프스타일의 무의식의 뿌리를 찾는 작업이며, 이 뿌리를 찾는 작업이야말로 아들러 심리코칭의 꽃이다. Manaster & Corsini는 초기회상은 인간정신에 대한 X-ray이라고 평한 바 있다. 인간정신을 진단하는 과학적이고 실용적인 도구라는 의미이다.[2] 대부분의 정신과 의사들은 초기기억을 진단 도구로 활용한다고 한다. 학파에 따라 차이는 있지만 꽤 많은 정신치료 전문가들이 상담자를 만나면 꼭 초기기억이 무엇인지 물어본다고 한다. 초기기억 속에 그 사람의 문제의 핵심이 들어있는 경우가 많기 때문이다.[3]

초기기억으로 남아있는 기억이 왜 중요한지를 아들러가 잘 설명해준다. 아들러에 의하면 현재까지 남아있는 기억 중에서 '우연한 기억(chance memories)'이란 없다고 한다. 한 개인은 자신에게 다가오는 셀 수도 없이 많은 인상 중에서 그의 상황에 어떤 영향을 미치고 있다고 느끼는 것만을 선택적으로 기억한다. 나머지는 대부분 망각된다. 비록 그 인상이 매우 어두울 때에도 예외는 아니다. 기억은 '삶의 이야기'를 재현한다. 이 이야기는 자신에게 경고하기 위하여, 자신을 위로하기 위하여, 자신이 세운 목표에 지속적으로 집중하기 위하여, 혹은 과거의 경험을 통하여 이미 시험해본적이 있는 행동 양식으로 미래에 대응하기 위하여, 한 개인이 지속적으로 자신에게 반복해 왔던 이야기라고 한다.4) 초기기억으로 남아있는 기억의 의미를 잘 설명해준 대목이다.

초기기억이 방법론적으로 중요한 이유는 어린 시절에 대한 초기기억 회상 기법은 거의 예외 없이 코치와 의뢰인 사이에 라포형성을 증진시키는데 기여하기 때문이다. 초기기억을 회상할 때 의뢰인은 흥미롭게 몰두할 수밖에 없는 작업에 빠져들게 된다. 탐색의 이러한 특성으로 인하여 초기 회상을 하는 동안 의뢰인의 방어는 점차로 감소한다. 초기기억을 이야기하는 과정에서 일어난 감정들이나 자각들을 코치는 공감할 수 있으며, 이 비판단적인 반응이 라포를 형성한다는 점은 매우 중요하다.

코칭 대상자들은 자신의 초기기억이 현재의 삶의 방식과 연결되어 있다는 사실을 스스로 발견하고 마치 깨달음을 얻은 듯한 희열을 느끼기도 한다. 그래서 대부분의 사람들은 기꺼이 자신의 초기기억들을 이야기한다. 그러나 그들은 초기기억들을 단순한 사실로서 여기며, 아직 그 안에 숨겨진 의미를 미처 깨닫지는 못하고 있다.5)

초기기억이 이렇게 다목적으로 기능하는 이유는 기억이 인간에게 자기 삶의 기록이자 자기 자신의 상징이기도 하기 때문이다. 인간에게 기억은 자신의 정체성을 담지하고 있는 비밀금고인 셈이다. Ogler는 아들러 전기에서 "초기기억이 인간의 정신에 대한 깊은 통찰을 허락한다는 사실을 깨달았다는 것은 아들러의 가장 위대한 발견 중 하나"라고 썼다.6)

여기서 짚고 넘어가야 할 것은, 초기기억이 왜 현재의 삶의 방식에까지 연결되어 있는 것이냐는 것이다. 두가지 설명이 있다. 하나는 뇌파 설명이고, 다른 하나는 자이가르닉 효과 개념이다. 우선, 뇌파 설명을 먼저 보자. 뇌파는 델타파, 세타파, 알파파, 베타파의 순으로 형성되어 있는데, 태어나서 2살까지 아기들은 대부분 뇌에서 델타파를 형성하고, 2살에서 6살까지 아이들은 세타파를 갖고 있다. 델타파와 세타파는 최면술사들이 암시에 쉽게 영향을 받도록 만들 때 생기는 뇌파이다. 그래서 5~6세 시기의 아동의 뇌는 스펀지와 같은 상태다. 이는 어린이들이 왜 스펀지처럼 주변의 어른들의 믿음과 태도, 행동을 흡수하는지를 설명한다. 일곱 살이 넘으면 우리는 일상적 뇌파이자 현재 상태에 중점을 둔 베타파로 전이한다. 다만 이완 상태일 때는 알파파 상태로 간다.[7] 뇌파가 낮은 아동기 때의 중요 경험이 기억에 가장 뚜렷하게 남아서 지속된다는 의미이다.

자이가르닉 효과는 왜 특정 기억이 망각되지 않고 남아있는지를 잘 설명해준다. 러시아 심리학자 자이가르닉은 끝마치지 못한 일이 있으면 우리가 심리적으로 긴장하게 되고 줄곧 남아 있는 일에 미련을 두기 때문에 더 오랫동안 기억하게 된다고 했다. 하지만 하던 일을 마저 완성하거나 목표를 달성하면 긴장은 풀리고, 기억에서는 잊힌다고 한다. 미처 다 못한 일이 마음에 남는 이유는 무엇인가? 시험에서 못 푼 문제, 이루지 못한 첫사랑, 클라이맥스일 때 끝나 버린 드라마, 이런 것들이 머릿속에 떠오를 때면 아쉬우면서도 뭔가 찜찜하다. 사실, 이런 찜찜함은 우리에게 행동하도록 부추겨 목표를 이루는 중요한 원동력이 될 수 있다. 이처럼 마치지 못하거나 완성하지 못한 일을 쉽게 마음 속에서 지우지 못하는 현상으로 '미완성 효과'라고도 하며, 이런 심리 현상을 그녀의 이름을 따서 '자이가르닉 효과(Zeigarnik Effect)'라고 한다.[8]

자이가르닉 효과의 개념이 시사하는 대로, 사람은 유아 시절에 있었던 수많은 사건 가운데 자신의 삶에 대해 미해결의 과제로 오랫동안 지니고 있는 신념들이나 인지도식(schema of apperception)에 일치하는 아주 소수의 기억만을 회상하는 경향이 있다. 사람들은 수많은 초기 경험으로부터 지속적으로 유지되는 기본적인 성격구조를 구성함으로써 자신의 사적인 의미 세계를 창조한다.[9]

대부분의 성인에게 유년시절의 기억은 대부분이 까마득히 사라지고 없는데 유독 선명하게 기억되는 몇가지가 있다. 그 기억이 망각되지 않고 남아있는 것은 그 기억의 기능이 아직 필요하기 때문에 잊혀지지 않고 있는 것이다. 사람은 수많은 유년기의 상황이나 일화 대부분을 망각하지만 한 두 가지 특별한 것을 기억한다. 그것으로 그 사람의 주요한 관심이 이 사건에 집중되어 있다고 추정할 수 있는데, 그것이 삶의 방식, 즉 라이프스타일의 형성에 영향을 미쳤기 때문이다.10)

생활방식이 변화된 것으로 보고된 경우에 사람들은 초기시절에 대해서 다른 지각을 하는 것으로 관찰되며, 심지어는 초기회상들이 변화되거나 잊힌다.11) 자이가르닉 효과 이론에 의하면 이제 과제가 종료되었기 때문에 더 이상 기억할 필요가 없는 것이다.

아들러에 의하면 기억이란 현재 및 미래의 인생에 대해 가지고 있는 관계 때문에 중요한 것이다. 어린 시절부터 기억되고 있는 사건은 그 개인의 주된 관심사와 매우 가깝다는 의미이다. 그리고 우리가 그의 주된 관심사를 알 수 있다면, 우리는 그의 목표와 라이프스타일, 즉 생존양식을 알 수 있다. 아들러가 초기기억을 가치 있는 것으로 평가하는 것은 이런 이유에서다.12)

마음이란 기억에 기반한 것이다

뇌과학이 발달했지만 마음의 원리에 대해서는 아직 명확하게 설명하는 연구가 없다. 그런데 우리는 제5장에서 살펴본 뇌과학의 원리에 의거해서 보면, 마음의 정체가 무엇인지 짐작이 된다. 뇌의 작동원리와 시각, 청각, 촉각 등의 정보수집 기능이 통합해서 만들어내는 마음의 작동 원리를 추정해보면 다음과 같다.

길을 걷는데, 눈앞에 나무와 길이 보이는 것은 눈에 들어오는 시각 정보가 뇌의 기억정보와 상호작용하여 저것은 나무, 저것은 길이라고 뇌의 좌뇌 해석기가 확인해주는 현상이다. 새 소리가 들리는 것은 지금 들리는 저 소리가 뇌에 장기저장된 그 익히 들던 그 소리와 일치하고, 그것이 새의 소리라고 좌뇌 해석기가 판단해주기 때문이다.

나뭇잎 하나가 떨어질 때 가을이 왔구나 하고 아는 것은 전에 가을이 왔을 때 우수수 떨어지는 낙엽을 보았던 것이 뇌에 장기저장되어 있기 때문이다. 지금 나뭇잎 하나가 떨어지는 것으로 가을이 오고 있음을 아는 마음은 과거의 그 기억을 소환하여 일치시켜 주기 때문이다.

그런데 낙엽이 지던 무렵에 어머니가 돌아가신 경험이 있는 사람은 낙엽을 볼 때 어머니가 돌아가신 슬픈 기억의 프레임이 우세하게 작용한다. 그래서 낙엽을 보면 슬픈 감정이 올라온다. 우리 뇌 속에 장기저장되어 있는 여러 시냅스가 병렬적으로 작용하면서 더 우세한 시냅스가 힘을 더 쓰게 된다. 햇볕이 찬란한 날씨에 기분이 좋아지는 이유는 과거에 어릴 적 겨울날에 담벼락에 기대어 쪼이든 그 따스함의 기억이 현재의 따스한 햇볕에 소환되어 나오기 때문에 생기는 마음이다.

그러고 보니 인간의 마음은 기억이라는 중요한 참조 장치와 좌뇌 해석기 모듈 때문에 가능한 것이라는 것으로 짐작할 수 있다. 마음이 행복한 사람은 행복한 상황의 기억이 많은 사람들이다. 마음이 불행한 사람들은 문제적 상황의 기억이 많은 사람들이다. 어떤 자극이 주어지든 그 자극이 과거의 불행한 기억을 떠올리게 하기 때문이다. 저장된 기억이 별로 없는 유아는 별 생각이 없다.

기억이 마음에 이렇게 중요한 것이다. 우리의 마음은 곧 기억이고, 그 기억은 시냅스에 저장되는 것이니, 시냅스가 마음이다. 그리고, 마음이 뇌에서 나오고, 뇌는 신경세포와 시냅스로 구성되어 있으니, 시냅스가 마음의 실체라 말할 수 있다.

인간의 뇌에는 대략 1,000억개의 신경세포가 있고, 각 신경세포는 약 1,000개의 다른 신경세포와 연결되어 있다. 그래서 뇌에는 약 100조개의 시냅스가 연결되어 있다.[13] 바로 이 신경세포와 시냅스가 우리 마음의 하드웨어이다.

그래서 마음의 치유는 기억의 치유여야 한다. 기억의 오류를 수정하든지, 기억을 재구성하든지 하는 방법으로 마음을 치유할 수 있다. 아들러가 초기기억을 끄집어내어 치유하는 것은 그래서 옳은 방법이다.

무의식에 있는 사적논리를 의식으로 끌어올려 자각하는 기법

아들러 리더십 코칭의 핵심은 현재 행동의 근원이 무의식의 세계에 뿌리를 박고 있다고 보는 것이다. 아들러는 무의식에 잠겨있는 라이프스타일에 대한 초기기억을 들추어내서 의식화하는 작업을 하고, 그것을 의식세계에서 명료하게 인지하고 알아차려서 의식적으로 수정하고 변화시킨다. "내가 이런 생각으로 이렇게 살아왔구나"라고 알아차리는 순간 사람은 변화하게 된다. 이런 점에서 아들러 심리학은 혁신적인 코칭 기술이다. 이런 아들러 심리학의 특성 때문에 인지심리학의 원조라고 불린다.

이러한 의식화 작업을 하지 않고 무의식의 뿌리를 그대로 두는 한은 자신의 문제를 해결하고자 아무리 교육받고 학습하고 노력해도 효과가 미약할 수밖에 없다. 그 초기기억을 찾아내어 바꿔주지 않으면 그 생각은 다시 원래 자리로 금방 되돌아간다. 원래의 무의식의 뿌리가 새로운 싹을 돋아내기 때문이다.

2. 가족구도 조사

초기기억 조사는 라이프스타일의 뿌리를 조사하는 것이다. 라이프스타일의 뿌리는 가족이다. 유년시절 가족과의 상호작용 과정에서 대부분의 초기기억이 형성된다. 그래서 초기기억 조사는 먼저 가족구도 조사로부터 시작한다. 가족간의 상호작용을 조사하는 과정에서 라이프스타일이 형성된 초기기억의 맥락을 탐색하는 것이다.

초기기억에 영향을 많이 미치는 것이 출생순서와 형제자매 간의 관계이다. 태어나는 순서는 형제자매 관계의 환경을 결정하고, 부모로부터 사랑을 받는 방식에 영향을 미친다. 첫아이와 둘째 아이를 대하는 부모의 양육방식도 많이 다른데, 이것이 아이의 라이프스타일에 직접적인 영향을 미친다.

형제자매의 경쟁에 따른 각자의 필살기도 라이프스타일에 영향을 많이 미친다, 필살기란 아이들이 부모에게서 인정받는 전략이다. 공부 잘한다고 인정받고, 착하다고 인정받고, 잘생겼다고 인정받고, 끈기 있고 참을성 있다고 인정받는 등의 인정받는 경험이 자신의 초기의 생존전략으로 발전된다.

아이의 마음에 가해지는 가장 평범한 영향력의 하나는 아버지나 어머니의 양육방식이다. 과보호를 하면 응석받이가 되고, 학대를 하면 애정 결핍의 문제를 낳는다. 사랑과 규율을 공감, 경청, 나전달법 등의 민주적 방법으로 양육하는 것이 바람직하다.

아들러에 의하면, 과도한 처벌이나 학대를 하면 아이로 하여금 해방을 추구하도록 만들고, 반항적인 성격을 형성하기도 한다. 간혹 이것이 심리적으로 누군가를 배제하는 태도로 나타난다. 또 성질 급한 아버지를 둔 일부 소녀들이 성질이 급할 것이라는 이유로 남자를 배제하는 라이프스타일의 원형을 갖고 있다는 사실이 확인된다. 아니면 엄격한 어머니에게 억압당한 소녀들은 여자를 배제할 것이다.

아들이냐 딸이냐도 라이프스타일 형성에 큰 영향을 미친다. 부모의 선호도에 따라서 관심과 태도가 달라질 수 있기 때문이다. 가족구도는 아래 <그림 10-1>과 같은 도표를 사용하여 아버지, 어머니, 형제자매의 출생서열을 포함한다.

▌ 그림 10-1 **가족구도 조사표**

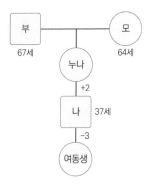

태어나는 순서는 라이프스타일 형성에 매우 중요한 요소이다. 첫 아이의 경우에는 처음에는 다른 아이가 없기 때문에 주위의 관심을 혼자 독차지한다. 그러다 둘째 아이가 태어나자마자, 첫째 아이는 자신의 왕위를 빼앗긴다는 사실을 깨닫게 되며 상황의 변화에 충격을 받기도 한다. 사실 그가 권력을 쥐었다가 더 이상 권력을 누리지 못하게 된 것은 그의 인생에서 상당히 큰 비극이다. 맏이로 사랑을 독점하다가 둘째가 태어나서 왕관을 폐위당하는 경험으로 좌절감이 크다. 이 비극의 느낌이 그의 성격적 특징으로 나타날 것이다. 다만 첫아이가 똑똑하면 그 아이는 둘째에게 정복당하지 않을 것이며 따라서 어떤 비극도 겪지 않을 것이다. 그런 아이는 사회적으로 적응을 잘한다.14)

맏이는 대개 권력과 규칙을 신봉한다. 여기에는 맏이가 종종 부모의 권위를 대신하는 역할을 한다는 점이 한몫한다. 오랫동안 이어진 장자상속 관습에서 이 사실을 직관적으로 알 수 있고 문학에서도 종종 볼 수 있다. 그러나 맏이는 대개 둘째 아이가 태어나면서 권좌에서 쫓겨나는 중대한 변화를 겪는다. 일반적으로 아이는 이런 상황변화에 준비가 되어있지 않아서 애정과 관심의 중심이 되는 자리를 잃어버렸다고 생각한다. 이에 엄청난 긴장을 느끼고 총애를 되찾으려 노력한다. 아이는 지금까지 주목받을 수 있었던 모든 방법을 동원한다. 물론 착하게 굴어 사랑받는 최상의 방법을 쓰고 싶다. 하지만 모든 사람이 새로 태어난 아이에게 신경쓰느라 부모가 바쁠 때 이런 방법은 자칫 주목받지 못하고 그냥 넘어가 버리기 쉽다. 그러면 아이는 전술을 바꿔 예전에 부정적인 관심을 불러일으켰던 행동들에 의존하게 되고 갈수록 이런 행동이 늘어난다. 똑똑한 아이라면 머리를 굴려 행동하지만 가족의 요구에 부응하는 행동들은 아니다. 아이는 적대적으로 굴고 말을 듣지 않으며 아기를 공격하는가 하면 심지어 침구에 오줌을 싸는 등 아기 노릇을 하려 들기도 한다.

둘째는 맏이와는 처지가 매우 다르다. 이들은 유일한 자식이었던 적이 없다. 처음에는 귀여움을 받지만 절대 관심을 독차지하지는 못한다. 이들에게 삶은 처음부터 달리기 경주와 같다. 맏이가 선두를 달리고 둘째는 맏이를 따라잡으려 애쓴다. 두 아이 사이에 벌어진 경쟁의 결과는 각자의 용기와 자신감에 따라 결정된다.[15] 대체로 둘째 아이들은 맏이보다 더 좋은 입장에 있다. 둘째들에게는 노력하려고 자극하는 페이스메이커가 있기 때문이다.

이현지(가명) 부장의 경우 둘째 딸로 태어났는데, 언니가 사교육을 많이 받았지만 꾸준하게 하지 않고 엄마께 달려들다가 야단맞는 것을 보고, 자기는 꾸준히 공부하고 대들지 않아서 인정받는 전략을 썼다고 한다. 라이프스타일을 검사했더니 기대한 대로 우월성 추구 유형이다. 그러면서도 기쁨주기 추구 유형을 2차적으로 가지고 있어서 공부를 잘하고 엄마 말을 잘들어서 인정·칭찬 받는다. 매우 좋은 성격의 사람이다.

심리학적 관점에서 보면 가족 안에서 가장 흥미로운 자리는 막내의 위치이다. 막내라고 할 때, 당연히 우리는 가장 어리고 동생이 없는 아이를 의미한다. 그런 아이는 오히려 유리한 위치에 선다. 권력을 박탈당할 이유가 하나도 없기 때문이다. 막내의 삶에는 첫째의 비극이나 권력을 탈취당할 수 있는 둘째와의 비극이 절대로 일어나지 않는다.

다른 환경이 다 똑같다면 막내가 가장 큰 발달을 이루는 것으로 종종 확인된다. 막내는 매우 활력적이며 다른 존재들을 극복하려고 노력한다는 점에서 둘째를 많이 닮았다.

그러나 대체로 막내는 나머지 가족과는 판이한 길을 걷는다. 과학자 집안이라면 막내는 아마 음악가나 상인이 될 것이다. 가족이 상인이라면, 막내는 시인이 될 것이다. 막내는 언제나 다를 것이다. 왜냐하면 같은 분야에서 경쟁하지 않고 다른 분야에서 일을 하는 것이 훨씬 더 마음이 편하기 때문이다. 그런 이유로 막내는 나머지 형제들과 다른 길을 걷는 경우가 많다. 분명히 이것은 그 아이가 용기가 다소 부족하다는 점을 보여주는 신호이다. 왜냐하면 용기가 있다면, 이 아이도 같은 분야에서 경쟁을 벌이려 했을 것이기 때문이다.[16] 역사와 전설은 막강한 막내의 사건들을 무수히 많이 들려주고 있다. 성경 속의 요셉이 대표적인 예다. 그는 모든 사람들을 능가하길 원했다. 동화에서도 이와 똑같이 막내가 주도적인 역할을 하는 내용이 발견된다.

외동도 나름의 비극을 가지고 있다. 어린 시절 내내 가족의 관심의 초점이 되고, 또 그의 삶의 목표가 언제나 그 초점이 될 것이기 때문이다. 응석받이가 될 수도 있다. 부모의 양육방식에 따라서 엄격하게 성장할 수도 있다. 그는 자신만의 삶의 방식에 따라 행동하는 유형으로 성장할 가능성도 있다.17)

3. 초기기억 탐색

가족구도 조사를 하면서 이미 우리는 어린 시절로 와 있다. 가족구도를 이야기하는 동안 초기기억들이 발견될 수도 있다. 질문하지 않았는데도 의뢰인이 먼저 이야기할 수도 있다. 왜냐하면 그것은 현재까지도 너무나 강력한 영향을 가지고 있는 경험이기 때문에 자연스레 흘러나올 수도 있다. 앞에서 밝힌 대로 아들러가 초기기억을 어떻게 찾아내었는지를 이미 살펴본 바가 있다.

많은 경우에 내담자에게 "당신은 몇째 입니까?"라는 질문만 던져도 된다. 그러면 필요한 정보가 꽤 얻어진다. 또한 완전히 다른 방법을 이용할수도 있다. 옛날 기억을 물을 수도 있다. 이 방법이 가치 있는 이유는 어린 시절 기억이나 첫인상이 우리가 원형이라고 부르는 초기 생존양식의 일부를 이루기 때문이다. 어떤 사람이 자신의 어릴 적 기억에 대해 이야기할 때, 우리는 그 사람의 원형의 일부를 들여다 볼 기회를 갖게 된다. 사람들은 누구나 과거를 들여다 보면서 중요한 것들을 기억해 낸다. 이렇듯 기억 속에 남아있는 것은 언제나 중요하다.

그러나 어떤 초기기억은 무의식 깊이 잠겨있어서 섬세한 과정을 통해서만 찾을 수 있다. 그런 경우를 대비하여 가족구도 조사가 끝나면 본격 초기기억을 불러내는 작업을 해야 한다.

중견 IT 기업의 김범수(가명) 상무의 사례다. 그는 유능한 엔지니어이고, 자기개발을 위하여 열심히 인문학, 코칭 등의 학습도 하는 열정적 자기개발 유형이다. 그가 스스로 말한 초기기억 이야기로는 그의 현재 라이프스타일과 별로 관련된 것이 없었다. 그런데 몇번째로 태어났느냐는 질문을 하자, 3형제 중의 맏이라고 하였다. 그리고 막내 동생이 태어난 날의 금줄 이야기를 하였다. 동생이 태어나고 산파가 집 대문에 금줄을 쳐놓았다는 이야기다. 놀다가 집에 들어가려는데 산파가 집에 못들어간다고 길을 막았다고 하였다. 자신이 배제당했다는 느낌이다. 더욱이 동생이 태어나서 부모의 관심이 막내에게로 쏠린 경험이 그를 좌절감을 느끼게 했다. 학창시절에 공부를 하지 않고 부모님 말씀을 듣지 않고 저항했다고 한다. 3류 대학에 입학하고 나서야 스스로에 충격을 받았다고 한다.

"내가 왜 이렇게 살았지?"

코치의 도움으로, 비로소 그가 왕관을 빼앗긴 왕자였음을 알 수 있었다. 자기가 지금까지 살아온 과정에 대해 왜 그랬는지 제대로 이해하게 된 것이다. 이런 알아차림을 한 후 김상무는 자기 삶의 스토리를 자세하게 들려주었다. 출생서열이 그에게 미친 영향을 확실히 확인할 수 있었다.

가족구도 조사에 이어서 유년기 아동기에 전개된 삶의 에피소드를 계속 듣는 것도 좋다. 친구관계, 학교생활 그리고 어릴 때의 꿈 이야기도 듣는 것이 좋다. 이때 가상인생목표도 찾아낼 수 있다.

초기기억 조사에서 꼭 필요한 코치의 기술은 공감과 경청 능력이다. 코칭 의뢰인의 어린 시절의 기억을 이해하는 기술은 아주 탁월한 공감능력을 요구한다. 즉 코치는 자신을 의뢰인과 동일시하면서 의뢰인의 어린 시절로 들어갈 줄 아는 능력이 아주 중요하다는 뜻이다. 우리가 아이의 삶에서 동생의 출생이 의미하는 바를 진정으로 이해하거나, 성질 급한 아버지의 학대가 아이의 마음에 남긴 상처를 이해할 수 있는 것은 바로 이런 공감능력을 통해서이다.[18]

그 다음 중요한 기술은 의뢰인이 초기기억이라고 말하는 것 중에서 아동기의 '회상'과 자기가 타인으로부터 전해들은 이야기인 '보고'를 구별하는 일이다. 투사적 가치를 가진 초기기억과 한 개인이 유년시절에 반복적으로 겪었던 사건이나 이야기를 보고하는 것은 분명하게 구분되어야 한다.19)

초기기억은 대체로 분명하게 시각화되는 반면, 보고는 막연하거나 흐릿한 이미지로 기억되는 경우가 많다. 한 사건을 '기억'한다는 것은 한 인간의 역사 내에서 경험의 자각을 가져다준다. 반면, 한 사건을 '안다'는 것은 한 개인의 자기인식(self-awareness)의 경계 밖으로부터 지식을 얻는 것을 의미한다. 만약 한 의뢰인이 계속해서 보고를 한다면, 그에게 눈을 감고 기억 장면을 시각화하라고 요청하는 것이 초기회상의 표현을 촉진할 수 있는 방법이 될 수 있다.

코칭 의뢰인들 중에는 초기기억이 명료하게 떠오르는 것이 없다고 하는 경우도 있다. 어떤 의뢰인은 초기기억 회상을 망설이거나 어린 시절을 되돌아보고 싶어 하지 않는 경우도 있다. 그럴 때 코치는 조급해하지 말고 우선 장소나 공간 단서를 활용하는 것이 바람직하다. 앞의 제5장에서 설명한 것처럼, 서술적 기억은 장소를 기본요소로 구성되어 있다. 어떤 기억이 아스라이 떠오르는데 연도가 언제인지는 기억나지 않아도 장소는 또렷이 기억이 나는 것처럼, 장소와 공간이 기억에 중요한 요소이다. 그래서 코치는 장소나 공간과 관련된 단서로 질문을 하는 것이 좋다. 아동기 때 살던 안방, 거실, 또는 집마당 등을 먼저 회상해보고, 그 장소에서 있었던 경험들 중에서 부모님이나 형제자매와의 관계에서 있었던 일을 떠올려 보도록 한다. 그 다음에, 인물을 중심으로 질문을 해도 좋다. 어머니의 말과 행동, 아버지의 말과 행동, 형제자매의 말과 행동 중에서 선명히 기억나는 장면을 떠올려 보도록 차례대로 질문해 본다. 또 주변 친척이나 주변 사람들 중에서 자신에게 기억나는 말이나 행동을 찾아보도록 한다.

우선 편안한 마음으로 눈을 감게 한다. 몇 차례의 깊은 호흡을 하고 마음을 가라앉힌다. 눈을 감는 것은 잠재의식 속으로 들어가게 유도하는 효과가 있다. 다음과 같은 지시문으로 안내한다.

"당신이 어렸을 때 아주 오래전 시기로 돌아가 보세요. 우선 가족과 가장 많이 접촉하던 곳이 어디인가요? 그 밖에 또 어떤 곳이 있나요? 가족과 함께 자주 갔던 곳은 어디인가요? 그곳에서 무엇이 보이나요? 당신의 마음속에 떠오르는 아동기의 기억들 중에서 어느 것이든 좋아요. 당신의 가장 어릴 때 기억들 중 하나를 기억해 보세요."

일단 장소가 떠오르면 장면과 사건들은 놀랄 만큼 쉽게 기억이 날 수도 있다. 그래도 금방 대답이 나오지 않을 수 있다. 원래 지시문의 한 부분을 다시 반복하거나 초기기억을 떠올릴 수 있는 충분한 시간을 주는 것도 도움이 될 것이다. 마치 그 순간 그 일이 일어나고 있는 것처럼 경험을 떠올린다. 초기기억은 삶의 문제에 대해 의사결정을 할 때 지침이 되는 작은 인생교훈이다. 이러한 살아있는 과거의 기억은 아직도 현재 사건이나 마찬가지이다.[20] 그래서 그 기억은 단서만 잘 주면 의식화될 수 있다. 의뢰인이 초기기억을 떠올리면 다음 세가지 질문을 한다.

당신이 기억에서 떠올릴 수 있는 다른 것이 더 있나요? (막연한 이야기 내용을 명확하게 하며 세부내용을 말하도록 요청한다)

기억에서 가장 생생하게 떠오르는 부분은 무엇인가요? (회상의 중심적인 주제를 정확히 찾아낸다)

그 지점에서 당신의 느낌은 어떠한가요? 혹은 당신이 어떤 느낌을 가졌는지 기억이 나나요? (느낌이나 감정을 물음으로써 기억의 의미를 분명하게 해석할 수 있다)[21]

초기기억 당시의 감정이 중요하다. 한 사람의 행동이 지향하는 목표는 유아기 때 외부 세계로부터 받은 인상에 의해 결정된다. 어린아이는 주로 기쁨과 불쾌감으로 반응하는데, 이 감정들이 중요한 역할을 하기 때문이다.

개인은 초기에 일어났던 수많은 경험들 중 특정한 사건만을 기억한다. 사람들은 각 기억의 특정 측면만 강조하고 다른 것들은 무시하거나 완전히 생략한다. 기억은 선택적이고 평가적인 과정의 산물이다.

아들러는 한 개인이 보고하는 첫번째 초기기억과 이후에 이어지는 초기기억들의 회상이 모두 다 똑같은 해석적인 중요성을 가지고 있다고 보았다. 종합적인 관점을 반영하여 아들러는[22] 각각의 초기회상들은 비록 명백해 보이지는 않지만 생존양식을 일관되게 표현하고 있다고 지적하였다.[23]

의뢰인이 자신의 과거를 되돌아볼 때, 우리는 그의 기억에 떠오르는 것이면 무엇이든 그에게 정서적으로 중요할 것이며, 따라서 그의 성격을 풀어떤 열쇠를 내놓을 것이라고 확신할 수 있다.[24] 그러므로 우리는 초기기억에서 얻은 객관적 자료로 의뢰인의 신념과 목표와 같은 현재의 생존양식의 기본요소를 추론할 수 있게 된다. 우리의 생존양식은 우리의 믿음, 신념, 태도의 유형에 따라 형성되기 때문이다.

4. 사적논리 2차 조사

생생하게 기억되는 장면이 떠오르면 그 상황에서 집중적인 인터뷰를 시작한다. 3단논법으로 사적논리를 도출하기 위한 작업이다.

나는 _____ 이다/하다.
세상은 / 다른 사람들은 _____ 이다/하다.
그러므로 나는 _____ 해야 한다.

"나는 ~이다"는 자아개념을 나타낸다. 현재의 자신의 모습에 관한 정체성 또는 identity이다. 자아정체성은 사적논리의 매우 중요한 구성요소이다.

세상이란 ~, 사람들은 ~, 삶이란 ~ 질문은 세상관 또는 세계관이다.

그러므로 "나는 ~해야 한다"는 대처방법에 대한 신념의 진술이다. 이 부분이 사적논리에서 가장 중요한 생존전략에 관련되는 요소이다.

Mosak은 이 신념들을 네가지 그룹으로 분류한다.

① 자기개념: 나는 누구인가에 대한 확신
② 세상관: 세계가 나에게 요구하는 것
③ 생존전략: 개인적 "옳고 그런 것"에 대한 규범. 생존의 방식에 대한 신념[25]

가상인생목표를 탐색하기 위해 다음과 같이 질문하면 된다.

④ 나는 어떤 사람이어야 하며 세상에서 특정한 위치를 차지하기 위해 어떤 사람이 되어야만 합니까?

내가 만난 한 중소기업 대표의 사적논리의 사례를 든다면 이렇다. 장사장은 어릴 때 부모님이 가업을 승계하기로 한 장남만 사랑하고 차남인 자기는 차별 대우했다고 생각하고, 부모에 대한 원망이 많다. 형에 대한 원망도 많다. 부모에 대한 원망이 많아서 어릴 때 공부도 하지 않고 놀기만 하였다. 대학도 3수하여 겨우 들어가고, 전공도 기업경영과 상관이 없는 관광학과를 들어갔다고 한다. 형이 개인 문제가 있어서 가업을 포기하고 자기가 승계를 받아서 사장이 되었지만 그 원망은 여전하고, 자기 자신에 대한 불신도 여전하다.

나는: 자신이 없는 사람이다. 의사결정을 잘 못한다. 사랑받지 못한 사람이다. 인정받지 못한 사람이다.
세상은: 믿을 수 없다. 우리 직원들도 믿지 못한다.
그러므로 나는: 사람들에게 잘 해서 인정받아야 한다.

이처럼, 사적논리에는 열등감이 많이 묻어있다. 열등감을 극복하기 위한 우월성 추구로 라이프스타일이 발전할 수도 있고, 장사장처럼 기쁨주기 추구 유형으로 발전할 수도 있다. 이것은 자기 자신을 어떻게 바라보는지의 주관적 인식에 따라서 달라진다. 그래서 앞장에서도 언급한 바와 같이, 사적논리를 명확히 도출하기 위해서 구체화 질문을 몇 번이라도 던져야 한다.

"그러므로 나는 사람들에게 잘 해서 인정받아야 한다고 하셨는데, 인정받지 못하면 어떻게 되나요?"라고 질문을 해야 한다. "사람들에게 잘한다는 것이 어떤 의미이세요?"라고 질문해야 한다.

구체적·반복적으로 질문을 해야 대처하는 방법들이 명료하게 드러나게 된다. 그렇게 함으로써 사적논리에서 열등감도 확인할 수 있다. 이렇게 질문하면 열등의식으로 들어가서 열등감을 경험하게 된다. "그런 말을 할 때, 어떤 느낌이에요?" 능력부족, 불안, 가치 없음, 힘든 상태임을 쉽게 이 단계에서 알아차린다. 장사장처럼 기쁨주기 추구(pleasing) 유형은 자기를 무가치한 사람으로 보고, 죄책감을 느낀다.

이렇게 만들어진 사적논리는 아들러가 주장한 것처럼, 개인의 내면심리 세계는 객관적 요인으로 형성되는 게 아니라 궁극적으로 개인 자신의 사적인 해석으로 만들어 내는 것임을 알 수 있다. 개인의 삶의 행로는 비교적 객관적인 형성이 아니라 매우 주관적인 목표와 가치에 따라 방향이 정해진다는 것이다. 사적논리에 대한 이 관점은 개인을 전적으로 외부의 힘이 아닌 상당부분 스스로에 의해 결정하는 존재로 이해하는 것이다. 즉 사람을 창조적이고 구성주의적으로 보는 관점이 여기서 나온다. 이 개념은 개인에게 자유롭고 낙관적인 느낌을 주기 때문에 심리치료에 특히 유용하고, 그래서 사람을 변화시키는 데서 중요한 역할을 한다.[26]

제5장 뇌과학 관련 글에서 인간이 가진 창조적 적응성과 좌뇌의 해석기 기능으로 인하여 인간은 주어진 상황을 해석하고 이야기 짓기를 잘 한다는 것을 알 수 있다. 사적논리도 좌뇌의 이야기 짓기 능력에서 나오는 것이다. 사적논리는 주어진 상황을 사적인 관점에서 판단하고 전략적 대응 방향을 구성하는 인간의 창조적 적응의 한 기능이다.

이렇게 찾아낸 2차 사적논리를 1차 사적논리와 비교해 보아야 한다. 대체로 1차와 2차의 사적논리는 거의 일치한다. 일치하는 경우는 제대로 사적논리를 도출한 것이다. 라이프스타일을 확정할 수 있다.

제11장
라이프스타일의 자각과 의식확장
(Expanding awareness)

앞에서 라이프스타일을 충분히 탐색했다. 첫째는 현재의 일상의 상태에서 라이프골 우선순위 유형, 사적논리, 가상인생목표를 탐색하였다. 둘째는 초기기억을 탐색하여 사적논리를 재차 도출하였다.

이 장의 목적은 초기기억과 라이프스타일이 자기 삶에 미친 영향을 알아차리는 일이다. 이것이 본 코칭에서 의식확장이라 불리는 과정이다. 의식확장이란 자기 삶의 뿌리에 대한 깨달음이다. 이 깨달음이 있어야 과거의 사적논리에 지배받는 삶에서 공동감각으로 사는 더 큰 그릇의 리더로 성장할 수 있다.

사람들이 힘들어하는 여러 문제의 근본은 자신이 개인적인 논리(private logic)에 지배되고 있고, 공동감각(common sense)에서 멀어진 까닭이다. 공동감각에서 편향이 생기면 상황을 있는 그대로 인식하지 못하게 된다. 그래서 세상의 상식적 세계와 충돌하게 된다. 의식확장의 과정은 그런 상황을 알아차리고, 생각의 감옥에서 벗어나는 것이다.

1. 초기기억이 라이프스타일의 뿌리임을 알아차리기

초기기억 그 자체만으로는 의미를 해석하기가 쉽지 않은 경우가 많다. 초기기억을 현재의 라이프스타일과 연결할 때 그 초기기억의 의미가 제대로 드러나고, 지금까지 망각되지 않고 생생하게 살아있는 이유를 알 수 있게 된다. 현재의 라이프스타일에 관련이 없는 초기기억은 별로 없다. 현재와 관련이 없는 기억은 대체로 망각되어 없어지기 때문이다.

우리는 아동기의 초기기억들에서 그의 삶의 방식이 왜 그러한 특정 라이프스타일 형태로 다듬어졌는지를 알 수 있다. 또한 초기기억에서 결핍감과 어려움들을 극복하기 위해 자신을 어떻게 적응시켰는지를 알려주는 징후들도 모을 수 있다. 기억의 의미를 이해하려면 이러한 초기기억을 현재의 삶의 방식과 연결시켜야만 한다. 아들러의 말대로, 초기기억은 그의 주관성의 출발점이며 자기 자신을 위해 묘사한 자서전의 시초이다.1)

초기기억과 현재의 라이프스타일이 어떻게 연결되는지를 나의 사례로 보자. 나의 유년기의 기억 중에서 생생한 몇 가지가 있다. 그 중의 하나가 계란 3개의 기억이다. 어느날 어머니가 안방으로 들어오라고 해서 들어갔더니 선반에서 날계란 하나를 꺼내어 뚜껑을 따고는 나에게 마시라고 건네주셨다. 나는 말없이 받아서 꿀꺽 마셨다. 어머니는 두 번째 계란을 꺼내어 주셨고 나는 또 마셨다. 세 번째 계란도 또 마셨다.

시골 농가에서 계란은 집에서 기르는 닭이 낳아주는 것이지만, 장에 내다 팔아서 돈으로 바꾸어야 하는 것이라서 먹어 없애기에는 귀한 것이다. 나는 가난하고 배고픈 어린 시절에 그런 큰 특혜를 받으면서 자랐다. 나는 2남 5녀의 형제자매 중에서 6번째이다. 형이 나보다 7살이 많으니 7년만에 태어난 아들이기 때문에 특혜를 받으며 자란 것이다. 유년기의 두 번째 기억은 자다가 깨어서 어머니 생각을 하며 베개에 눈물을 적신 일이다. 어머니가 돌아가시기라도 하면 어떻게 할까 하는 생각에서다.

나는 열심히 공부하고 성공해서 어머니에게 보답해야 한다는 삶의 신념을 어릴 때부터 가지게 되었다. 이 신념이 나의 우월성 추구라는 라이프스타일을 형성하였다. 지금 생각해보면 어머니가 나를 지극히 사랑하셨는데, 그것이 어머니의 의도와는 다르게 나를 우월성 추구의 사람으로 자라게 했다. "나는 성공해야 해, 비뚤어지지 않고 잘 자라야 해"라는 신념으로 살았다. 그 신념이 나를 열심히 성실하게 살게 한 나의 라이프스타일을 구성하였다. 그런데 그런 특혜를 받을 때 어머니에게 의존하는 응석받이가 되기도 하지만, 오히려 열심히 공부하고 일해서 어머니에게 보답해야 한다는 신념과 라이프스타일을 가지게 된 것은 다행이라는 생각이 든다.

이런 유년기의 기억이 나에게 어떤 의미를 가지고 있는지, 그것이 나의 현재의 삶의 방식에 어떤 연관을 가지고 있는지를 이해하게 된 것은 아들러 심리코칭을 만나고서부터다. 나는 나의 신념대로 살았지만 유년기 신념에 포함되지 않은 가치들은 뒷전이었다. 우월성 추구 유형으로서 성공하기 위하여 열심히 노력하며 살았다. 결핍감과 열등감을 극복하기 위해 긴장 속에서 살았다. 앞을 향해 뛰었기 때문에 옆을 돌아볼 시간이 없었다. 내가 아내에게서 자주 듣는 지적이다. 아들러 코칭을 통하여 이런 나를 바라볼 수 있게 되었을 때, 나는 비로소 호흡을 길게 하고, 마음을 편안히 가지고, 주변 사람들에게 관심을 더 가지고 바라볼 수 있게 되었다. 내가 왜 현재의 내가 되었는지를 알게 되는 것은 큰 깨달음이다.

아들러 코칭은 무엇보다도 의뢰인의 유년시절과 아동기 시절에 주목하는 것을 원칙으로 삼는다. 그에게는 나이를 먹어도 지워지지 않는 초기 유아적 경험의 흔적이 남아있기 때문이다. 그 흔적이란 무엇인가? 아동기에 느끼는 무능감, 결핍감, 부족감이다. 이것을 해결하기 위해, 끊임없이 더 나은 나를 위해, 노력하고 성장해간다. 결핍감과 부족감에 빠져있던 아이가 인정받고 적응하기 위해서 일찍이 결정해서 만들어진 것이 생존방식, 즉 라이프스타일이다.

그런데 성인이 된 이제는 더 이상 유년기·아동기 때와 같은 결핍감을 느끼고, 무능력한 사람이 아니지 않은가? 성인은 이미 능력 있고 존중받고 의미 있는 사람인데, 항상 무의식의 한 구석에서, 마음 깊은 곳에서 "나는 부족해", "삶은 불안해", "나는 못났어, 사랑받지 못하는 가치 없는 존재야", "삶은 힘들어"와 같은 부족감과 결핍감을 가지고 있다. 성인이 되어서도 이런 사적논리로 나의 삶을 평가하면서 허덕이면서 산다면, 이런 과거의 라이프스타일로 살고 있다면, 열등감에 따른 방어적 행동을 하게 되며, 편안하고 행복하게 살 수 없다.

이런 과거의 라이프스타일에서 벗어나야 한다. 과거의 라이프스타일을 점검하고 새로운 라이프스타일을 재구축해야 한다. 이것이 라이프스타일을 바꾸어야 하는 이유이다. 나에게 결핍감이 없다면 마음에 평화가 찾아온다. 나에게 부족한 것이 없다고 생각한다면, 가슴에 뚫린 구멍이 없다면, 긍정 에너지가 생긴다. 그때야 비로소 있는 그대로 보이기 시작한다. 타인에 대한 관심이 나온다. 공동체감이 나온다. 사회적 관심이 증진되고, 타인에게 용기를 부여하고 공동의 목적에 기여하는 새로운 라이프스타일이 구축된다. 아들러 리더십 코칭을 통해서 보다 충만한 삶의 라이프스타일이 새롭게 구축될 수 있다.

이것이 인문학에서 말하는 해탈이다. 뱀이 허물을 벗는 것과 같고, 새가 알의 껍질을 깨고 나오는 것과 같다. 인류의 숙원사업인 생각의 감옥에서 나오는 것이다. 켄 윌버가 어렵게 철학적으로 설명한 2층의식이다.[2] 먹고 사는 문제가 1층의식이라면, 깨달음을 얻고 해탈한 의식이 2층의식이다.

2. 라이프스타일을 자각하며 삶의 패턴을 복기하기

아들러 코칭은 개인이 자신들의 라이프스타일을 자각하고 왜 자신이 그런 방식으로 행동하는지를 이해하도록 돕는 것이다. 다시 말해, 코칭의 목표는 그들의 라이프스타일의 실체와 역기능성을 이해하도록 하는 것이다.

아들러 코칭을 통해서 지금까지 살아온 방식의 근원이 바로 나의 생존 방식이자 나의 생존전략이었구나 하는 깨달음을 얻게 된다. 무의식 세계에서 라이프스타일이 자기 삶을 이끌어왔다는 것을 알아차리는 것이 의식확장(expanding awareness) 단계이다. 매 상황에서 발생하는 나의 사고, 감정, 행동이 라이프스타일에 의해 결정되는 셈이다. <그림 9-2>에서 보는 바와 같다.

기존의 자기 라이프스타일이 현재의 문제와 증상을 만들었다는 것을 알아차리는 것이 의식확장이다. 자기의 라이프골 우선순위가 어릴 적에 주어진 조건에 적응하기 위하여 자기가 선택한 것이라는 사실을 알아차리고, "그것이 나라고 믿고 내가 그렇게 살았구나, 내가 나의 라이프스타일을 창조했구나, 내가 남을 원망할 일이 아니구나"를 알아차리는 것이 의식확장이다.

이것을 다른 말로 표현하면 직면이다. 자신이 유년기 시절부터 가지고 있는 라이프스타일이 현재의 문제적 상황들을 만든다는 것을 알아차리고, 그것이 자신의 생존양식임을 알아차리는 것이 직면이다. 라이프스타일에서 중요한 것이 목표의 감각이다. 가상인생목표, 라이프골 우선순위 등이다. 목표가 생각을 만들고, 감정을 만들고 행동을 만들기 때문이다. 자살자, 도적질, 범죄도 명확한 목표를 가지고 있다. 내면의 목적이 무엇인지를 잘 파악하면 그 목적이 나의 사고, 감정, 행동을 야기했다는 것을 알아차리게 된다. 많은 자각이 일어난다.

3. 라이프스타일의 역기능을 통찰하기
: 의식확장

아동기 때 형성된 라이프스타일이 왜 문제인지를 초기기억이 가지는 일반적 오류로서 설명할 수 있다. 초기기억이 형성되는 과정에서 사적논리는 대체로 다음과 같은 오류를 범한다.

① 과잉일반화
　・"사람들은 적대적이다." 여기에는 '모두'라는 의미가 종종 내포되어 있다.
　・"인생은 위험천만하다." 여기에는 '언제나'라는 의미를 내포한다.
② 안전에 대한 잘못된 인식
　"한번 잘못하면 죽는 거야."
③ 삶과 삶의 요구에 대한 잘못된 지각
　"사는 건 너무 힘들어" 혹은 "나는 모든 사람을 즐겁게 해야만 해."
④ 자기의 가치에 대한 과소평가와 부정 또는 과대평가

"난 멍청해", "난 아무 쓸모없는 사람이야", "난 한낱 주부일 뿐이야", "나는 세상의 중심이야."

⑤ 잘못된 가치

"다른 사람을 짓밟아서라도 일등이 되어야 해", "돈이 최고야."

⑥ 자기 자신에 대한 부정적 신념

"나는 능력이 없다. 남들을 기쁘게 해서 인정받아야지." 부모의 질책이나 꾸지람에서 무의식적으로 심어진 신념이다.

⑦ 여러 가지 생각의 감옥들

"삶은 고통이다", "인생은 경쟁이다", "사람은 얌전해야 한다."

이처럼 사적논리는 오류의 신념 투성이다. 자신의 라이프스타일이 수반하는 역기능적인 측면은 이런 오류의 신념에서 만들어진다. 어떤 코칭 의뢰인은 삶의 전반적인 기능에서 교란되어 있는 모습을 보여주는데, 특히나 부적응적인 자동사고(maladaptive automatic thoughts)를 담고 있는 표현 방식에서 잘 나타난다. 이 부적응적인 자동적 사고는 기본적 오류, 비이성적인 생각, 인지적 왜곡으로 알려져 왔다.

한 예로 이태영(가명) 부장의 "나는 멍청한 사람이야", 장사장의 "나는 나를 신뢰하지 않아", 서희 부장의 "내 스타일대로 살아야 해"와 같은 자동적 사고를 하며 사는 사람들의 삶을 상상할 수 있다. 역기능적인 신념체계가 자기도 모르게 내면에서 자동반복적으로 가동하고 있다.

코치는 라이프스타일을 도출한 이후 의뢰인의 3대 인생과제 복기와 초기기억 조사를 통해서 자신이 지금까지 살아오는 과정에서 내면의 신념체계가 자기를 어떻게 조종하였는지 알아차리는지를 확인한다. 이런 알아차림을 촉진하기 위해서 코치는 다음과 같이 질문할 수 있다.

"자, 이제 당신은 자신의 라이프스타일에 대해 이해하고 있습니다. 왜 당신이 지금까지 그렇게 행동하는지를 자기 자신에게 설명할 수 있나요?"

아동기 때 형성된 라이프스타일의 공통적인 특징은 자기 중심성이다. 일천한 경험과 좁은 소견으로 만든 것이기 때문에 자기의 껍질에 싸여 있는 것이다. 자기 동굴 속에 갇혀 있는 것이다. 그것이 세상의 진리라고 생각한다. 내가 세상의 중심이기에 다른 구성원들의 상황이나 요구는 반영되지 않는다. 자기객관성이 없는 상황에서 객관성을 확신한다. 그래서 공동체에서 역기능적인 신념으로 작용하게 되고, 사람들과 충돌하고 힘들어도 그 신념으로 평생을 살게 된다는 것을 알 수 있다.

라이프스타일 탐색을 통하여 이 인지도식이 나를 지배했다는 사실을 알아차린다. 라이프스타일은 자신의 사적논리에 기반하고 있기 때문에 다른 것은 보이지 않게 한다. 있는 그대로의 사실을 알아차리지 못하게 한다. 그리고 무의식적으로 자동반복한다. 의식확장의 경험을 위하여 코치와 의뢰인은 함께 해야 하는 몇가지 전략이 필요하다.

첫째는, 코치는 의뢰인이 가지고 있는 관점이 너무도 치우쳐져 있음을 그에게 직면시켜야 한다. "나는 멍청한 사람이다"는 자기인식을 가진 사람이 있다. 이 사람에 대해서는 "항상 멍청합니까? 멍청하지 않을 때는 한번도 없었나요?"라고 물어서 자신을 성찰하게 해야 한다. "당신은 아무 쓸모 없는 존재라고 하셨는데, 만약 당신의 가족에서 당신이 없어지면 어떻게 되나요?"라고 질문하여 자기의 무의식적으로 자동반복하는 의식습관을 의식하도록 해야 한다.

둘째, 이런 내면의 신념 체계로 평생 살았다는 사실을 알아차리는 것이 가장 큰 자각이다. 그리고 그것이 생존전략이었다는 사실을 알아차리는 것도 중요하다. 생존전략에 대한 자각이 가장 큰 자각이다. 라이프스타일을 생존전략의 개념으로 적용해서 해석해주니 의뢰인의 자각이 깊어진다. 교육회사의 대표를 맡고 있는 어떤 코칭 의뢰인은 자기의 생존전략이라는 것을 알아차린 것이 가장 큰 자각을 준다고 하였다.

도완수 이사 사례

코칭에서 만난 도완수(가명) 이사는 우월성 추구 유형이다. 식당을 운영하면서 고생하시는 부모님을 생각하며, "나는 약하다, 나는 열심히 살아야 한다"라는 사적논리를 가지고 열등감을 극복하기 위해 열심히 살지 않으면 불안해서 견디지 못한다고 호소한다. 무기력한 사람을 싫어한다는 자기의 행동패턴이 회사에서 문제를 일으키고 있다고 호소한다.

그는 현재 자신이 가지고 있는 생존전략이 형성된 맥락을 알게 되어 통쾌해했다. 일에 대한 태도, 행동이 어릴적 무의식에서 왔다는 사실을 알게 되었기 때문이다. 그것이 이기적이고 주관적이라는 사실을 자각하면서 발전 방향으로 수정할 수 있게 되었다. 또한 자기가 생존하기 위해 인정에 대한 욕구가 많았다는 것도 알아차렸다. 부모님에게서 왔다고 생각하지 않았는데, 부모님의 욕구에 부응하기 위해서 노력했다는 것도 알아차렸다. 자기의 라이프스타일의 의미를 알게 해준 아들러 코칭이 너무 좋았다고 만족해 하였다.

이태영 부장 사례

이태영 부장은 강력한 기쁨주기(pleasing) 유형이다. 남을 기쁘게 하여 인정받기를 추구하는 유형이다. 자신에 대한 자아인식이 자신의 삶에 어떤 영향을 미치고 있는지를 보자. 그는 회사에서 현장의 생산직 관리자들이 회사 규정을 지키지 않고 일탈을 행하는 사람들, 사원들에 대한 관리를 잘못하여 회사에 금전적 손해를 일으키는 행위 등 문제에 대해 회사차원의 조사를 하고 징계, 변상 등의 판단을 내리는 역할을 맡고 있다.

그는 회사의 원리 원칙으로 현장의 관리자들을 평가하고 징계를 하고 회사에 끼친 손해를 변상하도록 조치를 내리는 역할을 한다. 그렇지만 그는 사장을 기쁘게 하는 방식으로 일을 처리한다. 인정의 대상이 자신의 상사와 자기보다 아래인 사람의 경우에는 상사를 기쁘게 하는 쪽으로 일을 한다. 그래서 그는 스트레스가 많다. 현장에서 근무해 본 경험이 있는 그로서는 샌드위치가 된 기분이지만 그는 공동감각으로 하지 않고 자기가 사장을 기쁘게 하는 방식으로 일을 처리하는 것이다. 공동감각, 즉 상식에 기반하여 일을 하지 않는다. 큰 그릇의 리더가 되기 위해서는 상식에 기반하여 일을 하여야 하는데 말이다.

이처럼 의식확장(expanding awareness) 단계에서는 역기능적인 내면의 심리 프로그램을 찾아내어 이의 자기패배적 역기능을 알아차리게 한다. 코칭은 개인이 자신들의 잘못된 생각을 자각하고 왜 자신이 그런 방식으로 행동하는지를 이해하도록 도와야 한다. 유아기 때 형성된 내면의 유치한 심리 프로그램 때문임을 자각하게 하고 그것을 상식과 보편성에 맞는 방식으로 바꾸는 것이 아들러 심리코칭의 특징이다.

사람들이 고민하는 문제의 근원은 대체로 자기의 생존양식이 철부지 아동기에 만들어진 것이어서 편협한 인생관과 세계관에 기초해 있다는 점이다. 가령, "인생은 고통이야, 가능하면 편하게 살아야 해"와 같은 신념을 가진 사람도 많다. 왜곡된 라이프스타일이 자기패배적인 행동을 지속하도록 조종한다. 아들러 코칭은 의뢰인이 자신의 숨은 목표를 이해한 후 이를 바꾸도록 돕는 것이다.

아동기 때 형성된 자아관, 세계관, 인생관은 지금의 상황에 맞지 않다. 아동기 때 신념체계는 지금의 상황에 맞지 않다. 아동기 때 입은 옷은 지금의 몸에 맞지 않다. 아동기의 자기중심성에 기반한 신념체계는 공동감각에 기반해야 할 더 큰 그릇의 리더에게는 맞지 않다. 에고에 기반한 신념체계는 공동감각에 맞지 않다. 과거에 지배받는 삶에서 성숙한 공동감각으로 사는 삶으로 전환해야 한다.

제12장
라이프스타일 재각인
(Re-imprinting of lifestyle)

아들러 리더십 코칭의 하이라이트는 라이프스타일 재각인(re-imprinting) 이다. 재각인에서는 과거문제의 해결에 그치지 않고 새로운 리더십을 장착하는 것에 초점을 둔다. 더 큰 그릇의 리더로 거듭나게 하는 프로세스이기도 하다. 라이프스타일을 전환하는 코칭은 다음의 순서로 진행된다.

① 라이프스타일을 공동감각으로 전환해야 하는 이유 자각하기
② 공동감각의 가치를 학습하기
③ 공동감각으로 과거 초기기억을 재경험하기
④ 새로운 자기정체성(identity)을 정립하고 그에 맞추어 내 삶의 세부 사항을 정렬하기

1. 라이프스타일을 공동감각으로 전환해야 하는 이유 자각하기

이 장에서는 자신의 과거 라이프스타일을 새로운 라이프스타일로, 더 큰 그릇의 리더에 걸맞은 라이프스타일로 전환하는 작업을 하는 장이다. 유아기와 아동기에 형성된 사적논리가 지배하는 삶에서 공동감각의 새로운 정체성으로 사는 삶으로 전환하는 것이다. 내면의 심리 프로그램인 신념의 전환이 이루어질 때 라이프스타일의 근원적 변화가 일어나고 그 변화는 지속가능한 변화가 된다.

아들러 심리학에 기반한 리더십 코칭은 아동기 때 형성된 자아관, 세계관, 인생관으로 구성된 사적논리로 평생을 살고 있었다는 사실을 전제로 한다. 유아기와 아동기 때 우리는 세상에 대해 무지하고, 스스로 할 수 있는 것이 없는 무능한 상태를 경험한다. 이런 때에 삶은 어떻게 살아야 한다는 나름대로의 사적논리를 만들게 되며, 그것이 현재까지 그대로 지속되어 왔다. 그래서 대체로 아동기 때 형성된 사적논리는 자기중심적이고 열등감에 기반해 있다. 자기는 무지하고 무능하고 불안하다는 느낌에 기반해 있다. 모든 문제는 여기서 시작된다. 삶을 자기 스스로 주관적으로 만든 허구적 환상으로 평생을 사는 것이다. 이런 사적논리는 과거의 기억에 근거해있다.

그런데, 제5장 뇌과학 관련 글에서 언급한 것처럼, 현재 가지고 있는 과거의 기억은 사실 그 자체가 아니라, 주관적으로 구성된 측면이 많다. 과거의 기억은 테이프녹음기나 비디오카메라처럼 작동하지 않는다. 예컨대 어떤 이야기를 회상하려 애쓸 때 사람들은 때때로 창조적 오류를 범한다.[1] 이야기의 일부를 삭제하고 다른 부분은 꾸며대며 정보를 이치에 맞게 재구성하려 애쓴다. 우리의 뇌는 대체로 사물을 인식할 때 왜곡, 삭제, 일반화를 하는 경향이 있다. 일반적으로 기억은 우리가 마주치는 것을 곧이곧대로 기록하여 보존하는 방식이 아니라 그것에서 의미를 추출하는 방식으로 작동한다.

실제로 오류는 언제든지 기억에 끼어들 수 있다. 코드화 도중, 저장 도중뿐 아니라 인출 도중에도 오류가 끼어들 수 있다. 상상한 내용과 실제 사건에 대한 기억을 구별하기가 때로는 어렵다는 점이다. 기억 인출은 재구성 작업이지, 말 그대로 과거 재생이 아니다. 회상 경험이 과거의 정확한 재현이 아니라 유사물일 뿐이다.[2]

부정적인 기억이나 감정적 상처 때문에 고통 받고 있는 사람들에게는 그 초기기억이 정확한 사실 그대로인지를 질문하고 재평가하는 것은 적절한 접근방법이기도 하다. 왜냐하면 초기의 경험이 실행되던 당시의 상황에서도 자신의 일천한 세상 경험과 좁은 소견으로 파악한 자기중심의 내용이기 때문이다. 상대의 입장에 대해서는 생각해보지 않은 자기중심의 입장에서 본 그림이 대부분이다.

예를 들어 주은선(가명) 이사 사례를 보자. 주이사는 중견기업에서 마케팅 팀을 이끄는 이사다. 회사에서 가장 실적을 많이 내는 능력자이다. 회사에서 인정받고 활달하게 산다. 그런데 대신에 직장의 동료와 갈등하고, 남편과의 관계가 소원한 것이 스트레스를 준다고 호소한다. 남편은 사업에 실패하고 술을 많이 마시고 자기에게 불평하고 힘들게 한다고 한다. 자기가 일에 몰두하여 남편을 돌볼 시간이 없기 때문이기도 하다. 이혼 위기라고 판단되는데 어찌해야 될지 모르겠다고 호소한다.

아동기의 초기기억 이야기를 들어봤다. 주이사는 2남2녀 가족 중에서 가장 신경 쓰이는 사람이 바로 위 언니다. 어릴 적 언니가 너무 이쁘고 공부를 잘했지만, 자기는 얼굴이 못생겼다는 생각이 가장 선명히 떠오르는 기억이다.

언니가 자기랑 외출할 때 밖에서 자기 친구를 만나면 나를 자기 동생이라 소개하는 사실을 창피하게 생각했다고 기억한다. 내가 못생겼기 때문에 그랬을 것이라고 짐작했다고 한다. 언니가 나를 챙겨줄 때도 안쓰럽게 생각하고, 불쌍하게 생각하는 눈치였다고 느꼈다. 집 밖에 나들이를 하는데 언니가 나의 손을 잡고 나란히 다니지 않고, 항상 뒤에서 따라오게 했다고 한다. 주이사는 언니에 비해 못생기고 공부도 못해서 열등감을 느꼈다고 한다. 그래서 주이사는 얼굴은 못생겨서 언니에게서 이런 대접을 받으므로 열심히 공부하고 일해서 언니보다 잘 살아야 한다는 신념을 가지게 된 것이다. 현재도 주이사는 "내 인생에 일이 나의 전부다. 물불을 가리지 않고 일을 하여 우리 회사에서 최고 성과를 내는 사람이다"고 고백한다. 그래서 겉으로는 자존감이 높다고 생각했지만 속으로는 열등감이 심했다.

그런데 사실 이러한 초기기억은 자신의 주관적 생각일 뿐이다. 언니에게 자기에 대하여 실제로 그렇게 생각했는지 확인을 해 본 적도 없다고 한다. 그냥 자기 생각을 사실대로 믿고 그렇게 행동해왔다고 한다.

그래서 코치는 언니가 자기에게 행했던 다른 말이나 행동에 대해서는 왜곡하거나 삭제된 것은 없는지를 질문했다. 그리고 코치는 철부지 어린 시절에 너무나 좁은 소견으로 자기가 만든 자기 이미지로 평생을 열등감을 느끼고 긴장하며 살았던 것이 아니냐고 질문했다. 그리고 인간의 기억이라는 것이 테이프녹음기나 비디오카메라처럼 작동하지 않는다고 상기시켜주었다. 주이사는 자기가 언니를 이기기 위해 일방적으로 언니를 경쟁적으로 그리고 부정적으로 생각했던 점이 있다는 사실을 인식하게 되었다. 자기의 일방적 생각들을 수정해야 함을 알아차리게 되었다.

아들러 심리학의 개념으로는 수프에 침뱉기 기법에 해당한다. 현재의 문제적인 행동이 아동기에 형성된 유치한 사고 습관에 의한 것이라고 침을 뱉음으로써 그런 생각에 죄책감이 들도록 하는 기법이기도 하다. 결국은 죄책감을 느끼며 계속 사는 것이 어리석다는 것을 깨닫게 하는 것이다.

과거에 지배받지 않는 삶을 살아가기 위해서 우리는 과거의 경험에 대해 재해석하는 기회를 가져야 한다. 이 과정에서 우리는 자아개념을 수정하고 새로운 나를 발견하고 거듭나는 경험을 하게 된다. 이제까지 나를 불편하게 이끌어왔던 생존양식의 수정이 일어난다. 이제 나 자신의 삶을 한번 되돌아보자. 나의 과거가 계속적인 결핍과 부족감으로 채워져 있다면 현재와 미래도 이의 연장선상에서 살아가기 쉽다. 충만감 넘치는 삶을 살아가고 싶다면 나의 과거 경험에 대해 재해석해 보는 과정을 가질 필요가 있다.[3]

2. 공동감각의 가치를 학습

위의 주은선 이사의 사례처럼 주관적으로 구성한 사적논리로 평생을 사는 사람들이 새로운 삶을 살기 위해서는 공동감각의 개념을 이해하는 것으로부터 시작하는 것이 좋다.

아들러는 사람들의 많은 문제의 근원은 사적논리에서 나온다고 파악하고, 그 해법은 공동감각(common sense)을 배양하는 것이라고 주장했다.

아들러가 공동감각과 공동체 감각을 지향해야 할 가치와 기준으로 본 것
은 인간의 본성에 기반한 과학적 관점이다. 공동감각으로 사는 것은 도덕
이 아니라 생존과 번식에 도움이 되는, 생존전략이라고 본 것이다. "이것
이 옳으니 이렇게 살라"가 아니다. "이것이 옳을 뿐만 아니라 자신의 삶에
서 유익이 되는 것이니 한번 바꿔보라"는 것이다.4)

그래서 코칭의 이 대목에서는 교육적인 방법을 적용해야 한다. 아들러
는 심리학 분야에서 최초의 교육자로 인정받고 있다. 그는 빈에 교육학연
구소를 설립하고 교사들을 대상으로 교육을 하였다. 그는 공개시연을 통
해 청중에게 정보를 주고 그들을 교육시키고자 하였다. 여기서 행한 강의
내용을 수록한 책이 알프레드 아들러의 『교육을 말하다』라는 책이다.5) 이
대목에서는 코치가 교사가 되어야 한다.

아들러 코칭에서도 인간이 사적논리로만 살아간다면 그것이 타인과 사
회에 부정적으로 인식되어 본인의 사회생활에 손해를 끼친다는 사실을 주
지시키고, 나아가야 할 방향은 보편적으로 수용되는 공동감각의 세계로
나아가야 함을 교육하는 것이 필요하다고 주장한다. 그래서 사적논리에
비교되는 공동감각 개념을 소개하고 구체적인 내용까지 정보를 주고 공유
하도록 하는 과정이 필요하다.

공동감각은 보편적·상식적 감각이라는 의미로서 아들러 심리학의 고유
개념이지만, 아들러만의 개념이라면 그것은 더 이상 보편적 공동의 감각이
아니다. 그래서 아들러를 넘어서 더 폭넓게 동서양과 고금을 통틀어서 공
동감각이라 칭할 수 있는 관점을 제6장에서 소개한 바 있다. 아들러 리더
십 코칭의 공동감각에 대한 학습의 지침으로 삼을 수 있을 것이다.

공동감각의 사상으로서 제시한 사상들은 첫째, 기축시대의 가치와 사상
들이었음을 강조했다. 실존철학자 칼 야스퍼스가 부처, 공자, 소크라테스,
예수를 기축시대의 스승이라고 칭하였던 것에서 유래한다. 야스퍼스는 동
양과 서양의 인류는 비슷한 시기에 커다란 변화의 소용돌이에 휘말렸는데,
이때 비슷한 문제의식을 가지고 비슷한 가르침을 말하며 인류문명사에 전
환점을 만든 큰 스승들이 등장했다고 본다.6)

공동감각의 세계를 간단히 말해서 공자의 인과 예, 부처의 자비, 소크라테스(기원전 469~기원전 399)의 덕(arete, virtus), 예수의 사랑을 말한다. 이들은 기축(機軸)시대의 현자들로서 비슷한 시기에 비슷한 가치를 주장한 현자들이다. 기축시대(Axial Age)란 인류의 중심축이 되는 시대라는 말이다. 인류 1만 년의 역사 가운데 7,000여 년을 지속한 원시공동사회와 씨족공동체사회가 점차 철기시대의 도래와 더불어서 철기 농기구의 혁명으로 생산성이 증가하였다. 증가된 부와 철제 병기에 기반한 세력들이 중앙권력을 추구하여 통치양식이 변화됨에 따라 발생한 무질서와 혼란한 시대에 대응하여, 새로운 사상으로 등장한 것이 기축시대의 사상이다.

동양에서는 공자, 맹자를 포함하여 춘추전국시대에 제자백가 사상들이 만개했는데, 그 사상들은 모두 춘추전국시대라는 전쟁의 시기에 질서를 회복하고 사회를 안정시킬 수 있는 사상들을 포함한다.

특기할 사실은, 유가를 포함한 동양사상이 중국에 파견된 서양선교사들에 의해 번역되어 서양으로 전파되어 르네상스, 계몽사상 등의 인본주의 사상, 민주주의 사상으로 꽃피었다. 동양에서는 오히려 원나라에서 관학으로 채택되어 권위주의를 낳았던 것과 대비된다. 황태연 교수에 의해 진행된 많은 연구들이 이를 증명해준다.

명대에 새로 등장한 양명학도 유가의 전통을 따르지만, 거인욕존천리(去人欲存天理)를 핵심 명제로 제시하여, 인간의 욕심을 줄이고 천리, 즉 하늘의 도를 따르도록 설파했다. 성리학과는 달리, 사농공상의 사민평등 사상을 강조함으로써 인본주의와 민주주의에 더욱 근접한 사상이다.

흥미로운 것은 기축시대의 이 사상들이 여전히 유효하다는 점이다. 이렇게 오래전의 사상이 여전히 유효하다는 점은 그 사상이 대단히 보편적인 사상이라는 의미이고, 아직도 우리가 사는 시대가 철기시대의 연장이라는 의미도 된다.

컴퓨터가 생기고 인터넷이 깔리고 스마트폰이 나왔어도 문명을 구동하는 핵심은 유사하기 때문이다. 철기시대가 완성한 종적인 질서는 여전히 견고하고 완강하다. 착취 내지 억압도 여전하다. 그래서 기축시대 스승의 말은 여전히 설득력이 있다. 근대화, 산업화, 글로벌화되고, 극단적인 도시화, 신자유주의화 등 철저히 자본주의적 논리대로 재편된 현대에 더더욱 기축시대 스승들의 지혜가 절실히 필요하다.[7]

기축시대 이후 2,500여 년이 지났지만 그것이 600만 년 동안 진행된 인류의 진화의 역사에서 보면 순간의 시간이다. 생산양식에서 변화가 있었지만 여전히 철기시대의 논리에서 크게 변한 것은 없다. 이러한 일련의 사상의 발생 배경과 흐름을 리뷰하면 결국은 인류 사회가 추구한 사상의 핵심을 공동감각이라는 사실을 이해할 수 있게 된다. 그래서 아들러의 공동감각의 사상이 동양과 서양, 2천여 년 전의 과거와 현재를 막론하고 여전히 유효하며 보편적인 가치라는 사실을 알 수 있다.

다시 아들러의 공동감각으로

그런데 동양사상에서 말하는 공동감각과 아들러의 공동감각에는 차이가 있다. 동양사상의 공동감각과 공감 사상이 도덕 윤리적 의무사상으로 강조되고 강제되는 것이라면, 아들러의 공동감각의 개념은 개인의 생존전략의 차원에서 권고되는 것이다.

아들러는 인간이 고립이 아닌 공동체만이 인간의 삶에 대한 욕구를 충족시켜줄 수 있으며, 삶의 안전과 삶의 기쁨을 보장해준다고 본다. 즉, 공동체 감각으로 살아야 한다는 것이 도덕이 아니라 생존과 번식에 유리하기 때문이라고 본다.

3. 공동감각으로 초기기억을 재경험하기
   : 인지적 재각인의 사례

앞에서 공동감각의 가치를 이해하였고, 그런 가치로 살면 자신의 삶이 더 성장하고 행복할 수 있다는 사실을 알게 되었다. 이제 사적논리의 삶에서 공동감각에 기반한 삶으로 전환하는 시도를 한다.

아들러가 공동감각, 즉 공동감각으로 살라고 했을 때 공동감각이란 간단히 말하면, "상대의 눈으로 보고, 상대의 귀로 듣고, 상대의 가슴으로 느끼라"는 것이라고 하였다.[8] 이 말은 맹자에 나오는 역지사지, 즉, 상대의 입장에서 생각하라는 말과 유사하다. 또한 『중용』의 충서(忠恕), 나의 마음을 타인의 마음에 이입하여 같이 느끼라는 공감의 의미다. 『대학』의 혈구지도(絜矩之道)는 나의 마음으로 미루어서 남의 마음을 헤아리는 공감의 의미다. 『논어』의 인(仁), 『맹자』의 측은지심·사양지심·수오지심·시비지심을 포함한 4단(端)이 바로 그런 감성지능의 진수들이다. 신유학의 4대 경전(대학, 논어, 맹자, 중용) 모두 중심 사상으로 공감과 감성지능을 말하고 있는 것이다.

그런데 아래의 사례에서 보듯이 의뢰인들은 모두 자기중심적인 관점으로 자신을 바라보고 있는 것을 알 수 있다.

김열정 상무의 사적논리는 "나는 세상의 중심이다."(superiority 추구)
김수지 팀장의 사적논리는 "나는 혼자다."(control 추구)
이태영 부장의 사적논리는 "나는 멍청한 놈이다."(pleasing 추구)
이찬이씨의 사적논리는 "나는 아무것도 못하는 사람이다."(comfort 추구)

이처럼, 초기기억은 어릴 때 인지기능이 발달하지 않은 상태에서 일천한 경험, 철부지 좁은 소견으로 평가한 자아관, 세계관, 인생관에 기반한 것임을 알게 된다. 자기가 경험한 사건을 좁은 소견으로 주관적으로 인식하고, 열등감에 기반한 관점을 마치 세상일의 전부인 것처럼 생각해서 만든 신념이다. 그것에 기반해서 평생을 살고 있다. 허구적 환상으로 사는 것이다. 리더들이 실패하는 것은 이런 초기기억에 얽매여 살기 때문이다. 리더들의 대부분의 문제는 여기서 시작된다.

초기기억의 근본적 오류(fundamental error)를 수정하는 것이 필요하다. 초기기억 탐색을 통해 코칭 대상자가 가진 오류를 알려준다. 대체로, 과잉 일반화이거나 그릇된 판단, 불가능한 목표로 이루어져 있다.

- 사람들은 적대적이다.
- 인생은 위험천만하다.
- 세상은 있는 사람 편이다.
- 한번 잘못하면 죽는 거야.
- 나는 모든 사람을 즐겁게 해야 한다.
- 나는 반드시 성공해야 해.

그런데 그렇게 뿌리 깊게 박힌 자기 삶의 신념을 어떻게 단숨에 바꾼다는 말인가? 유년시절 초기기억에서 생긴 뿌리 깊은 신념은 한 사람에게는 너무나도 익숙하고 당연한 자기의 본질이어서 새로운 패턴의 사고로 변환하다는 것은 너무도 난감하게 느껴질 수도 있고 불가능하다고 인식할 수도 있다.9)

그럼에도 인식의 전환이 일어날 수 있는 원리는 다음과 같다. 일찍이 아들러 학파의 전통 속에서 개발된 심리상담에서 인지전환을 일으키는 기법은 재경험이다. NLP(Neuro-Linguistic-Programming, 신경언어프로그래밍)에서 사용하는 재각인이 있는데 이것도 재경험의 방식을 통해서 일어난다.

그리고 앞 절에서 살펴본 대로 재경험이 효과적으로 이루어지기 위해서는 재학습이 필요하다. 재경험을 통해서 근원적인 인지전환(transformation)이 이루어지기 위해서는 사전에 공동감각의 세계에 대한 재학습이 이루어져야 한다. 재학습의 내용은 아들러의 공동체 감각, 사회적 관심 등에 대한 학습이 이루어지고, 감성지능에 대한 학습이 이루어져야 한다.

이제 자기의 인식을 초기기억의 사적논리가 아닌 공동감각으로 재해석하고 재경험하여 보자. 일단 공동감각의 세계에 대해 학습이 이루어지면, 그 공동감각의 세계에 내가 이미 들어가 있다고 가정한다. 그런 가정의 세계 속으로 들어가면서 나는 이미 내가 원하는 사람이 되어 있다고 가정하고 생각하고 행동하여 본다. 그것이 리허설이다. 재경험은 "As If" 방식으로 한다. 마치 내가 ~인 것처럼 생각하고 행동한다. 내가 공동감각으로 사는 사람인 것처럼, 내가 마치 공자나 예수가 된 것처럼 역할을 재경험한다. 이것이 NLP의 잘하는 사람 모델링하기(modeling human excellence)기법과 동일하다. NLP의 모델링기법을 하면 내가 원하는 바람직한 그 사람으로 내가 환생되는 것이다. 이처럼 초기기억 재경험을 통하여 과거의 라이프스타일을 새로운 라이프스타일로 바꿀 수 있다.

초기기억 재경험 사례

자 이제 어떻게 공동감각으로 재경험하여 큰 그릇의 리더로 거듭나는지를 살펴보자. 코치는 의뢰인에게 문제의 초기기억을 선택하라고 제안한다. 그런 다음 의뢰인은 공동감각으로 학습하고 교육받은 대로 자신을 보편적 관점을 가진 지혜로운 사람이라고 시각화하고 그 기억의 한 장면에 들어가 유년시절의 자기 자신의 이미지에게 위로나 지지를 해준다. 그런 다음 의뢰인은 새로운 관점으로 기본적 오류를 재검토한다. 그리고 부정적이고 자멸적인 신념을 확인하고, 적극적으로 대안이나 반대진술을 연습해 보는 것이다.10)

김수지(가명) 팀장의 사례를 가지고 실제로 사적논리는 공동감각으로 라이프스타일을 전환해 보자.

> "넌 항상 혼자였지. 잘도 견뎌냈구나. 그런 외로움 속에서도 이만큼 잘 성장했구나!"

장녀로 태어난 그녀는 세살 아래의 남동생이 있다. 그런데 남동생이 아파서 부모의 관심이 집중되고 그녀는 항상 자기가 알아서 살았다. 어머니, 아버지로부터 인정·칭찬받은 적이 없고, 돌봄을 받은 적이 없다고 기억한다. 김팀장은 혼자서 자라고 혼자서 공부하고 살았다고 기억한다. 항상 마음이 허하고 자신감이 부족했다. 그녀의 초기기억과 사적논리는 이렇다.

> 경치가 하나 보인다. 학교 가는 길인데 외나무다리 같은 길에서 혼자 학교를 가고 있다. 외로운 느낌이다.

나는 혼자 가는 사람이다.
타인은 나에게 관심 없다.
삶은 혼자 가는 길이다.
그러므로 나는 혼자서 강하게 살아야 한다.

"강하게 살지 못하면 어떻게 되나요?"하고 물었더니 "삶이 불안하다"하다고 대답했다. 그 불안감이 열등감의 근원이다. 삶이 불안하다고 대답하는 그녀는 통제유형이다. 이것이 자신의 근원신념이며 이 근원신념으로 지금까지 살았다. 자신감 없음과 자신을 믿지 못함의 근원이다. 이제 초기 기억을 되살리면서 반대진술을 실행한다.

코치: 왜 혼자라고 생각했나요? 어머니도 있고, 아버지도 있고, 동생도 있는데?
김팀장: 내가 공동체 감각으로 살지 못하고 너무 자기중심적 관점에 갇혀 있었던 것 같습니다.

그녀는 이미 사적논리 대비 공동감각 개념을 학습했기 때문에 이런 대답이 나올 수 있다. 동양사상에서 역지사지, 혈구지도, 충서의 개념이 아들러의 공동감각의 개념과 거의 동일하다. 아들러가 말한 대로, 상대의 눈으로 보고, 상대의 귀로 듣고, 상대의 가슴으로 느끼면 어떻게 다르게 경험할 수 있을까요? 어머니에 CCE로 재경험하면 어떻게 될까요?

connect(연결): 상대의 눈으로 보고, 상대의 귀로 듣고, 상대의 가슴으로 느끼는 것이 상대와 연결(connect)되는 것이다. 나의 관점이 아니라 어머니의 관점에서 바라본다. 나는 어머니가 나를 사랑하지 않았다고 생각했는데, 어머니는 병치레하는 동생을 돌보느라 여념이 없었을 뿐이지 나를 사랑하지 않은 것은 아니었다. 어떤 순간에 어머니는 너무 정신이 없어서 나에게 눈길을 주지 못했었을 뿐인데, 내가 그것을 너무 야속하게 생각하고 어머니가 나를 버렸다고 과잉 해석한 것이다. "어머니 미안합니다.

나도 두 아이를 낳아보니 딸도 소중하고 아들도 소중하다는 것을 알게 되었네요. 내가 너무 소견이 좁았어요."

contribute(기여): 기여는 상대에게 기여, 공헌, 지원하는 것이다. "어머니. 동생 때문에 너무 정신없이 바쁘신데 내가 좀 도와드릴게요. 저녁 설거지는 제가 할게요. 오늘 낮에 숙제도 다 했으니 제가 설거지 할게요. 저도 이제 다 컸으니까요. 벌써 초등학생이잖아요. 동생은 아직 유치원생이고 어리지만요. 제가 이 집의 맏이니까 책임감도 생겼어요. 어머니는 좀 쉬세요. 오늘도 너무 수고가 많으셨어요."

encouragement(용기부여): 상대에게 용기 부여, 격려하는 것이다. "어머니는 이 세상에 가장 헌신적인 어머니세요. 어머니는 사랑도 많으시고요. 인내심도 있으시고요. 엄마는 이 세상에서 가장 소중한 나의 어머니예요. 엄마가 나의 어머니라서 너무 감사해요."

이렇게 초기기억을 재경험하고 난 김수지는 이제 정말로 공동감각의 사람으로 과거를 새롭게 바라보게 된다.

> 나는 어머니, 아버지로부터 사랑을 못 받은 것이 아니다. 내가 내 중심적인 생각으로 사랑을 못 받았다고 생각했을 뿐이다. 사실은 나는 어머니, 아버지의 첫 아이로서, 맏딸로서 많은 사랑을 받았는데도 불구하고, 남동생이 태어나자 내가 충분히 사랑을 독차지 하지 못한 서운한 감정을 과잉해석해서 부모님의 사랑이 없으니 혼자라는 나의 이야기를 주관적으로 지어낸 것이다. 지금까지 평생을 내가 지어낸 이야기가 사실이라고 착각하고 살았다. 내게 나의 6살 첫 아이와 4살 둘째 아이가 똑같이 소중하듯, 나도 어머니, 아버지의 첫아이로서 소중했고 충분히 관심과 사랑을 받았음을 이제서야 깨닫게 되었다.
>
> 나의 왜곡된 인지를 이제 완전히 수정한다. 나는 이제 쓸쓸한 혼자가 아니다. 가까운 사람들과 함께 있고 충만하고 자신감 넘치고 활기찬 사람이다.

그리고 그녀는 이런 소감을 말했다.

너무 신기하다. 나의 감정이 완전히 달라졌다. 쓸쓸하다는 기분이 싹 사라졌다. 코치님께 맛있는 식사 대접하고 싶다.

나는 이제 공동체 감각으로 더 성숙한 사람이다. 우리 회사의 리더가 되지 않았나. 이렇게 코치와 함께 당시의 상황을 재해석하고 재경험하여 보니 아무것도 아닌 일을 내가 너무 편협하게 생각하고 내가 부모로부터 버림받은 사람처럼, 세상에서 버림받은 사람처럼 환상을 창조하여 그 환상의 슬픈 영화 속의 주인공처럼 살았구나. 아이구 바보 같은 나!

이제 공동감각의 옷을 입은 상태에서 삼단논법의 질문을 실시한다.

코치: 나는?
김팀장: 상대의 눈으로 보고 상대의 귀로 듣고 상대의 가슴으로 느끼는 공동감각의 사람이다.
코치: 세상은?
김팀장: 서로 의지하며 더불어 함께 사는 곳이지.
코치: 그러므로 나는?
김팀장: 나의 부모, 나의 회사, 나의 나라에 감사하며 공동체 감각으로 살아야 해.

초기기억의 재경험을 통하여 새로운 사적논리가 만들어지면서 새로운 자아정체감이 만들어진다. 이때의 사적논리는 이제 공동감각에 근접한 경지이다. 이것이 새롭게 공동체 감각으로 재구성되고 재경험한 결과 만들어진 새로운 신념이다. 공동감각에 기반한 새로운 신념체계이다. 새로운 라이프스타일이다.

초기경험의 재구성 사례

이번에는 주어진 유년기 경험에 대해 관점을 바꾸어서 재해석하는 것이 아니라, 경험 그 자체를 내가 원하는 방향으로 변형시켜서 재경험하는 기법이다. 의뢰인이 초기기억의 경험을 회상하면서, 자신의 상상 작업을 통하여 기억을 보다 자기주도적인 방식으로 교정할 수 있다.

이 접근은 또한 원래 초기회상에서 일어났던 상호작용을 묘사할 때에 코치나 치료자가 의뢰인과의 역할 놀이를 통하여 초기회상에 개입하는 방식을 취할 수도 있다. 예를 들어, 원래 초기회상에서는 코칭 의뢰인이 너무 나약하고 부끄럽고 당황해서 도움을 요청하지 못할 수도 있다. 하지만 교정된 기억에서는 의뢰인이 적절한 방식으로 도움을 요청하는 것을 시각화할 수 있으며, 그런 다음 코치와의 역할 놀이를 통하여 이런 긍정적인 변화가 일어난 것을 경험해 볼 수 있다. 특별한 인지도식의 형성에 영향을 미친 원래 경험을 재검토함으로써 자기와 세계에 대한 새로운 표상 및 도식을 구성하는 것은 가능하다.[11]

유년기의 기억에서 초기경험을 재구성하여 부정적 신념을 바꾸어 준 사례를 보자.

이찬이씨는 그해(2016년) 2월에 고등학교를 졸업한 20살 청년이다. 지방대학에 합격했으나 몸이 아파 대학 다니기를 포기하였다. 지금도 발가락이 아프고, 신경통이 있어서 몸이 불편한 '환자'이다. 환자로서의 자기 정체성을 가지고 있다.

이찬이씨는 유치원에서부터 고1 때까지 거의 12년을 왕따를 당하고 살았다고 한다. 그냥 따돌림 당하는 것이 아니라 구타를 당하면서 살았다고 한다. 그래서 이찬이씨는 매우 부정적인 자아개념을 가지고 있다.

나는 아무것도 못하는 사람이다.
사람들은 믿을 수 없다.
세상은 힘들다.
그러므로 나는 세상을 피해서 살아야 한다.

세상을 피해서 살아야 한다는 신념체계를 가진 이찬이씨에게 발가락이 아프고 신경통이 있는 것은 어쩌면 세상 속으로 나아가지 않아도 되는 평계가 될 지도 모른다. 이찬이씨의 어머니에게 전화해서 왜 아들의 발을 치료해주지 않느냐고 물어봤더니 치료를 받기는 했는데 발이 아픈 것을 공부하지 않고 취업하지 않기 위한 핑계로 사용하고 있기 때문에 치료가 소용없을 것이라고 말하였다. 어머니가 문제의 본질을 다 알고 있었던 것이다.

이찬이씨에게 사람은 믿을 수 없고, 세상은 무섭고 힘든 것으로 느껴질 수도 있다. 그런데 그것은 자기가 어릴 때 경험한 일을 좁은 소견에 자기가 주관적으로 선택한 관념일 수도 있다. 친구가 다가와 때릴 때 용기 있게 대응하지도, 다른 친구의 도움을 청하지도, 선생님께 말씀드리지도, 부모님께 말씀드리지도 않았다고 한다. 그러니 그런 상황과 삶이 12년이나 지속된 것이다.

왜 계속 맞기만 했느냐고 물었더니 선생님께 말씀드리면 더 큰 보복이 두려워서 그랬다고 했다. 그가 보복할 것이라는 생각은 누구 생각이냐고 물었더니, 자기 생각이라고 했다. 자기 혼자서 상황을 정의하고 대책을 세운 방식대로 여태 산 것이다.

이제 새로운 신념체계를 만드는 작업을 시도하였다. 우선 어릴 때 맨처음 구타를 당할 때의 상황을 되돌아 갔다. 그리고 자기의 신념을 새롭게 상상하였다. 자기는 원래 정상적으로 태어났다. 몸도 다른 아이들과 다름없이 건강하다. 특별히 덩치가 크거나 작은 것이 아니라, 남들과 비슷하고 정상적이다. 그 다음에는 유치원 때 자기를 자주 때리던 아이가 다가와서 때리는 장면을 재경험하면서 다르게 대응하는 경험을 하기로 했다. 상황마다 코치가 도와주어 다르게 대응하는 리허설을 한 것이다.

친구가 다가와서 때리려고 하면 우선 맞서서 말로서 때리지 못하게 하고, 친구가 약하다고 때리는 것은 나쁜 사람이라고 말로 대응해주고, 방어하는 제스처를 취하고, 그래도 때리면 적극적으로 몸으로 방어하고, 그리고는 곧장 선생님께 달려가서 말씀드린다. 그래도 다음날 또 때리면 부모님께 말씀드려서 조치하고, 그래도 안되면 경찰에 알려서 그런 나쁜 행동을 근절하는 방식으로 새롭게 재경험하였다.

그런 새로운 경험을 해본 이찬이씨에게 질문하였다. 나를 때리려고 하는 친구를 타이르고 방어하고, 그리고 친구의 잘못을 선생님과 부모님께 알려서 문제를 해결한 나는 누구인가?

> 나는: 훌륭한 사람이다.
> 사람들은: 나를 돕는다.
> 세상은: 안전한 곳이다.
> 그러므로 나는: 긍지를 가지고 자신감을 가지고, 용기 있게 살아야 한다. 강하게 살아야 한다.

이찬이씨는 새로운 자기의 신념체계를 만들게 된 것이다. 그는 새로운 자아로 거듭나기를 한 셈이다. 코치는 큰 축하를 해주었다. 그리고 바로 그런 모습이 원래 이찬이씨 자신의 모습이라고 말해주었다. 유치원 이후 아이들이 괴롭혀서 세상에 대하여 부정적인 생각을 가지고 세상을 피하게 된 것은 외부 상황 탓에 부정적인 겉옷을 입은 것이고, 원래의 속살은 바로 훌륭한 사람이고 긍지 있고 자신감 있고 용기 있는 사람이라고 격려해주었다.

계속된 코칭에서 그는 세상에서 도피하고 회피하는 편안함(comfort) 추구 유형에서 나아가, 중소기업에 취업하는 목표를 가지게 되었다. 도피하는 삶에서 세상속으로 나아가기로 바뀌었다. 자신감이 생겼고, 세상은 나를 돕고, 나는 세상으로 향해 나아가는 에너지를 가졌다.

초기기억을 리프레이밍하고 새롭게 의미부여하기 사례

공동감각의 옷을 입고, 초기기억에 들어가서 과거의 경험을 '새롭게 의미부여'를 하는 것도 초기기억 재경험의 한 방법이다. 그 경험을 통하여 자기가 무엇을 얻었는지, 긍정적인 의미부여를 한다면 그것은 자기에게 트라우마가 아니라 오늘의 자기 자신을 있게 한 하나의 전환점이었음을 알아차리게 된다. 공동감각으로 바라보면 같은 경험도 전혀 반대의 시각으로 바라볼 수 있는 것이다.

이태영(가명) 부장의 경우를 보자. 그는 초등학교 1학년 때 입학하고 얼마 지나지 않아 학교에서 좀 먼 곳으로 이사를 하였는데, 버스를 타고 다

녀야 했다. 어느날 하굣길에 차비의 일부를 맛있는 과자를 사서 먹으면서 집에까지 걸어가기로 했다. 만일의 경우를 대비하여 버스비는 잘 챙겨두었다. 그런데 걸어가다 보니 너무 멀다. 버스로 갈 때는 금방이었는데, 왜 이리 먼지 모르겠다는 생각이 들었다. 그래서 다시 버스를 타기로 했다. 그런데 아뿔싸, 챙겨두었던 버스비가 없어졌다. 황당한 상황이 되었다. 그런데 얼마지 않아서 지나가던 어른이 자기를 불쌍히 여겨 차비를 보태주어서 버스를 타고 무사히 집에 오기는 했다.

그런데 자기가 걸어 와서는 안 될 먼 길을 걷기로 작정한 것과, 만일의 경우를 대비하여 잘 간직했던 돈마저 잘못하여 분실하고 말았던 자기 자신에 대하여, 머리를 쥐어박으며, 자기를 멍청한 놈이라고 심하게 자책을 했었다고 한다. 그 사건이 평생 잊혀지지 않고 자기는 '멍청한 놈'이라는 자기정체성을 여태 가지고 살았고, 자기는 멍청하니 남에게 인정받기 위해 너무 힘들게 살았고, 마흔 중반이 되도록 결혼도 아직 못하고 있다는 것이다.

이 상황에서 사적논리를 조사하였다.

나는: 멍청한 놈이다.
세상은: 사람들은 잘 도와준다. 세상은 좋은 곳이다.
그러므로: 나는 남을 도우면서 살아야 한다. 남을 기쁘게 해주어서 인정
받으며 살아야 한다.

코치가 이태영 부장에게 해주었던 것은 그 상황을 재해석하고 다시 의미부여를 해보도록 한 것이다. 그는 코치와의 대화를 통해 자기가 버스타고 가야 할 길을 걸어서 가보기로 한 것이 도전정신이 발동한 것으로 의미부여를 했다. 초기기억을 리프레이밍(reframing)한 것이다.

코치: 버스를 타지 않고 걸어가 보기로 한 선택에 대해 어떻게 달리 해
석할 수 있을까요? 그것이 멍청한 선택이었다고 자책하였는데, 이제
어른으로서 공동감각의 관점에서 보면 그 선택을 어떻게 달리 볼 수
있을까요?

이태영 부장: 나는 도전하는 사람이에요. 이런저런 다양한 선택을 해보
　　는 용기가 있는 사람이에요.

코치: 그렇지요. 그대는 원래 그런 사람이었어요.

이태영 부장: 그렇네요. 자신감이 팍 생기네요. 내가 원래 도전적인 사
　　람이었는데, 내가 너무 한가지로 부정적으로만 생각했네요.

"나는 도전적인 사람이다"라는 새로운 자기정체성을 가지게 된 것이다. 또한 자기는 그런 경험 때문에 자기에게 차비를 주었던 낯모르는 아저씨를 생각하며 자기도 남에게 호의를 베풀고 감사할 줄 아는 마음을 가지게 되었다는 것을 알아차리게 되었다. 자기 내면에 있는 도전적 정신, 사랑과 인간미를 재발견한 것이다. 그는 신나게 야호!를 외쳤다.

이처럼 과거 유년기에 내렸던 판단을 다른 각도에서 관점을 바꾸어 리프레이밍을 하면 전혀 다른 각도에서 볼 수 있고 본인에게 다른 자기 정체감을 갖게 한다.

초기기억 재경험을 통해서 인지적 재각인: 유심칩 바꾸기

이처럼 인지적 재각인은 한 개인이 가진 역기능적인 신념을 보다 공동감각적인 방향으로 변형시키게 한다. 인지적 재각인이 일어나면 코칭은 성공한 것이다. 뇌의 유심칩도 바뀌어진 것이다. 새로운 라이프스타일이 형성된 것이다. 새로운 생각과 새로운 행동이 일어나는 것이다.

4. 사적논리와 공동감각 중에서 선택하기
　: 심사숙고

아들러는 "자신의 라이프스타일을 '지금' 깨달았다면, '앞으로' 어떻게 할 것인지는 그 라이프스타일을 깨달은 본인의 책임이다"라고 말한 바 있다. 아들러는 "라이프스타일을 고치라고 설득할 수 있지만, 고치겠다는 결심을 하느냐 마느냐는 개인의 선택"이라고 말했다.[12]

아들러 리더십 코칭에 있어서 핵심은 사적논리를 넘어서 공동감각을 지

향하는 삶을 살라는 것인데, 의뢰인에게 이 과정을 당연시 하고 기계적으로 넘어가도록 종용할 수는 없다. 두 세계를 대비해 보고, 공동감각의 세계로 향해가면 얻을 수 있는 효과가 무엇인지를 명료하게 판단하여 선택을 할 수 있도록 하는 것이다. 심사숙고의 과정을 거치도록 하는 것이 좋다.

코치는 사적논리로 사는 삶과 공동감각으로 사는 삶을 비교해보게 하고 최종적으로 공동감각을 자기의 정체성으로 확정하여 최종 선택하도록 도와야 한다. 이것이 새롭게 형성된 신경회로인 라이프스타일의 시냅스를 강화하는 길이며, 코칭 당시의 감동을 장기기억으로 저장하는 방법이다. 다시는 과거의 사적논리로 되돌아가지 않게 하는 하나의 기법인 것이다.

아동기 때 형성된 과거의 신념에 지배받는 삶에서 새로운 공동감각으로 사는 리더로 성장하는 것이 아들러 코칭의 방향이다. 아동기의 자기중심적, 주관적으로 형성된 신념에서 성숙하고 유연한 공동체감에 기반한 새로운 영성적 자기정체감으로 전환하는 것이 아들러 코칭이 지향하는 방향이다.

이렇게 공동감각의 세계를 재경험한 후 사적논리의 세계와 상호비교하는 과정이 필요한 이유는 에고가 워낙 강한 경우에 과거 방식의 삶을 지속하기를 원하는 사람이 있을 수도 있기 때문이다. 과거의 사적논리로 지금까지 이만큼 살았는데 갑자기 바꾸면 혼란스럽지 않을까 우려하는 것이다.

이럴 경우, 코치가 질문을 통해서 사적논리와 공동감각의 양자 간에 선택하도록 해야 한다. 사적논리로 살면서 열등감 느끼면서, 욕먹고 손해보고 고통받는 삶을 이대로 살 것인지, 아니면 공동감각으로 살면서 더 성장하고 발전하는 삶을 살 것인지를 선택하게 해야 한다. 이 과정이 있어야 자신의 정체성이 사적논리에서 공동감각으로 바뀌었음을 받아들이고 사적논리와는 이별하고 공동감각의 단계로 확실히 나아갈 수 있기 때문이다.

이 과정을 더욱 강화하기 위해서는 코칭 전과 후의 모습을 그림으로 그려보게 하는 것도 좋은 방법이다. 이미지화하고 심사숙고하고 되새김의 시간을 길게 하는 방법인 것이다.

1) 사적논리에서 열등감을 확인해야 공동감각으로 바꾼다

사적논리를 벗어나서 공동감각으로 사는 것을 선택하게 하는 방법의 하나는 사적논리 상태에서 자기의 열등감을 확인하게 하는 것이다.[13] 사람들은 사적논리 상태에서는 기본적으로 무능력감, 두려움, 죄책감, 고통이라는 열등감이 묻어있는데, 이 열등감을 느낄 때, 그 고통에서 벗어나고 싶어 한다.

자신의 사적논리에서 어떻게 열등감을 경험하는지를 살펴보자. 사적논리에서 "그러므로 나는 ~하게 살아야 한다고 했는데, 그렇게 살지 못한 나는 어떤 느낌이에요?"라고 질문하면 열등의식으로 들어간다. 라이프골 우선순위에 따라서, "나는 능력이 없다", "나는 불안하다", "나는 사랑받을 가치가 없다", "삶이 힘들다" 등의 열등감이 드러난다.

이 단계에서 초기기억을 그 열등감의 느낌으로 경험하게 한다. "결핍감, 부족감이 있군요, 그것을 극복하기 위해 긴장, 의심, 긴장 에너지가 겉으로 싸고 있네요"라고 진단해준다. 이 부정적 에너지를 느껴보게 해야 한다. 초기기억에서 만든 자기의 감정을 느껴보게 하는 것은 열등감을 직면하는 것이다. 이 열등감을 직면하는 순간, 자신은 그 열등감에서 벗어나기를 원하게 되고, 자존감을 회복하기를 간절히 원하게 될 것이다. 결국 사적논리를 넘어서 공동감각으로 나아가기를 선택하게 될 것이다.

4가지 라이프골 우선순위가 의미 있는 것은 삶의 과제(life task)를 해결하기 위한 전략인데, 여기서 열등감이 드러난다. 우월성 추구 유형의 경우는 결핍감과 무능력감을 느낀다. 나는 능력 없다, 살아가기에 부족하다고 생각하고, 그것을 극복하기 위해 남보다 앞서고 뛰어나기 위해 밤낮 주야로 노력한다. 그래서 우월성 추구 유형은 항상 열심히 노력하여 능력을 보여주어야 한다고 믿으면서 겉으로는 능력이 있는 것처럼 교만을 드러낸다.

열등감을 확 느끼게 하는 방법으로 가령, 우월성 추구 유형은, "그러므로 나는 성공해야 한다고 하는데, 그렇게 되지 못하면 나는 어떤 사람이지요?"라고 물으면, "나는 아무것도 아니야. 나는 살아갈 의미를 못 느껴요"라고 대답한다. 무의식 깊은 곳에서 열등감을 직면하게 하는 질문과 답이다.

무의식에 직면하여 열등감이 확 커지니까 그렇게 살지 못하는 나는 "무의미한 삶을 살고 있을 것이다" 등의 열등감을 직면하게 된다. 유형별로 느끼는 열등감은 다음과 같다.

> Superiority 유형은 무능하다는 것을 느끼게 된다.
> Control 유형은 모든 것이 불안정하며, 현실을 두려움으로 느낀다.
> Pleasing 유형은 자기를 무가치한 사람으로 보고, 죄책감을 느낀다.
> Comfort 유형은 삶은 힘들다, 고통이라고 느낀다.

유형별로 이런 열등감에 직면하게 될 것이며, 이 느낌에 머물러서 무능력, 불안, 무가치, 살아가기 힘든 고통의 감정을 느껴보게 하고, 열등감에 직면하게 하고, 에너지를 느껴보게 한다. 이렇게 열등감에서 살지 않기 위하여 그것을 둘러싸고 있는 에너지가 긴장감이다. 긴장감이 무의식 깊은 곳에 있다.

코치는 그것을 알아차리게 해준다. "당신의 삶은 긴장 속에 있어요. 그것이 당신의 기본적 에너지예요. 당신 몸의 에너지장은 긴장으로 가득 차 있어요"라고 말한다. 이 긴장이 우월성 추구 유형으로, 원하는 것을 이루는 통제추구 유형으로, 타인의 기대에 맞춰 좋은 사람으로 평가받는 기쁨주의 추구 유형으로, 책임감이나 고통 없이 편안하게 사는 데 초점을 맞추는 편안함 추구 유형으로 나타나는 것이다. 이것이 기본적 삶의 에너지다. 이것을 직면시키는 것이 매우 중요하다. 아들러 코칭은 코칭을 할 뿐만 아니라 때로는 가르치고, 때로는 직면시킨다. 직면시켜서 시간을 두고 머무르고 하면서 알아차리게 한다.

인간은 이런 근원적 느낌, 원죄를 가지고 있다. 이것이 열등감의 반영이다. 사적논리가 열등감을 준다. 이 열등감에서 벗어나서 자존감을 회복하고 공동감각으로 살면, 앞에서 경험해본 대로, 편안함, 자유로움, 가벼움, 부드러움, 충만함을 경험한다. 가슴에서 그것을 느끼면서 꽉 찬 느낌을 느낀다.

이런 과정들을 거치는 것은 코칭 대상자에게 라이프스타일 전환에 대하여 거듭 스스로 확인하여 선택하도록 하고 이런 반복적인 사유를 통하여 시냅스가 단단히 연결되어 장기기억으로 저장되도록 하는 효과도 있다.

2) 아이덴티티 최종 선택

공동감각으로 선택하는 두번째 과정은 다음과 같이 진행한다. 코치가 다음과 같이 질문한다. "사적논리와 공동감각의 두 명의 당신을 보는데, 어떤 것이 당신다운가요? 어느 것이 본래의 당신입니까?"

┃ 그림 12-1 **사적논리와 공동감각 사이의 선택**

사적논리의 본질을 이해하는 데 있어서 핵심적인 사항은 사적논리가 당시 상황에서 '조건화된 나'이지 '본질적인 나'는 아니라는 점이다. 내가 태어난 이후 내 주변의 환경과 형제자매 서열 등의 환경적 요인에 적응하기 위해 내가 그런 인지도식을 가지게 된 것이지, 내가 본질적으로 그렇게 타고난 것은 아니라는 사실이다.14)

이것에 대한 적절한 비유를 하자면 이렇다. 사적논리란 유년기 때 무지, 무능, 두려움으로 대책이 없을 때, 배고프고 추울 때, 닥치는 대로 아무렇게나 주워 입은 꾀죄죄한 옷이다. 이제는 그걸 벗어버리고 제대로 된 정장으로 갈아입어야 한다. 그 정장 옷이란 바로 공동감각이다. 과거 잘못된 판단으로 주워 입은 옷을 내 옷이라고 생각하고 환상으로 세상을 살았던 것이다. 인간은 판타지의 세계에서 살고 있다.

이처럼 사람들은 자기의 라이프스타일, 성격, 강점, 약점을 자기 자신이라고 동일시한다. "나는 이런 사람이야! 나는 이런 성격, 강점, 약점, 이런 경험을 갖고 이렇게 사는 사람이야. 어떻게 달리 살 수 있겠어. 앞으로도 이렇게 살아야 하는 것 아니야?" 이렇게 믿고 있는 것은 자기 동일시이고 결정론이다. 내가 나를 이런 사람이라고 믿고 있으면, 거기에 집착, 고착하고 발달이 정체된다. 그런 사람으로 자기규정을 하고 살아간다. 그것이 '나'라고 믿으면 미래에도 그렇게 살 수밖에 없다.

나의 라이프스타일은 내가 세상을 이해할 수 있는 지식이 일천한 유아 때, 두뇌에 제대로 된 인지능력이 없을 시기에, 오로지 생존의 본능에 얽매여 사랑받고 보호받고 안전하게 살 수 있을까 하는 강한 생존본능에 의해서 만들어진, 주어진 삶을 경험하며 만들어진, 하나의 임시방편일 뿐이다. 그런데 이것을 나라고 믿으면 나는 그것에 고착되고 정체되고, 나를 회복할 수 없기 때문에 발전 가능성이 없다.

어릴 때 만들어진 인지체계를 다 드러내서 재점검하고 알아차리는 과정을 거쳐서 이것이 나인가를 알아차리고, 지금도 이것이 유효한가를 돌아보며 재해석하는 과정을 거치게 해서 보다 성숙한 나로 향해 가도록 돕는 것이 아들러 심리학의 목적이다. 아들러에 의하면, 나를 마주 대해서 이런 나를 드러내서 본연의 나를 찾아가는 것이 아들러 방식의 성장이다. 이 대목에서 돈 리소와 러스 허드슨이 한 지적은 우리의 논지를 잘 지지해준다.

> 우리가 우리 자신을 성격과 동일시하지 않는다면, 성격은 우리 전체의 한 작은 부분에 불과한 것이 된다. 성격 이면에 있는 진정한 우리의 존재가 발현됨으로써 성격에 끌려다니기보다는 성격을 삶의 한 도구로 부릴 수 있게 되는 것이다. 우리가 본질과 하나가 된다고 해서 정체성을 잃어버리는 것이 아니며 오히려 정체성을 발견하게 된다.15)

아들러에 의하면 성격은 선천적으로 주어지는 것이 아니다. 성격은 근본적인 요소가 아니라 부차적인 것이며, 개인의 은밀한 목표에 의해 만들어지기 때문에 목적론적 관점에서 관찰해야 한다.[16]

사적논리는 불안과 긴장을 가지고 일생을 사는 것이다. 참 평안과 기쁨, 자유, 긍휼, 자비를 경험하지 못한다. 불안 긴장 속에 있던 에너지를 벗어나야 이런 경지에 도달할 수 있다.

공동감각으로 살면, 상대의 눈으로 보고, 상대의 귀로 듣고, 상대의 가슴으로 느끼는 연결된(connect) 사람이 되며, 상대에게 기여하는 사람이 되고, 상대를 용기 북돋우는 사람으로 거듭나는 것이다. 공동체에서 타인을 위해 의미 있는 존재가 될 때 자아충만감, 효능감, 자기 가치감을 느끼게 된다. 이것이 성숙한 삶으로 가는 길이다. 내면의 어린 아이에서 나와서, 어린 시절 좁은 시야에서 왜곡되게 생각하고 그 생각대로 살았다는 것을 자각하는 순간, 우리는 과거를 놓아버릴 수 있다. 꼭 그렇게 안 살아도 행복할 수 있다고 알아차리게 되는 것이다. 이때 진정한 의식확장이 일어나고 해탈이 일어나게 된다. 공동감각으로 사는 것을 항구적으로 선택할 수 있게 된다.

아들러 코칭의 효과의 하나는 라이프스타일의 변화뿐 아니라 자존감이 높아진다는 사실이다. 공동감각을 선택하면 열등감을 극복하고 자존감을 높일 수 있다. 열등감 기반의 사적논리에서 벗어났기 때문이다. 결핍감, 열등감에서 완전히 극복되어 자존감과 공동체감으로 충만한 아이덴티티로 전환하게 된다.

5. 새로운 identity로 내 삶을 새롭게 정렬하기

이제 코칭의 마무리 단계이다. 우리는 긴 과정을 헤쳐왔다. 우리는 지금까지 과거 아동기 때 형성된 사적논리를 찾았고, 그 다음에 공동감각이라는 세계를 알게 되고, 그 세계에 걸맞은 새로운 자아정체성을 찾았다. 라이프스타일도 바뀐 셈이다. 그리고, 지금까지 코칭 과정에서 공동감각으로

시는 자아정체성(identity)이 정립되었다. 자아를 초월하는 리더십, 공동체 감을 향해 가는 리더십이다.

공동감각에 기반하여 새로운 자아관, 세계관, 인생관을 만들었지만, 과거의 초기기억으로 인해 형성된 사고모델이 빚어낸 언어습관, 행동습관, 그로 인해 형성된 주변의 환경조건들이 아직 그대로 있다. 그것을 바꾸는 작업이 수반되어야 한다. 새로운 정체성이 생기면 그에 상응하는 방향으로 하위 개념들이 바뀌어야 한다.

새로운 자아관(identity)이 형성되면 신념/가치, 능력, 행동, 환경이 따라서 변화되어야 한다. 그 변화의 체계를 새로운 정체성에 맞게 정렬해야 한다. 이 개념은 로버트 딜처가 개발한 신경논리적 수준(neuro-logical level)의 개념에 의한 것이다. 로버트 딜처는 NLP(Neuro-Linguistic-Programming, 신경언어프로그래밍) 분야의 대표적 학자의 한 사람이다. NLP는 탁월한 성취를 이룩한 사람들의 행동을 모방하여(modeling human excellence), 최상의 자기성취를 하게 하는 접근방법이다. 로버트 딜처는 베이트슨의 아이디어를 발전시켜 NLP 기술의 하나로 신경논리적 수준 개념을 발전시킨 사람이다.

신경논리적 수준의 기본개념은 인생에 있어서 학습과 변화는 논리적 단계 또는 위계질서가 있다는 것이다. 정체감을 변화시키면 신념/가치－능력－행동－환경이 변화한다. 신념/가치－능력－행동－환경의 각 단계는 상위수준과 하위수준은 서로 영향을 주고받으면서 일정한 관계를 맺는다.17)

우리의 신경, 좀 더 넓게 말하면 우리의 두뇌는 나름의 논리적 수준이 있다는 가설이다. 그 논리적 수준은 학습은 물론 변화와 성공에도 그대로 적용된다. 신경논리적 수준은 가장 하단에서부터 환경, 행동, 능력, 신념/가치, 아이덴티티, 영적 수준(beyond self)으로 이루어져 있으며, 역순으로도 작동한다. 영적 수준이 바뀌면 아이덴티티가 바뀌고, 아이덴티티가 바뀌면 신념/가치가 바뀌며, 신념/가치가 바뀌면 그에 상응하는 능력이 생기게 되며, 그런 능력에 따라 행동도 바뀐다. 능력과 행동이 바뀌면 주변의 삶의 환경도 바뀌게 된다. <그림 12－2>에서 그림으로 상하 인과관계를 나타낸다.

┃ 그림 12-2 **신경논리적 수준표**

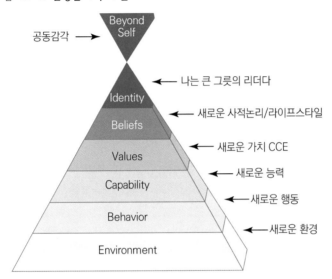

그런데 로버트 딜처의 신경논리적 수준이 우리의 이론체계와 완전히 일
치하지 않아서 일부 수정한다. 딜처의 신념/가치를 분리하고, 신념을 상위
수준으로 올려서 우리 이론체계의 사적논리 및 라이프스타일을 의미하는
것으로 수정한다. 가치는 CCE, 즉 connect(연결), contribute(기여),
encouragement(용기부여)를 의미하는 것으로 수정한다.

각 수준을 좀 더 자세히 서술하면 아래와 같다.

영적 수준(beyond self): 공동감각의 수준이다. 당신은 무엇의 일부인
가? 내가 가진 삶의 의미가 세상에게 어떤 혜택을 주는가? 자기중심
성/에고에서 빠져나오는 가장 효과적인 방법은 내가 무엇의 일부인
가를 묻는 것이다.

아이덴티티: 사회적·경제적 배경으로 판단해볼 때 당신은 누구인가? 가
족관계에서 볼 때 당신은 누구인가? 지금 성인으로서의 당신은 누구

인가? 미래에 당신은 어떤 모습이 될 것인가? 당신이 되고 싶은 모
습은? 당신이 살아온 인생에서 당신이 중요하게 생각했던 것과 실제
로 중요했던 것은 무엇이었는가? 당신은 무엇을 남기고 싶은가? 세
상에 대한 당신만의 공헌은 무엇인가? 당신이 살면서 이룬 것 중에
서 특별한 것은 무엇인가?

신념: 당신 자신에 대하여 가지는 믿음은 어떤 것인가? 당신이 가진 경
쟁력과 믿음에는 어떤 것이 있는가?

가치: 당신만이 가진 가치는 무엇인가? 당신의 능력이나 자질 중에서 가
장 소중하게 생각하는 것은 무엇인가?

능력: 당신의 강점은 무엇인가? 당신의 핵심역량은? 당신이 가진 기술
중에서 행동에 직접적인 영향을 주는 기술은 어떤 것인가? 약점이라
고 생각되어서 피하는 것은? 매일 매일 사용하는 당신의 능력은?

행동: 하루를 기준으로 당신이 하는 일은 무엇인가? 생각하거나 계획하
는 데 얼마나 시간을 보내는가? 전화 대화 시간, 회의는 건설적인가?
창의적인가? 당신의 일처리 방식은? 그 방식으로 봤을 때 당신은 어
떤 사람인가?

환경: 당신의 근무여건, 당신의 자리에서 무엇이 보이나? 당신의 일상의
삶의 물리적, 사회적 주변 환경은 어떠한가?18)

이러한 이해를 가지고 이제 신경논리적 수준의 개념으로 자기의 정체성
에 맞게 정렬을 해보자. 우선 공동감각으로 변환(transformation)된 내가 어
떤 일을 하면서 어떤 신념으로 어떤 역량으로 어떻게 행동하고 어떤 환경을
만들어서 살 것인가? 위의 <그림 12-1>이 완성되어야 '새로운 identity'
가 완성된다.

이처럼 사적논리를 넘어서 공동감각으로 사는 자신의 새로운 정체성을
가지게 되면 그에 걸맞은 새로운 신념/가치, 새로운 능력, 새로운 행동을
구축하게 되고, 결과적으로 새로운 환경을 추구하게 된다.

제13장
코칭 효과의 장기기억: 뇌의 시냅스 강화하기와 후속 코칭(Strengthening synapse & Supplementary coaching)

이 장은 코칭의 마무리 및 후속 실행과제에 해당된다. 지금까지 자신만의 사적논리로 살았다는 사실을 알아차리고, 공동감각으로 사는 삶을 살기로 선택하였고, 새로운 자아정체감도 확립하였다. 그러한 변화들은 대단히 값진 것이다. 새로운 자각과 의식확장을 장기기억으로 저장하는 일이 코칭이 종료된 이후에는 가장 중요하다. 한 순간의 깨달음이 시간이 지나면서 흐지부지 망각된다면 코칭의 효과가 없어지고 마는 셈이다. 그래서 코칭에서 얻은 자각과 학습을 장기기억으로 저장한다는 것은 뇌과학적으로 말한다면 새롭게 생긴 시냅스를 튼튼하게 강화한다는 의미이다.

리더십의 새로운 스킬에 대한 학습도 기억이고, 새로운 알아차림을 유지하는 것도 기억이다. 잡을 수 없을 만큼 재빨리 지나가는 단 한순간을 제외하고는 전부 기억이다. 삶은 전부 기억이다.[1]

기억의 장기저장은 뇌 신경회로, 즉 시냅스가 더욱 강화되어야 한다. 어떻게 하면 뇌 신경회로가 강화되는가? 제5장에서 뇌의 장기기억 메커니즘에 대한 발견을 보면, 무엇보다, 캔델의 연구 결과에 의하면, 자극의 반복이 필요하다. 자극을 반복하면 시냅스 형성이 촉진된다는 이야기다.

또한 자동차 사고처럼 매우 고양된 감정을 동반하는 경험은 장기기억의 제약들을 원리적으로 건너뛸 수 있다고 했다. 이른바 섬광기억, 즉 감정을 동반하면서 세부까지 생생하게 되살아나는 기억들은 그런 경우에 해당한

다고 할 수 있을 것이다. 섬광기억(flashbulb memory)이란 어느 시점에 저
장되어 평생 유지되는 상세하고 생생한 기억이다. 섬광기억들은 특정 사
건에 대한 지식을 영속적으로 보존한다. 아마도 캔델이 평생 의문을 가졌
던 자기 아동기 기억에 대한 비밀이 바로 이 섬광기억이라는 사실이었을
것이다.

당연한 사실이기도 하지만, 학습에 대한 보편적이고 근본적인 원리의
하나는 관심이다. 특정한 모습의 광경이 기억되는 것은 그것이 우리의 관
심을 끌기 때문이다. 실제로 우리는 관심이 끌리는 것들을 잘 기억한다. 그
런 것들을 마주할 때 우리는 심층적이고 정교한 코드화와 되새김(rehearsal)
을 자발적으로 수행하기 때문이다. 여기서 되새김이란 기억된 사건을 정
신적으로 거듭 재현하는 활동을 말한다. 그러므로 되새김이 중요한 메커
니즘이다.

우리가 특별히 기억하기를 원할 때, 우리는 학습 과제에 정교한 코드화
처리를 적용함으로써 강하고 오래 지속되는 기억을 보유할 가능성을 높일
수 있다. 우리는 단 한 번의 에피소드 대신에 여러 번의 학습 에피소드를
마련할 수 있고, 학습 내용을 혼자서 되새길 수 있다.[2]

결국은 기억을 장기저장하기 위해 사람이 할 수 있는 것은 반복적으로
학습하고, 반복적으로 되새김을 하고, 주의를 집중하여 관심도를 높이고,
시각화를 하여 이미지를 인출하는 것이다. 모두 기억을 향상하는 데 도움
이 되는 방법들이다.

1. 코칭으로 새롭게 형성된 신경회로 강화하기
   : 되새김 기법

코칭의 마지막 종결 파트에서는 코칭 전반을 리뷰하면서 되새김을 해야
한다. 마무리 과정에서 더 중요한 자각이 일어날 수도 있다. 또한 반복하
여 기억을 장기저장하는 효과가 있다. 코칭을 받겠다고 결심하게 된 배경
에 대한 되새김, 코칭을 통하여 비로소 알게 된 자기 자신의 라이프스타일

에 대한 되새김, 이 라이프스타일이 자신의 지금까지의 삶을 지배해왔다는 사실을 알아차린 것에 대한 되새김을 해야 한다. 이때의 감동이 섬광기억이 되어서 기억에 오래 남을 수도 있다. 자신의 과거 라이프스타일이 인생의 3대과제(일, 관계, 사랑)에서 어떤 역기능적인 영향을 미쳤는지를 다시한번 되새겨보고, 공동감각에 대한 학습의 소감을 되새김하고, 공동감각으로 자신의 초기경험을 재경험해본 감동에 대한 되새김도 해본다. 그리고 공동감각으로 현재의 자신의 3대 인생과제에 적용하여 리허설해본다.

기억을 장기저장하는 방법으로서 유용한 것이 시각화 기법이다.3) 자신이 공동감각으로 거듭난 새로운 라이프스타일을 형성하여 새로운 삶을 사는 모습을 머릿속에 그려서 그 이미지를 여러번 인출해보는 것이다. 뇌과학 연구에 의하면 장기기억을 향상시키려면 이미 학습한 내용을 인출하는 연습을 하는 편이 학습을 추가로 하는 편보다 더 유익함을 보여주었다.4)

공동감각으로 성장하여 살고 있는 나의 모습을 시각화하여 삶의 현업에서 리허설해보기도 한다. 내가 무언가를 하는 장면을 생생하게 머릿속에 그릴 때 일어나는 뇌의 변화는 실제 행동과 비슷하다. 실제 행동한 것처럼 뇌신경세포가 새롭게 만들어지고 강화된다. 새로운 신경회로가 강화될 때까지 마치 몸의 재활치료처럼 반복하라는 것이다. 타이거 우즈 등 많은 운동선수가 기술을 연마할 때 쓰는 기법이다.

뇌세포를 연결해 새로운 경로를 만들려면 무수한 노력과 자원을 쏟아야 한다. 처음에는 진척이 느린 듯 보이지만 어느 순간 분수령이 되는 시점이 찾아온다. 그 시점을 지나면 가속도가 붙고 가시적 효과가 나타나기 시작한다.

코칭 과정 중에는 처음에는 코치와 더불어 가상현실에서 리허설을 먼저하고 그것을 실제 현업에서 행동으로 해보기를 하는데, 코칭이 종료된 이후에는 이것을 혼자서 일상에서 반복하는 것이 좋다. 공동감각이라는 옷을 입고, 마치 내가 큰 그릇의 리더가 된 것처럼 생각하고 행동하면 그것이 신경회로를 강화하는 좋은 방법이다. As if 방식으로 리허설을 반복하는 것이다.

2. 돈오점수와 후속학습

아들러 리더십 코칭의 마무리는 후속학습의 주제를 정하고, 이 주제를 중심으로 지속적으로 학습하는 것이 필요하다는 것을 결심하게 하는 것이다. 무엇보다 공동감각을 확장하고 체화하는 것을 목적으로 계속 학습이 이루어져야 한다.

아들러의 공동감각이란 것의 핵심은 상대의 눈으로 보고, 상대의 귀로 듣고, 상대의 가슴으로 느끼라고 하지 않았던가. 그리고 그에 유사한 동양에서의 개념이 충서, 혈구지도, 역지사지, 그리고 성경에 "남에게 대접을 받고자 하는 대로 너희도 남을 대접하라"고 했던 정신들이다.

이런 공동감각의 정신이 사적논리라는 생각의 동굴에서 벗어나서 더 넓은 관점으로 세상과 상대를 바라보는 눈을 뜨게 한다. 그러니 공동감각에 관한 학습을 지속하여 뇌의 신경회로를 강하고 굵게 만들어서 다시는 약해지거나 끊어지지 않게 해야 한다.

불교에 돈오점수(頓悟漸修)라는 말이 있다. '돈오'는 단박에 깨닫는 것을 의미하고, '점수'는 점진적인 수행을 말한다. 불교 수행자들은 궁극적으로 추구하는 '깨달음'에 이르는 과정에는 순간적인 깨달음인 돈오가 필요하고, 그렇게 '깨달음'을 얻었다고 해도 점진적인 수행, 즉 점수는 계속되어야 한다는, 선종 불교 수행 방법의 이론이다. 고려 중기의 지눌이 돈오점수설을 채택하여 우리나라 선종에 정착시킨 수행방법이다. 석가모니의 경우, 보리수 아래서의 깨달음은 돈오이고, 이후 45년간 교화활동으로 무수한 중생을 계도한 일은 점수에 해당된다.

아들러의 아이덴티티(identity) 전환 코칭으로 의식변환이 일어난 것은 돈오이고, 지속학습을 통하여 마음의 근육이 강화되는 것이 점수이다. 초기기억을 찾아서 그것이 지금까지 자기 삶을 조종해왔다는 사실을 알아차리는 것이 돈오이고, 초기기억을 공동감각으로 전환해서 살아야겠다는 깨달음도 하나의 돈오이다. 한 번의 돈오만으로는 부족하다. 지속학습을 해서 뇌의 신경회로가 강화되어야 한다. 뇌의 신경회로가 강화되어야 의식확장의 효과가 장기적으로 지속된다.

코칭 의뢰인의 궁극적 목적은 새로운 통찰을 받아들이고 그것에 맞게 행동하는 것이다. 종종 개인들은 '아하'하며 한순간에 깨닫는 경험을 할 것이다. 그리고 나서 곧 '아하' 경험의 의미는 잊어버리고, 오래된 역기능적 행동을 계속할 수도 있다. 숙련된 코치는 이러한 통찰을 놓치지 않고 변화를 지속해갈 수 있도록 한다. 재학습을 제대로 해야 한다는 의미이다.[5]

후속학습

아들러 코칭은 생각의 뿌리인 무의식을 찾아서 그 무의식을 바꾸어주어야 한다고 전제하고, 유아기, 아동기의 초기기억을 찾아서 그것이 지금까지 내 삶을 나도 모르게 조종해왔다는 사실을 알아차리게 하고, 그 초기기억을 재경험하고 재구성함으로써 초기기억을 바꾸는 작업까지 마무리하게 되었다.

그런데 그것만으로 끝이 아니다. 그 초기기억으로 인해 형성된 사고모델이 빚어낸 언어습관, 행동습관, 그로 인해 형성된 주변의 환경조건들이 아직 그대로 있다. 그것을 바꾸는 작업이 수반되어야 한다.

학습과 수련의 노력에 동기부여를 하기 위해서 필요한 것이 목적성과 가능성이다. 첫째로, 목적성은 자기가 선택한 공동감각으로 전환해서 더 큰 그릇의 리더가 된다는 목적을 가져야 한다. 이것은 지금까지의 코칭 과정에서 깨닫고 선택된 것이다. 더 큰 그릇의 리더가 된다는 비전, 더 큰 그릇의 리더로서 자기실현이 이루어진 이미지를 창조하는 것이 좋다.

두번째는 나도 원하는 비전을 실현할 수 있다는 가능성이다. 다른 사람이 할 수 있으면 나도 할 수 있다는 신념을 가지고 실행하는 것이다. NLP 기법으로 '모델링하기(modeling human excellence)'를 하는 것이다. NLP의 이 모델링기법은 내가 원하는 바람직한 그 사람으로 내가 변화될 수 있다는 가능성을 가지고 모방학습을 시작하는 것이다. 학습과 수행을 지속해야 뇌의 가소성 원리에 따라서 뇌 신경세포가 새롭게 형성되고 강화된다. 뇌 신경세포가 달라져야 비로소 '다른 나 자신'이 되는 것이다. 한번 달라졌다고 해도 더 강화되어야 원래의 모습으로 되돌아가지 않는다.

앞에서 지적한 대로 공동감각의 세계란 이미 고전적으로 검증된 자명한 상식 및 진리의 세계이다. 공자, 맹자와 같은 유가 사상의 동양고전은 인간의 성선설을 믿고 인의(仁義) 사상을 강조하는 고전으로서 2,500년을 살아남은 사상이다. 부처의 말씀을 담은 불교 경전도 지혜와 자비의 마음을 수행하는 공동감각의 보고이다. 기독교나 천주교 같은 종교를 통하여 예수의 말씀과 행동을 바라보고 삶의 모델로 삶는 것도 하나의 수행 학습의 시스템이다. 또는 동호인 그룹을 만들어서 정기적으로 만나서 학습을 지속하는 시스템을 만드는 것도 좋다.

이와 같은 제도화된 학습 시스템 속에 들어가는 것이 좋은 방법의 하나이다. 공동감각을 내재화하기 위해서 자기 나름의 이런 시스템을 만들어 놓고 그 속에서 일상을 살아야 뇌 속의 신경회로가 나날이 강화되어서 다시는 사적논리로 되돌아가지 않고 더 많이 각성하고 성장하게 된다.

수행하는 스님들이 하안거 동안거라는 수행의 시스템을 만들어놓고 실행하는 것도 이런 맥락이다. 한번 깨달았다고 되는 것이 아니다. 지속적으로 수행하여 뇌의 신경회로를 만들고 강화해야 한다.

또 하나의 방법은 매일 일기를 쓰는 것이다. 자기 삶의 행적을 글로 기록할 때 성찰이 일어난다. 글을 쓰는 사이에 창조적인 자각이 일어나는 경우가 많다. 또한 글로 기록을 하면 자기의 삶이 정리되어서 마음이 떠돌지 않게 된다.

자기를 알아차리는 명상을 하는 것도 좋은 자기수련법이다. 아들러 리더십 코칭에 익숙해지면 라이프스타일 유형 또는 라이프골 우선순위의 4가지 유형, 우월성 추구, 통제 추구, 기쁨주의 추구, 편안함 추구는 자기를 알아차리는 구체적인 점검표가 된다. 명상을 하는 중에 자기 내면에서 어떤 감정이나 욕구의 꿈틀거림이 느껴지면, 우월성 욕구가 올라오는구나, 통제의 욕구가 올라오는구나, 기쁨주기의 욕구가 올라오는구나, 아니면 편안함 추구의 욕구가 올라오는구나 하고 알아차리면 된다. 이것이 바로 자기인식이 확장되는 길이며, 자기를 지속적으로 과거의 라이프스타일에 휘

둘리지 않고, 공동감각에 머물게 하는 수련법이다. 명상에 관해 쉽고 편하게 개발된 방법이 다니엘 시겔이 쓴 알아차림 책이다.[6]

　양자물리학의 에너지의 관점에서도 후속학습의 효과를 보증한다. 양자물리학은 의식을 에너지라고 본다. 인간의 의식이란 가장 우수하고 역동적인 형태의 에너지다. 단 한번으로 그치는 생각은 큰 힘을 발휘할 수 없을지 모르지만, 여러번 반복된 생각은 집중되고 정리되어 그 힘이 몇 배로 커진다. 생각은 반복하면 할수록 더 많은 에너지와 힘을 만들어 내며, 더 쉽고 분명하게 현실로 나타날 수 있다. 돋보기로 햇빛을 모아보자. 돋보기를 이리저리 움직이면 햇빛은 분산되어 약해진다. 그러나 돋보기를 고정시키고 적당한 높이에서 정확히 초점을 맞추면 분산되었던 빛은 한 곳으로 집중되면서 불이 붙을 정도로 강해진다.[7]

제IV부

조직 현장에서의
아들러 리더십 코칭

제14장
ADLERS 모델 코칭의 현장 사례

이 장은 ADLERS 모델에 기반한 실제 코칭 사례다. 지금까지 제III부에서 설명한 ADLERS 모델이 실제 코칭 현장에서 어떻게 적용되는지를 보여준다.

여기서 사례로 드는 김열정(가명) 상무는 자기 실명을 그대로 사용하여 사례로 소개해도 좋다고 할 정도로 기꺼이 승낙하였기 때문에 연구 사례로 선정되었다. 김상무는 이 코칭에서 많은 도움을 입었기 때문에 기꺼이 그렇게 승낙한다고 말했다. 그렇지만 한국코치협회 윤리 규정상 의뢰인에 대한 비밀 보장의 원칙에 따라 이름과 직장, 학력 등을 가명으로 처리하며, 삶의 스토리도 맥락에 지장이 없는 한 약간씩 편집하였다.

김열정 상무는 5년 전 상무 시절에 본 아들러 리더십 코칭을 받고 리더십을 잘 성장시키고 회사를 성장시키는 데 기여하여 5년 후에 그 회사의 한 부문 사장으로 승진하였다.

1. 코칭의 시작과 목표 설정(Adlerian introduction & Goal setting)

김열정(가명) 상무는 자신의 사장이 보기에 업무 역량이 뛰어나서 차기 경영자로 키우고 싶은데 밑으로부터 리더십에 문제제기가 많다고 판단되어 코칭을 받게 된 경우이다.

김상무는 서울 구로동에 소재한 IT 분야의 중견 회사 상무이다. 그는 SKY 대 전기공학과를 졸업한 엘리트 공학도이다. 그가 다닌 회사는 차량, 조선, 의료 등의 분야에서 IT 솔루션을 제공하는, 기술 수준이 높은 회사이다.

그의 사무실에서 첫 만남을 가졌다. 코치는 진정성을 가지고 의뢰인을 따뜻하게 맞이하고 공감해주면서 근원적 신뢰감을 주고자 하였다. 이렇게 공감하며 경청해주면서 고객의 불안과 두려움이 풀리고 점점 코치와 라포가 형성되었다. 특히 삶의 스토리를 질문하고 경청하는 사이에 라포가 잘 형성되었다.

그렇지만 그것으로 충분하지는 않다. 코치는 지속적으로 고객의 마음을 지지해주고 경청해주고 공감해주어야 코칭의 동력이 유지된다. 이것이 코치의 가장 중요한 역량의 하나이다. 그리고 의뢰인이 해결하고 싶은 문제가 무엇인지 점차 코칭 의제를 드러내는 과정으로 진입한다.

코치: 이번 코칭을 통해서 해결하고 싶은 주제가 무엇인지 여쭤봐도 될까요?

김상무: 저는 열심히 일을 한다고 하는데 밑에 있는 직원들이 저와 갈등을 일으키고 회사를 떠나는 사람이 여럿 있어서 이번에 코칭을 받게 되었습니다. 이번 코칭을 통해서 다시는 저의 리더십에 문제 제기가 일어나지 않도록 하는 것이 이번 프로젝트에 임하는 목적입니다.

코치: 아 그런 사연이 있으시군요. 그런데 그런 확고한 결심을 하고 계시니 상무님은 정말 훌륭한 리더가 되시겠네요. 이미 업무 역량은 출중하시니, 리더십 역량만 조금 보완하면, 정말 탁월한 리더가 되시겠어요. 제가 상무님을 도와서 원하시는 모습대로 되도록 힘껏 도와드릴게요. 저도 이번 코칭에 기대가 매우 큽니다. 제가 가슴이 뛰는 것 같습니다. 코칭이 끝나면 상무님은 정말 큰 그릇의 리더로 되어 계실 것입니다. 기대하셔도 좋습니다.

코치는 첫 만남이 이루어지기 전에 미리 김상무에게 MBTI 검사를 받도

록 하여 결과지를 가지고 갔고, 또한 회사 구성원 10명에게 10개 문항의
다면평가 설문지를 돌려서 설문 결과를 받았다. 상무 2인, 이사 2인, 부장
2인, 차장 및 과장 2인, 평사원 2인에게 설문을 받아서 결과를 익명으로
처리하여 문항별로 정리한 보고서를 지참해서 가지고 갔다.

MBTI 진단결과 디브리핑

먼저 MBTI 결과를 같이 보면서 MBTI 검사가 어떤 검사인지, 의뢰인의
MBTI 유형이 무엇을 의미하는지, 그리고 내향－외향, 직관－감각, 사고
－감정, 인식－판단의 각 선호도가 무엇을 의미하는지를 설명해주고 의뢰
인의 사례를 구체적으로 디브리핑을 해주었다.

김상무의 유형은 ESTP로 나왔다. 본인의 성격 특징으로서 표본에 비해
서 선호도가 분명한 쪽으로 발달된 점을 이야기 해주고, ST 기질의 특질
을 설명하였다. 그리고 보완적인 개발 방향으로서 F 및 N 기질을 개발하
는 것이라고 설명하였다. 그리고 ST 기질은 발달한데 반해서 NF, SF, NT
기질은 상대적으로 덜 발달되었다고 설명했다. 그러니 원래 타고난 역량
의 25%는 잘 활용하고 있으나 나머지는 저개발된 상태라고 설명했다. 이
부분에 대하여 김상무는 자기 역량의 25%만 활용하고 있다는 말에 큰 자
각이 일어났다고 말했다.

김상무는 자신의 MBTI 검사 결과에 대하여 흥미를 가지고 몰입하기 시
작하였다. 성격검사 디브리핑을 통해서 자기인식이 증진된 셈이다. 과도한
사고유형, 감각유형으로 살아왔기 때문에 감정유형의 개발이 긴요하고, 리
더로 성장하기 위해서 직관유형의 개발이 필요함을 인식하게 되었다. 이
진단 결과에 대하여 김상무 본인은 여태 자기 역량의 25%를 가지고 살아
왔으며 삶이 균형감을 잃었다는 사실을 알아차리고, 삶의 방식을 바꾸어
야겠다고 결심하게 되었다. 첫회기에 자기인식이 일어나기 시작한 셈이다.

구성원 다면평가 디브리핑

다음에는 구성원들의 다면평가를 디브리핑하면서 MBTI에 나타난 자신

의 성격이 현업에서 구성원들과의 관계에 어떻게 반영되었는지를 알 수
있도록 도왔다. 다면평가는 사전에 실시한 서면설문지 방식을 통하여 진
행하였다.

• 코칭 대상자에 대해 가장 먼저 떠오르는 인상을 말해주세요. 그는 당신에게
  어떤 사람/리더인가요?

  – 먼저 떠오르는 인상: 하드웨어적인 사람.
  – 자존감이 매우 강한 리더, 본인이 맡은 업무 혹은 사업의 성과에 매
    우 집착하는 사람임.
  – 똑똑한 사람임. 사업부원들과 진정성을 공유하는 사람은 다소 아니
    라는 것이 많은 사람들의 생각임. 진정성이 추가가 되면 보다 훌륭
    한 리더가 될 수 있을 것임.
  – 사업부원들의 존경/진실성을 얻지 못하면 다른 부분이 뛰어나더라도
    이 부분 때문에 많은 애로사항이 있는 건 사실임.

• 그의 일하는 방식은 무엇입니까?

  – 최신 지식 습득에 노력하며 고객을 통해 사업성과를 제고하고 팀 역
    량을 육성하여 사업성과를 제고하기 위해 노력함.
  – 고객 응대, 공급사 요구 및 제안방안에 대해서 세세히 챙기고 있으
    며 고객의 요청에 필요한 대응 기술과 취급 장비의 대응 Spec까지
    꼼꼼히 챙겨 고객불만이 없도록 직접 업무를 수행하면서 조직원 관
    리를 하고 있음.
  – 한편으로 그동안의 경험과 지식을 기반으로 해당 사업부 직원에 대
    한 기술적인 이해를 높이는 역할(세미나)을 스스로 진행하고 있음.
  – 중요한 아이템들은 혼자 맡아서 처리하는 스타일이며 부하 직원들을
    믿지 못함.

- 개인 성과를 위해 나머지를 희생함.
- 조직 단위의 주어진 목표를 달성하기 위해 자기 위주로 매진함.
- 사업부장의 role이 있는데... 너무 팀원 각각을 컨트롤하는 그런 방식이었음. 따라서 팀원들이 업무시간에 일을 하기 무척 두려워 하는 경향을 보였음.

- **그의 부족한 점은 무엇입니까? 그가 스스로 깨닫지 못하는 부분은(blind spot) 무엇입니까?**

- 사업성과 지향형인 점은 긍정적이나 중소기업의 현실상 아주 탁월한 부하직원들이 많지 않음에도 불구하고 직원들에게 높은 역량과 뛰어난 태도를 원하다 보니 직원들에게 다소 엄격하여 최근 이러한 점이 갈등을 초래한 적이 있음.
- 모범적인 리더십과 능력이 부족한 팀원들도 잘 이해해주고 따뜻하게 감싸주고 포용하는 리더십의 배양이 필요함.
- 리더가 너무 강하게 직원들을 몰아붙이면 직원들은 따라오지 못하면서 불만만 커지고 상호 갈등만 커지는 경우가 발생하기 때문임.

다면평가 자료는 여기까지만 제시한다. 다면평가 디브리핑 개요는 업무성과는 매우 탁월하다고 평가받지만 리더로서의 역량을 더 개발해야 한다는 평가가 지배적이다. 구성원들과 함께 일하지 않고 혼자서 일하는 경향이 있으며, 구성원에 대한 잦은 질책으로 구성원들이 업무상 전화를 사무실에서 받지 않고 밖에 나가서 통화하는 등의 문제점, 팀원과의 소통 부재 등이 지적되었다.

다면평가에 대한 김상무의 인식

김상무는 위의 다면평가를 다 읽어보고 나서 자신의 강점과 리더로서의 약점이 무엇인지를 분명하게 인식하고 자각하는 계기가 되었다고 밝혔다. 김상무는 지금까지 업무 외의 사항으로 구성원과 이야기를 해본 적이 없

다는 사실을 알아차리게 되었고, "나는 왜 사는가" 등의 인문학적, 추상적
생각을 해본 적도 없으며, 이런 것들은 업무에 도움이 되지 않는다는 생각
에 갇혀 있었음을 알아차리게 되었다. 오로지 업무, 일을 향해서 달려왔다
는 것을 알아차리게 되었다.

이러한 다면평가가 사실과 가까운지를 검증하기 위하여 김상무의 직무
과정에서 구성원들과 상호작용하는 방식에 대하여 여러가지 질문을 던지
고 본인의 주관적 평가도 들어보았다.

김상무는 현재 자신의 삶이 어릴 때부터 살던 방식이기 때문에 자신의
생존양식을 당연시하고 스스로를 알아차리지도 못하는 경우가 많았다고 한
다. 코치는 의뢰인에게 거울을 비추듯이 여러가지 질문을 하여 의뢰인이
자기 자신의 현재 모습을 들여다볼 수 있도록 도왔다. 아래 인용문은 의뢰
인이 자신이 업무 현장에서 실제 어떻게 하고 있는지에 대한 묘사이다.

- 업무 외의 사안으로 구성원들과 이야기해본 적이 없다.
- 회사에서는 일을 하고, 일 외적인 시간에는 공부를 한다.
- 부하직원을 믿지 못한다. 직원들이 고객과 전화할 때 사무실 밖에
  나가서 전화통화를 하더라. 내가 전화하는 직원에 대고 통화내용에
  대해 힐난하기 때문이다.
- 칭찬에 인색하고 지적도 심하게 한다.
- 직원들은 업무 시간에 나와 같이 일하기를 두려워한다.
- 나는 등 뒤에 있는 아기새에게 먹이를 가져다 먹이는 엄마새 역할을
  한다고 생각한다.
- 나의 눈높이가 너무 높아 직원들이 따라오지 못한다. 직원을 너무
  강하게 몰아붙인다.
- 고객사에서 프로젝트를 따오는데, 업무량이 많아서 직원들이 나가떨
  어진다.
- 팀이 커지게 되면 자기들끼리 세력화한다. 직원들은 이 일을 자기밖
  에 할 수 없다고 원천봉쇄하려 한다. 정치세력화하려 하면 나는 이

를 와해시킨다.

- 지식은 공유하는데, 노하우, 지혜는 아직 공유하지 않는다. 배울 단계가 아니기 때문이다.
- 탁월한 부하직원, 일을 믿고 맡길만한 부하직원이 없다. 일정 정도의 한계를 지어놓고 내가 자포자기한다.
- 직원들이 우리 회사에 2~3년 일하다보면 고객사에 특채되어 간다. 나와 갈등이 있어서 이직했다고 하는데, 실제로는 자기 이익 때문이다.

코칭 주제 선정과 성장 방향의 각오

김상무는 이번 코칭에서 다루고 싶은 코칭 주제로 다음과 같은 것을 선정하였다.

① 사업부장에 걸맞은 리더십
② 직원과 소통할 수 있는 리더십

김상무는 이 주제 코칭을 통해 다시는 리더십 문제로 회사 내에서 구설수에 오르는 일이 없도록 자기 자신을 바꾸겠다는 결의를 보였다. 그는 자신이 'practical'한 사람이기에 이것도 하나의 프로젝트로 인식하고 임하겠다고 밝혔다.

첫 세션을 마무리하면서, 김상무는 MBTI 진단, 구성원들로부터 받은 다면평가 결과를 접하고는 원래 가지고 왔던 코칭 주제를 매우 진지하게 인식하고, 이번 코칭에 자신의 삶의 사활을 걸어야겠다는 각오를 밝혔다. 자기는 지금까지 왜 이렇게 살고 있으며, 그것이 가져온 부정적 결과들이 어떠하며, 계속 이렇게 살 경우 자기 삶이 5년 후, 10년 후 어떻게 전개될지를 리허설해보는 시간도 가졌다.

그리고는 자기 삶의 라이프스타일 또는 생존양식을 알아차리고, 그것이 어떻게 자신의 삶의 방식으로 형성되었는지를 진단하고, 향후 어떻게 전환할 것인지가 향후 코칭의 과제임을 함께 공유하였다.

다음 코칭 회기까지 두 주일 동안 토니 험프리스가 쓴 『심리학으로 경영하라』 책 읽기를 과제로 부여하였다.

2. 라이프스타일 진단(Diagnose lifestyle)

라이프골 우선순위 진단

두번째 세션 코칭의 과제는 라이프스타일 유형을 탐색하는 것이다. 라이프스타일은 가상인생목표, 사적논리, 라이프골 우선순위의 3가지 구성요소로 이루어져 있는데, 이 중에서 라이프골 우선순위를 먼저 조사한다. 라이프골 우선순위를 측정하는 것이 라이프스타일에 대한 한 단면을 신속히 파악할 수 있는 매우 유용한 방법이기 때문이다.

라이프골 우선순위 진단을 위해서 각 유형별 특성을 이해하게 하고 그 중에서 가장 자기에게 맞는 유형을 찾아내는 방법으로 진행하였다. 제9장에서 설명한 라이프골 우선순위 유형에 관한 내용을 충분히 숙지하게 하고 자기에게 맞는 것을 찾아내는 방법이 유용했다.

김상무의 경우는 다면평가 내용에서 예상한 대로 우월성 추구 유형이 월등히 높게 나오고 2차적으로 통제추구 유형이 나타난다.

이어서 라이프골 우선순위가 김상무 자신의 삶에서 어떤 영향을 미치고 있는지를 되돌아보는 시간을 가졌다. 어릴 때부터 자기는 남다르게 공부 잘하여 우월하고 동네 어른들, 학교 선생님들이 자기를 특별하게 인정했다고 생각한다.

그는 치열하게 살았기에 자신의 행동 패턴을 직원들에게 강요했다는 것을 자각하게 되었다. 직원에게 강요한 것이 자기의 스타일이었음을 알아차리게 되었다. 그런 자기의 행동 패턴이 의식적으로 한 것이 아니라 자기도 모르게, 무의식에서 그렇게 살았다는 것을 알게 되었고, 무의식이 자기를 지배해왔던 것을 알게 되었다.

아들러의 목적론의 관점에서 인간을 볼 때, 첫 번째 발자국이 그 사람이 어떤 라이프골 우선순위를 가지고 살아가고 있는지를 알아차리는 것이다. 라이프골을 이해하는 것, 라이프골 우선순위가 삶의 과제에서 개인의 기능에 영향을 미치는 방식을 이해하는 것이다. 우리는 우월성 추구라는 라이프골 우선순위를 알게 됨으로써 이미 김상무의 라이프스타일의 큰 윤곽을 알아차리게 되었다.

가상인생목표 탐색

김상무에게 어릴 때 되고 싶은 미래의 꿈(fictional final goal)은 무엇이냐고 물었더니, "성공하는 사람이 되는 것"이라고 말했다. 구체적인 직업은 생각하지 않았고, 공부 잘하고 성공해서 어머니에게 보답하는 것이 꿈이었다고 한다. 구체적인 직업은 아직 생각해보지 않았지만 성공하는 것이 궁극적 목적이었다.

아들러에 의하면 인간의 모든 행동에는 목적이 있다고 했다. 행동을 보면 그 목적을 이해할 수 있다. 그 목적에는 모든 인간의 기본감정인 열등감을 영원히 제거해줄 하나의 보상으로 하나의 그림을 그린다. 김상무가 비뚤어지지 않고 열심히 공부해서 SKY대학에 진학하고, IT 기업의 상무로 승진하고 나중에 사장에까지 승진하게 된 것은 내면에 이런 가상인생목표가 있었기 때문인 것으로 볼 수 있다. 목표가 행동을 만들고 행동이 운명을 만든다는 것을 알 수 있다.

3. 초기기억 탐색(Listening to early recollection)

세번째 회기에서는 초기기억을 탐색하게 되었다. 라이프골 우선순위를 알았으면 그 라이프스타일의 뿌리를 찾는 것이 필요하기 때문이다. 자신의 라이프스타일의 뿌리는 초기기억에 있다. 자기의 라이프스타일의 뿌리를 찾을 때 비로소 자기 자신을 이해하게 된다. 자신이 왜 지금까지 그렇게 살아왔는지를 알게 된다.

1) 초기기억 탐색

김상무는 초기기억에 대하여 금방 여러가지 기억을 떠올렸다. 가족구도에 대하여 외가와 친가의 가족관계에 대하여 자세히 이야기를 해주었다.

5살 무렵인데, 어머니 등에 업혀서 외가에 갔던 기억이 난다. 기차로 두세 정거장을 가서 내렸는데 한참 걸어서 산길을 구불구불 따라갔다. 외가는 농촌에 있다. 외할머니, 외할아버지가 나를 무척 이뻐하셨다. 누나보다 나를 아들이라고 더 반갑게 맞이해주고 이뻐해 주셨다.

우리 어머니는 첫 남편이 결혼하자마자 6.25 전쟁 때 월북하였다. 아이 없이 혼자가 되었다가 한참 있다가 14살 연상의 우리 아버지의 후처로 결혼하셨다. 어머니와 아버지는 두분 다 재혼이다. 아버지에게는 첫 부인과의 사이에 큰 형님과 누나 셋, 모두 4남매가 있었다. 우리 어머니는 나이가 들어서 혼인을 하여 누나와 나를 낳았다. 누나는 나보다 1년 위이다. 외가에서는 우리 어머니의 결혼 파경과 늦은 재혼에 대해서 마음 아파하고 불쌍히 여겼다. 내가 태어나자 귀한 아들이 태어났다고 엄청 좋아하셨다. 외할머니, 외할아버지는 어머니에 대한 불쌍한 마음을 달래기 위해서 나를 엄청 귀여워하고, 가족들 가운데 앉혀 놓고 나의 재롱을 보며 이뻐해 주셨다. 늦게 태어난 아들이었기에 금이야 옥이야 하면서 도시 아이처럼 깨끗이 입히고 먹이고 하며 키웠다.

나는 한번도 부모를 속 썩이지 않는 아이였다. 다른 집 자식들은 어릴 때부터 술을 마시는 등 비행청소년이 되었다. 나는 그렇게 살면 안된다고 생각했다. 어릴 때부터 그렇게 생각했다. 고등학교 때부터 주위의 유혹이 있었다. 술 마시러 가자, 도심에 가서 카페에서 맥주 한잔하자는 친구들이 주위에 있었다. 그런 유혹에 왜 넘어가지 않았나? 어머니 때문이다. 어머니를 생각해서다. 의식적, 무의식적으로 내 삶 자체가 바른 길을 가려고 했었다.

학교를 7살에 갔기에 또래보다 생각하는 것이 적었으나 공부는 잘했고, 모범생이었다. 1988년에 대학에 입학했다. 아버지는 2009년에 돌아가시고 81세의 어머니는 지금도 시골에서 살고 계신다. 내가 가까이에서 모시고 싶지만 어머니는 시골에서 살고 싶다고 하셔서 마음이 안타깝다. 명절 때만 내 집에 올라오시는데 좀 속상하다. 지금은 고집 꺾고 손자 재롱보면서 살아도 되는데 아들에게 폐 끼칠까봐 시골에서 아버지 산소 옆에 혼자서 살고 계신다.

제10장에서 자세히 논의한 대로, 출생서열이 라이프스타일 형성에 매우 중요한 영향을 미친다. 남녀 성별도 부모의 기대와 관심의 차이 때문에 큰 영향을 미친다. 김상무는 6남매 중의 막내라는 점이 라이프스타일 형성에 중요한 변수이다. 막내의 일반적 특징으로 말하면, 위의 형과 누나 모두와 경쟁하는 마인드를 가지고 성취를 위해 노력하는 성향으로 발전하기 쉽다. 김상무는 이복형제 1남 3녀가 있고, 그 밑으로 친누나가 있고, 자기는 둘째이며, 아들이다. 외할아버지와 외할머니가 너무나 기다리던 귀한 손자로 태어났다. 어머니의 둘째 자녀이자 아들로 태어났다는 사실 자체가 큰 의미가 있다. 배다른 형제들보다 더 똑똑하고 뛰어나고 싶은 경쟁심리가 작용하고, 또한 친누나를 이기고 싶은 경쟁의 동기도 있었을 것이다. 외할아버지와 외할머니, 그리고 어머니의 기대가 있어서 공부도 열심히 하고 잘 성장해야 한다는 성취동기를 충분히 인식했다고 볼 수 있다.

그리고 외가에서 외할머니와 상호작용하던 기억이 선명히 남아있다. 초기기억에서 가장 선명한 기억으로 남아있다.

시골 외가에서 마당에 접해 있는 마루에 외할머니랑 앉아있다. 할머니가 맛있는 것을 나에게 먹여주던 모습이 생각난다. 마루에 앉은 할머니가 우리 집에서는 못 먹던 특별 음식인데, 지금 생각해보니 약과 같다. 그 맛있는 것을 하나씩 내 입에 넣어주던 모습이 기억난다. 외할머니는 주고, 나는 말없이 받아먹었던 기억이다. 나에게 약과를 먹여주던 할머니는 먹지 않고 이가 없어서 오물오물 하시던 모습이 생각난다.

또 어떤 겨울날 외할머니가 화로에서 가래떡을 구워서 주고, 나는 아무 말 없이 받아먹던 장면도 생생히 생각난다.

2) 사적논리 도출

외할머니가 자기에게 맛있는 것을 먹여주던 이야기가 두 가지다. 이야기를 여기까지 듣고 코치는 김상무에게 초기기억에 들어있는 사적논리를 검사하였다. 사적논리의 3단논법을 질문했다.

코치: 할머니와 마주 앉아서 맛있는 것을 얻어먹던 나는 누구인가요?
김상무: 나는 세상의 중심이다.
코칭: 사람들은 어떤가요? 어떤 사람인가요?
김상무: 나를 귀하게 여겼다.
코치: 세상은요? 어떤 세상인가요?
김상무: 혼란스럽다(친가와 외가가 너무 다르다).
코치: 그러므로 나는 어떻게 살아야 하나요?
김상무: 조카, 이복형제 등의 다른 사람보다 잘해야 한다. 어머니를 실망시키지 않기 위해 잘해야 한다. 성공해야 한다.

이 삼단논법에서 보듯이 김상무의 과거의 사적논리가 선명하게 드러나 보인다. 우선, 자기가 '세상의 중심'이라는 자아관이다. 자기중심성의 관점이 명확히 들어있음을 알 수 있다. 또 사람들은 나를 귀하게 여겼고 특별하게 대우한다는 관점도 있다. 그래서 자기는 반듯하게 잘 살아야 한다, 성공해야 한다는 생존양식을 가지게 되었음을 알 수 있다. 특히 어머니에 대한 책임감, 의무감이 사적논리의 핵심을 이룬다. 재혼해서 마음고생하면서 사는 어머니를 위해서 자기는 잘 살아야 한다는 생각이다. 어머니를 불쌍히 여기는 마음을 달래기 위해서 외할머니가 자기를 끔찍이 이뻐해 주셨는데, 외할머니, 외할아버지를 위해서라도 자기는 성공해야 하고 잘 살아야 한다고 인식한다.

어릴 적부터 조카, 조카의 아들들, 친가, 외가 다 합쳐서 자기가 공부를 제일 잘했던 것도 이런 사적논리에 의한 것이다. 어머니가 어디를 가든 자기가 공부 잘하는 것을 위안으로 삼았던 것도 자기의 삶의 방식이 옳다는 것을 증명해준다고 생각한다.

초기기억 탐색에서 도출된 사적논리는 다음과 같다.

자아관: 나는 세상의 중심이다.
세계관: 혼란스럽다.
인생관: 그러므로 나는 반듯하게 잘 살아야 한다. 성공해야 한다.

4. 라이프스타일의 자각과 의식확장(Expanding awareness)

4회기 차다. 지난 세션 과제에 대한 점검으로 토니 험프리스 책을 읽으면서 느낀 바를 나누었다. 리더의 자질에 관한 내용이다. 그 책에 의하면, 리더는 구성원을 육성하는 조력자의 역할이다. 김상무는 여태 타인을 육성하여 성과를 내야 한다는 전제를 인정하지 않았다. 구성원을 육성하지 않으면 리더로서의 존재를 부정하는 것이라는 주장에 대해서 이성적으로는 인정하려고 노력하고 있는데, 가슴으로는 100% 인정이 안되고, 수용이 안된다고 했다.

그렇지만, 김상무가 직원에게 자주 이런 말을 한다고 한다. "니가 고민을 해라. 얼마만큼 깊게 고민하는가가 너의 레벨을 결정한다. 대기업에서처럼 시스템이 갖추어져 있지 않고 순간순간 대응해야 한다"는 등의 내용이다. 이 말에 대해 코치는 김상무께서 이미 나름대로 구성원의 육성을 실천하고 있다고 격려해주었다. 리더는 업무를 끌고 갈뿐만 아니라 구성원의 능력도 키워주는 '육성자(enabler)'라는 개념을 소개해주었다. 내가 직장 생활에서 나의 성장을 지지해주고 도와주었던 상사가 가장 존경스럽고 잊혀지지 않는다는 경험도 말해주었다.

오늘의 코칭 프로세스는 지금까지의 코칭 내용을 통합하여 의식확장이 일어나도록 돕는 과정이다. 앞에서 라이프골 우선순위 또는 라이프스타일을 탐색했고, 초기기억에서 사적논리도 찾았다. 이제는 사적논리가 곧 라이프스일의 심리적 뿌리라는 점을 알아차리는 과정이다. 이 과정에서 의식확장이 더 일어난다. 자신의 지금까지의 삶의 뿌리가 바로 아동기 때 만들어진 그 사적논리로, 그것이 자기의 생존양식을 만들었고, 그 생존양식 때문에 지금까지 자기의 역기능적인(self-defeating) 행동을 무의식적으로 반복해왔다는 것을 알아차리는 것이다. 이것이 의식확장과 깨달음(expanding awareness)의 프로세스이다.

1) 초기기억을 lifestyle의 뿌리로 연결하기

초기기억에서 탐색한 사적논리가 맨 처음 발견한 라이프골 우선순위 및 라이프스타일과 연결되어 있음을 알아차리게 하는 것이 중요하다. 즉 사적논리가 내 삶의 방식의 뿌리라는 것을 알아차리게 하는 것이다.

우선 두 번째 회기에서 라이프골 우선순위를 탐색할 때 우월성 추구 유형이 나왔음을 김상무에게 상기시켜 준다. 그 우월성 추구 유형의 특징도 설명해준다. 그리고 코치는 김상무의 그러한 라이프스타일 때문에 초등학교부터 공부를 열심히 하고, 비뚤어지지 않고 바르게 살아왔다는 사실을 자신의 이야기를 근거로 상기시켜 준다. 그리고 또 이어서 시골 출신이 SKY 대학에도 입학하였고, IT분야의 중견기업에서 상무까지 승진할 수 있었다고 설명해주었다. 그런데 그 부작용도 뒤따랐음을 상기시켜주었다.

그러자 김상무는 그럼에도 본인은 그동안의 회사 생활이 힘들었고, 구성원들로부터 원망을 많이 들었고, 이를 달래기 위해 술을 많이 먹고 위장도 좋지 않다고 말했다.

코치는 속마음을 허심탄회하게 잘 이야기 해주어서 감사하다고 말했다. 그러면서 사실은 이미 지난 회기에서 설명한 대로 우월성 추구의 라이프스타일이 바로 그런 양면적인 특징을 가진 것이라고 설명해주었다. 코칭의 목적이 바로 그런 문제의 원인이 라이프스타일에 있고, 라이프스타일의 이면에 있는 사적논리가 자신의 내면에서 무의식적으로 자동반복하기 때문이라고 설명을 덧붙였다. 그리고 김상무가 지난 회기 때 말했던 그 사적논리를 다시 한번 상기시켜주었다.

나는 세상의 중심이다.

사람들은 나를 귀하게 여겼다.

세상은 혼란스럽다(친가와 외가가 너무 다르다).

조카, 이복형제 등의 다른 사람보다 잘 살아야 한다. 어머니를 실망시키지 않기 위해 잘해야 한다. 성공해야 한다.

자신의 우월성 추구의 라이프스타일이 바로 마지막 줄의 "어머니를 실망시키지 않기 위해 잘해야 한다, 성공해야 한다"는 그 신념에 기반한 것이라는 사실을 설명해주었다.

김상무의 라이프스타일은 강력한 우월성(superiority) 추구이다. 이 우월성 추구가 바로 유년시절부터 외할머니, 어머니가 살아가는 모습과 그 두 분이 자신에게 베풀어주는 사랑을 느끼면서 자기는 잘 자라서 성공하는 사람이 되어서 어머니와 할머니를 실망시키지 않고 보답해주는 사람이 되어야 한다는 신념을 가지게 한 것이다. 우월성 추구의 뿌리가 된 것이다.

김상무의 그 신념이 오늘에 일상이 되어있는 사고방식과 행동양식의 심리적 뿌리가 된 것이다. 김상무의 어릴 때 이야기를 좀 더 들어보자. 그 이야기 속에도 라이프스타일의 우월성 추구가 일관되게 드러나 보인다는 점을 알 수 있다.

코치: 현재의 우월성 추구라는 라이프스타일은 일종의 생존전략이기도 한데요, 아동기 때 기억을 더듬어 보시면 이와 관련된 기억이 떠오르는 것이 있나요?

김상무: 네. 있어요. 나는 어릴 때부터 공부 잘하는 사람이라는 생각을 가지고 있었어요. 나는 주위의 친구들과는 다르게 항상 공부를 열심히 했거든요. 나는 시골의 농촌 마을에서 태어나 중학교를 도시로 진학할 때까지 자랐어요. 나는 7살에 초등학교 입학하고 옆집에 사는 우종(가명)이는 8살에 입학하여 같이 학교를 다니고 같이 놀았지요. 그 친구는 나보다 나이가 한 살 더 많았는데, 지능적으로는 나보다 똑똑하지 않았어요. 내가 그 친구에게 글을 가르쳐 주었거든요. 고등학교 때도 담임으로부터 특별대우를 받았지요. 담임이 항상

나를 인정했어요. 시험을 보고 성적을 매길 때 담임은 나에게 검산을 맡겼을 정도예요. 내가 조교 역할을 했던 셈이지요. 담임이 말하기를 "저 애는 머리가 좋은 애다"라고 말한 기억이 나네요. 나는 친구들과는 다르다는 생각을 가지고 살았어요. 지금 회사에서도 그런 생각을 하게 돼요. 밑의 직원들을 보면 말입니다.

코치: 친구들이랑 관계는 어땠어요?

김상무: 내가 그 친구를 지배하고 수하처럼 부렸어요. 내가 제기차기 하고 놀자 하고 제안하면 그 친구는 준비를 하곤 했어요. 그 친구는 나를 골목대장처럼 생각했지요. 동네에 있는 다른 애들은 나를 보고 "저 애는 좀 다르다", "공부를 잘한다"고 했지요.

코치: 어머니는 그런 김상무님을 보고 뭐라고 말씀하셨어요?

김상무: 어머니, 아버지가 나의 공부와 관련해서는 걱정한 적이 없어요. 공부 때문에 속 썩인 일이 없어요. 어릴 때부터 나는 똑똑한 사람이었고, 공부를 잘해야 한다는 의무감으로 살았습니다.

코치: 의무감으로 사셨다!

김상무: 네. 저는 의무감으로 산 셈이에요. 그래서 고등학교 때도 항상 비뚤어지지 않고, 친구들이 놀자고 해도, 맥주 마시러 가자고 해도 안가고 열심히 공부했지요.

확실히 김상무의 라이프스타일은 아동기 때의 초기경험이 지금의 라이프스타일의 뿌리가 되고 있음을 알 수 있다. 그의 라이프스타일이 그때나 지금이나 동일하다는 것을 알 수 있다. 세 살 버릇 여든까지 간다는 말이 정확히 맞는 말이다.

김상무는 과거에 유아기 때 형성된 '생존양식'이 지금까지도 자신도 모르는 무의식에서 작동하고 있다는 사실을 알게 되어 매우 통쾌하다고 고백했다. 자신의 생존전략에 대한 인식이 큰 자각으로 느껴졌다고 한다. 자신의 생존전략으로 이해할 수 있는 라이프스타일이 우월성 추구로 밝혀지고 그것이 자신의 삶의 스타일과 일치한다는 사실을 알아차렸다. 자기가 회사에서 욕먹고 살았던 것의 원인도 알게 되었다고 밝혔다. 이제 자기가 어떤 사람인지 알겠다고 말했다. 그렇다. 자기의 내면에서 가동하는 생존전략을 알아차리는 것이 진정으로 자기를 이해하는 것이다.

생존양식에 대한 알아차림: 의식확장

많은 사람들이 나는 누구인가라는 질문에 당황해한다. 내가 누구인지를 아는 길은 내가 어떤 사람인지를 내가 나에게 설명할 수 있을 때이다. 내가 누구인지를 알게 해주는 것은 나의 내면에 들어있는 생존양식 또는 라이프스타일이다. 어릴 때부터 부모로부터 인정받기 위하여, 사람들에게 인정받기 위하여, 세상에서 살아남기 위하여, 내면에 형성된 생존전략이 바로 라이프스타일이다. 이것을 흔히 성격이라고 하는데, 성격보다 더 정확한 말이 라이프스타일이다. 라이프스타일은 생존양식, 인생방식 또는 생존전략이다.

이런 생존전략이 나도 모르게 자동적으로 가동되는 나의 심리 프로그램이며, 이것이 나의 본질이다. 바로 나의 사적논리, 나의 라이프골 우선순위, 나의 라이프스타일이다. 이 심리 프로그램이 의미가 있는 이유는 바로 이것들이 지금까지 살아온 자신의 생존양식이기 때문이다. 이 지구에 태어나서 생존과 번식을 위하여 이러한 방식으로 생각하고 행동해 온 것이다. 생존양식을 아는 것이 진짜 자기를 이해하는 길인 것이다. 이것이 나의 사고와 행동의 뿌리들이다. 나의 뿌리가 나의 본질이다. 내가 어떤 사람인지, 내가 누구인지를 알려면 바로 이 생존양식을 찾아내야 한다. 그래야 내가 나를 진정으로 이해할 수 있게 된다.

그래서 코칭에서 만난 사람들은 대체로 이런 자신의 내면 심리의 뿌리를 알게 될 때 큰 자각이 일어난다. 자기의 라이프스타일을 알게 되면 이제야 내가 누구인지를 알겠다는 반응을 보인다. 의식확장이 일어난다. 자기인식을 심층적으로 하게 될 때 사람은 가장 큰 자각이 일어난다는 사실을 알 수 있다. 이런 자각을 할 때 리더십에 있어서 긍정적인 변화로 이어질 수 있다.

2) 라이프스타일이 자신의 삶을 지배했다는 사실을 인식하기

다음의 코칭 프로세스는 아동기 때 만들어진 라이프스타일이 지금까지 자신의 삶을 지배했다는 사실을 확인하는 것이다. 이미 앞에서 김상무는 아동기 때 형성된 우월성 추구의 라이프스타일이 지금까지 지속되고 있음을 알게 되었다. 그리고 어머니에게 보답하기 위하여 자기는 성공해야 하고 비뚤어져서는 안 되는 사람이라는 신념이 지금까지 자신의 삶을 지배해온 것을 알게 되었다.

앞에서 찾아낸 라이프스타일 유형이 현실 생활에서 어떻게 작동하고 있는지를 좀 더 살펴보는 것이 필요하다. 의뢰인이 자기의 우월성(superiority) 추구의 성향이 자기의 삶의 3대 과제에 어떤 영향을 미치고 있는지를 알아차리는 것이 필요하기 때문이다. 그래서 라이프 스토리를 더 들어보기로 한다. 아동기 때 만들어진 라이프스타일이 바로 우월성 추구임을 알았고, 그때 형성된 우월성 추구의 라이프스타일이 중년이 된 지금까지 그대로 지속되고 있는지 살펴보자. 특히 인생의 3대 과제에 초점을 맞추어 자신의 행동의 패턴을 복기해본다.

인생의 3대 과제에서 라이프스타일의 작동

김상무는 현재 회사에서 자신이 행하고 있는 행동 패턴을 다음과 같이 표현한다.

코치: 아동기 때 형성된 우월성 추구형의 라이프스타일이 현재 회사에서는 어떤 방식으로 나타났을까요?

김상무: 성인이 된 지금 회사 생활에서 상무이기 때문에 역할상 그런 측면도 있지만 어릴 때의 모습이 그대로 재현되고 있다는 느낌이 드네요. 나는 다른 직원들과는 다르고 우월하다는 의식이 있습니다. 사업부 부원들이 나보다 똑똑한 것 같지 않고, 내가 하는 것이 답인 것 같다는 생각을 하고, 팀원들에게 추상적으로 말하지 말고 "무엇을 언제까지 어떻게 하라"고 구체적으로 프렉티컬하게 지시합니다. 또 사업부원들에게 오전 9시~오후 7시의 칼퇴근 방식으로 살지 말

고 회사에 시간을 더 투자하여 고민해가며 깨우친다면 소비적인 일
이 아니라 삶의 인사이트를 얻을 것이라고 독려하는데, 그것을 알아
차리지 못한 사업부원들에게 실망도 합니다. 저는 일 외에는 관심이
없었고, 지금까지 전투적이고 치열했던 것 같네요.

코치: 일 외에는 관심이 없었다!

김상무: 저는 일 중독성, 워커홀릭으로 살았고, 여유가 없고, 나의 신념
에 사로잡혀서 대상을 있는 그대로 보지 못하는 일들이 많다는 것을
최근에 알아차렸습니다.

위의 서술에서 볼 때 김상무는 우월성 추구 유형을 많이 가지고 있음을
볼 수 있고, 자기의 유형을 다른 구성원들에게도 요구하는 측면이 있음을
알 수 있다. 아동기 때의 내면의 심리 프로그램이 변하지 않고 그대로 유
지되고 있음을 알게 되었다.

회사일을 너무 우선시 하다보니 퇴근이 늦고 집에서는 불만이 없을 수
없다. 김상무는 그 라이프스타일이 일, 관계, 가정이라는 인생의 3대 과제
에서 일관되게 나타나고 있음을 알아차렸다.

3) 사적논리의 역기능적 영향을 인식하기

지난 번 코칭세션 이후에는 생각이 좀 달라졌다고 한다. 가령, 어제 밤
에는 자기가 휴대폰으로 동영상을 보고 있더라는 것이다. 이전에는 이런
것이 직장 생활에 전혀 도움이 되지 않는다고 생각하고 외면했다고 한다.
김상무는 아동기 때의 자기의 행동 패턴에서 성공하기 위하여 열심히 공
부만 했던 모습을 떠올리고, 회사에서 사업부원들과 상호작용하는 모습을
바라보고는 거울에 비친 자신의 모습에서 많은 것을 알아차리고 깨달음을
얻었다고 한다. 김상무는 이미 자신의 과거의 행동 패턴의 역기능적 영향
을 알아차리고 행동을 바꾸고 있음을 알 수 있다.

코치: 오늘이 코칭을 시작한지 벌써 4회기 차로 8주가 지나가고 있는데,
마음속에 어떤 변화가 느껴지나요?

김상무: 어제 회사에서 1년에 한번씩 하는 큰 행사를 서울 소재 모 호

텔에서 했는데, 옆에 있던 팀장이 자기 팀원에게 굉장히 화를 내는 것을 보았어요. 자기 팀원에게 불같이 화를 내며 나무라는 모습을 보았어요. 혈압 올랐다고 하면서 팀원을 닦달하는 모습이 옛날의 나의 모습이 연상되었어요. 이제 다른 사람의 행동에서도 나의 행동을 바라볼 수 있게 되었고, 나의 행동을 이제 나 스스로 바라볼 수 있게 되었습니다. 의식의 각성이 일어난 것이지요. 나의 행동을 나 스스로 바라보고 평가할 수 있게 되었네요. 나의 행동을 이제 내가 선택하고 통제하는 것 같아요.

코치: 네, 그러셨군요. 또 다른 사례도 있나요?

김상무: 며칠 전에 팀원 사이에 직장 내 폭력으로 어떤 팀원이 퇴사했어요. 그 팀원의 일, 즉 실무적인 일을 내가 다 해야 했어요. 밤늦게까지 남아서요. 당사자와 싸웠던 팀장은 정시에 퇴근했고요. 내가 조직 관리를 잘못해서 일을 더 많이 하는구나 하는 생각이 들었어요. 그리고, 일은 일일뿐이고, 일과 나를 연결시키지 말자라는 생각을 하게 되었습니다. 전에는 나를 온통 일에 파묻히게 살았고, 일이 나였고, 내가 일이었는데, 이제 일과 나를 구분하게 되었어요.

코치: 아, 그런 변화가 있었군요!

김상무: 그리고 다음날 퇴직자 면담을 했습니다. 면담시에 내가 매우 평정심을 가지고 대했어요. 내 기준으로 판단하지 않고, 한발짝 떨어져서 말했더니 그 친구는 속마음을 열고 나에게 많은 이야기를 하더라고요.

코치: 아, 평정심을 가지고 대했군요!

김상무: 그리고, 저녁에 그 퇴직자의 담당 팀장과 저녁을 함께 먹었지요. 옛날 같으면 팀원을 나가게 했다고 혼냈을 텐데, 그날은 내가 부하를 질책하기보다는 격려해주곤 했어요. 코칭받은 이야기를 하고, 코칭에서 배운 것을 설명해주고, 저의 달라진 마음을 말했지요. 추궁하지 않고 코칭에서 학습한 것, 책 읽은 것을 이야기 했더니 그 친구가 매우 재미있어 했어요. 내가 어떤 일을 하고 싶으면 스폰서, 멘토링을 해라, 계급이 존재하지 않고 내가 얼마나 많은 사람을 스폰서하느냐에 따라 임원이 되고 팀장이 되기도 한다고. 내가 많은

사람을 스폰서할수록 더 높은 직급에서 일한다고, 그리고, 이 이야기를 팀에서 먼저 적용해보자고 제안했어요. 퇴직자에 대해서 직장 내 폭력이 사실이냐고 추궁하기보다는 격려하고, 칭찬하고, 나를 돌아볼 수 있고, 유연하고, 평정심을 유지할 수 있게 되었습니다.

코치: 구성원을 성장시키고 있군요. 그런 말씀들으니 저도 기분이 너무 좋습니다. 우리 김상무님 멋집니다!

김상무: 바로 위 전무님이 지난주 과장급 이하 신규 직원 대상으로 특강을 실시하셨는데, 내용인즉, 지금 우리에게 필요한 것, 회사 생활의 원칙들을 포함한 동영상이 어제 사내 동영상에 올라와 있었는데 다 보았습니다. 깨진 유리창의 법칙 등의 이야기가 있었고요. 흥미 있게 보고 많이 배웠습니다. 전에는 그런 동영상을 아예 볼 생각도 하지 않았거든요. 지난번 MBTI 검사한 뒤로 ASSESTA에서 리더십 관련 메일이 오는데, 이전에는 전혀 안보았는데 이제는 내 돈 내고라도 보고 싶어요. 이제 한 발 뒤로 물러서서 보니 사업부원들이 서로 공격하고 방어하는 것이 느껴집니다.

코치: 마치 위빠사나 명상을 하시는 것 같습니다. 한발 물러서서 바라보시는 그 모습이 깨달음을 얻고 달관한 사람같습니다.

김상무: 감사합니다. 코치님 덕분입니다.

김상무는 이제 자기를 자기인식의 눈으로 바라보게 되고, 다른 사람도 그 눈으로 바라보면서 이전의 자신의 모습에 불편함을 느끼는 등 인식에 많은 변화가 일어나고 있음을 알 수 있다. 리더십 관련된 다른 자료들도 찾아서 보고, 코칭에서 배운 것을 실천해보면서 달라진 자신의 모습을 알아차리고 있는 등 자각과 행동에 변화가 일어났음을 알 수 있다.

네번째 세션을 마무리 하면서 김상무는 소감을 말했다.

"지금까지 전투적이고 치열했습니다. 나의 과거 라이프스타일에서 거리를 두고 나니 새로운 라이프스타일은 평화롭고 주위 사람이 활기차고 즐겁게 일하는 것 같아서 가슴이 설렙니다. 이렇게 살 수 있다면 세상이 복잡하고 어렵고 힘들어도 삶이 아름답겠다는 생각이 들고, 세 상살이가 쉬워진다는 느낌이 듭니다."

김상무는 이제 기존의 삶을 돌아볼 수 있는 자기인식의 능력이 더 고양 되었다. 더 많은 변화가 기대된다.

5. 라이프스타일 재각인(Re-imprinting of lifestyle)

앞의 의식확장(expanding awareness) 절에서 의식확장이 일어나서 라이 프스타일이 변화하고 있음을 보았다. 그러나 그것은 일시적으로 끝날 수 도 있다. 초기기억을 재경험하여 사적논리 자체를 수정하여 인지적 재각 인이 일어나야 라이프스타일이 근원적으로 바뀔 수 있다.

김상무는 라이프스타일의 변화에 대한 각오가 단단하다. 이미 코칭에서 자기 변화의 맛을 느껴보았기 때문이다. 자기인식을 심층적으로 하게 될 때 사람은 가장 큰 자각이 일어난다는 사실을 알 수 있으며, 생존전략에 대한 알아차림이 큰 자각을 준다는 것을 느껴졌다. 이것은 리더십에 있어 서 긍정적인 변화로 이어질 것이다. 이제 우리 코칭은 초기기억을 재경험 하여 사적논리를 새롭게 재각인해야 하는 과제가 남아있다.

1) 과거의 라이프스타일을 공동감각으로 전환해야 하는 이유 자각

김상무는 아동기 때 형성된 생존양식이 자신도 모르게 무의식적으로 자 동반복되는 패턴을 이제 회사의 임원까지 된 이 상황에서 반복하고 싶지 는 않은 것 같다. 그의 결의이다.

이제는 바꾸고 싶어요. 리더십에 문제가 있는 사람이라는 그 소리를 더 이상 나오지 않게 하겠습니다. 나는 큰 리더로 성장하겠습니다. 누 가 봐도 그 사람 괜찮은 리더십의 소유자라는 말을 듣고 싶어요. 아들 러 코칭이 인도하는 대로 따라가면 그렇게 될 것 같네요.

철없던 시절에 형성된 라이프스타일로 한 조직의 리더가 된다는 것은 힘에 부치고 고달프다. 자동차가 낡으면 부품을 갈아끼우듯이 리더십도 낡으면 바꾸어야 한다. 개인이 사적논리를 추구하지 않을 수는 없다. 다만 그 방법이 문제이다. 노자가 말하기를 "성인(聖人)은 사사로움이 없는 고로 능히 사사로움을 이룬다"고 했다. 사사로움이 없는 것이 사사로움을 얻는 전략이라는 뜻이다. 이것이 성인이 사는 법이다. 이 책에서 일관되게 공동감각으로 살아야 한다는 이 명제는 도덕이 아니라 노자가 말한 의미의 생존전략이다. 아들러의 처방을 한마디로 줄이면, 공동감각은 도덕이 아니라 생존전략이다. 공동감각으로 사는 것이 사적논리로 사는 것보다 더 생존에 도움이 된다는 의미다.

2) 공동감각의 가치를 학습하기

사적논리를 넘어서 공동감각에 기반한 패턴으로 사는 결심을 하기 위해서는 공동감각 그 자체에 대하여 익숙해질 정도로 학습을 해야 한다. 그리고 공동감각으로 사는 삶을 실험을 해봐야 한다. 그리고 사적논리와 공동감각으로 사는 삶 중에서 어떤 삶이 더 나은 삶인지를 비교해보아야 한다. 그래야 공동감각으로 사는 삶을 자기 삶의 방식으로 확실히 선택하고 유지할 수 있다. 그래서 이 절에서는 공동감각의 학습을 어떻게 할지를 다룬다.

이 책의 제6장에서 리더십 개발의 방향으로 제시한 '공동감각'의 개념을 자세히 탐색했고, 또 제12장에서 공동감각을 어떻게 코칭 현장에 적용할 것인지를 설명하였다. 초기기억 재각인 단계로 진입하기 위해 반드시 복습해야 할 사항이다. 공동감각의 개념에 관해서 학습해야 할 가장 중요한 것이 아들러의 CCE 개념이다. 상대와 연결(Connect)하고, 상대에 기여(Contribute)하고, 상대를 용기 북돋우고 격려(Encourage)하는 것이다. 그밖에도 대니엘 골먼의 감성지능 개념을 학습하는 것도 좋다.[1)]

공동감각에 대한 학습이 충분히 이루어져야 하는데, 이때 사적논리와의 차이점을 서로 비교하면서 공동감각의 가치를 이해하는 것이 의식확장에 도움이 된다. 사적논리는 자기중심적 자서전적 관점에서 이해하고 행동하기에 타인의 목적을 좌절시키고 상황에 맞지 않는 잘못된 주장과 행동을 하게 된다. 그에 반해서 공동감각은 상대의 눈으로 보고, 상대의 귀로 듣고, 상대의 가슴으로 느끼라는 공감 사상이 핵심이며, 우주자연의 운행원리인 상식에 가까운 관점이며, 도, 덕, 인, 의, 예, 법 등의 공동체적 감각이다.

그리고 공동감각을 선택하는 것이 자기 자신에게 불이익을 가져다주는 의무사항이 아니라, 공동체와 사회에 수용적이어서 더 효과적인 생존전략임을 인식하게 한다. 제6장에서 자세히 논한 사적논리에서 공동감각으로 전환해야 하는 3가지 이유를 중심으로 이해하는 것도 필요하다.

사적논리는 아동기 때 입던 작고 낡아빠진, 유행에 뒤처진 꼰대 옷이며, 공동감각은 성인의 몸에 맞는 실용적이고 누구나 좋아하는 패셔너블한 옷이다. 사적논리는 자기가 손으로 얼기설기 꿰맨 사제 옷이며, 공동감각은 고급 백화점에 걸린 점잖으면서도 우아한 옷이다.

사적논리는 이 자리까지 자기를 이끌어오기는 했지만, 역기능이 많아서 수정해야 하는 신념체계이며, 공동감각은 이 사회에서 큰 리더로 성장하도록 이끄는 성숙한 생존양식이다. 이처럼 공동감각의 가치를 충분히 인식하고 수용해야 과거의 자기를 버리고 새로운 자기의 정체성과 라이프스타일을 수용하게 된다.

이러한 것들은 코칭의 의제로 학습해야 하는 과정이지만 평생 동안 지속해야 할 삶의 학습과제이기도 하다.

3) 공동감각으로 초기기억을 재경험 또는 재구성하기

앞 절에서 공동감각의 개념과 사상에 대하여 충분히 학습했으니, 이번 장에서 해야 할 일은 여러가지 공동감각에 대한 개념과 사상가 중의 하나를 선택하여 그 자체가 되어보는 것이다. 그 공동감각을 체현한 대표적인 인물이 공자, 부처, 예수 등이다. 그래서 공자, 부처, 예수나 자기가 존경하는 한 사람을 선택하여 자기가 마치 그 사람이 된 것처럼 느껴보고 또 행동도 해보는 것이다. 그러면 정말 자기가 그 진정성의 정도에 따라 성인들처럼 될 수도 있다. 이것이 NLP(Neuro-Linguistic-Programming)에서 자주 활용하는 '훌륭한 모델을 따라하기(modelling human excellence)'기법이다.

그리고 그 상태로 옛날 자기의 초기기억 속으로 들어가서 그 경험을 새롭게 재경험하는 것이다. 그런 재경험을 하면 자기 자신의 사적논리가 달라진다는 것이 아들러 코칭의 핵심이다. 이것이 아들러 코칭의 치유의 비법이다. 뇌의 유심칩이 바뀌게 되는 것이다.

먼저, 과거에 자기의 핵심 사적논리를 형성했던 장면 중의 하나를 선택하여 그 기억속으로 들어간다. 자세를 편안히 하고, 눈을 감고, 호흡을 고르고, 마음을 안정시킨다. 명상 상태가 되면 더 좋다.

우리 김상무의 초기기억을 재경험하는 장면을 보자. 시골 외가의 마루 끝에서 외할머니와 마주 앉아서 맛있는 떡을 받아먹던 장면으로 되돌아갔다. 그리고 이제는 옛날 철없던 아동 김열정이 아니라, 몸은 아동이지만, 정신은 공동감각의 개념을 충분히 이해한 예수 같은 사람이 되어서 할머니와 마주 앉았다.

먼저 할머니의 눈으로 보고, 할머니의 귀로 듣고, 할머니의 가슴으로 느끼고 있음을 알아차린다. CCE(Connect, Contribute, Encouragement) 관점으로 할머니와 만난다. 할머니와 공감하면서 연결(Connect)하고, 할머니에게 도움이나 기여(Contribution)를 해드리고, 할머니가 힘이 나도록 격려하고 용기도 올려드리는(Encouragement) 방식으로 만난다.

코치의 도움을 받아서 리허설을 하는 장면이다. 할머니가 맛있는 떡을 입에 넣어준다. 감사한 눈빛으로 떡 한쪽을 받아먹으며, 이렇게 말한다. 코치가 먼저 말하고 김상무가 따라서 하다가, 김상무가 혼자서 해본다.

> "할머니 이 떡 너무 맛있네요. 할머니가 이 떡을 만드셨나 봐요. 할머니의 손자 사랑하는 마음이 너무 잘 느껴져요."(connect, 공감, 연결)
> "제가 한쪽 먹었으니 이번에는 할머니도 한쪽 드세요"라고 말하면서 이번에는 김상무가 할머니 입에 떡 한쪽을 먹여드린다. (contribute, 기여)

그리고 할머니에게 격려해드리고 용기도 불어넣어드린다.

"할머니가 만드신 이 떡은 세상 사람들이 다 좋아할 것 같아요. 시장에 나가서 팔면 대박날 것 같아요. 할머니는 너무너무 재능이 많은 분이세요. 우리 할머니는 세상에서 최고예요. 우리 할머니 감사해요."

(Encouragement, 격려, 용기 북돋우기)

이것이 공동감각으로 사는 모습의 한 장면이다. 아동기 때의 모습과는 매우 다르지 않는가. 맛있는 떡을 말없이 혼자서 받아먹기만 하던 옛날 어릴적 모습 말이다. 그런 모습 속에서는 내가 세상의 중심이라는 자기중심적인 인지가 형성된다. 그러나 공동감각으로 사는 모습 속에서는 자기와 상대가 상호의존적인 관계임을 전제로 하고, 상대의 고마운 행동에 감사하고, 공감하고, 상대를 도와주어 기여해주고, 상대를 격려해주고 용기를 주는 역할을 하게 된다. 결국 단순하고 짧은 한 장면에서 상대를 기쁘게 하고 의욕을 북돋우는 결과를 낳게 된다.

이렇게 초기기억을 재수정하였다. 그렇게 재수정된 상황을 눈을 감고 느끼고 음미하고, 그 심상을 몇 번을 반복하여 되풀이 하게 한다. 되새김을 여러번 한다.

4) 공동감각에 가까운 새로운 사적논리 도출: 인지적 재각인

초기경험을 공동감각으로 재경험하면 다른 사람이 된 느낌이 든다. 그것은 우선 상대방이 자신을 대하는 방식에 놀라게 된다. 상대는 눈빛을 반짝이고 얼굴빛이 홍조를 띠면서 나에게 감사의 마음을 표현한다. 상대가 에너지를 얻고 삶의 의욕이 올라가는 것을 느끼게 된다.

이 세상에 단 한사람이 자기를 인정해주고 공감해주면 그것으로 세상이 아름다워 보이고 그를 위해서 삶을 살고 싶은 생각이 든다. 많은 사례들이 있다. 권영애 교사가 쓴 『그 아이만의 단 한사람』이라는 책에 나오는 성공사례들이 인정과 공감이 낳은 결과이다. 미국 하와이주 카우아이섬에서 실시된 심리학자 에미 워너 교수의 연구 사례가 흥미롭다.[2] 에미 워너 교수에 의하면 그 사람이 부모든, 조부모든, 삼촌이든, 이모든 상관없이 가까이서 지켜봐 주고 공감해주고 사랑을 베풀어주는 한 사람이 있으면, 그 아이는 자아존중감을 가지며 나아가서 타인을 배려하고 제대로 된 인간관계를 맺는 능력을 키우게 된다는 사실을 발견하였다.

김상무에게 이처럼 초기기억을 재경험하게 한 후 그 느낌 그대로를 가지고 다시 사적논리 삼단논법을 검사한다.

코치: 김상무님, 옛날 할머니와 새롭게 상호작용하는 그 경험을 하면서 느낀 나, 김상무는 누구예요?

김상무: 나는 다른 사람에게 어머니 같은 존재입니다.

코치: 세상 사람은 어떤 사람들이에요?

김상무: 사람들은 활기차고 창조적이고 아름다운 사람들입니다. 공격하거나 방어하지 않고 진정으로 대하는 사람들입니다.

코치: 세상은 어떤 세상이에요?

김상무: 세상은 나와 사람들이 함께 사는 아름다운 꽃밭이에요. 어제는 상처라는 단어가 머릿속에 있었는데, 더 이상 상처주지 않고 상처받지 않고 즐겁게 살 수 있는 세상이에요.

코치: 그러므로 나는 어떻게 살아야 해요?

김상무: 그러므로 나는 아름다운 꽃밭을 사람들과 함께 가꾸어야 합니다.

이렇게 해서 김상무는 새로운 공동감각에 가까운 생존양식을 가지게 되었다. 이전의 사적논리와 어떻게 달라졌는지를 살펴보자. 먼저 것이 과거의 사적논리고 뒤의 것이 새로운 공동감각에 기반한 논리이다.

과거

아이덴티티: 나는 세상의 중심이다.

인생관: 사람들은 나를 귀하게 여겼다.

사회관: 세상은 혼란스럽다(친가와 외가가 너무 다르다).

생존양식: 그러므로 나는 조카, 이복형제 등의 다른 사람보다 잘해야 한다. 어머니를 실망시키지 않기 위해 잘해야 한다. 성공해야 한다.

새로운 사적논리

아이덴티티: 나는 다른 사람에게 어머니 같은 존재다.

인간관: 사람들은 활기차고 창조적이고 아름다운 사람들이다. (공격하거
　　나 방어하지 않고 진정으로 대하는 사람)

사회관: 세상은 나와 사람들이 함께 사는 아름다운 꽃밭이다. (어제는 상
　　처라는 단어가 머릿속에 있었는데, 더 이상 상처주지 않고 상처받지 않고
　　즐겁게 살 수 있기를)

새로운 생존양식: 그러므로 나는 아름다운 꽃밭을 사람들과 함께 가꾸
　　어야 한다.

코치는 이 내용을 기록하여 김상무에게 건네주고 눈을 감고 음미하도록
한다. 이제 김상무의 사적논리가 공동감각에 근접하게 새롭게 만들어졌다.
눈을 감고 옛날의 그 장면을 생각하면 바로 이 모습과 이 말이 기억이 된
다. 김상무의 옛 기억이 새로운 기억으로 대체되는 것이다. 김상무의 사적
논리가 바뀌는 것이다. 김상무의 내면의 인지구조가 이렇게 바뀌는 것이
다. 그래서 행동으로 나타나는 라이프스타일도 바뀌는 것이다. 이렇게 김
상무의 뇌 속에는 새로운 유심(USIM, 唯心)칩이 꽂히게 되었다.

그리고 초기기억을 재경험하는 것으로 그쳐서는 안 된다. 이제부터는 일
상에서 그 모습 그대로 재현하는 것이다. 새로운 라이프스타일로 사는 것
이다.

5) 새로운 라이프스타일을 현업에서 실행하기

이제 코칭 프로세스의 막바지에 들어간다. 인지적 재각인까지 일어났으
니 이제 공동감각으로 사는 사람으로 전변(transformation)되었다. 새롭게
전변된 라이프스타일로 일상을 사는 일이 남았다.

공동감각으로 성숙한 공동체적 관점으로 사는 자신을 시각화(visualization)
하고, 그 모습 그대로 현실을 사는 실습을 하는 것이다. 코치의 안내로 몇
장면을 연습해 본다. 가령, 직원들과 회의할 때 대화하는 모습을 시각화해

보기도 하고, 화장실에 가면서 복도에서 마주친 부하직원과 대화하는 모습을 시각화해보기도 하고 리허설도 한다.

결핍감, 열등감에서 완전히 극복되어 성숙하고 공동체감으로 충만한 나 자신을 시각화해보기도 한다. 마치 예수가 된 나 자신이 행동하는 모습을 시각화 해본다. 나는 이제 더이상 아동기 때 불완전하고, 불안하고, 죄책감 느끼고, 인생을 고통으로 보는 그런 자아가 아니다.

김상무는 열등감에 기반한 과거의 아이덴티티와 신념에서 벗어나 성숙한 공동체적 관심에 기반한 새로운 아이덴티티로 전환하고, 그에 상응하는 근원신념인 "나는 아름다운 꽃밭을 사람들과 함께 가꾸어야 한다"는 공동체적 신념으로 살게 된 것이다.

김상무는 이러한 라이프스타일 전환의 과정을 경험한 소감으로 전에는 일 외에는 관심이 없었으나 이제는 사람에 대한 관심을 가지게 되었다고 한다. 이전에는 사람에 대한 관심은 직장 생활에 전혀 도움이 되지 않는다고 생각하였으며, 일에 몰입하였었다. 지금까지 전투적이고 치열했던 삶을 살았으나, 이제 새로운 라이프스타일은 주위 사람들이 활기차고 즐겁게 평화롭게 일하도록 하는 나 자신을 발견하게 된다고 한다. 새로운 삶이 가슴 설렌다고 웃으면서 말한다.

김상무는 이제 자기인식 능력이 뛰어난 사람으로서, 코치가 내면의 새로운 이상적 자아를 끄집어내도록 도와주자 쉽게 그러한 아이덴티티 전환을 하고 새로운 라이프스타일을 살 수 있게 되었다.

이전의 김상무의 모습이 사적논리 대비 공동감각의 비율이 60대 40이었다면 이제는 20대 80정도로 전환한 셈이다. 이전에는 방어적 태도로 사람을 만났는데, 이제는 열린 마음으로 공동체적 감각으로 사람을 만나게 된다고 한다.

이러한 아이덴티티의 전환은 기존의 긍정적인 것은 그대로 두면서 새로운 선택을 부담 없이 할 수 있는 것이다. 기축시대 이래로 인류가 축적한 공동감각의 지혜를 더 섭렵하고 체화하면 더 성장하고 더 큰 리더가 될 수 있다.

6) 새로운 자아정체성으로 내 삶을 새롭게 정렬하기

우리는 지금까지 새로운 자아관, 세계관, 인생관 또는 생존전략을 도출
하였는데, 이것을 다음 하위수준에서도 정렬을 할 필요가 있다. 제12장에
서 설명한 로버트 딜처의 신경논리적 수준 정렬의 개념을 빌어서 활용하
는 것이 좋다. 공동감각에 기반하여 새로운 자아관, 세계관, 인생관을 만
들었지만, 과거의 초기기억으로 인해 형성된 사고모델이 빚어낸 언어습관,
행동습관, 그로 인해 형성된 주변의 환경조건들이 아직 그대로 있다. 그것
을 바꾸는 작업이 수반되어야 한다. 새롭게 형성된 자기의 공동감각의 라
이프스타일에 맞게 그 하위 수준들, 즉 핵심가치, 능력, 행동을 수정한다.
김상무가 신경논리적 수준의 도표에 따라 스스로 찾아낸 가치들은 다음과
같다.

구분	내용
새로운 라이프 스타일	자아개념: 나는 다른 사람에게 어머니같은 존재 fictional goal: 상황에 맞는 행동을 하는 사람 근원적 신념: 나는 사람들과 아름다운 꽃밭을 함께 가꾸어야 한다.
핵심가치 : CCE	Connectedness(연결) Contribution(기여) Encouragement(격려)
새로운 능력 /강점	성찰, 긍정심, 평정심, 사람관계에 대한 관심, 긴장 대신 여 유로움
새로운 행동 특성	동적인 활동에서 생각, 성찰하는 정적인 활동으로. 칭찬을 많이 한다. 지적을 않는다. 긍정적인 피드백 하기
싫어하는 행동	상처입히는 행동, 함께 하지 않고 혼자서 일하는 것, 뒤에서 밀지 않고 앞에서 끌어가는 것, 과거 행동 패턴으로 되돌아 가는 것

6. 시냅스 강화하기와 추가 코칭(Strengthening synapse & Supplementary coaching)

1) 새롭게 형성된 신경회로 강화하기

이제 정말 코칭의 마무리 단계이다. 우리는 긴 과정을 헤쳐왔다. 우리는 지금까지 과거 아동기 때 형성된 사적논리를 찾았고, 그 다음에 공동감각이라는 세계를 알게 되고, 초기기억 재경험을 통하여 그 세계에 걸맞은 새로운 생존양식을 재각인(re-imprinting)하였다. 공동감각으로 사는 삶이 얼마나 충만하고 가슴벅찬 삶인지 경험도 하였다. 그 정도로 코칭의 주요 과정이 다 끝난 셈이다.

그런데 이것을 뇌의 신경세포에 각인시키고 기억을 장기저장하는 조치가 필요하다. 제5장에서 기억의 장기저장을 위해서는 자극의 반복이 필수적이라고 하였다. 그리고 섬광기억과 같이 강력한 자극이 필요하다고 하였다. 그래서 기억을 장기저장하기 위해서는 순간으로 스쳐 지나가는 것보다는 충분히 음미하고 반복하고 감동을 더 심화하는 과정이 필요하다. 이것이 뇌의 신경세포 연결의 회로인 시냅스를 강화하는 길이다.

그 방법의 하나는 오랫동안 함께 하던 과거의 자기 사적논리를 버리고 새로운 사적논리를 선택하고, 이것이 과연 잘한 일인지 경계선에 머무르면서, 좀 더 비교 검토하면서 생각하는 과정을 거치는 것이 좋다. 사적논리로 사는 삶과 공동감각으로 사는 삶을 비교해보게 하고 최종적으로 공동감각을 자기의 아이덴티티로 확정하게 하는 되새김 과정이 필요하다.

이것이 새롭게 형성된 신경회로인 라이프스타일(lifestyle)의 시냅스를 강화하는 길이며, 코칭 당시의 감동을 장기기억으로 저장하는 방법이다. 다시는 과거의 사적논리로 되돌아가지 않게 하는 하나의 기법인 것이다.

그런데 이 대목에서 공동감각의 세계가 사적논리의 세계보다 더 도덕적으로 바람직하므로 그쪽으로 옮겨가야 하지 않느냐고 단정할 수 있다. 그런데 그것은 별로 합리적인 생각이 아니다. 왜냐하면 의뢰인들이 과거에 자신의 사적논리로 살았기 때문에 마음고생은 했지만 이만큼 성공적으로 삶을 살게 된 것이 아니냐고 반문할 수도 있다. 코칭 의뢰인의 입장에서는 그것이 옳기도 하고 또한 개인적으로 이익이 된다고 생각할 수 있다. 그렇기 때문에 공동감각으로 살게 된 경우의 이점을 더 현실적으로 느끼도록 해야 한다. 생존전략의 측면에서도 공동감각의 세계가 더 이익이 된다는 사실로 이해해도 좋다.

무엇보다도 고질적인 열등감이 소멸하고 대신에 자존감 및 충만감이 상승한다는 점을 경험하게 해야 한다. 열등감! 아동기 때부터 지금까지 그 결핍과 모자란 능력에 대하여 얼마나 주눅들고 긴장하면서 살아왔던가? 인간의 기본감정이 열등감이라 할 정도이니 유아기, 아동기 때 가졌던 그 열등감이 자기 삶의 성장 동기가 되기는 하였지만, 얼마나 긴장하고 불안하게 살았던가? 이 열등감과 결핍감을 해결해주는 인센티브가 있으면 사람은 누구나 과거 방식의 삶을 넘어서 공동감각으로 바꾸기를 선택할 것이다.

진정한 선택: 열등감에서 벗어나기

코칭의 전반부에서 초기기억을 조사하여 사적논리를 도출했을 때를 다시 복기하고, 그때 느낀 열등감, 결핍감 등의 감정을 확인해보고, 그리고 새롭게 공동감각으로 초기기억을 재경험할 때 느낀 것 중에서 어떤 것이 진정한 나인지를 스스로 선택할 수 있게 한다.

그 방법은 바로 사적논리에서 열등감 확인하기다. 제12장에서 열등감 확인시키기 방법에 대하여 자세히 설명한 바 있다. 초기기억에서 사적논리 3단논법을 도출할 때 "그러므로 나는 잘 살아야 한다"라고 했는데, 그렇게 살지 못한 나는 어떤 느낌인지를 물어본다. 그러면 코칭 대상자는 열등의식 상태로 들어간다. 즉 능력없음, 불안감, 사랑받을 가치없음, 인생의 고통 등을 느끼는 열등의식을 경험하게 된다. 왜냐하면 4가지 라이프스타일(lifestyle)이 인생과제(life task)를 해결하기 위한 전략인데, 그 현실적인 과제 앞에서 아동들은 무력감과 열등감을 느끼기 때문이다. 자, 이제 그 방법을 어떻게 적용했는지를 설명한다.

코치는 김상무에게 '할머니와 어머니께 보답해드리기 위해 성공해야 한다'고 하셨는데, 만일 오늘만큼 성공하지 못했으면, 김상무는 어떤 느낌일지를 물었다. 김상무는 삶이 아무런 의미가 없었을 것이라고 대답했다. 무능한 사람은 정말 싫다고 말했다.

코치는 질문했다. "성공하지 못한 삶이 아무런 의미가 없을 것이라고 하셨고, 무능한 사람은 정말 싫다고 하셨는데, 그때의 느낌이 어떠세요?" 라고 물었다. 김상무는 정말 난감하다, 자존감이 0이 되는 상황일 것이라고 대답했다. 그렇다. 바로 열등감 상태를 느끼게 된다.

이런 열등한 상황을 피하기 위해서 김상무는 항상 긴장하고 여념이 없이 공부하고 성과를 내기 위하여 일만 하며 살았을 것이다. 이처럼, 초기 기억에서 만든 자기를 느껴보게 하는 것이 열등감을 직면하는 방법이다. 이 느낌에 머물러서 되새김을 한다. 무능력, 불안, 무가치, 살아가기 힘든 고통의 에너지 등을 느낄 것이다. 그리고 그것이 바로 열등감임을 알아차리게 한다. 이런 열등감에 사로잡히지 않기 위해서 그것을 둘러싸고 있는 에너지가 긴장, 긴장감이다. 긴장감은 무의식 깊은 곳에 있다.

사적논리는 조건화된 나이지 본질적인 나는 아니다. 아동기 당시에 결핍감과 열등감, 그리고 불안감 때문에 조건화된 생존전략으로 채택된 것이 사적논리였다. 과거 잘못된 판단으로 만든 사적논리가 자기라고 생각하고 세상을 살았다. 이제 그 정체를 알게 되었다.

이때 코치는 "지속적으로 열등감과 긴장감을 느끼면서 살기를 원해요 아니면 편안하고 충만감과 자존감을 느끼면서 공동감각으로 살기 원해요" 라고 물어야 한다.

이런 과정들을 거치는 것은 코칭 대상자에게 라이프스타일 전환에 대하여 거듭 스스로 확인하여 선택하도록 하고 이런 반복적인 사유를 통하여 시냅스가 단단히 연결되어 장기기억으로 저장되도록 하는 되새김 효과도 있다.

김상무는 단호하게 선택하였다. 다시는 과거의 방식으로 살지 않겠다고

선언하였다. 김상무는 자신의 코칭과정에서 새롭게 생각한 것, 결심한 것
을 선명하게 장기기억으로 저장한 셈이다.

2) 추가 주제 코칭

코칭을 마무리 하면서 공동감각에 대한 지속학습이 중요하다는 것을 김
상무 스스로 알아차리고 학습계획을 수립하였다. 코치가 추천하는 책을
비롯하여 자기가 읽고 싶은 책들을 선택하여 사적논리를 넘어서 공동감각
으로 사는 인식세계를 더 확장하기로 하였다.

아들러 코칭은 여기서 마무리를 하고, 추가적인 주제에 대한 코칭으로
넘어간다. 추가적인 주제로 코칭을 진행하는 것은 반드시 필요하다. 왜냐
하면 라이프스타일을 바꾸었으면 현업에서 새로운 리더십을 발휘하는 구
체적인 스킬을 학습하는 것도 필요하기 때문이다.

김상무의 경우는 코칭 리더십을 추가 주제로 코칭을 진행했다. 라이프
스타일을 전환한 다음에 리더십을 전달하는 수단 및 스킬로서 코칭 리더
십이 가장 적합하기 때문이다. 코칭 리더십은 공감, 경청, 질문, 피드백 등
의 스킬이 기본스킬이고, GROW 모델로 문제해결을 추구하는 대화 모델
도 포함된다.

김상무의 경우 세 회기를 할애하여 추가 주제로 코칭을 진행하였다. 직
장 생활의 85% 이상이 사람관계라 생각하게 되고, 관계의 핵심이 소통이
기 때문에 소통에 관한 스킬로서도 코칭 리더십이 매우 적합하다고 생각
하게 되었다.

공감경청이 인내하고 들어주는 것이기 때문에 시간이 걸리는 방식이라
고 생각할 수 있으나, 공감경청이 가장 빠른 방법이라는 것이 스티브 코비
가 주장한 바 있다. 공감경청을 하여 상대의 가슴을 열게 하지 않으면 직원
은 문제의 본질을 숨길 수 있기 때문에 결국은 본질을 나중에 알게 되고 업
무에서 손실을 입게 된다는 것을 알아차린다. 내가 열면 상대도 연다는 사
실을 알아차리게 한다.

인정, 칭찬, 격려 기술에 대해서도 학습을 진행하였다. 아들러는 인간 심리의 기본을 열등감에서 우월성으로 발전하고자 하는 것으로 주장한다. 그래서 인정, 칭찬, 격려가 가장 강력한 무기가 된다. 인정 칭찬 기술의 핵심은 프레임 바꾸기(reframing)이다. 없는 사실을 칭찬하는 것이 아니라 나의 관점을 긍정으로 바꾸는 것이다. 사물 현상을 볼 때 부정적 측면보다 긍정적 측면으로 내 관점을 리프레이밍 하는 것이다. 리프레이밍이란 말이 감동적이라고 했다. 김상무는 다른 관점으로도 세상을 볼 수 있었는데 부정적으로만 보았다고 고백하였다.

3) 코칭에 대한 평가

김상무가 코칭을 종료하면서 코칭에 대한 소감을 다음과 같이 정리하였다.

맨 먼저 말하고 싶은 것은 행동의 이면에 있는 자아를 발견하게 해 주었다는 점이다. 눈을 감고 아주 어렸을 적 자신의 행동, 주변 상황을 인식하는 등등의 심리치료사 같은 역할이 가장 기억에 남았다. 나는 코칭 초반부터 나 자신을 바라보는 법을 배우게 되었다. 자기인식이라는 개념을 통해서다. 내가 나의 라이프스타일을 바라볼 수 있게 되고, 다른 사람들의 행동도 그 시각으로 볼 수 있게 된 것이 큰 수확이었다. 내가 빨리 변화하게 된 원인인 것 같다. 코칭 후, 일과 자아를 분리하는 법을 실천하고자 하였다. 나는 일 중독자로서 일 속에서 살았는데, 나를 일과 분리하는 법도 알게 되었다. 한결 자유롭고 여유로워졌다.

김상무는 코칭을 통해서 변화된 모습을 이렇게 묘사했다. 여유롭고 밝은 표정이었다. 그러다가 다시 과거의 기억을 떠올리며 코칭받기 이전의 이야기들을 이어갔다.

코칭 전에는 직원들의 실수에 대하여 용납이 안 되었고, 이로 인한 스트레스로 인하여 강압적, 독재적, 독단적 리더 역할을 수행하였다. 화를 자주 내는 리더, 직원을 혼내는 리더로서 인식이 되어서 직원들이 나와 이야기 하기 무서웠다고 했다. 전에는 내가 감정을 싣고 주장을 강하게 했다. 일상 생활할 때도 코칭 전에는 매우 위험한 생활(자주 화내고, 신경질적이며, 독단적이며)을 하였는데, 이제는 감정 컨트롤이 가능하게 되었다. 그동안 직원들이 얼마나 회사 다니기가 싫었을까?

직장 생활에서 소비적인 삶을 살았다. 과거의 삶이 억울하다. 이제는 억울함을 해소할 수 있을 것 같다. 10년 넘게 일하면서 일에 대한 스트레스는 거의 없었다. 대부분이 부하직원과의 관계 때문이었다. 일은 재미있고 고객과 실적 내는 데 만족하지만, 직원이 저항하고 불만을 가졌다. 육체적·정신적으로 피폐했다.

그동안 이런 기본적이면서도 중요한 사실을 모르고, 사람들을 부정적으로만 보고 그렇게 대했었다. 직원을 달래기 위해 술을 마시고 나의 정신건강은 좋지 않았다. 그래서 억울하다. 이제는 억울함을 해소할 수 있을 것 같다. 그동안 직원들이 얼마나 회사에 다니기가 힘들었을까 하고 생각된다.

김상무는 앞으로의 각오와 함께 코칭의 소감을 다음과 같이 마무리했다.

리더는 항상 앞에서 끌고가는 것으로만 생각했으나 뒤에서 밀어주는 존재라는 것을 인식하게 되었다. 즉 기술적인 것으로서, 코칭 대화스킬과 코칭 리더십을 터득하게 되어 리더의 역할을 새롭게 인식하게 되었다. 리더십을 가장 발휘하기 좋은 스킬이 코칭이라는 것을 알고, 팀원들을 경청하고, 인정 칭찬하고, 격려하고, 질문대화를 해서 팀원들을 조화롭게 일하게 하겠다.

짧은 시간이었지만 많이 배웠고, 새로운 사람으로 거듭난 것 같은 느낌이 있다. 앞으로 이러한 지혜들을 실행할 수 있을 것 같다.

3개월 반 정도의 코칭이 끝나고 주변 사람들의 반응은 긍정적으로 나왔다. 팀원 1명이 인사부장에게 상무님이 180도 달라지셨다고 말했고, 인사부장이 그렇게 코치에게 전해주었다. 김상무는 자기 사업부원들이 "부드러운 사람으로 바뀌었다", "상무님과 대화를 해보니, 전혀 무서운 사람이 아니었다"고 했고, 회사의 인사부장은 "코칭이 사람을 크게 바꾸어 놓았다"고 반응했다. 김상무의 부인은 지금까지 배운 수업 중에서 코칭 수업이 가장 효과적인 것 같다고 했다고 한다. 매주 진행되는 코칭 수업의 결과가 집에서 바로 보인다고 했다.

김상무의 CEO가 코치에게 보내온 편지도 긍정적으로 평가해주었다.

> "코칭을 끝낸 김상무와 엊그제 점심을 하면서 소감과 성과를 물었습니다. '이제까지 받은 모든 교육 중에서 최고였다'라는 진정성 있는 답변에 결과가 응축되어 있는 것 같습니다. 서코치님의 노고와 전문성 덕분에 그동안 거칠었지만 누구보다 잠재력이 뛰어난 김상무를 획기적으로 변화시켜 주셔서 진심으로 감사드립니다."

종합해 볼 때, 김열정 상무는 아들러 리더십 코칭이 지향하는 바의 효과를 상당히 달성한 것으로 평가할 수 있다. 사적논리를 자각하고 통제하며, 공동감각으로 성장한 측면들이 자기진술의 곳곳에서 관찰할 수 있다.

무엇보다 자기인식이 높아졌다. 자기 자신을 바라보는 제3의 눈이 더 성장한 것이다. 일과 자신을 분리하는 것을 실행할 수 있을 정도로 자기를 관조할 수 있게 된 것이다. 자기의 과거의 행동양식과 현재의 행동양식을 구분할 수 있게 되었다.

과거의 행동양식으로는 되돌아가지 않을 정도로 새로운 라이프스타일이 장착되어 있다. 감정 통제도 가능하게 되었다. 신경질적이며 화를 잘 내고 독단적인 행동양식에서 직원들의 어머니 같은 모습으로 변모하였다. 그의 새로운 자아정체감이 "나는 다른 사람에게 어머니 같은 존재다"라고 한 데서 잘 드러났다. 코칭 대화 스킬도 장착하여 직원들과 공감하고 경청하고 질문하는 방식으로 소통을 하게 되었다.

코치가 보기에 코칭의 가장 중요한 성과는 김상무의 자존감이 높아졌다는 사실이다. 코칭 이전에는 자신은 실무적인 능력은 있으나 리더로서 실패한 사람이라는 인식이 컸다. 구성원들의 반응을 통해서 리더십에 문제가 있다는 지적을 자기 스스로도 인지하고 있던 상황이었다. 그런데 이제 코칭 이후에는 리더십에 자신감이 생겼다. 자기도 이제 리더십이라는 것에 새롭게 관심을 가지게 되었고, 더 큰 리더가 되는 길을 알게 되었고, 이미 더 큰 리더로써 리허설도 해보았기 때문이다. 확실히 아들러 리더십 코칭은 인간의 기본감정인 열등감을 해소하고 자존감을 높여주는 효과가 있다고 볼 수 있다.

코칭이 끝나고 5년 후 김열정 상무를 만났을 때 그는 성장하여 부문 사장으로 승진되어 있었다. 그는 스스로 새로운 조직문화를 개발하여 운용하고 있었다. 계열 내 다른 회사는 직원수가 줄어드는 데 비하여 자기 회사로 이직해서 들어오는 직원들이 늘어나고 있다고 한다. 5년 전에 코칭을 받게 된 계기가 부서 내 직원들이 자기의 리더십과 갈등을 일으키고 퇴사하는 사람들이 많았던 때와 대비된다.

과거에는 직원들과 회의할 때 지시하고 통보하던 패턴에서 벗어나 이제는 직원들에게 주로 질문을 많이 던진다고 한다. 질문하면 직원들은 마치 장자방과 제갈량 같은 역할을 하더라고 고백하였다. 자기도 모르는 지혜와 아이디어를 쏟아내어 준다고 한다.

결국, 김열정 상무의 코칭의 효과는 아들러 리더십 코칭의 치유 원리대로, 사적논리에 기반한 패턴에서 공동감각에 기반한 성숙하고 유연한 패턴으로 전환한 효과로 볼 수 있다.

제15장
아들러 리더십 코칭이
리더십 개선에 미치는 영향

이제 이 책의 키워드인 리더십 이슈로 마무리를 할 때이다. 책의 서론에서 리더십 문제의 본질을 제기한 이후 리더십 이슈가 아들러 코칭의 프로세스에 묻혀서 잘 드러나지 않은 것 같지만, 아들러 리더십 코칭에서 키워드는 '리더십'이다. '아들러 코칭' 그 자체는 리더십 개선을 실현하기 위한 수단이다.

리더십의 개념을 간단히 정의한다면, '사람들을 통하여 조직의 목표를 실현하는 예술'이라고 할 수 있다.[1] 기업조직이든 정부조직이든, 리더는 혼자 일하는 사람이 아니라 구성원들을 통해서, 구성원과 함께 일을 해야 한다. 리더는 구성원들을 통해서 일을 해야 하니 구성원들에 대해 존중과 공감을 할 줄 아는 성숙한 인성이 필수이다. 또한 리더는 조직목표를 효율적으로 실현해야 하는 책임자이므로 조직의 목표에 대한 보편적인 가치관과 신념을 가져야 하며, 사적 이해관계를 넘어서 공공성 지향의 신념을 가져야 한다. 그리고 조직의 목표를 성공적으로 실현해내는 전문적 지식, 통찰력이 있어야 한다. 사람관계 역량, 비전/신념/가치, 전문지식 및 전문역량이 리더십의 세가지 구성요소라고 볼 수 있다.

심리학자 알프레드 아들러는 리더십의 요소로서 자기중심성을 넘어서 사회적 감정이 발달했는가(공감, 배려, 협력), 사회에 유익한 목표를 지향하는가(신념, 가치), 이해력과 역량이 있는가(전문성, 통찰력)를 질문하기도 하였다.2) 아들러의 생각도 우리의 리더십 요소와 유사함을 볼 수 있다. 세 번째의 전문성 요소에 대해서는 이 책에서는 논외로 한다.

이 책은 리더란 사적논리, 자기중심성, 개인주의에 빠져서는 안되고, 공동감각으로 공공성을 지향해야 한다고 주장하고 있다. 아동기의 미숙한 상태에서 형성되어 지금까지 지속되고 있는 사적논리에서 벗어나지 않고는 성숙한 개인은 물론이고 조직의 리더가 될 수 없다고 전제한다. 그래서 성숙한 공동감각으로 사는 삶으로 내면의 심리 프로그램을 바꾸는 것이 리더십 개발에 필수적이다. 이러한 변화가 리더십에 어떤 영향을 미치는지를 리더 개인 차원과, 조직의 차원, 그리고 코칭 이전과 이후로 나누어 살펴보자.

1. 아들러 리더십 코칭 이전

1) 결핍감, 열등감, 낮은 자존감이 야기하는 문제

아들러 리더십 코칭을 받기 이전 단계의 문제는 대체로 아동기의 라이프스타일이 유지되는 상태이다. 아동기에 형성된 라이프스타일은 아동기에 특징적인 결핍감과 열등감이 소멸되지 않고 그대로 잔존해 있다는 의미다. 열등감이 극복되지 않은 사람은 성숙한 리더가 되기는 어렵다.

아들러 심리학은 열등감의 문제에서 시작하여 열등감의 문제로 끝난다고3) 할 정도로 열등감에 초점이 맞춰져 있다. 열등감이 극복된 상태가 자존감이 높은 것이다. 아들러는 열등감에 대비되는 개념으로 '자신감'과 '용기'라는 개념을 자주 사용하였고, 자존감이라는 개념을 거의 사용하지 않는다. 그런데 호프만이 쓴 『아들러 평전』에는 아들러의 관심의 영역으로 '자존감'이라는 단어가 빈번하게 나온다. 자존감이 열등감과 대비되는 의미로 사용되고 있다.

모든 아동은 타고난 열등감을 극복하기 위해 노력하면서 만족할 만한 수준의 '자존감'을 유지하기 위한 방법들을 찾는다. … 아동기든 청소년기든, 성인기든 '자존감'을 얻기 위한 특별한 전략이 효과가 없어지거나 심지어 시작부터 역효과를 낼 때 우리는 혼란을 겪는다.4) … 아동들에게 '자존감'과 정서적 행복을 길러주자.5)

열등감을 극복하면 자존감을 회복한다는 의미이며, 자존감을 얻기 위한 노력이 실패하면 다시 열등감을 겪게 된다는 의미이다. 아들러는 자존감이라는 말은 별로 사용하지 않았지만 사실상 열등감이 극복된 상태를 자존감이 높아진 상태라는 의미로 사용한 것으로 볼 수 있다.

제12장에서 강조한 대로, 아들러 심리코칭에서 최후의 귀결은 열등감을 확인하고 자존감의 회복 여부를 확인하는 것이다. 열등감을 인간의 기본 감정으로 인식한 아들러에게 치유의 최고의 모습은 열등감이 극복되고 자존감이 강화된 상태이다. 실제로 제14장의 김열정 상무의 코칭 사례에서와 같이 초기기억에 묻어 있는 결핍감과 열등감을 성숙한 공동감각으로 대체함으로써 그의 열등감은 해소되고 자존감이 회복되었다.

브랜든은 생물학적 원인에서 비롯된 장애를 제외하고는, 자존감의 결핍에서 기인하지 않은 심리적 문제를 단 하나도 생각할 수 없다고 단언하였다. 브랜든은 심리치료의 일차 과제는 자존감을 쌓도록 도와주는 것이라고 보았다. 자존감이 아니라 다른 특정한 문제를 해결하는 데 집중하는 경우더라도 자존감을 강화하는 방식으로 치료 과정의 틀을 짜거나 맥락을 설정한다면 분명 자존감을 높일 수 있다고 본다.6)

정신과 의사 김무석도 모든 정신질환의 치유의 비밀은 자존감 회복이라고 했다. '자존감이 무너지면 마음이 병든다'는 것이다. 반대로 자존감이 회복되면 마음이 건강해진다. 따라서 그의 치료 기법의 비밀도 분명하게, '자존감의 회복'이라고 한다.7)

자존감이 부족하여, 있는 그대로의 자신을 즐기지 못하는 이에게는 그저 채워지지 않는 욕구만 있을 뿐, 타인에게 베풀 여유는 없다. 감정이 메마른 상태에서는 본질적으로 다른 사람을 자신에 대한 승인 또는 불승인의 원천으로만 여기기 쉽다. 상대방이 독립적인 존재라는 사실은 생각하지 못한다. 오로지 상대가 나에게 해줄 수 있는 것과 해줄 수 없는 것만을 따진다.[8] 자기중심적인 사람이 된다는 의미다.

자존감이 낮은 리더는 자기 존재를 입증하기 위해, 성공하기 위해, 남보다 앞서기 위해, 다른 사람에게 자신을 각인시키기 위해, 내적 공허를 채우기 위해, 정서적 거리감을 두기 위해, 타인과 진정으로 친해지는 것을 두려워한다. 그래서 일에 몰입한다. 늦게까지 일하고 집으로 일감을 가지고 온다. 괴로운 기억을 억누르기 위해, 이러한 방어적 목적을 가지고 일하는 리더들은 이러한 목적을 달성하기 위해 직원들을 압박한다.[9] 자존감이 낮은 사람들은 자기의 감옥에 갇혀있고, 자기중심적이다. 자기중심주의가 리더에게는 해악의 요인이 된다.

2) 자기중심성이 야기하는 문제

결국, 열등감이 많고 자존감이 낮은 사람들은 자기중심적이다. 남을 바라볼 여유도 없고, 남을 공감할 공간도 없다. 자기 생존에 집착한다. 아들러가 사적논리에 집착하는 사람들에게 공동체 감각을 가지라고 처방하는 이유가 바로 여기에 있다. 왜냐하면 인간사회의 본질은 공동체이고 공동체 감정을 필수적으로 요구하고 있기 때문이다.[10]

자기중심적인 사람들이 사람관계에서 보이는 일반적 문제는 방어적이라는 점이다. 자기방어의 한 전형적인 방법은 투사를 하는 것이다. 투사는 불안과 스트레스를 경감시키기 위해서 불안의 원인이 나에게 있지 않고 상대에게 있다고 떠넘기고 자신은 좀 편안해지려는 심리이다. 책임을 딴 곳으로 돌리는 기능을 한다. 내가 상대를 미워하면서 상대가 나를 미워한다고 투사하게 되면, 내가 상대를 공격하는 것이 나쁠 것이 없다고 생각하게 된다.[11] 자기 문제를 타인의 문제로 원인과 책임을 돌리는 것이다.

투사는 자기중심성에 깊은 뿌리를 두고 있다. 판단의 기준을 상대나 문제의 본질이 아니라 자기의 관점에 두기 때문에 투사가 잘 일어난다. 사람은 자기중심성과 이기심으로부터 해방되는 만큼 상대방을 있는 그대로 바라볼 수 있게 된다. 그렇지 않으면 그만큼 투사, 합리화 등의 자기방어적 정신활동에 의해 자기 생각의 감옥에 갇히게 된다.[12] 자기가 옳다고 생각하기 때문에 자기의 라이프스타일을 고수하고, 그 라이프스타일의 기준으로 바라보고, 타인을 평가 판단한다.

자기중심적인 사람은 다른 사람들과의 관계에서 자기를 중심에 놓기 때문에 투사를 하기 쉽다.[13] 본성의 방향이 자기중심적이고 이기적이기 때문에 투사가 잘 일어난다. 성찰을 해야 내가 모를 수 있는 문제의 원인과 책임이 나에게 있을 수 있다는 것을 인식할 수 있다. 남을 비난하기 전에 먼저 자기를 돌볼 수 있게 된다. 자기 잘못에 대해서도 마찬가지다. 똥 묻은 개가 겨 묻은 개를 나무라는 격이다.[14] 자기 문제를 남에게 원인을 돌리고 책임전가를 한다. 적반하장을 잘한다.

자기방어를 잘하는 사람은 화를 잘 낸다. 자기중심의 기준으로 생각하고 남을 판단하기 때문에 화를 잘 낸다. 자기중심적인 사람은 다른 사람이 자기중심적으로 행동하는 모습을 잘 알아차리고 이를 지적하고 화를 내기 쉽다.[15]

자기중심적인 사람의 경우 합리화, 둘러대기를 잘한다. 합리화는 실제 이유 대신에 그럴듯하게 다른 이유를 대는 방식이다. 상대방에게 부정적이지 않게 받아들여질 수 있는 그럴듯한 이유를 댄다. 합리화는 거의 무의식적으로 일어난다. 거짓말은 의식적으로 하는 것이지만 합리화 둘러대기는 거의 무의식적으로 일어난다.[16] 모임에 지각한 경우, 차가 막혀서 그렇다고 말하는 경우가 합리화 기제의 예이다. 나는 아내가 외출하고 없을 때 끼니로 라면을 끓여서 먹곤 한다. 아내가 돌아와서 저녁으로 뭘 먹었냐고 물으면 "오랜만에 라면 파티 했다"고 말한다. 이럴 때 더 그럴듯하게 보이기 위해서 '오랜만에', '파티' 등 수식어도 붙인다. 자신의 합리화가 더 자연스럽게 보이기 위해서다.

3) 자기방어가 야기하는 문제

조직 사회의 현장에서 리더십의 중요한 이슈는 열등감과 자존감 문제에 기인한 방어행동이다. 리더가 내면에 열등감이라는 두려움이 있다면 스스로 방어적인 행동을 하게 된다. 따라서 아들러 리더십 코칭에서 중요한 코칭 이슈는 리더가 스스로 열등감과 자존감 문제를 가지고 방어적인 행동을 하는지를 탐색하는 일이다.

방어기제에 대한 개념은 프로이트의 것이며, 그의 딸 안나 프로이트가 방어기제를 더 구체적으로 연구하였다. 그녀에 의하면, 자아방어기제는 스트레스를 일으킬 수 있는 갈등 상황에서 자아가 활용하는 모든 수단이라는 일반적 의미로 사용된다. 안나 프로이트는 열가지 방어기제를 제시한다. 퇴행, 억압, 반동형성, 격리, 취소, 투사, 내사, 자기향하기, 역전, 승화 등이다.17) 자아방어기제 개념은 자아와 초자아 사이의 다툼뿐만 아니라 자아와 외부세계 사이의 갈등에 대한 이해에 적용이 된다고 설명한다.18)

방어심리의 문제가 조직 현장에서 어떤 문제를 일으키는지를 잘 분석한 사람이 토니 험프리스다. 험프리스는 누구나 방어행동을 한다고 본다. 방어행동은 대부분 무의식 수준에서 작동하기도 하지만 자신의 방어행동이 타인은 물론 자신에게 해롭다는 것을 알면서도 쉽게 합리화하는 데 익숙하기 때문이다.19)

방어는 크게 자신과의 관계에서 나타나는 자기방어와 타인과의 관계에서 나타나는 대인방어로 나눌 수 있다. 자기방어는 남들이 자신을 위협하기도 전에 스스로 자신을 다그치거나 무시하고, 감정을 억누른다. 이러한 방어행동은 다른 사람에게 거절당하는 것에 대비하는 전략이다. 다른 사람에게 자신의 실제 모습을 드러낼 확률을 최소화하는 것이다.

대인방어는 상대방이 자신을 통제하기 전에 상대방을 먼저 통제하려는 전략이다. 자신을 위협하는 요구를 하지 못하도록 상대방을 협박하거나 교묘하게 조롱한다. 예컨대, 늘 부루퉁하고 냉소적이며 부하직원을 비꼬는 경우에는 직원들이 자신에 대한 불만이나 불평을 늘어놓지 못하도록 미리 위협하는 것이다. 직원들은 겁이 나서 아예 아무런 요구도 못하게 된다.

자기방어는 안으로 향하며, 대인방어는 바깥으로 향한다. 가장 일반적인 자기방어는 수동적으로 행동하는 것이며, 가장 일반적인 대인방어는 공격적으로 행동하는 것이다. 자기방어보다 대인방어가 훨씬 많이 나타난다. 대인방어는 주변 사람들이 쉴 새 없이 쏟아내는 방어행동에 맞서 자신을 방어하기 위하여 공격적으로 반응한다.[20]

자존감이 낮은 리더는 자기 자신을 방어하는 데 급급하고, 인정 받는데 집착하기 때문에 구성원들을 있는 그대로 바라볼 수가 없다.[21] 방어행동은 대체로 다시 다른 사람의 방어행동을 유발하고 결국 조직은 방어행동이 악순환하는 어둠의 늪으로 빠진다. 방어행동의 진짜 문제는 이러한행동이 상대방의 방어행동을 자극한다는 점이다. 방어행동은 꼬리에 꼬리를 물고 이어진다.[22]

방어기제는 조직사회에서 일어나는 사람관계 갈등의 상당부분을 차지하는 문제라고 할 수 있다. 아들러 리더십 코칭을 통하여 열등감의 근원인초기기억을 찾아서 공동감각으로 재경험하여 아동기 때의 멍에를 털어버리는 것이 얼마나 중요한 일인지를 알 수 있다.

2. 아들러 리더십 코칭 이후

아들러는 인간의 행동을 진단하고 설명하는 개념으로 열등감을 중시하지만, 그가 지향하는 바는 열등감이 극복된 상태이다. 이 상태를 "인격이삶의 보람을 느낄 정도로 고양된 것"으로 표현한 바 있지만,[23] '자존감이고양된 상태'로 달리 표현할 수 있을 것이다. 아들러 코칭의 귀결점은 열등감이 해소되고 자존감이 회복되는 것이다. 이것은 사적논리를 공동감각으로 전환하고 뇌의 신경회로가 바뀔 정도로 체화되면, 내면의 심리 프로그램을 다른 것으로 교체한 것인 만큼, 변화는 현저하다고 볼 수 있다. 변화의 내용을 두가지로 나누어 볼 수 있다.

1) 효과적 리더십

코칭 이후의 리더십이 효과적 리더십인 이유는 공동감각에 기반하여 있는 그대로 바라보기 때문이다. 공동감각을 가지고 있는 그대로 바라보는 사람은 자기중심성에서 벗어난 사람이다. 자기를 기준으로 세상을 보지 않고 보편성과 공공성을 기준으로 세상을 바라보기 때문이다. 그래서 이런 사람은 사실을 있는 그대로 객관적으로 인식할 수 있기 때문에 상황에 대한 대처방안도 효과적인 대응책을 선택할 수 있게 된다. 있는 그대로 바라보는 것의 힘이다.

성숙한 리더는 자기방어를 하지 않는다. 자신의 방어반응을 일종의 신호로 파악하고, 자기 행동을 되돌아보면서 무엇이 문제인지, 어떻게 해결해야 하는지 살펴보는 사람이다. 자신의 잘못을 인정하는 것을 조금도 두려워하지 않으며, 자신의 잘못을 알게 되면 곧바로 인정하고 잘못된 행동을 바로잡는다.24)

결핍감과 열등감에서 벗어나서 자존감이 높아진 사람은 자기중심성에서 자유로운 사람이다. 자기중심성에서 자유로운 사람일수록 다른 사람에게 더 관대하고 정직하며, 공감적인 의사소통이 가능하다. 왜냐하면 자신의 생각이 가치 있다고 여기므로 있는 그대로 소통하기 때문이다. 자존감이 낮은 사람은 다른 사람과 의사소통할 때 모호하고 이해하기 어려우며 부적절한 반응을 보이기 쉽다. 자신의 느낌과 생각이 불분명한데다가 상대의 반응에 불안을 느끼기 때문이다.25)

그리고 상대방의 행동도 이해하고 공감하고 존중할 줄 안다. 때로는 자신의 방어행동에 대해 직원들이 불합리한 대우를 받았다고 생각할지라도 성숙한 리더는 직원의 심리를 충분히 예측하고 직원들에게 상처를 치유할 수 있는 여유를 주면서 느긋하게 기다린다. 성숙한 관계를 맺고자 하는 자신의 진심을 직원들이 결국 알아줄 것이라 믿기 때문이다.26)

2) 감성지능이 높아 사람관계를 잘하는 성숙한 리더십

코칭 이후의 리더십이 성숙한 리더십인 이유는 공동감각으로 살기 때문에 감성지능이 높아서 사람관계를 원만하게 관리하기 때문이다. 리더의 가장 중요한 전제조건은 높은 자존감을 갖는 것이다. 자존감이 높아야 감성지능이 높아지고 감성지능이 높아야 공동체감, 공동감각이 높다. 공동감각으로 새로 태어난 사람은 상대의 눈으로 보고, 상대의 귀로 듣고, 상대의 가슴으로 느낄 수 있는 사람이다. 그래서 공동감각으로 사는 사람은 감성지능이 높다. 감성지능이 높은 사람은 인간관계가 성숙하여 성숙한 리더가 될 수 있다. 자기방어에서 자유로운 사람이다.

험프리스에 의하면, 사람관계를 잘하는 성숙한 리더란 개개인의 고유하고 신성한 존재성을 긍정하고, 그 고유성이 직원의 생각, 말, 행동, 꿈, 감정을 통해 어떻게 드러나는지 파악하고, 직원들의 노력에 감사하고, 직원들이 잠재력과 타고난 재능을 실현할 수 있는 기회를 제공한다는 뜻이다.[27]

인간의 일차적 욕구는 사랑하고 사랑받는 것이다. 그래서 성숙한 리더는 직원을 있는 그대로 소중하게 여기고, 직원들도 리더를 보이는 그대로 소중하게 인정하게 한다. 리더가 직원에 대해 많이 알면 알수록 직원들의 일에 대한 동기와 의욕은 높아진다. 직원의 동기부여는 직원들이 일을 사랑할 수 있도록 얼마나 이끌어주느냐에 달려있다.[28] 또한 직원들이 자신이 잠재성에 대한 믿음을 갖도록 하고, 성과에 대해 효과적으로, 칭찬하고 격려하며 그들의 재능과 잠재력을 발휘할 수 있는 기회를 제공해야 한다.[29]

제6장에서 자세히 살펴본 대로, Ken Wilber는 아들러의 사적논리와 공동감각에 해당하는 개념으로 1층의식과 2층의식이라는 표현을 사용하였다. 1층은 자기 것을 챙기고 자기의 먹고사는 '생존차원'의 문제에 집착하는 자기중심성의 의식이다. 그에 반해 2층의식은 보편적 통합주의를 지향하는 '존재차원'의 의식이라고 본다. 아들러의 공동체 감정과 공동감각에 가까운 의식이다.[30] 그에 의하면 달라이 라마는 우리에게 가장 중요한 일은 상대방에 대한 사랑과 연민을 가지고 삶을 사는 것이며, 우리 사회는 보편적 책임과 상호의존성에 대한 개념을 더 발달시킬 필요가 있다고 주장하였다.[31]

3. 아들러 리더십 코칭이 업무 프로세스에서 미치는 영향

리더는 조직에서 조직의 목표를 실현하는 역할을 부여받은 사람이다.

조직의 목표란 좋은 성과를 내는 것이다. 기업이든 정부든, 리더는 그 조직이 지향하는 목표를 실현하는 데 있어서 좋은 성과를 내야 하는 역할과 그에 대한 책임을 부여받은 사람이다. 리더가 아들러 리더십 코칭을 통해서 공동감각의 라이프스타일로 변화되면 그 자체로서 조직 현장에서 긍정적 영향을 미치지만, 아래의 세가지 개념을 추가 코칭에서 개념 이해와 리허설을 한다면 더 효과가 있을 것이다.

사적논리를 넘어서 공동감각으로 일하는 리더는 자기중심성을 넘어서 조직중심성으로 일하는 사람이며, 결과중심성에서 과정중심성으로 일하는 사람이며, 혼자서 생산하는 사람이 아니라 구성원들의 생산을 돕는 지원자(supporter)로 일하는 사람이다.32)

1) 자기중심성에서 조직중심성으로

리더십을 구성하는 여러가지 역량 요소들이 있지만 리더십에서 기본적 토대가 되는 덕목은 사심과 사욕을 초월하여 조직의 공적 목적을 실현하는 것이다. 사람이 자신의 신념과 사적 유익을 추구하는 것이 일반적이고 자연스런 현상이지만, 리더는 공적 이념과 공적 이익을 우선하여 일하도록 역할을 부여받은 사람이다. 리더는 자기 유익을 위한 역할이 아니라 조직, 회사, 집단의 유익을 위한 역할을 하는 사람이기 때문에 리더가 자신의 꿈과 야망을 가질 수는 있지만 그것이 우선되면 안 된다. 지향하는 가치가 자기 출세, 자기 인정받기, 자기 유익 챙기기가 아니다. 그러한 자기중심적 목표를 지향하는 리더들은 소탐대실하게 된다. 자신의 꿈과 야망이 하루아침에 물거품이 된다. 자기의 작은 이익을 추구하다가 리더로서의 큰 역할을 망치게 됨으로써 리더로서의 역할 자체를 상실하게 된다.

리더는 비전도 제시하고, 기술혁신도 해서 생산성을 높이고, 조직 목적의 달성도 필요로 한다. 그런데 리더십의 기저에서 가장 중요한 토대가 되고 윤활유가 되고 구성원에 대한 영향력의 근원이 되는 것이 사적논리를 넘어서 공공성을 지향하는 것이다. 사적논리를 넘어서 공동감각으로 살기로 코칭을 받은 사람은 자기중심성을 내려놓고 상호의존성(mutual dependence)

을 지향하는 리더가 된다.

자기중심성 하나만 개선되어도 사람관계 문제, 조직에서의 리더의 역할 문제가 많이 개선된다. 이 한 가지만으로도 조직의 효율성을 송두리째 바꾸어 놓을 수 있다. 자기중심성을 넘어서 공동감각을 가지게 되면 삶의 지향점이 달라지기 때문이다. 사적논리에서 살던 사람이 공동감각으로 사는 사람으로 바뀌면 자기중심성이 약화된다. 자기중심성에서 조직중심성으로 변화된 관점에서 일을 하게 된다.

2) 결과중심성에서 과정중심성으로

황금알을 낳는 거위 이야기가 적절한 비유가 될 수 있다. 한번에 많은 황금알을 얻고자 거위의 배를 갈랐다는 이솝이야기다. 거위는 죽고 황금알도 다 잃었다. 리더가 결과중심적이면 구성원들을 도구적 관점으로 바라보게 된다. 그러면 구성원들은 방어적 행동을 하게 된다. 일을 하는 과정에서 구성원들을 지지하고 격려하고, 존중과 공감을 할 줄 아는 성숙한 인성의 리더십이 필요한 이유이다. 자기중심적인 리더가 목표의 성공적 실현의 결과에 집착하는 것과는 대조적이다. 결과가 리더의 역량에 대한 평가 척도라고 생각하기 때문이다.

공동감각을 가진 리더는 결과가 항상 과정의 산물이라는 것을 안다. 그래서 현명한 리더는 좋은 결과를 만들기 위한 좋은 과정에 집중한다. 좋은 과정이 있어야 좋은 결과가 나오기 때문이다. 과정에 초점을 맞추는 리더는 구성원들과 상호의존성의 패러다임을 깨달은 사람이다. 좋은 결과란 리더 혼자의 힘으로 되는 것이 아니고 구성원들만의 힘으로 되는 것도 아니다. 리더와 구성원이 서로 소통하고 격려하고 협력하면서 문제를 해결해 나가는 '과정'에 의해서 좋은 결과가 산출된다.

그래서 리더의 역할은 직원의 직무몰입도를 높이는 일이 무엇보다 중요하다. 과정중심적 리더는 조직문화에 관심을 갖는다. 조직의 시너지를 내는 데 관심을 가지는 리더가 되어야 한다. 최근 효과적인 리더십에 대한 관심은 직무몰입을 높이는 갤럽 Q12와 같은 관점을 중시한다. 많이 활용되고 있는 것으로 '갤럽의 12가지 질문(the Gallup Q12)'을 들 수 있다.[33) 이는 세계적인 여론조사 기업인 갤럽이 지난 30년간 수많은 조직을 인터뷰한 결과에 근거한 것으로, 흔히 '직원 몰입도 조사'라고 불린다. 갤럽은 이 조사를 통해 '직원의 몰입도가 높은 기업이 사업의 성과도 좋다'는 사실을 밝혀냈다.

1. 나는 나의 직장이 나에게 무엇을 기대하고 있는지 알고 있다.
2. 나는 나의 업무를 올바르게 수행하는 데 필요한 자료와 기구, 장비를 가지고 있다.
3. 나는 직장에서 내가 가장 잘하는 일을 할 기회가 매일 있다.
4. 지난 7일 동안 나는 좋은 업무 수행으로 인해 인정이나 칭찬을 받았다.
5. 나의 상사나 직장의 다른 누군가가 나를 인간적으로 배려해주는 것 같다.
6. 나의 발전을 격려해주는 사람이 직장에 있다.
7. 직장에서 나의 의견이 많이 반영되는 것 같다.
8. 우리 회사의 목표, 목적은 내 업무가 중요하다고 느끼게 한다.
9. 내 동료들은 최고의 업무를 수행하기 위해 전념하고 있다.
10. 나는 직장에 절친한 친구가 있다.
11. 지난 6개월 동안 직장에서 나의 진보에 관해 말해준 사람이 있었다.
12. 나는 지난 1년 동안 직장에서 배우고 성장할 수 있는 기회가 있었다.

이 질문 리스트에는 업무 과정에 관한 세부 사항이 포함되어 있다. 구성원이 무엇을 해야 하는 지에 대한 세부적인 매뉴얼, 업무 수행에 필요한 자료와 장비, 업무 과정에 대한 인정이나 칭찬, 인간적인 배려, 격려, 회사의 목표에 대한 개별 구성원의 역할, 친구관계의 배려, 구성원 개인의 성장에 대한 관심 등이다.

이 질문들을 보면 효과적인 리더가 생산의 과정에 관심을 가지고 지원하는 역할에 초점을 맞추어야 한다는 것을 잘 알 수 있다. 최근의 리더십 코칭에서 이러한 과정에 관한 코칭이 중요한 주제가 되고 있는 이유가 여기에 있다.

3) 생산자에서 지원자로

아들러 리더십 코칭을 통해서 공동감각의 라이프스타일로 변화되면 조직현장의 리더는 생산자에서 지원자로 변모한다. 이것이 현대 조직이 리더에게 요구하는 덕목이기도 하다.

리더가 된다는 것은 생산자에서 지원자로 된다는 것을 의미한다. 리더의 자리로 승진하거나 선임된 사람들의 전부는 아닐지라도 상당수는 그들의 기술력이나 직무능력 때문에 발탁된다는 제임스 헌터의 지적은 옳다.34) 그런데 승진한 리더가 그들의 기술력이나 직무능력에 기반한 역할에 머물러 있다면, 그는 계속 생산자에 머무르는 것이다. 리더는 생산자가 아니라 자기 부서 구성원들의 지원자로 선임된 것이다. 리더가 생산자에 머무르면 리더십은 실종된다.

생산자에 머무르는 리더는 자기중심성에서 벗어나지 못하고 공동감각을 가지지 못한 사람이다. 리더는 자기중심성을 넘어서 조직중심성으로 시야를 넓히고 높여서, 생산의 과정에 몰입하여, 구성원들의 지원자 및 조력자가 되어야 한다. 그래서 리더는 더욱 공동감각을 가져야 한다.

아들러 리더십 코칭은 리더를 공동감각으로 사는 사람으로 전변시킨다. 그리고 아동기에 열등감과 결핍감 기반으로 형성된 라이프스타일을 넘어서 성숙한 자존감을 가진 리더로 성장시킨다. 공동감각과 자존감을 가진 사람은 방어기제에서 해방되고 자기중심성에서 벗어난 사람이다.

진화심리학적 관점으로 본다면 자존감은 생존과 번식에 대한 자신감이 있다는 의미이다. 생존과 번식에 자신감이 있는 사람은 마음에 여유가 있어서 타인을 바라보고 경청하고 수용할 수 있게 된다. 자존감을 가진 사람은 자기중심성을 넘어서 사람을 존중하고 배려할 줄 안다. 사람을 존중하고 배려할 수 있는 사람은 리더로서 기본적 품격을 가진 사람이다.

구성원을 존중하고 배려할 수 있는 사람은 구성원에게 권한을 위임하고, 구성원을 성장시키고 키워주는 구성원의 대부(enabler)가 될 수 있다. 매슬로가 욕구단계론에서 말했듯이, 인간의 가장 궁극적인 욕구가 자기실현인데, 자존감이 있는 리더는 구성원에게 건설적인 피드백을 해주고, 용기 부여해주고, 격려해주고, 인정하여 자기실현을 꿈꿀 수 있게 한다.

자존감이 높은 사람들이 구성원들의 직무몰입을 이끌어내는 사람관계 역량(people skill, human skill)이 높다. 결국 성숙한 인간다운 리더로 성장할 때 리더십이 효과적으로 발휘되고 생산성을 높인다. 아들러 리더십 코칭이 이것을 가능하게 한다.

이 책의 프롤로그에서 내가 왜 이 책을 썼는지를 밝혔다면, 여기 에필로그에서는 내가 무엇을 썼는지를 요약해서 말하는 것이 좋을 것 같다. 이 책이 길기는 하지만 핵심 논리는 간단하다. 아들러 심리학의 교육심리학, 가치심리학, 사회심리학 측면의 사상들을 기반으로 리더십 코칭 프로그램을 도출해 낸 것이다. 특히 사적논리를 넘어서 공동감각으로 살라고 한 이 명제를 중심으로 리더십 코칭 프로그램을 개발하였다. 뇌과학자들이 인간을 뼛속까지 사회적 동물이라 했듯이, 아들러가 인간이 더 나은 생존을 위해 발전시켜야 할 것이 사회적 동물로서의 공동감각이라 하였다.

이 책은 아들러의 이러한 심리학 사상을 활용하는 것에 그치지 않고, 아들러의 심리학과 사상을 새롭게 확장하는 데서도 몇 가지 기여하는 바가 있다.

아들러 심리학을 진화심리학으로 재해석

이 책은 아들러 심리학의 사상적 연원을 다원주의에서 찾은 첫 번째 저작이다. 기존의 아들러 심리학에 대한 문헌들은 아들러 심리학의 지적 계보를 설명할 때 주로 프로이트와의 관계에 초점을 맞춰서 언급하지, 아들러가 독자적인 심리학 패러다임을 창안했다는 사실은 알아차리지 못하고 있다. 아들러를 찰스 다윈, 칼 맑스와 같은 거장들의 영향을 받아 성장한 독립적인 학자로 보지 않고, 프로이트의 후학 정도로 잘못 인식한 것으로 보인다.

아들러 학문의 계승자라고 자처하는 모사크와 마니아치는, 아들러의 학문에 영향을 미친 사람으로 다윈에 대한 언급은 없이, 칸트, 니체, 파이힝어, 괴테, 셰익스피어를 들고 있다.[1] 특히 최근에 에드워드 호프만에 의해 발간된 540여 페이지에 달하는 방대한 분량의 『아들러 평전』이 아들러 심리학의 지적 계보에 대해 상세히 분석했음에도, 그 책의 어디에도 아들러가 다윈 진화론의 영향을 받았다는 말은 없다. 아들러를 보는 관점이 프로이트의 성적 본능 중심의 심리학과의 차별성에 갇혀있어서 그런 것으로 판단된다.

이 책은 아들러 심리학이 진화론의 전통에서 서 있었다는 것을 최초로 주장하고, 아들러 심리학 전체를 진화심리학적 관점으로 재해석한다. 아들러와 동시대를 살았던 칼 융이 당시의 최대 뉴스는 찰스 다윈의 업적이라고 했다는 말에서 영감을 얻고, 나는 당시의 최대 뉴스였던, 당시의 첨단 학문인 진화론을 아들러가 간과했을 리가 없다고 판단했다. 혹시 아들러도 진화론의 영향을 받지 않았을까 하는 궁금증을 가지고 아들러 심리학을 탐색하는 시도를 하게 되었다. 그 결과 아들러의 글인지, 다윈의 글인지 구별이 안 될 정도로 진화론적 흔적이 강하다는 사실을 발견하게 되었다.

진화심리학의 관점에서 아들러 심리학을 이해하는 것은 인간 본성의 이해에 획기적인 도움이 된다. 거친 자연과 사회의 치열한 생존경쟁 속에서 살아야 하는 인간에게 열등감이 기본감정이라는 언명이 비로소 제대로 이해된다. 생존과 번식이 인간의 궁극적 행동목적이라고 밝힘으로써 막연히 아들러가 목적론자라고 하는 언명을 넘어서 목적의 본질이 무엇인지도 명료하게 이해할 수 있게 해준다.

진화론적 관점에서 보면, 아들러 코칭에서 핵심적인 라이프스타일 유형을 판별하는 데도 큰 도움이 된다. 라이프스타일을 생존전략의 개념으로 이해하고, 생존양식으로 번역함으로써 그 유형 판별이 더 용이해진다. 즉, 진화론적 개념대로 라이프스타일에 투쟁-도피-굴복 반응의 개념을 적용하기 때문이다. 그래서 라이프스타일 4가지 유형 판별에 투쟁-도피-굴복 반응 프레임을 적용함으로써 유형 간에 명료한 차별성을 기할 수 있게 되었다.

아들러 심리학에서 리더십 콘텐츠를 발굴

둘째, 이 책은 아들러 심리학을 '리더십 심리학'으로 해석해 내었다. 즉, 아들러 심리학에 내재된 리더십 콘텐츠를 발견해 내어 리더십 코칭 프로그램을 개발한 것이다.

당대의 동료 심리학자였던 지그문트 프로이트와 칼 융이 내면 심리의 분석에 주력한 데 비하여, 아들러는 연구실 밖에서 아동과 학부모를 위한 상담이나 강연 방식으로 교육운동을 더 많이 하였다. 프로이트와 융이 자신들의 심리학을 정신분석학, 또는 분석심리학이라 규정한 데 비하여, 아들러는 자신의 심리학을 가치심리학, 교육심리학이라 선언하고, 사회적 행동을 주로 하였던 셈이다.

또한 아들러는 자신의 개인심리학(Individual psychology)은 사회심리학"이라고 선언하였고, New World Encyclopedia에서도 개인심리학을 사회심리학이라 규정했음을 보았다. 이것은 인간 심리의 내면을 분석적으로 접근하는 프로이트나 융의 정신분석학과는 달리, 아들러는 사회적 관심을 인간 행동을 분석하는 핵심개념으로 사용한다. 그 이유는 사회적 관심과 공동감각을 일, 관계, 결혼과 같은 3대 인생과제를 해결하는 윤활유와 같은 기능을 하는 것으로 보기 때문이다.

이런 아들러에게 가치의 기준은 명백하다. 아들러의 개인심리학은 공동체에 유익한 것을 "옳은 것"으로 여긴다는 바람직한 행동을 위한 가치의 기준을 제시하였다. 즉, 사적논리를 넘어서 공동감각으로 살라는 것이다. 특히, 리더는 소속된 사회나 조직의 공공성을 우선적 가치로 추구해야 하는 존재임을 감안한다면, 아들러가 중시한 공동감각은 리더십의 가장 기본적인 토대가 되는 가치이다.

이처럼 아들러 심리학에는 리더십의 핵심가치가 들어있다. 제4장에서 살펴본 바와 같이, 아들러는 리더십의 가치와 관련해서 네가지 질문을 던진다. 한 개인이 인생의 3대 과제를 해결할 준비가 되어있는지를 보여주는 시금석으로서 다음과 같은 네가지 요소로 질문을 하였다.

- 사회적 감정을 가지고 있는가? (인정, 격려, 공감, 존중, 안인(安人)의 가치)
- 용기를 가지고 있고 용기를 주는가? (자존감의 가치)
- 이해력을 가지고 있는가? (생존과 적응에 필요한 우월성)
- 유익한 목표를 가지고 있는가? (공공성 지향, 공동감각에 맞는 목표)

이들 네 가지 항목은 인생의 3대 과제(일, 관계, 사랑)를 효과적으로 수행하기 위해 필요한 가치들이다. 한 마디로, 사적논리를 넘어서 공동감각으로 살라는 것이 아들러의 솔루션이다. 이 개념을 리더십 개발의 가치로 확장할 수 있다. 이 책은 바로 이런 측면에서 아들러 심리학에서 리더십 코칭의 콘텐츠를 발굴해 내어 '아들러 리더십 코칭' 프로그램을 개발해낸 것이다.

아들러 심리학과 뇌과학을 접목

셋째, 이 책은 아들러 심리학을 뇌과학과 접목시킨다. 제5장에서 자세히 논의한 대로, 뇌과학적 발견을 아들러 심리학에 접목하는 것은 아들러 심리학을 확장하고 그 논리를 보강하는 데 도움이 된다는 것을 보여주었다. 아들러 심리학과 뇌과학의 접목이 가능한 것은 뇌과학과 아들러 심리학 둘 다 진화론에 기반해 있기 때문이다. 진화론에 기반하고 있다는 것은 인간 생활의 목적이 생존과 번식에 초점을 맞추고 있다는 것을 의미한다. 진화의 동력도 생존과 번식을 위해서라고 한다. 인간의 본성은 지구라는 혹성 위에서 생존하고 번식하기 위해 필요한 도구들인 셈이다.

그래서 뇌과학적 발견은 아들러 심리학의 핵심적인 개념들에 대해서 현실에서 작동하는 원리에 대한 이해를 높인다. 예를 들어서, 아들러 심리학에서 아동기 때의 초기기억이 평생 지속되는 이유에 대하여, 뇌과학은 특정 기억에 관한 신경회로가 한 번 형성되면 평생 자동반복된다고 보기 때문에, 초기기억의 영속성에 대하여 뇌과학이 잘 설명해준다. 라이프스타일의 변화도 뇌 가소성 이론으로 설명이 가능해졌다.

서술기억을 저장하는 과정에서 핵심적인 역할을 하는 것이 해마인데, 해마의 기능이 바로 서술기억의 공간 변수를 코드화한다는 사실을 뇌과학 발견을 통해서 알게 되었다. 즉 서술기억은 공간에 매개되어 있다는 것이다. 공간 없는 사건이 없다는 의미다. 그래서 코칭 의뢰인 중에는 초기기억을 잘 회상해 내지 못하는 경우가 있는데, 이때 코치가 장소 및 공간에 관한 단서를 제시함으로써 의뢰인의 기억 회상을 촉진시킬 수 있다는 사실도 알게 되었다.

또한 코칭 과정에서 자각하고 학습한 것을 장기기억으로 저장하여 자기습관으로 만드는 것이 중요한데, 기억의 장기저장을 촉진하는 요인들로서 반복, 섬광 효과, 주의, 되새김, 시각화 등의 기법을 배울 수 있게 되었다. 실제로 이런 기술들은 코칭을 마무리 할 때 기억의 장기저장을 위해 사용할 수 있는 효과적인 기법들이다.

가장 흥미 있는 것은, 사적논리가 주관적으로 구성된다고 알려져 있는데, 그 원리를 좌뇌 해석기 모듈의 작동 원리를 통해서 비로소 이해하게 되었다. 좌뇌 해석기 모듈은 충분한 증거나 자료가 없어도 결여된 정보는 추론을 통하여 이야기를 구성한다는 사실을 마이클 가자니가 교수의 분리 뇌 실험을 통하여 밝혀냈다.

좌뇌 해석기는 또한 아들러 심리학을 구성주의적이라고 보는 것도 증명할 수 있게 된다. 좌뇌 해석기가 충분한 재료가 없어도 주관적으로 사실을 구성한다는 기능적 특성을 가지고 있다는 사실을 통해서 풀리지 않은 의문들이 해소되었다.

마지막으로, 아들러 심리학에서 핵심 개념 중의 하나인 공동감각이 어떻게 인간의 본성인가에 대하여 뇌과학에서 발견한 거울뉴런을 통해서 이해할 수 있게 되었다. 거울뉴런은 상대의 행동, 감정, 의도를 마치 거울처럼 비춰주기 때문에, 인간은 상대의 마음을 다 읽어내고 공감할 수 있다는 것을 알게 되었다. 특히 상대의 마음읽기는 인간이 서로 협동해야 먹거리를 조달하는 조건 속에서 진화적으로 획득한 DNA라고 뇌과학이 밝혀냄으로써 아들러의 공동감각 및 공동체 감정의 타당성을 과학적으로 이해하게 된 것이다.

이처럼 오늘날 발달한 뇌과학적 발견은 아들러 심리학의 이해와 아들러 코칭 프로세스에 밀접하게 관련이 있고 또 유익하다.

공동감각 가치의 확장

넷째, 아들러는 사적논리의 삶을 공동감각의 삶으로 전환시켜야 한다고 했는데, 공동감각의 개념이 얼마나 타당하며, 보편적으로 수용된 개념이냐 하는 의문이 들 수 있다. 이 책은 아들러가 그렇게 중시하는 공동감각의 개념이 아들러만의 개념이라면 그것은 더 이상 공동감각이 아니라는 생각에서, 과연 다른 시대, 다른 나라에서도 그런 개념을 발달시켰는지를 탐색해 보았다. 2,000여 년 전의 기축시대까지 거슬러 올라가 보니 그때의 가치가 바로 공동감각의 가치였고, 현재에도 여전히 유효함을 알고 놀라지 않을 수 없었다.

결국, 공동감각의 가치는 동서양과 고금을 막론하고 여전히 유효하다는 점이다. 그래서 보편적인 공동감각(common sense)인 셈이다. 무려 2,500여 년 전 춘추전국시대에 500여 년 동안 전쟁을 치르면서, 어떻게 인간이 인간답게 살고, 싸우지 않고 평화롭게 살 수 있는지를 탐색한 수많은 사상가들이 있었는데, 그들이 오늘날 제자백가라 불리는 사람들이다. 그들이 우리가 고전이라 불리는 사상을 남긴 현자들이었다.

이러한 흐름은 동양에서만 그랬던 것이 아니라 서양에서도 비슷한 시기에 비슷한 현상이 일어났었다. 철기를 사용하는 생산양식이 확산되면서 원시공동체에서 개체중심의 사회구조적 변화가 동서양에 동시다발적으로 일어나서 그렇게 된 것이었다.

우리는 흔히 동양은 권위주의적이고 서양은 민주주의라고 알고 있었지만, 제6장 2절에서 자세히 논의한 바와 같이, 서양의 그 인본주의와 민주주의란 것이 기실은 동양에서 건너간 공자를 비롯한 동양사상에서 발아한 것임을 살펴보았다. 동양 사람들은 이 사실을 잘 모르고 있었는데, 황태연 교수의 집중적인 연구 덕분에 이제 많은 사람들에게 알려지게 되었다. 그래서 공동감각 사상의 원형을 학습하기 위해서는 권위주의 동양문화로 굳어지기 이전의 공자와 맹자의 원전도 학습하는 것이 바람직하다고 본다. 그것은 오늘날에도 유효한 충서(忠恕), 역지사지, 혈구지도 등의 공감 개념들을 포함하고 있다.

아들러는 동양사상의 이런 개념들을 한 문장으로 표현한 셈이다. "상대의 눈으로 보고, 상대의 귀로 듣고, 상대의 가슴으로 느껴라." 이 언명은 인간다운 공감 기술의 정수라고 할 수 있다. 21세기 AI의 시대에 더 인간다워져야 한다는 메시지다.

공동감각은 도덕 윤리가 아니라 생존전략이다

다섯째, 이 책은 아들러의 공동감각은 도덕이 아니라 생존전략의 DNA라고 본다는 사실을 강조한다. 처음에는 아들러가 자기 생각의 감옥에 갇혀서 사심과 사욕, 에고로만 살지 말고, 공동감각으로 살라고 한 이 말이 도덕 윤리가 아닐까 하는 의구심을 가졌었다. 그렇다면 그것은 도덕 교과서를 반복하는 것이기 때문이다. 그런데 그런 것이 아니었다. 도덕 윤리가 아니라 생존전략이다.

진화심리학자와 뇌과학자들의 연구결과에 의하면, 공동감각, 공동체 감각으로 사는 것이 인간의 진화과정에서 획득한 생리적 DNA라는 사실에 나는 전율을 느꼈다. 40만 년 전, 생태계의 변화로 이전처럼 개체중심주의와 자기중심주의로 먹거리를 채취하는 방식으로는 살기가 어렵게 되었을 때, 인류 조상은 서로 협력할 수밖에 없게 되고, 그래서 서로 소통하고 공감하면서 함께 사냥을 하는 사이에 뇌의 거울뉴런과 공유회로가 발달하게 되었다. 그래서 공동체 감각을 진화적으로 획득한 인간이 되었다. 공동감각이 도덕 윤리가 아닌 생존을 위한 불가피한 생존전략이라는 이야기다.

이것은 공동체 감정으로 살면 더 잘 생존하고 번식할 수 있다는 말이다. 또한 사회적 동물인 인간이 사회적으로 살 때 가장 잘 산다는 의미이기도 하다. 인간이 원래 본능적으로 사회적인 동물이었다는 사실은 과학기술의 발달과 더불어 발전한 뇌과학이 증명하였다. 인간 뇌에서 공감능력을 담당하는 거울신경세포, 공유회로 등이 인간만의 고유한 기능으로 장착된 것을 볼 때 인간은 뼛속까지 사회적인 동물로 진화되었다는 가자니가 교수 등 진화론자들의 주장이 사실인 것이다.

그런데 자본주의에서 세상은 점차 "더 나답게, 자기본위로" 자의식의 감옥으로 들어가고 있다. 이것은 인간이 사회에 뿌리박고 있는, 본성적으로 사회적 동물이라는 사실과 상충된다. 이것이 현대의 인간이 더 고독하고 우울한 이유가 아닌가? 소크라테스가 "너 자신을 알라"고 했던 말이 바로 인간 본성을 제대로 알라는 이런 의미가 아닐까?

바로 이런 맥락에서, 아들러가 강조하듯, 더 이상 사적논리로 살지 말고 공동감각으로 살아야 풀리지 않는 개인적 문제, 리더십의 문제들이 다 풀린다는 것이다. 아들러 코칭이 바로 그것을 도와주는 것이다. 코칭의 주제로 등장하는 대부분의 문제들이 바로 사적논리의 자기 생각의 감옥에 갇혀 있음으로써 발생하는 문제들이고, 그 해법은 공동체 감각으로 프레임을 전환할 때 해결되는 문제들이다.

인간의 본성에 관하여 동양고전, 서양 심리학, 그리고 현대의 첨단 진화심리학에 이르기까지 일관적으로 관통하는 지혜가 인간 본성의 사심, 사욕, 인욕, 사적논리(private logic)를 넘어서 공동감각으로 나아가야 한다는 아들러 심리학의 가치지향과 상통한다. 공동감각과 공동체 감각이 오늘 우리사회, 리더십의 핵심가치가 되어야 한다는 것도 이런 맥락이다.

아들러 리더십 코칭, ADLERS 모델로 다시 태어나다

여섯째, 이 책의 또 하나의 새로운 기여는 아들러 심리학에서 리더십 이론을 도출하여 리더십 코칭의 이론적 체계를 만들고, 'ADLERS'라 이름 붙인 코칭 프로세스를 만들어 넣고, 아들러 이론과 현장 코칭 경험을 통합하여 하나의 독자적 프로그램을 개발하였다는 점이다. 내가 그동안 현장에서 경험한 코칭 사례들을 주요 개념마다, 주요 스킬마다 삽입하여 이론과 실제를 통합하였으므로 읽고 이해하기 쉽게 하였다.

나는 사적논리를 넘어서 공동감각으로 사는 것이 개인과 사회에 동시에 유익하다는 아들러 사상에 매료되었고, 아들러 리더십 코칭 프로그램을 책으로 집필한 것이다. 그리고 나는 그런 스피릿으로 코칭 현장에서 이미 많은 사람들을 코칭하여 과거 아동기의 생존양식에서 벗어나서 더 성숙하고 충만한 삶으로 변화되는 성공 체험을 하였다. 생각이 행동을 만들고, 행동이 습관을 만들고, 습관이 운명을 만든다. 아들러 코칭은 생각의 뿌리를 바꿈으로써 운명을 바꾸도록 돕는 코칭 프로그램임을 현장에서 체험하였다.

나는 이제 코칭 현장에서 아들러 코칭을 부분적으로라도 사용하지 않으면 나 스스로 코칭에서 만족하지 못한다. 그렇지 않은 코칭은 근원적이지 않고 피상적이라는 느낌이 들기 때문이다. 모사크와 마니아찌가 주장한 대로 아들러 심리학은 정신분석적이고(analytic), 행동주의적이며(behavioral), 인지적(cognitive)이어서[2] 통합적 접근을 하는 심리학이기 때문일 것이다. 특히 인지심리학적 측면에서, 현재 문제의 뿌리를 무의식에 묻혀 있는 과거 초기기억에서 찾아내어 의식화하는 아들러 심리학의 이 기법은 코칭의 효과성을 근원적으로 개선한 것으로 볼 수 있다.

전 생애 성장의 과제

끝으로 덧붙일 것은, 우리는 자기 성장을 특정 이슈에 한정하는 자기 제한의 우를 범해서는 안 된다는 점이다. 인간은 전 생애에 걸쳐서 성장해야 하는 존재다. 칼 융이 말한 바와 같이, "우리 인생은 마치 해가 떠오르고 지는 과정과 같다. 태양은 아침에 어머니 바다의 자궁으로부터 나와서 자신이 나왔던 어머니 바다로 다시 돌아가기 전까지 반원으로 움직인다. 우리는 인생의 아침 프로그램에 따라서 삶의 오후와 저녁을 살 수 없다."[3]

인생의 초반기에는 이 세상에서 생존하기 위하여 우월성 추구에 몰입한다. 좋은 학교에 진학하고, 좋은 직장을 구하고, 좋은 사람을 만나 결혼하여 가정을 꾸리는 것이 초년기 인생의 목적이다. 그러나 그런 목적으로만 살면 다른 사람들이 금방 거울뉴런과 공유회로를 작동하여 이기적인 사람, 상종하기 어려운 사람으로 경원시 한다.

중년기에 접어들면 사람은 더 가슴이 넓고 성숙한 사람으로 성장해야 한다. 사적논리보다 공동감각이 더 큰 사람으로 성장해야 한다. 그래야 리더급의 사람으로 더 발전할 수 있다. 그렇지 않은 사람은 작은 돌부리에 걸려 넘어진다.

칼 융의 심리학에 기반하여 만들어진 성격진단 도구인 MBTI가 전 생애 성장의 방향으로 제시한 것에서 배울 점이 있다. 생의 초반기에는 사회로 진출하기 위하여 자기의 강점을 살려서 자기의 심리기능 중에서 주기능과 부기능을 중심으로 전문화(specialization)에 힘쓰는 시기라고 본다.

그러나, 인생의 중년기에는 자기가 그동안 쓰지 않았던 심리기능인 3차기능과 4차기능을 개발하여 일반화(generalization)의 방향으로 성장해야 한다고 본다. 한쪽으로 치우치지 않고 원만한 사람이 되라는 이야기다. 그래야 꼰대 소리를 듣지 않고, 대인관계에서 영향력을 발휘하는 괜찮은 사람으로 된다. 조직 내 다른 사람들을 고무시켜 공동의 목표를 향해서 함께 일을 하고 조직의 목적을 달성할 수 있도록 사람을 이끌 수 있다.4)

이 책은 코칭 대상자가 가져오는 코칭 이슈를 협소한 생각의 감옥인 사적논리와 라이프스타일의 문제로 파악하면서 문제의 근원적 해법이 공동감각의 세계로 나아가는 데 있음을 알게 한다. 공동감각의 개념을 학습하여 아동기에 형성된 사적논리를 성숙한 공동감각의 논리로 전환하도록 돕는다.

이것이 큰 그림의 사고(big picture thinking)를 해야 하는 리더들의 역량 개발의 과제이기도 하다. 이로써 아들러 코칭은 사람들이 당면한 문제를 해결할 뿐만 아니라 더 큰 그릇의 리더로 성장할 수 있도록 돕는다. 이 책을 읽는 독자들이 아들러 리더십 코칭으로 더 큰 리더로 성장하고, 나아가서 자신의 삶의 가치를 드높이기를 기대한다.

[서론]

1) 제임스 앨렌, 『생각의 지혜』, 물푸레, 2015, p.268.
2) 데이비드 허킨스, 『네안데르탈인의 그림자』, 바다출판사, 2001, p.100.
3) 이성환, 김기현 공저, 『주역의 과학과 도』, 정신세계사, 2012, p.64.
4) 스티브 코비, 『성공하는 사람들의 7가지 습관』, 김영사, p.42.
5) 타라 스와트, 『부의 원천』(The Source), 알에이치코리아, 2019, p.26−28.
6) 타라 스와트, 『부의 원천』(The Source), p.78.
7) 알프레드 아들러, 박우정 옮김, 『왜 신경증에 걸릴까』, 에세, 2015, p.25.
8) 알프레드 아들러, 『교육을 말하다』, 부글북스, 2017, p.6.
9) 유발 하라리, 『사피엔스』, 김영사, p.49; p.63.
10) 정재승 외, 『1.4킬로그램의 우주, 뇌』, 사이언스 북스, 2014, p.224.
11) 마이클 가자니가, 『왜 인간인가: 인류가 밝혀낸 인간에 대한 모든 착각과 진실』, 추수
    밭, 2012, p.267.
12) 에릭 캔델, 『기억을 찾아서』, RHK, p.15.
13) 타라 스와트, 『부의 원천』, p.75.
14) 크리스털 림 랭, 고레고르 림 랭 지음, 박선령 옮김, 『휴먼 스킬』, 니들북, 2020, p.67.
15) 바버라 애로스미스 영, 『매일매일 성장하는 뇌: 뇌 가소성이 일구어낸 인간승리의 기
    록들』, 라이프맵, 2012, p.83.
16) 에릭 캔델, 래리 스콰이어 지음, 전대호 옮김, 『기억의 비밀』, 해나무, 2016, p.430.
17) 정재승 외, 『1.4킬로그램의 우주, 뇌』, p.278.

[제1장]

1) Don Dinkmeyer, Len Sperry, 『아들러 심리치료 및 상담』, 김춘경 옮김, 시그마프레
   스, 2005, p.iii.
2) 에드워드 호프만, 『아들러 평전』, 글항아리, 2019, p.512−513.
3) 에드워드 호프만, 『아들러 평전』, p.528.
4) 아들러, 정명진 옮김, 『개인심리학에 관한 아들러의 생각』(*The Practice and the
   Theory of Individual Psychology*, 1920), 부글북스, 2017, p.232.
5) Rudolf Dreikurs, Bernice Bronia Grunwald, Floy Pepper, 전종국 등 공역, 『아들러
   와 함께하는 행복한 교실 만들기』(*Maintaining Sanity in the Classroom: Classroom
   Management Technique*), 학지사, 2013.
6) 아들러, 『교육을 말하다』, 부글북스, 2017, p.228; p.207−208.
7) New World Encyclopedia의 Individual psychology 검색.
8) 아들러, 『교육을 말하다』, 2017, p.9.
9) Hertha Ogler, *Alfred Adler: The Man and His Work*(평전: 길을 이루는 삶), 설영환
   옮김, A. 『아들러 심리학 해설』, 선영사, 2005, p.13.
10) 알프레드 아들러, 정명진 역, 『삶의 과학』(*The Science of Living*), 부글북스, 2017, p.17.
11) 에드워드 호프만, 『아들러 평전』, 글항아리, 2019, p.72.
12) 에드워드 호프만, 『아들러 평전』, p.75, p.83, p.71.
13) 에드워드 호프만, 『아들러 평전』, p.85−86.
14) 에드워드 호프만, 『아들러 평전』, p.125.
15) 에드워드 호프만, 『아들러 평전』, p.149.

16) 에드워드 호프만, 『아들러 평전』, p.148-49.
17) 에드워드 호프만, 『아들러 평전』, p.155-156.
18) 아들러, 『개인심리학에 대한 아들러의 생각』, p.36.
19) 에드워드 호프만, 『아들러 평전』, p.247.
20) 에드워드 호프만, 『아들러 평전』, p.294.
21) 에드워드 호프만, 『아들러 평전』, p.298.
22) 에드워드 호프만, 『아들러 평전』, p.299-300.
23) 칼 융, 『무의식의 분석』, 민족사, 2014, p.89.
24) 에드워드 호프만, 『아들러 평전』, 2019.
25) 칼 융, 『무의식의 분석』, 민족사, 2014, p.89.
26) 데이비드 버스, 『진화심리학: 마음과 행동을 탐구하는 새로운 과학』, 웅진지식하우스, 2012, p.63.
27) 데이비드 버스, 『진화심리학: 마음과 행동을 탐구하는 새로운 과학』, p.63.
28) 에드워드 호프만, 『아들러 평전』, p.148-149.
29) 아들러, 『삶의 의미』, 을유문화사, 2019, p.35.
30) 아들러, 『삶의 의미』, p.68.
31) 데이비드 버스, 『진화심리학: 마음과 행동을 탐구하는 새로운 과학』, p.64.
32) 데이비드 버스, 『진화심리학: 마음과 행동을 탐구하는 새로운 과학』, p.65.
33) 데이비드 버스, 『진화심리학: 마음과 행동을 탐구하는 새로운 과학』, p.69.
34) 데이비드 버스, 『진화심리학: 마음과 행동을 탐구하는 새로운 과학』, p.72.
35) 전중환, 『오래된 연장통-인간 본성의 진짜 얼굴을 만나다』, 사이언스 북스, 2014, p.62.
36) 전중환, 『오래된 연장통-인간 본성의 진짜 얼굴을 만나다』, p.29.
37) 전중환, "인간은 합리적인가 비합리적인가", (한국코치협회 월례세미나 특강, 2014.12.29).
38) 전중환, 『오래된 연장통-인간 본성의 진짜 얼굴을 만나다, 사이언스 북스』, p.28-29.

[제2장]

1) 아들러, 『삶의 과학』, 부글북스, 2017, p.23.
2) 아들러, 『삶의 의미』, p.36.
3) 마이클 가자니가, 『왜 인간인가: 인류가 밝혀낸 인간에 대한 모든 착각과 진실』, 추수밭, 2012, p.267.
4) 아들러, 『삶의 의미』, p.68.
5) 아들러, 『인간 이해』, p.35.
6) 아들러, 박우정 옮김, 『심리학이란 무엇인가?』, 에세, 2015, p.24-25.
7) 알프레드 아들러, 『왜 신경증에 걸릴까』, p.135.
8) 아들러, 『인간 이해』, p.25.
9) 아들러, 『인간 이해』, p.36-37.
10) 아들러, 『인간 이해』, p.35-36.
11) 아들러, 『교육을 말하다』, p.128.
12) 아들러, 『삶의 과학』, p.23.
13) 아들러, 『인간 이해』, p.34.
14) 아들러, 『삶의 의미』, p.57.
15) 에드워드 호프만, 『아들러 평전』, p.178.
16) 아들러, 『삶의 의미』, p.44.
17) 아들러, 『심리학이란 무엇인가?』, p.26.
18) 아들러, 『심리학이란 무엇인가?』, p.24-27.
19) 아들러, 『심리학이란 무엇인가?』, p.27.
20) 아들러, 『왜 신경증에 걸릴까』, p.39.
21) 에드워드 호프만, 『아들러 평전』, p.300.
22) 아들러, 『삶의 의미』, p.43.

23) 아들러, 『삶의 의미』, p.43-44.
24) 아들러, 『삶의 의미』, p.45.
25) Arthur Clark, 『초기회상: 아들러심리학에 기반을 둔 상담이론 및 실제』, p.47.
26) 아들러, 『삶의 의미』, p.68.
27) 아들러, 『삶의 의미』, p.68.
28) 아들러, 『삶의 과학』, p.17.
29) 아들러, 『삶의 과학』, p.16-18.
30) 클로드 브리스톨, 『신념의 마력』, 비즈니스북스, 2007, p.89-90.
31) 아들러, 『인간 이해』, p.53.
32) Robert Lundin, *Alfred Adler's Basic Concepts and Impliction*, Accelerated Development, Inc., p.27.
33) Edward Hoffman, 『아들러 평전』, p.151.
34) Robert Lundin, *Alfred Adler's Basic Concepts and Impliction*, p.28.
35) 아들러, 『인간 이해』, p.163.
36) 아들러, 『인간 이해』, p.161.
37) 아들러, 『인간 이해』, p.162.
38) Heinz Ansbacher and Rowenar Ansbacher, *The Individual Psychology of Alfred Adler*, Harper Perennial, 1956, p.76-100.
39) 아들러, 『심리학이란 무엇인가?』, p.118, p.120.
40) 전중환, "인간은 합리적인가, 비합리적인가", (한국코치협회 월례 특강, 2014년 12월 29일).
41) 전중환, 『오래된 연장통-인간 본성의 진짜 얼굴을 만나다』, 사이언스 북스, 2014, p.29.
42) 아들러, 『왜 신경증에 걸릴까』, p.15.
43) 아들러, 『인간 이해』, p.31.
44) Edward Hoffman, 『아들러 평전』, p.151.
45) Arthur Clark, 『초기회상: 아들러 심리학에 기반을 둔 상담이론 및 실제』, p.50.
46) 아들러, 『심리학이란 무엇인가? p.109.
47) 아들러, 『삶의 의미』, 을유문화사, 2019, p.35.
48) 아들러, 『삶의 의미』, 을유문화사, 2019, p.44.
49) 에드워드 호프만, 『아들러 평전』, 글항아리, 2019, p.150.
50) 아들러, 『교육을 말하다』, 부글북스, 2017, p.48.
51) 노안영, 『불완전할 용기』, 솔과학, 2016, p.304.
52) 알프레드 아들러, 『삶의 과학』, 정명진 역, 부글북스, 2017, p.64.
53) 아들러, 『인간 이해』, p.27.
54) 아들러, 『교육을 말하다』, 부글북스, 2017, p.72-73.
55) 아들러, 『심리학이란 무엇인가』, p.95.
56) Alfred Adler, *The Practice & Theory of Individual Psychology*, p.vi.
57) 아들러, 『삶의 과학』, p.255.
58) 아들러, 『삶의 의미』, p.97.
59) 아들러, 『삶의 의미』, p.35.
60) 에드워드 호프만, 『아들러 평전』, p.125.
61) 에드워드 호프만, 『아들러 평전』, p.148.
62) 에드워드 호프만, 『아들러 평전』, p.155.
63) 에드워드 호프만, 『아들러 평전』, p.34.
64) 에드워드 호프만, 『아들러 평전』, p.105-106.
65) Thomas J. Sweeney, 『아들러 상담이론과 실제』, p.35.
66) 에드워드 호프만, 『아들러 평전』, p.118.
67) 아들러, 『개인심리학에 관한 아들러의 생각』, p.232.
68) 아들러, 『왜 신경증에 걸릴까』, p.221.
69) 아들러, 『왜 신경증에 걸릴까』, p.41, p.63.
70) 아들러, 『삶의 과학』, p.81.

71) 아들러, 『삶의 과학』, p.58-59.
72) 아들러, 『교육을 말하다』, p.88.
73) 에드워드 호프만, 『아들러 평전』, p.300.
74) 아들러, 『왜 신경증에 걸릴까』, p.39.
75) 아들러, 『왜 신경증에 걸릴까』, p.42.
76) 아들러, 『왜 신경증에 걸릴까』, p.50.
77) 아들러, 『왜 신경증에 걸릴까』, p.87.
78) 아들러, 『왜 신경증에 걸릴까』, p.129.
79) 아들러, 『심리학이란 무엇인가』, p.128.
80) 아들러, 『삶의 과학』, p.60.
81) 아들러, 『삶의 과학』, p.207.
82) J. Jones & W. Lyddon, "Adlerian and Constructivist Psychotherapies: A Constructivist Perspective": *Journal of Cognitive Psychotherapy*, 1997(11), 195-210; Arthur Clark, 『초기회상: 아들러심리학에 기반을 둔 상담이론 및 실제』, p.59에서 재인용.
83) 아들러, 『삶의 의미』, p.100.
84) 아들러, 『인간 이해』, p.36-37.
85) 아들러, 『심리학이란 무엇인가』, p.21-23.
86) 아들러, 『인간 이해』, p.13.
87) 아들러, 『교육을 말하다』, p.40.
88) Jones and Lyddon, 1997 위의 글.
89) 와다 히데키, 『아들러와 프로이트의 대결』, 에쎄, 2017, p.93.
90) 아들러, 『교육을 말하다』, p.17.
91) 정재승 외, 『1.4킬로그램의 우주, 뇌』, p.75.
92) 아들러, 『삶의 의미』, p.31.
93) Hertha Ogler, *Alfred Adler: The Man and His Work*(평전: 길을 이루는 삶), 설영환 옮김, A. 『아들러 심리학 해설』, 선영사, 2005, p.16.
94) 아들러, 『삶의 과학』, p.16.

[제3장]

1) Robert Lundin, *Alfred Adler's Basic Concepts and Implications*, p.57.
2) Don Dinkmeyer, Jr. & Len Sperry 지음, 김춘경 옮김, 『Adler 상담 및 심리치료』, 시그마프레스, 2005, p.123.
3) 아들러, 박우정 옮김, 『왜 신경증에 걸릴까』, 에세, 2015, p.135.
4) 아들러, 『삶의 과학』, 2017, p.85.; 에드워드 호프만, 『아들러 평전』, p.394.
5) 아들러, 『삶의 과학』, p.85-86.
6) 에드워드 호프만, 『아들러 평전』, p.429-430.
7) 기시미 이치로, 『행복해질 용기』, 더 좋은 책, 2015, p.37-38.
8) Robert Lundin, Alfred Adler's Basic Concepts and Impliction, p.57.
9) 아들러, 『교육을 말하다』, p.16.
10) 아들러, 『인간 이해』, p.25.
11) N. Kefir, "Priorities", Unpublished manuscript, 1972.
12) 에드워드 호프만, 『아들러 평전』, p.429-430.
13) 아들러, 『교육을 말하다』, p.143-144.
14) 아들러, 『왜 신경증에 걸릴까』, p.78.
15) 아들러, 『교육을 말하다』, p.16.
16) 아들러, 『삶의 의미』, p.149.
17) 아들러, 『인간 이해』, p.84.
18) 아들러, 『삶의 과학』, p.31-32.
19) 아들러, 『삶의 의미』, p.20, p.22.

20) G. Manaster & R. Corsini, *Individual Psychology: Theory and Practice*. Itasca: Peacock, 1982; Arthur Clark, 『초기회상: 아들러심리학에 기반을 둔 상담이론 및 실제』, p.56에서 재인용.
21) Thomas J. Sweeney, 『아들러 상담이론과 실제』, 학지사, 2008, p.76.
22) 아들러, 『삶의 의미』, p.17.
23) 아들러, 『삶의 의미』, p.20, p.22.
24) 아들러, 『왜 신경증에 걸릴까』, p.11−12.
25) 統覺이란 경험이나 인식을 자신의 의식으로 종합하여 통일시키는 작용이다.
26) 아들러, 『삶의 과학』, p.19.
27) 아들러, 『인간 이해』, p.15.
28) 아들러, 『인간 이해』, p.29.
29) 아들러, 『인간 이해』, p,16.
30) 아들러, 『인간 이해』, p.83.
31) 아들러, 『인간 이해』, p.54.
32) 에드워드 호프만, 『아들러 평전』, p.397.
33) 아들러, 『삶의 과학』, p.20, p.105.
34) 아들러, 『삶의 과학』, p.210−211.
35) 아들러, 『삶의 과학』, p.212−214.
36) 아들러, 『삶의 과학』, p.106.
37) 아들러, 『인간 이해』, p.85, p.94.
38) 에드워드 호프만, 『아들러 평전』, p.152.
39) 아들러, 『개인심리학에 관한 아들러의 생각』, p.31−32, p.23.
40) 아들러, 『삶의 과학』, p.18.
41) Kurt Adler, "Socialist Influences on Adlerian Psychology", 19th International Congress of Individual Psychology, Budapest, Hungary, August 1−5, 1993. in the AAISF/ATP Archives.
42) 아들러, 『인간 이해』, p.49.
43) 아들러, 『인간 이해』, p.40.
44) 아들러, 『삶의 의미』, 을유문화사, 2019, p.319.
45) 대니얼 골먼과 리처드 보이애치스, 애니 맥키, 『감성의 리더십』, 청림출판, 2003, p.393.
46) 김은경, 김상림, "유아의 정서지능과 친사회적행동이 리더십에 미치는 영향," *The Journal of the Convergence on Culture Technology*(JCCT) Vol. 5, No. 1(February 28, 2019), p.169−175.
47) 하인츠 안스바허Heinz Ansbach, 머릿말, 1964, 아들러, 『왜 신경증에 걸릴까』 p.20.
48) 장우귀, 박신, 김의철의 "학생의 인간관계, 자기효능감과 삶의 질: 토착문화심리 분석", 『한국교육문제연구』 제25호(2008) p.1−21.
49) 아들러, 『왜 신경증에 걸릴까』, 박우정 옮김, 에세, 2015, p.135.
50) Alfred Adler, *The Practice & Theory of Individual Psychology*, Martino Publishing, 2011.
51) 아들러, 『인간 이해』, p.280.
52) 아들러, 『교육을 말하다』, p.128.
53) 아들러, 『교육을 말하다』, p.129, p.133.
54) 아들러, 『교육을 말하다』, p.31.
55) H. L. and R. R. Ansbacher, Eds. The Individual Psychology of Alfred Adler.
56) 아들러, 『인간 이해』, p.37.

[제4장]

1) 아들러, 『인간 이해』, p.78−79.
2) 에드워드 호프만, 『아들러 평전』, p.214−215.
3) 최호영, "아들러 책 해제", 아들러, 『삶의 의미』, p.320.

4) 아들러, 『삶의 의미』, p.286.
5) 아들러, 『삶의 과학』, p.23.
6) 구글 검색: "Adler's psychology is very much a social psychology, in which the individual is seen and understood within his or her social context", New World Encyclopedia, Individual psychology.
7) 아들러, 『삶의 의미』, p.43.
8) 아들러, 『삶의 과학』, p.23.
9) Thomas Sweeney, 『아들러 상담이론과 실제』, p.29.
10) 아들러, 『인간 이해』, p.34.
11) 에드워드 호프만, 『아들러 평전』, p.33-34, p.53.
12) 에드워드 호프만, 『아들러 평전』, p.82.
13) 에드워드 호프만, 『아들러 평전』, p.82-83.
14) 에드워드 호프만, 『아들러 평전』, p.97.
15) 에드워드 호프만, 『아들러 평전』, p.71.
16) 에드워드 호프만, 『아들러 평전』, p.219.
17) 에드워드 호프만, 『아들러 평전』, p.222.
18) 에드워드 호프만, 『아들러 평전』, p.172.
19) 에드워드 호프만, 『아들러 평전』, p.177-178.
20) 아들러, 『교육을 말하다』, p.32.
21) 아들러, 『삶의 의미』, p.36.

[제5장]

1) 에릭 캔델, 『기억을 찾아서』, RHK, 2014, p.24.
2) 에릭 캔델, 『기억을 찾아서』, p.152.
3) 에릭 캔델, 『기억을 찾아서』, p.220, p.312.
4) 에릭 캔델, 『기억을 찾아서』, p.250.
5) 에릭 캔델, 래리 스콰이어 지음, 전대호 옮김, 『기억의 비밀』, 해나무, 2016, p.250.
6) 에릭 캔델, 래리 스콰이어 지음, 전대호 옮김, 『기억의 비밀』, p.278.
7) 에릭 캔델, 래리 스콰이어 지음, 전대호 옮김, 『기억의 비밀』, p.280.
8) 에릭 캔델, 래리 스콰이어 지음, 전대호 옮김, 『기억의 비밀』, p.90.
9) Norman Doidge, 김미선 옮김, 『기적을 부르는 뇌: 뇌 가소성 혁명이 일구어낸 인간 승리의 기록들』, 지호, 2008, p.92.
10) 마이클 가자니가, 『왜 인간인가?』, 추수밭, 2012, p.369.
11) 에릭 캔델, 래리 스콰이어 지음, 전대호 옮김, 『기억의 비밀』, p.114.
12) 에릭 캔델, 래리 스콰이어 지음, 『기억의 비밀』, p.163.
13) 에릭 캔델, 『기억을 찾아서』, RHK, 2014, p.294, p.298.
14) 에릭 캔델, 래리 스콰이어 지음, 전대호 옮김, 『기억의 비밀』, p.317.
15) 에릭 캔델, 래리 스콰이어 지음, 전대호 옮김, 『기억의 비밀』, p.161-162.
16) 에릭 캔델, 래리 스콰이어 지음, 전대호 옮김, 『기억의 비밀』, p.189-190.
17) 에릭 캔델, 래리 스콰이어 지음, 전대호 옮김, 『기억의 비밀』, p.184.
18) 에릭 캔델, 래리 스콰이어 지음, 전대호 옮김, 『기억의 비밀』, p.183.
19) 에릭 캔델, 래리 스콰이어 지음, 전대호 옮김, 『기억의 비밀』, p.170.
20) 더글러스 켄릭, 블라다스 그리스케비시우스 지음, 조성숙 옮김, 『이성의 동물』, 미디어윌, 2014, p.89.
21) 마이클 가자니가, 『뇌로부터의 자유』, 추수밭, 2012, p.56.
22) 마이클 가자니가, 『왜 인간인가?』, 추수밭, 2012, p.382.
23) 마이클 가자니가, 『뇌로부터의 자유』, p.128, p.133.
24) 마이클 가자니가, 『뇌로부터의 자유』, p.134.
25) 마이클 가자니가, 『왜 인간인가?』, p.385.

26) 마이클 가자니가, 『뇌로부터의 자유』, p.157－158.
27) 마이클 가자니가, 『왜 인간인가?』, p.390.
28) 정재승 외, 『1.4킬로그램의 우주, 뇌』, p.75.
29) 마이클 가자니가, 『뇌로부터의 자유』, p.159.
30) 정재승 추천사, p.8; 마이클 가자니가, 『왜 인간인가?』, 추수밭, 2012, p.151.
31) 에릭 캔델, 『기억을 찾아서』, p.469.
32) Christian Keysers, 『인간은 어떻게 서로를 공감하는가: 거울뉴런과 뇌 공감력의 메커
   니즘』, 바다출판사, 2018, p.11－12.
33) 크리스티안 케이서스, 『인간은 어떻게 서로를 공감하는가』, p.136, p.244.
34) 마이클 토마셀로, 『생각의 기원』, 이데아, 2017, p.67－68.
35) 마이클 토마셀로, 『생각의 기원』, p.68－69.
36) 아들러, 『인간 이해』, p.166－167.
37) 크리스티안 케이서스, 『인간은 어떻게 서로를 공감하는가』, 2018, p.12.
38) 마이클 가자니가, 『왜 인간인가?』, p.71, p.212.
39) 크리스티안 케이서스, 『인간은 어떻게 서로를 공감하는가』, p.222.
40) 마이클 가자니가, 『뇌로부터의 자유』, p.46－47.
41) 크리스티안 케이서스, 『인간은 어떻게 서로를 공감하는가』, p.67.
42) 크리스티안 케이서스, 『인간은 어떻게 서로를 공감하는가』, p.83.
43) 아들러, 『삶의 과학』, p.198.
44) 타라 스와트, 『부의 원천』, p.18.
45) 아들러, 『인간 이해』, p.15－16.
46) 기시미 이치로, 행복해질 용기, p.37－38.
47) 아들러, 『인간 이해』, p.162.
48) Norman Doidge, 『기적을 부르는 뇌: 뇌 가소성 혁명이 일구어낸 인간승리의 기록들』,
   p.13.
49) 에릭 캔델, 래리 스콰이어 지음, 전대호 옮김, 『기억의 비밀』, p.429, p.437.
50) Jill Taylor, 『긍정의 뇌』, 월북, 2010.
51) 타라 스와트, 『부의 원천』, p.18.
52) Norman Doidge, 『기적을 부르는 뇌: 뇌 가소성 혁명이 일구어낸 인간승리의 기록들』,
   p.46.
53) Norman Doidge, 『기적을 부르는 뇌』, p.37.
54) 마이클 가자니가, 『뇌로부터의 자유』, p.28.
55) Norman Doidge, 『기적을 부르는 뇌』, p.93.
56) 바버라 애로스미스 영, 『매일매일 성장하는 뇌』, p.73, p.48.
57) Norman Doidge, 『기적을 부르는 뇌』, p.286.
58) 바버라 애로스미스 영, 『매일매일 성장하는 뇌』, p.39.
59) Norman Doidge, 『기적을 부르는 뇌』, p.311.
60) Norman Doidge, 『기적을 부르는 뇌』, p.312.
61) 에릭 캔델, 래리 스콰이어 지음, 전대호 옮김, 『기억의 비밀』, p.429.

[제6장]
1) 이부영, 『그림자』, 한길사, 2011, p.23.
2) 아들러 지음, 라영균 옮김, 『인간 이해』, 일빛, 2010.
3) 아들러, 『인간 이해』, p.14.
4) 마이클 토마셀로, 『도덕의 기원』, p.49.
5) 마이클 토마셀로, 『도덕의 기원』, p.180.
6) 이언 맥길크리스트, 『주인과 심부름꾼』, p.52－53.
7) 임건순, 『제자백가 인간을 말하다』, 서해문집, 2019, p.168.
8) 아들러, 『삶의 과학』, 부글북스, 2017, p.66.

9) 아들러, 『삶의 의미』, p.118-119.
10) 『묵자』法儀편; 임건순, 『묵자』, 시대의 창, 2017, p.117.
11) Harold Mosak and Michael Maniacci, *A primer of Adlerian psychology*, p.121.
12) 아들러, 『인간 이해』, p.38-39.
13) 존 카밧진, 『처음 만나는 마음챙김 명상』, 불광출판사, 2012, p.102.
14) 에크하르트 톨레, 『삶으로 다시 떠오르기』, p.40.
15) 아들러, 『삶의 과학』, p.198.
16) H. L. and R. R. Ansbacher, Eds. *The Individual Psychology of Alfred Adler.*
17) 아들러, 『인간 이해』, p.37.
18) 스티브 코비, 원칙중심의 리더십, 김영사, 2015, p.134.
19) 에드워드 호프만, 『아들러 평전』, p.422.
20) 아들러, 『삶의 과학』, p.23.
21) 아들러, 『교육을 말하다』, p.21.
22) 크리스털 림 랭, 고레고르 림 랭 지음, 박선령 옮김, 『휴먼 스킬』, p.75.
23) 토마스 페인, 남경태 옮김, 『상식 공동감각』, 효형출판사, 2019, p.35.
24) 토마스 페인, 『상식』, p.42-43.
25) 토마스 페인, 『상식』, p.47.
26) 토마스 페인, 『상식』, p.127-128.
27) 전성철, 최철규, 『협상의 10계명』, IGM books, 2015, p.98.
28) 묵자, 상동(尙同)上편; 임건순, 『묵자』, 2017, p.115에서 재인용.
29) 『순자』 성악편; 임건순, 『제자백가 인간을 말하다』, 서해문집, 2019, p.247-248.
30) 『순자』 유효편; 임건순, 『제자백가 인간을 말하다』, p.265.
31) 임건순, 『제자백가 인간을 말하다』, p.253-254.
32) 임건순, 『제자백가 인간을 말하다』, p.258.
33) 임건순, 『제자백가 인간을 말하다』, p.272.
34) 묵자, 法儀편; 김건순, 『묵자』, p.117-118.
35) 임건순, 『제자백가 인간을 말하다』, p.94.
36) 임건순, 『한비자-법과 정치의 필연성에 대하여』, 시대의 창, 2019, p.252.
37) 한비자, 『한비자』 대체편, 임건순, 『한비자-법과 정치의 필연성에 대하여』 p.251.
38) 상앙 상군서, 修權.
39) 임건순, 『한비자-법과 정치의 필연성에 대하여』, p.255.
40) 임건순, 『제자백가 인간을 말하다』, p.80.
41) 임건순, 『한비자-법과 정치의 필연성에 대하여』, p.20.
42) 임건순, 『제자백가 인간을 말하다』, p.126-128.
43) 『맹자』 7b:14.
44) 배병삼, 『우리에게 유교란 무엇인가』, 녹생평론사, 2012, p.141.
45) 황태연, 『공자와 세계』1~5, 청계, 2011;『감정과 공감의 해석학: 공자 윤리학과 정치
철학의 심층적 이해를 위한 학제적 이론』, 청계, 2014;『공자철학과 서구 계몽주의의
기원』 2권, 청계, 2019.
46) KBS인사이트아시아 유교제작팀, 『유교 아시아의 힘』, 예담, 2007, p.380.
47) 황태연, 김종록, 『공자 잠든 유럽을 깨우다』, 김영사, 2018, p.43.
48) 황태연, 『공자와 세계1』, p.315.
49) 황태연, 김종록, 『공자 잠든 유럽을 깨우다』, p.81.
50) 황태연, 『감정과 공감의 해석학』, 청계, 2014.
51) 마태복음 7:12; 누가복음 6:31
52) 김기현, 『선비: 사유와 삶의 지평』, 민음사, 2012, p.165.
53) 배병삼, 『우리에게 유교란 무엇인가』, 녹색평론사, 2012, p.6.
54) 공자 지음, 김원중 옮김, 『논어』, Humanist, 2018.
55) 정인재, 『양명학의 정신』, 세창출판사, 2014, p.51.
56) 왕양명, "答顧東橋書" 142 조목, 왕양명, 『전습록 상』, p.421.

57) 인심유위, 도심유미, 유정유일, 윤집궐중: 인심은 위태롭고, 도심은 미약하니, 정밀하게 관찰하고 마음을 한결같이 하여, 그 中을 잘 간직해야 한다.
58) 왕양명, 『전습록 상』, 서애의 기록, p.109, p.118.
59) 켄 윌버, 『모든 것의 이론』, 학지사, 2015, p.206.
60) 켄 윌버, 『모든 것의 이론』, p.30-31.
61) 차드 멍 탄 지음, 권오열 옮김, 『너의 내면을 검색하라』, 알키, 2012.
62) 임건순, 『묵자』, 시대의 창, 2017, p.158-159.
63) 윤성지, 『노자병법』, 매일경제신문사, 2010.
64) 임건순, 『묵자』, 시대의 창, 2017, p.163.
65) 배병삼, 『우리에게 유교란 무엇인가』, 녹색평론사, 2012, p.6.
66) 임건순, 『묵자』, p.163.
67) 배병삼, 『우리에게 유교란 무엇인가』, p.80
68) 노자, 『도덕경』 38편, 임건순 역, 『도덕경』, 도서출판 길벗, 2017, p.107.
69) 윤성지, 『노자병법』, p.175.
70) 임건순, 『묵자』, p.166.
71) 아들러, 정명진 역, 『삶의 과학』, p.99.
72) 아들러, 『왜 신경증에 걸릴까』, p.25-26.
73) 타라 스와트, 『부의 원천』, p.78.
74) 임건순, 『묵자』, 시대의 창, 2017, p.103.
75) 아들러, 『삶의 과학』, p.256.
76) 마이클 가자니가, 『왜 인간인가?』, 추수밭, 2012, p.151.
77) 아들러, 『인간 이해』, p.35-36.
78) 아들러, 『심리학이란 무엇인가』, p.29-30.
79) 타라 스와트, 『부의 원천』, p.78.
80) 아들러, 『삶의 의미』, p.324.
81) 대니얼 골먼, 리처드 보이애치스, 애니 맥키, 『감성의 리더십』, 청림출판, 2003, p.392-393.
82) 마샬 골드스미스, 『일 잘하는 당신이 성공하지 못하는 20가지 비밀』, 리더스북, 2008.
83) 제임스 쿠제스 & 배리 포스너, 『최고의 리더』(A Leader's Legacy), 비즈니스북스, 2007, p.38.
84) 제임스 헌터, 『서번트 리더십』, 시대의 창, 2006. p.252.
85) 임건순, 『한비자-법과 정치의 필연성에 대하여』, p.243.

[제7장]

1) Thomas Sweeney, 『아들러 상담이론과 실제』, 학지사, 2005, p.48-49
2) Thomas Sweeney 지음, 노안영 외 공역, 『아들러 상담이론과 실제』, 학지사, 2005; Don Dinkmeyer, Jr. Len Sperry 지음, 김춘경 옮김, 『Adler 상담 및 심리치료-개인심리학의 통합적 접근』, 시그마프레스, 2005; 김필진, 『아들러의 사회적 관심과 상담』, 학지사, 2007; Arthur Clark 저, 박예진 박상규 공역, 『아들러심리학에 기반을 둔 초기회상-상담 이론 및 실제』, 학지사, 2017; Jeffry Young, Janet Klosko, Marjorie Weishaar, 권석만 외, 공역, 『심리도식치료』, 학지사, 2003.
3) 허일강, 『Adler Life Creator 자격과정』, 워크샵 메뉴얼, 아들러휴먼센터, 2016.
4) Arthur Clark, 『초기회상: 아들러심리학에 기반을 둔 상담이론 및 실제』, p.60.
5) Jeffrey Young, Janet Klosko, Majorie Weishaar, 권석만 외 공역, 『심리도식치료』, p.3.
6) Jeffrey Young, Janet Klosko, Majorie Weishaar, 『심리도식치료』, p.29, p.55.
7) Jeffrey Young, Janet Klosko, Majorie Weishaar, 『심리도식치료』, p.127.
8) Jeffrey Young, Janet Klosko, Majorie Weishaar, 『심리도식치료』, p.151.
9) Jeffrey Young, Janet Klosko, Majorie Weishaar, 『심리도식치료』, p.193.
10) 에노모토 히데타케, 『마법의 코칭』, 새로운 제안, 2009.
11) 유발 하라리, 『호모데우스』, 김영사, 2019, p.308-310.

[제8장]

1) Don Dinkmeyer, Jr. & Len Sperry, 『Adler 상담 및 심리치료』, 시그마프레스, 2005, p.98.

[제9장]

1) Don Dinkmeyer, Jr. & Len Sperry, 『Adler 상담 및 심리치료』, p.123.
2) Arthur Clark, 『아들러 심리학에 기반을 둔 초기회상』, p.46−47.
3) 아들러, 『인간 이해』, p.21.
4) Harold Mosak and Michael Maniacci, A Primer of Adlerian Psychology, p.64−65.
5) 아들러, 『인간 이해』, p.25.
6) 데이비드 버스, 『진화심리학: 마음과 행동을 탐구하는 새로운 과학』, p.160.
7) Eshkol Rafaeli, David Bernstein, Jeffery Young, 『심리도식치료』, 학지사, 2015, p.49−50.
8) Jeffrey Young, Janet Klosko, Marjorie Weishaar, 『심리도식치료』, p.58.
9) Eshkol Rafaeli, David Bernstein, Jeffery Young, 『심리도식치료』, p.58−59.
10) Eshkol Rafaeli, David Bernstein, Jeffery Young, 『심리도식치료』, p.58−59.
11) Don Dinkmeyer, Daniel Eckstein, 『격려 리더십』, 이너북스, 2009, p.140−141.
12) Eshkol Rafaeli, David Bernstein, Jeffery Young, 『심리도식치료』, 학지사, 2015, p.60−61.
13) Don Dinkmeyer, Daniel Eckstein, 『격려 리더십』, p.140−141.
14) 제프리 영, 자넷 클로스코, 『새로운 나를 여는 열쇠』, 열음사, 2003, p.60−61.
15) 제프리 영, 자넷 클로스코, 『새로운 나를 여는 열쇠』, p.62.
16) Eshkol Rafaeli, David Bernstein, Jeffery Young, 『심리도식치료』, p.52−53.
17) Don Dinkmeyer, Daniel Eckstein, 『격려 리더십』, p.140−141.
18) Young et al, p.55−57.
19) Eshkol Rafaeli, David Bernstein, Jeffery Young, 『심리도식치료』, p.54−56.
20) Don Dinkmeyer, Daniel Eckstein, 『격려 리더십』, p.140−141.
21) 아들러, 『삶의 의미』, p.153.
22) Young et al., 『심리도식치료』, p.58−59.
23) 아들러, 『왜 신경증에 걸릴까』, p.128.
24) 아들러, 『인간 이해』, p.31.
25) Mosak & Maniacci, Individual Psychology: Theory and Practice, p.66.
26) Don Dinkmeyer, Len Sperry, 『Adler 상담 및 심리치료』, p.127.
27) 아들러, 『교육을 말하다』, p.30.
28) Mosak & Dreikurs, 1973.
29) Arthur Clark, 『초기회상: 아들러심리학에 기반을 둔 상담이론 및 실제』, p.202.
30) Manaster & Corsini, 1982; Arthur Clark, 『초기회상』, p.56에서 재인용.
31) From a transcribed, tape recorded seminar given by Sophia de Vries on 3−5−80, in the AAISF/ATP Archives, Alfred Adler Institute of San Francisco.
32) 아들러, 『교육을 말하다』, p.30.
33) 아들러, 『교육을 말하다』, p.31.
34) H. L. and R. R. Ansbacher, Eds., The Individual Psychology of Alfred Adler, p.90.
35) 아들러, 『삶의 의미』, p.20.
36) Rudolf Dreikers, Bernice Grunwald, Floy Pepper 공저, 전종국 외 공역, 『아들러와 함께하는 행복한 교실 만들기』, 학지사, 2013, p.62.

[제10장]

1) 아들러, 『삶의 과학』, p.105.
2) Manaster & Corsini, 1982, p.188; Arthur Clark, 『초기회상: 아들러심리학에 기반을 둔 상담이론 및 실제』, p.25.에서 재인용.

3) 전현수, 『정신과 의사가 들려주는 생각사용 설명서』, 불광출판사, 2015, p.89.
4) Arthur Clark, 『초기회상: 아들러심리학에 기반을 둔 상담이론 및 실제』, p.73, p.132.
5) Arthur Clark, 『초기회상』, p.133.
6) Arthur Clark, 『초기회상: 아들러 심리학에 기반을 둔 상담이론 및 실제』, p.130.
7) 애니 오그레이디, 『세상에서 가장 쉬운 치유 EFT』, 김영사, 2015, p.70, p.151.
8) namu.wiki, 자이가르닉 효과, 2018,10,4.
9) Arthur Clark, 『초기회상』, 학지사, 2017, p.22.
10) Hertha Orgler, Alfred Adler, *The Man and His Work*, 『아들러 심리학 해설』, p.17.
11) Thomas Sweeney, 『아들러 상담이론과 실제』, p.263.
12) 아들러, 『심리학이란 무엇인가』, p.48, p.138.
13) 마이클 가자니가, 『왜 인간인가』, 추수밭, 2012, p.369; 에릭 캔델, 기억을 찾아서, p.133.
14) 아들러, 『삶의 과학』, p.27-28, 182.
15) 아들러, 『왜 신경증에 걸릴까』, p.160, p.166-167.
16) 아들러, 『삶의 과학』, p.182.
17) 아들러, 『삶의 과학』, p.29.
18) 아들러, 『삶의 과학』, p.30.
19) Mosak, 1958; Arthur Clark, 『초기회상』, p.153.
20) Julia Yang, Alan Miller, Mark Blagen, 『용기의 심리학』, 학지사, 2015, p.329.
21) Arthur Clark, 『초기회상: 아들러심리학에 기반을 둔 상담이론 및 실제』, p.150.
22) Alfred Adler, *The Case of Miss R*, New York: Greenberg, 1929.
23) Arthur Clark, 『초기회상: 아들러심리학에 기반을 둔 상담이론 및 실제』, p.134.
24) 아들러, 『삶의 과학』, p.106.
25) Mosak & Dreikurs, 1973.
26) 아들러, 『왜 신경증에 걸릴까』, p.11-12.

[제11장]

1) 아들러, 『왜 신경증에 걸릴까』, p.190.
2) 켄 윌버, 『모든 것의 이론』, 학지사, 2015.

[제12장]

1) 에릭 캔델, 래리 스콰이어 지음, 전대호 옮김, 『기억의 비밀』, p.183.
2) 에릭 캔델, 래리 스콰이어 지음, 전대호 옮김, 『기억의 비밀』, p.170.
3) 허일강 강의(2015. 9.1) 참조.
4) 묵자의 설득법 참조. 임건순, 『묵자, 공자를 딛고 일어선 천민사상가』, 시대의 창, p.103.
5) 아들러, 『교육을 말하다-용기있는 아이로 키우는 법』, 부글북스, 2017 참조.
6) 임건순, 『묵자』, p.157-158.
7) 임건순, 『묵자』, p.166.
8) 아들러, 『삶의 과학』, p.198.
9) Arthur Clark, 『초기회상』, p.277.
10) Beck, 1995; Young, 2001.
11) Arthur Clark, 『초기회상』, p.290.
12) 기시미 이치로, 『행복해질 용기』, p.42-43.
13) 이 방법은 고(故)허일강 코치가 Adler Life Creator 자격과정 (2016년 9월 1일) 강의
에서 설명했던 내용이다.
14) 허일강 강의, 2015년 9월 2일자.
15) 돈 리소, 러스 허드슨, 『에니어그램의 지혜』, 한문화, 2012, p.50.
16) 아들러, 『인간 이해』, p.162.
17) 로버트 딜처, 박정길 역, 『긍정코칭』(From Coach to Awakener), 아카데미북, 2009, p.13.

18) 로버트 딜처 & 디어링 줄리안 러셀 공저, 박정길 옮김, 『알파 리더십』, p.171-173.

[제13장]

1) 에릭 캔델, 『기억을 찾아서』, RHK, 2014.
2) 에릭 캔델, 래리 스콰이어 지음, 전대호 옮김, 『기억의 비밀』, p.163.
3) 타라 스와트, 『부의 원천』, p.75.
4) 에릭 캔델, 래리 스콰이어 지음, 전대호 옮김, 『기억의 비밀』, p.470.
5) Thomas J. Sweeney, 『아들러 상담이론과 실제』, p.290.
6) 다니엘 시겔 지음, 윤승서, 이지안 공역, 『알아차림: 현존의 과학, 현존의 수행, 명상 수행의 혁명』, 불광출판사, 2020.
7) 존 키호, 『마인드 파워』, 김영사, 2010, p.16.

[제14장]

1) 다니엘 골먼 지음, 황태호 옮김, 『감성지능』, 비전코피아. 1996.
2) 권영애, 『그 아이만을 위한 단 한 사람』, 아름다운 사람들, 2016; 김주환, 『회복 탄력성』, 위즈덤하우스, 2019, p.43-54.

[제15장]

1) 정동일, 『사람을 남겨라-인재를 키우고 성과를 올리는 리더의 조건』, 북스톤, 2015, p.57 참조.
2) 아들러, 『교육을 말하다』, p.32.
3) 아들러, 『삶의 과학』, p.255.
4) 에드워드 호프만, 『아들러 평전』, p.333.
5) 에드워드 호프만, 『아들러 평전』, p.302.
6) 너새니얼 브랜든, 『자존감의 여섯 기둥』, 교양인, 2015, p.11, p.410.
7) 이무석, 『자존감』, 비전과 리더십, 2009, p.21-22.
8) 너새니얼 브랜든, 『자존감의 여섯 기둥』, p.32
9) 토니 험프리스, 윤영삼 옮김, 『심리학으로 경영하라』, 다실라이프, 2008, p.94.
10) 아들러, 『인간 이해』, p.122.
11) 캘빈 홀, 『프로이트 심리학』, p.163.
12) 김진, 『마음에도 길이 있다』, 창지사, 2012, p.305.
13) 김진, 『마음에도 길이 있다』, p.317.
14) 김진, 『마음에도 길이 있다』, p.281.
15) 김진, 『마음에도 길이 있다』, p.278-279.
16) 김진, 『마음에도 길이 있다』, p.328.
17) 안나 프로이트 지음, 김건종 옮김, 『자아와 방어기제』, 열린책들, 2015, p.62-63.
18) 안나 프로이트, 지음, 김건종 옮김, 『자아와 방어기제』, p.95.
19) 토니 험프리스, 윤영삼 옮김, 『심리학으로 경영하라』, 다실라이프, 2008.
20) 너새니얼 브랜든, 『자존감의 여섯 기둥』, p.58-59.
21) 너새니얼 브랜든, 『자존감의 여섯 기둥』, p.30.
22) 토니 험프리스, 『심리학으로 경영하라』, p.51.
23) 아들러, 『인간 이해』, p.76.
24) 토니 험프리스, 『심리학으로 경영하라』, p.42.
25) 너새니얼 브랜든, 『자존감의 여섯 기둥』, p.30-31.
26) 토니 험프리스, 『심리학으로 경영하라』, p.42.
27) 토니 험프리스, 『심리학으로 경영하라』, p.84.
28) 토니 험프리스, 『심리학으로 경영하라』, p.85.
29) 토니 험프리스, 『심리학으로 경영하라』, p.98.

30) 켄 윌버, 『모든 것의 이론』, p.195.
31) 켄 윌버, 『모든 것의 이론』, p.164.
32) 이석재, 효과성 코칭 워크숍, 2015.5.22, p.5.
33) 구글 검색: '최고의 조직을 위한 12가지 핵심 질문'—the Gallup Q12.
34) 제임스 헌터, 『서번트 리더십』, 시대의 창, 2006, p.60.

[에필로그]

1) Harold Mosak and Michael Maniacci, *A Primer of Adlerian Psychology*, p.4.
2) Harold Mosak and Michael Maniacci, *A Primer of Adlerian Psychology*, p.152.
3) Carl Joung, *Modern Man in Search of a Soul*, Harcourt: Brace & World, 1933; 심
   혜숙, 『유형발달과 중년기』, 한국MBTI연구소, p.7.
4) Sharon Richmond, 『성격유형과 CEO 리더십 개발』, 어세스타, 2009, p.16—17.

——— 지은이

서재진

서울대 사회학과를 졸업하고, 미국 하와이대학교에서 사회학 석사 및 박사학위를 받았
다. 정부출연기관인 통일연구원에서 20여 년간 북한사회 및 통일정책 연구에 종사하
였다. 마지막 3년 통일연구원 원장 재임 시, 리더십 교육과 코칭 교육을 받은 것을 계
기로, 퇴직 후 인생 2모작으로 리더십 코칭 분야로 업을 바꾸어, 리더십 전문코치로
활동한 지 11년째다. 한국코치협회 KSC, 국제코치 연맹 PCC 코치이다.
현재 Growing코칭원 대표코치, (재)미래인력연구원 원장으로 활동하고 있다. 아들러
심리학 기반 코치로서, CEO 및 임원 대상의 리더십 전문코치로 활동 중이다. 생각이
행동을 만들고, 행동이 습관을 만들고, 습관이 운명을 만든다고 보고, 생각의 뿌리를
바꿈으로써 운명을 바꾸도록 돕는 일을 한다. 서애학회 부회장 및 『서애연구』 편집위
원장으로서 서애 류성룡 리더십의 연구와 확산에도 힘쓰고 있다.
저서로, 박사학위 논문을 번역한 『한국의 자본가 계급』, 북한사회 연구로 『또 하나의
북한사회—사회구조와 사회의식의 이중성 연구』, 『주체사상의 이반』, 『북한의 사회심
리 연구』 등이 있고, 서애 류성룡의 리더십 연구로, 송복·서재진 공편, 『서애 류성룡의
리더십』이 있고, 「서애 류성룡의 유연 리더십」, 「서애 류성룡의 유연 리더십의 학문적
연원」, 「서애 류성룡의 감성 리더십」, 「서애 류성룡의 소명 리더십」 등의 논문이 있다.
이 중에서 『주체사상의 이반』(박영사, 2006)은 2007년도 대한민국학술원 우수학술도
서상을 수상했고, 『서애 류성룡의 리더십』(법문사, 2019)은 2020년도 대한민국학술원
우수학술도서상을 수상했다.

이메일: jjsuh888@naver.com
블로그: blog.naver.com/jjsuh888

아들러 리더십 코칭

: 성숙한 리더를 위한 뇌과학과 심리학의 지혜

초판발행	2020년 11월 5일
중판발행	2022년 6월 24일
지은이	서재진
펴낸이	노 현
편 집	조보나
표지디자인	벤스토리
제 작	고철민 · 조영환
펴낸곳	㈜ 피와이메이트
	서울특별시 금천구 가산디지털2로 53 한라시그마밸리 210호(가산동)
	등록 2014. 2. 12. 제2018-000080호
전 화	02)733-6771
f a x	02)736-4818
e-mail	pys@pybook.co.kr
homepage	www.pybook.co.kr
ISBN	979-11-6519-095-8 03180

copyright©서재진, 2020, Printed in Korea

* 파본은 구입하신 곳에서 교환해 드립니다. 본서의 무단복제행위를 금합니다.
* 저자와 협의하여 인지첩부를 생략합니다.

정 가   19,000원

박영스토리는 박영사와 함께하는 브랜드입니다.